イマニュエル・ウォーラーステイン
Immanuel Wallerstein

山下範久●訳
Yamashita Norihisa

新しい学

21世紀の脱=社会科学

IMMANUEL WALLERSTEIN,
THE END OF THE WORLD AS WE KNOW IT: SOCIAL SCIENCE FOR THE TWENTY-FIRST CENTURY

藤原書店

THE END OF THE WORLD AS WE KNOW IT
by Immanuel Wallerstein

Japanese translation published by arrangement
with Immanuel Wallerstein through
The English Agency (Japan) Ltd.

新しい学——目次

I　資本主義の世界

The World of Capitalism

II 知の世界

The World of Knowledge

訳語についてのノート
【ジオポリティクス／ジオカルチュア／ジオエコノミー】

はじめに

　あらためて述べるようなことではないが、本書はウォーラーステインの著書として、初めて翻訳されたものではない。したがって、彼の概念のうちの多くのものについては、すでに定訳といってよいものが存在する。私は本書の翻訳にあたって、基本的な方針として、それら既訳の訳語を（unthinkに対する「脱思考《アンスィンク》」のような造語や意訳のケースも含めて）踏襲したが、特に二つの語について、あえてそうしなかった。すなわち、ジオポリティクス　geopolitics　という語とジオカルチュア　geoculture という語の二つである。

　ジオポリティクスという語は、ウォーラーステインの著作に限らず、「地政学」という訳語があてられるのが普通であり、他方、ウォーラーステインの造語であるジオカルチュアの方は、同語の初出である『ポスト・アメリカ』の邦訳に際して、訳者の丸山勝氏が、苦心の訳語として「地政文化」という語を案出され、それがその後の諸著作の邦訳にも踏襲されてきた。私自身も、本書邦訳以前に行なったウォーラーステインの論文の翻訳では、それを踏襲した経験がある。

　結論から言うと、私は本書では一貫して、これら二つの語について、それぞれ「ジオポリティクス」および「ジオカルチュア」とカタカナによる音訳表記を「訳語」とすることにした。これは、ある意味では訳語の工夫の努力の放棄であり、とりわけ、すでに訳語の工夫がなされてきている経緯を知りつつ敢えてそうするのは、翻訳水準の後退、さらに言えば、これまでの諸訳者の努力に対する裏切りであると言われてもやむをえないものであって、私はそのような批判は甘んじて受けなければならないと承知している。

　それにもかかわらず、私がこのような訳語変更をなしたのは、私が既存の訳語のひとつひとつに対する個別的な見解の相違に導かれたからではなく、むしろウォーラーステインの概念体系全体について、その理解の更新の必要を感じたからである。

　ウォーラーステインの著作は常に、新しい概念の創造（あるいは既存の概念の大胆な換骨奪胎）に満ちている。特に冷戦終結以降の著作においては、ざっと振り返っても、いまここで焦点となっているジオカルチュアといった新概念のほかにも、反システム運動、脱思考《アンスィンク》、（ジオカルチュアとしての）リベラリズム、ユートピスティクスなどなど、ウォーラーステインによる概念創造の試みは、ますますさかんである。

　当然と言えば当然であるが、そのように提起される諸概念は、決して真空中に放り出されたものではない。概念の背後には文脈があり、とりわけウォーラーステインの場合、その文脈は一貫したパースペクティヴを伴うものである。そもそも「世界システム」という概念自体が彼による創造にほかならず、それがとりもなおさず世界システムというパースペクティヴの提起であったことは言うまでもないが、その後の概念創造の営みが、彼のパースペクティヴの進化と相即していることも決して見逃すべきではない。彼による概念創造とパースペクティヴの一貫性との関係を見失うと、彼の冷戦以降の最近の著作は、ほとんどイメージの氾濫のようなものにしか見えなくなってしまいかねない。

　ところが、その近代世界システム／資本主義世界経済という初期の概念群が呈示したパースペクティヴが、早い段階でひとつの理論的体系として、多かれ少なかれ固定的に理解されてきた結果、特に冷戦終結以降のウォーラーステイン理解は、彼が新しい概念創造を行なえば行なうほど、それを理解する者の側からの反応としては、無理な建て増しを重ねて、逆にもともとの設計の柔軟性を殺してしまうようなもののように捉えられるか、本館の存在を無視して、流行に敏感な新館・別館だけをありがたがる、といった傾向を帯び、パースペクティヴ全体の進化を捉える方向の解釈はあまり進めてこられなかったように思われる。

　これは右に述べたように資本主義世界経済の理論があまりにも固定的に理解されてきたことにもよるが、いまひとつには、特に冷戦終結以降のウォーラーステインの理論的歩みが、彼自身にとってもある意味で手探りで進められてきたことに起因するものでもある。新しい概念の理論的射程および、他の諸概念との関係の布置については、不透明な部分があまりにも大きすぎたのである。実際、ジオポリティクスとジオカルチュアの両概念は、そのなかにあって最も基本的でありながら、最も不透明なままに放置されてきた。分析的な解釈の手がかり自体が乏しくもあったのである。

しかし、本書(および藤原書店の季刊誌『環』各号に収められた本書以降の最新の諸論考)を参照することで、そのようなウォーラーステインの新概念を含めた諸概念の全体の布置についての不透明性はかなり除かれてきた。冷戦期以降の、いわば「後期」ウォーラーステインの諸著作の中間決算とでも言うべき本書をもって、ウォーラーステインのパースペクティヴにおける諸概念の布置を再構成する機はある程度熟したと言えると思われる。もとより、ここで決定的な解釈が可能なわけではないが、この「ノート」は、その序説として書かれたものとして、ご了解願いたい。私がなした訳語の白紙化《undoing》も、その序説があらたな理論的展開への呼び水となる限りで許されるものと信ずるからである。

I Geopolitics の訳語についての一般的問題

経済学の対象は経済であるように、政治学の対象は政治である。これは日本語で書くと当たり前に聞こえるが、英語で言おうとするとそれほど単純ではない。なぜならば、経済の場合、経済学は economics で、その対象たる経済は economy という別の単語があるのに対して、政治の場合、politics という語は、政治学と政治の両方を意味することがありえるからだ。つまり、学的認識の主体 subject と対象 object の両方を指しうるので、そのままだと「politics の対象は politics である」ということになってしまうのである。尤も最近では、ディシプリンとしての政治学については、political science といったり political theory といったりして(前者は、より自然科学的で実証的な政治学を、後者は、より哲学的で規範的な政治学を指す)、politics はもっぱら対象の方を指すようになっているので、政治および政治学そのものについては混乱はあまりない。

しかし、では問題がまるでないかというと、そうではないのが、地政学 geopolitics という語の場合である。この語は、基本的に politics を根とする合成語であるから、politics の場合と同様に、主体と対象とを両方指し得るという混乱を、まずもって共有している。ところが、政治学の場合と違って、学問としての geopolitics、つまりいわゆる地政学は、「ナチの御用学問」とか「帝国主義の存在論」とかいった烙印をおされ、戦後、ディシプリンとしては、ほとんど生命力を失ってしまった。結果として、政治学そのものの場合のように、たとえば geopolitical science とか geopolitical theory とかいうような呼称は現れようもなく、geopolitics という語は、かつての politics と同様、学的認識の主体と対象の両方を指す、あいまいな語として、そのままにされたわけである。

加えて、日本語に訳す際に、問題はさらに複雑であって、この語には、（学的主体としての）「地政学」という訳語は定着していても、その対象を排他的に指す訳語は、せいぜい「地政」という、尻切れトンボのような落ち着かないものしか存在していない。つまりそもそも日本語において「地政学の対象は地政である」という、ややぎこちない言い方しか出来ないのである。

尤も、地政学という語は、政治という語ほど、日常的な語ではない——もっとはっきりいうと、学者以外の人間が使うものではない——ために、地政学という語は、「地政に関する学」という、字面から当然に意味されることを示す語としてよりも、むしろ geopolitics（ないしは正確には、ドイツ語の Geopolitik）という語そのものを代替する記号のように扱われることが多い。つまり、「洋書読み」たる日本の学者は、「地政学」という文字に出会うと、geopolitics と語が透けて見えるような目を持っているということである。するとどういうことが起こるかというと、日本語の読み手が「地政学」という語に出会うと、その語の字面は明らかに地政学をしか指さない語でありながら、geopolitics という語が地政学と地政の両方を指すのと同じく、まず地政学と地政の両方を指し得る語として「地政学」を認知し、しかる後に文脈からそれがどちらの意味であるかを判断するという、いささか迂遠な理解を器用に行なうのである。

しかしながら、問題はそのような意味論的な両義性にはとどまらない。「地政学」自体がいわば戦後タブーとなって消滅したために、たとえば人類学や言語学の場合のように、その学的主体の形成がいわば対象の捏造を伴うものであるという認識論的批判が提起される機会が乏しく、そのような批判が提起されても応答の主体を欠くために、議論が深まりも広がりももたなかったという問題がある。そのために、ウォーラーステインがジオポリティクスという語の用法の変化を通して行なった概念の転回は、著しく見えにくいものとなってしまった。いわば、ジオポリティクスという語の意義は、「地政学」と「地政」の間の二重の両義性の下に隠されてしまったのである。

II　半周辺／ヘゲモニー／反システム運動

では、ウォーラーステインによる geopolitics という語の用法について論じよう。結論を先に図式的に述べれば、ウォーラーステインによる geopolitics という語の用法は、「地政学」としての geopolitics（すぐあとで述べるように geopolitical と形容詞で言うべきなのだが）

から、「地政」としてのgeopoliticsへ向かう、ゆるやかな傾向を見せており、後者の段階ではじめて概念としてのジオカルチュアが確立したというべきであると思われる。

「ゆるやかな」と言ったのは、ウォーラーステインの理論体系の進化が、あたかもオセロのコマを返すようなものではなく、形式的な次元での各用語の一貫性は相当程度確保しつつ、理論体系の枠組の次元で柔軟な対応をするかたちで進んでいるからである。「ジオポリティクス」が、近代世界システムのシステム規模での最も主要な政治的制度としての国家間《インターステイト》システムの次元にかかわるということを指示する語であるという点では、この語に対する彼の態度はゆらいでいない。

しかし、いま一歩内容に踏み込むと、確かな態度のシフトが観察できる。やはり半ば結論を先に述べることになるが、それを先の図式に重ねて再び図式的に捉えると、「半周辺」から「ヘゲモニー」へ、というかたちでとりあえず捉えることができる。

半周辺という概念は、世界資本主義を構造的に捉える議論の系譜のなかで、ウォーラーステインが固有に行なった最初の貢献である。それは、いわゆる従属論的な中核＝周辺の二層構造モデルに一層付け加えることでモデルの精度を上げげました、というような単純な工夫ではない。それは二重の意味での理論的転回を含んでいる。すなわち第一は、静態的な二極分解関係でしか捉えられていなかった中核＝周辺関係の動態化である。従属理論においては、中核経済による周辺経済の搾取構造は固定的に捉えられており、両者は「富める者はより富み、貧しき者はより貧しく」なる関係にあるとされ、そこから逃れて「自律的」に「発展」するには、その構造の外部に出る以外にないと考えられていたが、ウォーラーステインは、システムの抽象的な構造としての二極分解の度合いは、近代世界システムの歴史を通じて単調増加するものであるとしつつ、そのヒエラルキー的な構造のなかで具体的な諸主体が、どのような位置を占めるかということについては、一定の可動性を認めた。半周辺とは、その可動性の領域を指している。たとえば、いわゆる新興工業地域（ＮＩＥｓ）の勃興のような現象は、これによって、より整合的な理解が可能になった。

第二の理論的転回は、半周辺が中核＝周辺構造の（再）生産における政治性の場を概念化するという点である。二極分解構造は、まさに二極分解的であるがゆえに、政治的には不安定である。そのような不安定な構造が再生産されるうえで、半周辺が政治的機能を持つ。右に指摘したように、半周辺がシステム内関係における可動性の主体であるがゆえに、それは周辺に対して、「発展」の可能性を呈示するイデオロギーと、中心に対して既存のヒエラルキーに対する異議申し立てを行なう政治的行動の担い手となる。ウォーラーステインが、二十世紀における社会主義ブロックを総体として半周辺と捉えたのはそのためである。

またこの政治性は、中核＝周辺構造を前提としてその再生産の局面に機能を有するものである以前に、構造の生成の局面において、むしろ半周辺的な可動性が（中核＝周辺関係という）システムの構造を創る契機としても捉えられている。ヨーロッパ世界経済の世界帝国への転化が中断し、世界経済としての持続性を獲得する過程は、『近代世界システム』第一巻において、半周辺的に上昇するイギリス（およびオランダ）と半周辺的に下降するスペイン＝ハプスブルク帝国との交錯において描かれている。

半周辺という概念の整理が長くなったが、ここでは、初期、特に『近代世界システム』第一巻（一九七四年刊）や『資本主義世界経済』（一九七九年刊）を書いていた頃のウォーラーステインがジオポリティクスという言葉を使う際には、例外なく、このような半周辺的政治性が参照されていたことが確認されればよい。より厳密に言うと、右に述べたような半周辺的政治性を参照する際に、彼は「地政学的」(geopolitical)という形容詞を付していたということである。これは、外部のないシステムを構想し、あらゆる政治的ダイナミズムをそのシステムに内生化させたうえで、その政治性が集約的に表現される場を概念化し、そこにシステム変革の可能性を見出していくという論理であり、ある意味できわめて目的論的／召命論的な歴史理解へ陥る傾向をはらむものである。非常に乱暴に言ってしまえば、半周辺という特権化された対象を概念的に作り上げておいて、その上でそこにその概念によって見たいものを見るという《概念の自己言及》に陥る傾向があることは否めない。このような自己構成的／自己言及的パースペクティヴという否定的な意味で、初期のウォーラーステインのジオポリティクスの用語法は「地政学」的であるということができる。

ところが、一九八〇年代に入ると、ウォーラーステインがジオポリティクスという言葉で参照する現象が大きくシフトする。半周辺にかわって、ヘゲモニーという問題場が現れてくるのである。このシフトは『近代世界システム』の第一巻（一九七四年刊）と第二巻（一九八〇年刊）とを比べるとはっきりとする。この二冊は、ともにオランダとスペインとの抗争を扱う章を含んでいるのだが、前者では半周辺の問題として扱われていたのに対して、後者ではヘゲモニーの問題として扱われているからである。このシフトは、ウォーラーステインが、予め用意された半周辺の政治性に、近代世界システムのダイナミズムを自己言及的に見出してしまう「地政学」的傾向から脱却し、そのようなダイナミズムが生じる場をその都度定位しようとする経験論的《エンピリカル》な姿勢、いわばモノとしての「地政」を発見する姿勢への転換を示唆している。

もっとも、この転換は実際には、それほど劇的におこったものではない。むしろ『近代世界システム』の第二巻では伏流していたといった方が的確である。というのも、それは実質的に、ヘゲモニーを「地政学」的に解釈する傾向を保持したままだからである。

『近代世界システム』第一巻および『世界経済の政治学』（一九八四年刊）で、彼は近代世界システムを世界帝国へと転化させようとする力と資本主義世界経済の論理のエージェントとしてのヘゲモニーの関係について論じている。初期のウォーラーステインが、資本主義世界経済の形成を、イギリス（およびオランダ）の半周辺的上昇とスペイン＝ハプスブルク帝国の半周辺的下降との交錯において捉えていたことは先に指摘した。『近代世界システム』第二巻、いわば中期のウォーラーステインは、それをヨーロッパ世界経済を世界帝国へ転化する力（ハプスブルク帝国）と資本主義世界経済の論理のエージェント（オランダ）との抗争として捉えなおそうとする。すなわち彼はヘゲモニーという概念に、世界経済を世界帝国に転化する力の挑戦に対して資本主義世界経済の論理のエージェントとして振舞う主体という定義を与え、世界システムにおける政治性の概念化の場を半周辺的挑戦から国際的なヘゲモニー抗争へと移していたのである（それに続く一九八〇年代後半が、一方で共産主義の断末魔の時代であり、他方でアメリカの覇権の終焉が叫ばれて、ポール・ケネディの『大国の興亡』［一九八八年刊］などが熱心に読まれた時代であったことを想起されたい）。

以後、彼がジオポリティクスという言葉を用いる際には、基本的にこの意味でのヘゲモニーのダイナミズムが参照されることになる。かくて、十七世紀のハプスブルク帝国に対するオランダ、十九世紀のナポレオン帝国に対するイギリス、二十世紀のドイツ第三帝国に対するアメリカ合衆国は、近代世界システムが資本主義世界経済であるがゆえに本来的に抱えている世界帝国への転化圧力が条件となって生じる政治的不安定性が顕在化した三つの契機として、ひとつのパースペクティヴに収められることとなった。これを「三つの三十年戦争」として初めて論じたのは『史的システムとしての資本主義』（一九八三年刊）である。

半周辺からヘゲモニーへのジオポリティクスの場の転換には、世界システムのジオポリティクスが世界帝国への転化の圧力に条件づけられていることを明示化した点で、理論的な意義があるのは否定できない。さらにいえば、彼の挙げるヘゲモニーの例が、すべて半周辺的上昇を経験していることを考え合わせれば、それは理論的「転換」と言うより、直線的な「前進」であるとも見えなくはない。ウォーラーステインの概念創造の歩みがここで止まっていたならば、むしろそう解釈する方が――平凡ながら――自然である。しかし、実際には彼の理論展開はこのあとにこそ全面化する。そして、ヘゲモニーと結び付けられたジオポリティクス概念が、初期の「地政学」的な傾向から真に脱皮するのも、そこからのことである。一九八〇年代／中期のウォーラーステインにおいて、転換が伏流していたと述べた所以である。

　本当の転換はジオカルチュアという概念の導入とともに生じた。ウォーラーステインがはじめてジオカルチュアという語を用いた『ポスト・アメリカ』（一九九一年刊）の次の一文は引用に値する――「二十世紀の米独長期抗争の最後の一戦と、十八世紀の英仏長期抗争の最終戦とを比較するとき、きわだったジオポリティクス的類似と、きわだったジオカルチュア的差異が見て取れる」（邦訳二六頁、強調引用者）。この一文が明らかにしているのは、資本主義世界経済における政治性をヘゲモニーとして捉えかえすだけでは、結局のところ半周辺的政治性と同様に、資本主義世界経済の論理に予め決定された政治的不安定性の単なる反復的な噴出と調整をしか捉えることができないということである。

　重要なのは、システムの現実におけるその反復が差異（ないしはズレ）を伴うものであるという指摘である。いいかえれば、世界帝国への転化の圧力と資本主義世界経済の論理との抗争に還元できないところに、近代世界システムの現実の政治性が定位されるべきだということであり、同時に、その政治性はもはや「地政学」的な意味でのジオポリティクスの平面にのみ定位されるものではないということである。

　ウォーラーステインは、当初、このズレを反システム運動として同定した（『反システム運動』の刊行は一九八九年）。彼はこの概念に、十九世紀の社会主義運動、二十世紀の民族解放運動、およびフェミニズムやエコロジーなど、二十世紀後半以降の「新しい社会運動」を含めている。その焦点は、運動の理念が世界システムの構造的全体を対象化し、その全体に対してトータルな批判・拒否の姿勢を持っている点にある。それによって、資本主義の論理と世界帝国化の圧力との間の不変の構造的矛盾の単純反復であった中期ウォーラーステインのヘゲモニー概念を越えて、（反システム）運動という制度による構造的矛盾の対象化、およびそのシステムの過程へのフィードバックの側面が前景化した。

一般にウォーラーステインないしは世界システム論に対して、その全体論的な方法論の帰結として、理論のなかの政治的主体の場が失われ、システムの内部にあって外部へ出ることをロマンティックに志向する反システム運動に、最終的な救いを求めているなどという理解が横行しているのが見られるが、それは、反システム運動を初期・中期ウォーラーステインの「地政学」的なパースペクティヴにおけるジオポリティクスのレベルでしか捉えていないために、政治性の場を先験的／還元的に確保する短絡に陥った不当な解釈である。

その証左として、ウォーラーステインは、反システム運動という概念をさらに昇華させ、その政治性の本質が、システムの構造的全体性の対象化をシステムの過程にフィードバックする制度としての側面に抽象化した上で、そのような制度のダイナミズムの時空をジオカルチュアと名づけ、その具体的表現を、（反システム的な）社会運動の形態においてだけではなく、イデオロギーおよび社会科学という形態にまで拡張して捉えている。

いいかえればウォーラーステインは、ジオポリティカルな反復の制度的なフィードバックを通じて差異やズレが生じる場をジオカルチュアと名づけているのであり、ひるがえって、そのジオカルチュア上における差異やズレの観点から、国家間《インターステイト》システムにおいて反復されるジオポリティクスのダイナミズムを再解釈するパースペクティヴを示しているのである。

こうしてジオカルチュアと対になって理解されたところで、ウォーラーステインのジオポリティクス概念は、資本主義世界経済の論理から演繹され、その同じ論理へ還元されていく本質主義的で同一的・回帰的な（非）政治性の「地政学」から脱皮して、反復と差異の事実性を手がかりに「地政」としてのジオポリティクスが定位されるべき空間の発見へとシフトする。その際、ジオポリティクスの空間は、一方で資本主義世界経済の構造的条件の時空、他方でジオカルチュア的な諸制度のダイナミズムの時空との間で重層的な条件づけを受けている。

このように、ウォーラーステインのジオポリティクス概念――geopoliticalという形容詞形で用いられていた――は、当初「国家間《インターステイト》システム」の形容詞形程度の意味合いで導入され、国家間《インターステイト》システムが資本主義世界経済の制度として機能主義的に捉えられていたのと同様に、資本主義世界経済の本質的矛盾から生じる政治的不安定性の同一的・回帰的な反復をしか射程に収めていない概念であったが、一九九〇年代／後期に入ったウォーラーステインのジオカルチュア概念の提起に伴って、資本主義世界経済の論理から相対的に自立した固有の空間の発見へ傾斜していったという解釈が導かれる。この解釈をさらに突き詰めると、資本主義世界経済／ジオポリティクス／ジオカルチュアが、それぞれに固有の空間の発見を伴う概念であって、それら非一元的な諸空間の関係は、少なくとも単一的に考えられた資本主義の論理から演繹的には考えられないという立場にたどりつく。ここまで解釈を突き詰めると、ウォーラーステインの用語体系が、特に初期・中期と後期との間で、根幹を保持しながらも、全体に整合性の軋みを抱えていることに気がつく。後期の立場から、その整理を行なうことは最終節に行なうとして、その前に、後期ウォーラーステインのパースペクティヴを俯瞰しておこう。

III　ジオポリティクス／ジオカルチュア／ジオエコノミー

前節では、ジオポリティクス概念を軸として、ウォーラーステインによる概念体系の布置が総体として、どのような経緯で進化してきたかを示してきた。それは、世界システムの政治性の場をどこに見出すかという問題に対する態度の変遷――半周辺からヘゲモニーへ、そして反システム運動を介してジオカルチュアへ――でもあった。最も重要なステップがジオカルチュア概念の導入によってもたらされたことは繰り返すまでもなかろう。その先において、私は、以上の展開をやや強く解釈することで、ジオポリティクス／ジオカルチュア概念によって定位される空間と資本主義世界経済の空間との間の分析的な切断と発見的な連関を強調する読解の立場を示唆した。私のこのような解釈は、他の解釈に対して排他的であり得るほど絶対的なものではないが、『社会科学をひらく』（一九九六年刊）、『ユートピスティクス』（一九九八年刊）、『転移する時代』（一九九六年刊）などの一九九〇年代後半の著作、そしてとりわけ本書『新しい学』における彼の思考の展開は、この方向の解釈の妥当性を支持する材料を、より多く提供しているように思われる。本節では、特に本書によって確認される彼の概念体系の布置の変化とジオカルチュア概念のインパクトを確認して、ウォーラーステイン理論の進化を俯瞰的に再構成してみよう。

本書『新しい学』が、私の解釈に対して示唆的であるのは、次の三点である。すなわち、①新たにジオエコノミーという用語が用いられていること、②資本主義世界経済という用語の使用の後退、③システムからシステムへの移行の契機が強調されていること、が挙げられる。

三つのうち①と②については、直接的に概念（の布置）にかかわる変更なので、先にまとめて論じよう。初期および中期のウォーラーステインにおいて、ジオポリティクス（ないしは「ジオポリティカルなもの」）が、国家間《インターステイト》システムにかかわる次元に定位されるものであり、それが資本主義世界経済の論理に最終的に条件づけられているものであることは、すでに示唆した通りである。彼による近代世界システム概念は、そのように資本主義世界経済の論理への還元の傾向の程度に応じて、資本主義世界経済と同義であった。とりわけ、社会科学の唯一の分析ユニットとしての史的システムを、ミニシステム、世界帝国、世界経済の三つに分類し、近代以前の人類史の常態をミニシステムと世界帝国の興亡によって特徴づける一方で、例外的な持続的な世界経済として、近代世界システムを定義し、その持続のメカニズムを資本主義の論理に求める図式は、彼の西洋中心主義の根源として批判にさらされて久しい。

　しかしながら、ごく初期の段階から中期を通じて、このような近代世界システムと資本主義世界経済の還元的等置の図式には、一定の留保があったことも確かである。これは、たとえば「近代的世界システム」とか、「資本主義的世界システム」とかいう用語法——完全に資本主義世界経済と近代世界システムが完全に等価ならありうるはずだ——がこの時期のウォーラーステインには見られないことによって傍証されると同時に、資本主義という言葉が、少なくとも概念的に重要な文脈では、名詞 capitalism ではなく形容詞 capitalist/ic として用いられていることからも推定できる。

　例外は、「史的資本主義」historical capitalism という語法における場合のみであるが、これが内容としては「史的システムとして存在する資本主義」を指す語であることは、『史的システムとしての資本主義』において、彼自身が説明している。つまり、概念としての資本主義が存在するのではなく、近代世界システムとして存在する史的システムの存在様式を資本主義と呼ぶということである。川北稔氏による同語の訳語「史的システムとしての資本主義」は、この意を十分に汲んだ名訳であり、私も本書の翻訳で一貫して踏襲している。

　このような留保を確認すると、資本主義世界経済と近代世界システムは、少なくとも無前提的に等価なものとは言えない。第一次接近として言いうることは、(a)史的システムとしての世界経済が、長期の十六世紀のいずれかの時点でヨーロッパに形成されたこと、(b)その世界経済の持続のメカニズムが資本主義と名指されていること、(c)近代世界システムは、そのような世界経済による条件づけを受けた時空を指す歴史のパースペクティヴであり、無前提的に（たとえば資本主義世界経済といったような）一元的な論理を持つ実体であるとは措定できないということ、以上三点である。総じて言えることは、資本主義世界経済を最終審級的な実体として、また近代世界システムをなんらかの一元的な実体として捉えることの留保である。

これは、初期・中期のウォーラーステイン解釈としては、きわめてミニマムなものであるが、右に指摘した本書における徴候的な用語法（①および②）を参照すると、彼に、このミニマムな用語法に軛足を残して、資本主義世界経済と近代世界システムの等置に制約された用語法から自由になったといえそうである。たとえば②で指摘したように本書では「資本主義的」という形容詞は、「世界経済」という語との結びつきを離れて、「システム」や「企業家」など、多様な語と接続している。

このような解釈にとって障害となりそうな例として、本書では、「資本主義的世界システム」capitalist world-system という用例が散見される。右に述べたように、これは初期・中期においては、慎重に避けられていたはずの資本主義世界経済と近代世界システムの等置を前提にした語法ともとれるが、そもそも資本主義世界経済という語自体の重要性が低下している後期の文脈では、むしろこれは「資本主義」の形容詞的用法の自由度が増した結果の用例と考えたい。

それが牽強付会でないのは、①で指摘した「ジオエコノミー」という新しい言葉が本書（および最近の諸論考）に見られることである。これは、資本主義世界経済という用語の脱実体化と、相即して導入されたものとみて間違いなかろう。容易に推定できることとして、これはジオポリティクスからジオカルチュアへと概念が展開した延長にある用語法であるということである。

このように見ると、初期・中期から後期へのウォーラーステインの概念展開を要約するひとつの筋として、(A)資本主義世界経済を実体視したうえで、システムのあらゆるダイナミズムを最終的にその論理に還元し、そうすることで近代世界システムなんらかの一元的な実体であるとみなす傾向から脱却して、(B)世界システムのさまざまなレベルのダイナミズムをそれぞれに固有の局面で同定し、そのそれぞれのダイナミズムの間の複合的な関係の総体において実質的なシステムの分析を行なう、という見方が可能となる。この筋において、ジオポリティクスとジオカルチュアのダイナミズムの局面がそれぞれ相対的に自立し、資本主義世界経済は、ジオエコノミーとして、それらと同列のところにまで相対化される。近代世界システムは、それらのジオシステミックな諸局面の多元性をとりあえず総体として名指す用語として脱実体化されるのである。

くり返しになるが、以上のような私の解釈は、後期のウォーラーステインが初期・中期のウォーラーステインに対する決定論的・経済主義的・西洋中心的などなどといった定型的な批判をずらすような転回をしたという指針にしたがってなされる強い解釈である。したがって私は、ここまでの議論が説得性を十分に持たないとは考えないが、逆に排他的な解釈でありうるとも考えていない。私がこのような留保をせざるをえない最大の理由は、本書でいよいよ強調されるようになった右記③のような論調である。

すでに『社会科学をひらく』および『転移する時代』でも明示的に述べられており、『ユートピスティクス』で決定的に論じられているように、一九九〇年代後半以降のウォーラーステインは、現代が、近代世界システムからなんらかの別の史的システムへの移行の時代であるという明確な前提のもとに議論を行なっている。本書に収められた諸論文も、すべてシステム間移行の時代としての現代を前提としていることは疑い得ない。

この点をとらえて、ウォーラーステインが結局、目的論的・終末論的歴史観から一歩も脱け出していなかったのだと論ずることはたやすい。だがそれは、近代世界システムが一元的な実体であるという前提のもとで言いうることでしかない。しかるにここでは、そのような意味での近代世界システムはすでに脱実体化されている。するとウォーラーステインが、近代世界システムの「終焉」を語る際に意味していることは、上に述べたようなジオカルチュア的転回を念頭に考えて、次の二つの点に帰着すると思われる。すなわち第一に、近代世界システムという概念の誕生と世界システム分析というある種の社会科学の成長という事実自体が、近代世界システムを対象化する回路として、ある程度まで近代世界システムのジオカルチュア的ダイナミズムの一部となったということと、第二に、ジオエコノミー、ジオポリティクス、ジオカルチュアの各局面において、それぞれ固有の論理およびそれらの論理の間の関係が飽和点に達したということの二つである（前者が本書第II部の主題であり、後者が本書第I部の主題であることを付言しよう）。

近代世界システムを一元的な実体と前提しない限りは、一見終末論的に見える彼の議論も上の二点を越える主張とはただちにむすびつかない。そして、上の二つの点にのみ立脚して、彼の言うシステム間の「移行」の意味を捉えるならば、それは、結局のところ、ジオエコノミー／ジオポリティクス／ジオカルチュアとは異なる形での、システミックなダイナミズムの時空の析出の推定とその発見の要請とを帰結するものということになると考えられる。

たとえば、ジオエコノミーの局面では、環境問題がネックとなって資本蓄積を無限に追求する様式の経済活動は飽和点に達している（特に本書第5章）。ジオカルチュアの局面では、漸進的な改良によってシステムの構造的矛盾を先送りにするリベラリズムの制度が飽和点に達している（特に本書第1章および第2章）。さらにジオポリティクスの局面でも、アメリカのヘゲモニーが失われたあとに、再びサイクルが反復されるかという問題はそれ自体として不透明であり、ジオポリティクスの局面がジオエコノミーとジオカルチュアの両面から条件づけられている現代の複合状況《コンジョンクチュール》においては、飽和点に達していると考えるべきだと考えられる（特に本書第3章）。さらに、世界システム分析自体が、初期・中期から後期への（ジオカルチュア的）理論展開の過程で、逆に近代世界システムのジオカルチュアの一部へと固着しているのである（特に本書第13章および第15章）。

これらそれぞれの現代的状況は、単一的な近代世界システムの終焉から流れ出ているものではなく、逆に複合状況《コンジョンクチュール》としての近代世界システムの危機を構成するものである。したがって、既存のシステムが全面的に他のシステムに入れ替わるのではなく、ジオエコノミー／ジオポリティクス／ジオカルチュアというシステミックな分節・接合関係が再編成され、それにともなってそれを分析するパースペクティヴも再編成されなければならないということになる。再編成の帰結として、ジオエコノミー／ジオポリティクス／ジオカルチュアといった分節自体が廃棄されるかもしれないし、その分節は基本的に残って接合関係だけの再編成が生じるのかもしれない。あるいは、別の次元のダイナミズムが新たに析出して、全体の接合関係を変えてしまうかもしれないし、既存の分節のある部分が溶解して、やはり全体の接合が変化するかもしれない。この点は、ウォーラーステインも言う通り、後期ウォーラーステインのパースペクティヴに立っても原理的に確かな予言は不可能であろう。ただ可能性の幅を同定することができるのみである（それがユートピスティクスの課題にほかならない）。

かくして、以上に述べた本書を準拠としたウォーラーステインの概念体系の展開／転回を最小限に要約すると以下のようになる。

①前期（一九七〇年代――『近代世界システム』第一巻、『資本主義世界経済』）

近代世界システムを資本主義世界経済と国家間《インターステイト》システムという上部構造と下部構造の重合体として考えている時期であり、対象となる時空は、本質的に近世ヨーロッパであった。この段階では、近代世界システムを、資本主義世界経済の論理に還元して論ずる傾向が強い。

②中期（一九八〇年代――『近代世界システム』第二巻、
　　『史的システムとしての資本主義』、『世界経済の政治学』）

十七世紀ヨーロッパにおけるヘゲモニーの問題が前景化し、近代世界システムにおける国家間《インターステイト》システムのダイナミズムに関心の重心が移る。ジオポリティクスの対象化への模索の時代。この段階では、ヨーロッパシステムの内部において、資本主義の論理を代表する勢力と世界＝帝国の論理を払拭しきれていない勢力との抗争としてヘゲモニー競争が捉えられており、最終的に、資本主義の論理にジオポリティクスの次元を回収してしまう傾向がみられる。

③後期Ⅰ（一九九〇年代前半――『ポスト・アメリカ』、
　　『脱＝社会科学』、『アフター・リベラリズム』）

分析の対象は、一八〇〇年前後のグローバル化する近代世界システムの時空となる。ここでヨーロッパ・システムとしての近代世界システムからの脱皮が生じ、近代世界システムを対象化する視線が析出する。このシステムの自己対象化の視線の次元がジオカルチュアの次元にほかならない。システムに自己対象化の次元が加わると、フィードバックから揺らぎが生じ、基本的論理から相対的に自立したダイナミズムが顕在化してくる。中期の理論およびその分析対象においては、ジオポリティクスの次元のダイナミズムは、そのようなフィードバックを持たず、基本的論理である資本主義世界経済の動態に回収されたが、後期の理論およびその分析対象においては、ジオポリティクスの次元のダイナミズムをフィードバックするジオカルチュアの次元の析出により、むしろジオカルチュア的ダイナミズムとの相互関係において、資本主義世界経済の論理からの相対的な自立性を高めた。

④後期Ⅱ（一九九〇年代後半――『社会科学をひらく』、
　　『ユートピスティクス』、『新しい学』）

分析は現代へと向かう。ジオカルチュア概念の導入によって近代世界システムを資本主義世界経済の論理へ還元する傾向から脱した結果、資本主義世界経済の概念自体の位置価も変化する。それに呼応してジオエコノミーという概念へと脱皮し、ジオエコノミー／ジオポリティクス／ジオカルチュアという三つの局面相互間の複合状況《コンジョンクチュール》の連鎖として近代世界システムを脱実体化する視角が生まれ、そのような視角からの現状分析が、新しいジオシステミックなダイナミズムの析出とそれに呼応するシステミックな分析のパースペクティヴの要請を帰結する。

おわりに
——新しい史的システム論のための五つの命題《プロポジション》＝提案——

以上で、私が本書の翻訳を通じて得た解釈の梗概はほぼ尽くした。訳語をふたつ変更（というより「白紙化《undoing》」なのだが）するために、これだけ長い言い訳を書き連ねるのは、あるいは訳者としての分を越えることかと恐れるが、ウォーラーステインの業績に対する思想的総括が、いつまでたっても一九七〇年代の水準にとどまっている状態を不幸と考えるがゆえのこととして、敢えてこれを行なう次第である。

　とはいえ、自分もまたひとりの解釈者にすぎないということを冷静に振り返って考えれば、ここで提起した解釈は、後期のウォーラーステインを基準として、初期・中期の理論の還元論的要素の一掃を試みた、かなり強い解釈であることはみとめなければならない。このような解釈を、ウォーラーステイン——私は彼の学生であり訳者であるとはいえ、究極的には別の研究者である——の著作に、やはり敢えて付録として書いたのは、（本書にウォーラーステインが説く）形式的な合理性としての「近代世界システム論」を越えて、実質的な合理性をもって彼の議論を解釈する場を開きたかったからだというよりほかない。おわりに、そのような場を開くための命題《プロポジション》＝提案を掲げ、討議と批判に供したい。

1　「新しい学」を志向する社会科学の対象は史的システムである。

・ミニシステム／世界帝国／世界経済といった史的システムの分類は、実体としてではなく、理念型として用いられるべきであり、史的システムを同定するための前提的基準としては用いられない。もちろん史的システムの分類のための理念型は別様でありうる可能性が検討されなければならない。

2　史的システムは一元的な実体ではなく、多元的に同定されたシステミックなダイナミズムの総体である。

・史的システムとしての近代世界システムは、ジオエコノミー／ジオポリティクス／ジオカルチュアという三つのダイナミズムに分節・接合された総体であった。

・「ジオ」という接頭辞は、システム規模の時空を占めるという意味である。

・ダイナミズムの局面の同定にカテゴリー的な規準は導入できない。

3　史的システムとしての近代世界システムの分析は、ジオエコノミー／ジオポリティクス／ジオカルチュアという三つの局面の複合状況《コンジョンクチュール》の連鎖というパースペクティヴから、特に一八〇〇年以前に遡って再検討されるべきである。

・ジオカルチュア概念の導入が十九世紀以降の世界システム分析に限られているのは、十八世紀以前の近代世界システムにおいてジオカルチュア的ダイナミズムが不在だったからか、不活発だったからか、単に（そして不当に）無視されてきたからなのかは検討されるべきである。

4　3の命題《プロポジション》＝提案が帰結しうる可能性として、近代世界システムは、史的システムとしての総体性を否定されることが検討されるべきである。

・ひとつの可能性として、十八世紀以前の「近世」のヨーロッパ世界システムと十九世紀以降の「グローバル」な世界システムとは別個の総体性をもった史的システムであると捉えることができるかもしれない。

・別の可能性として、十八世紀以前のヨーロッパ的「世界システム」は、もっと大きなジオシステムのダイナミズムの一部であるということができるかもしれない。

5　4の命題《プロポジション》＝提案が帰結しうる可能性として、現代生じているジオシステミックな変化も、（脱一元的に捉えられた）近代世界システムの終焉としてではなく、なにか別の形で捉えられた別の史的システムの終焉ないしは変容として捉えられることが検討されるべきである。

・これはたとえば、グローバリゼーションの歴史的起源をどの時空に同定するか、というような問題意識と通底する検討課題である。

・初期・中期的な世界システム論において、近代世界システムの終焉は資本主義の終焉とそのコロラリーでしかありえなかったが、ジオシステミックに脱構築されたウォーラーステイン理論においては、近代世界システムの終焉を予め一意に同定する論理は存在しない。

・それだけでなく、命題《プロポジション》＝提案4によって近代世界システムとは異なる史的システムを文脈として考えると、現在起こっている変化の可能性のレンジも、本書でウォーラーステインが提起しているもの（たとえば自由主義と民主主義というスペクトラムにおいて、そのレンジの確定を試みた第6章）とは、（背反するとは限らないが）異なる帰結が得られる可能性がある。

（山下範久）

新しい学

21世紀の脱=社会科学

ジェイコブ、ジェシー、アダム、ジョシュアへ
私の学問のはじめに出会ったよりも有益な社会科学を、
彼らが知らんことを

そして

ドン・パブロ・ゴンザレス・カサノヴァへ
その生涯にわたる仕事は、社会科学をより
民主的な世界に役立てようとする試みであり、
我々みなを奮い立たせるものであった

序言

一九九四年から一九九八年まで、私は国際社会学会の会長職にあった。私は、二十一世紀の世界は、今から大変な転換を遂げたものとなるであろうと論じ、それに照らして社会科学という集合的な社会的知識を再評価する必要を、学会の中心的な関心に据えるべきだと訴えてまわった。学会長の職にある者として、私は、社会学、その他の社会科学の集まりで講演を要請されることが多かったため、私は自分の訴えどおりに、二十一世紀の社会科学についての自分の見方を展開するために、そのような機会を用いようと決めたのである。

本書の原題は、パトリック・ウィルキンソンによって提供されたものである。彼は、本書に収められた試論の多くを、それらが書かれたときに読んでくれた。ある日、彼が語ってくれたことには、実際のところ、私が書いてきたものというのは、"The End of the World as We Know It"（「我々が"know"しているような世界の終わり」）についてのものだというのである。これは、英語における"know"という語の二重の意味の両方にかかっている。つまり、英語のknowという語は、ラテン語でいえばcognoscere（経験して知っている）とscire（知識や情報として知っている）という二つの語に対応しているのである。私は、この洞察をいただいて、それに沿って論文集の組み立てを行なった。つまり、「資本主義の世界」と「知の世界」——つまり、それが現実の枠組となっているという意味で、我々が身をもって知っている世界（すなわちcognoscereされている資本主義の世界）と、我々がそれについての理解を得るようになったという意味で、我々が頭でわかっている世界（すなわちscireする知の世界）と、である。

思うに、我々は今、暗い森のなかをさまよっている最中にあり、どこへ向かうべきなのかについて、十分にはっきりとした見とおしを持ってはいない。我々が共同でこのことについて議論するということは、喫緊の必要であり、その議論はまた真に世界規模でなければならないと私は信じている。さらに私は、この議論が、知識、道徳、政治をそれぞれバラバラの領域に分離するようなものではないとも信じている。このことについては、本書巻頭の小論「不確実性と創発性」において、手短に示す試みを行なった。我々の責務たる議論は、単一のものであり、しかもそれは容易ではない。しかし、その責務を避けることによって、問題の解決をみることは決してないであろう。

不確実性と創発性

前提と結論

「フォーラム2000――新ミレニアムを前にした憂慮と希望」(Forum 2000: Concerns and Hopeson the Threshold of the New Millenium) における講演

一九九七年九月三～六日、プラハ

二十一世紀の前半は、二十世紀に我々が知ったいかなる事態よりも、はるかに困難で、不安定で、それでいてかつ、よりオープンなものになる、と私は考えている。そのいずれについてもここで詳しく論ずる余裕はないが、上のように言うとき、私は三つのことを前提としている。その第一は、史的システムは、他のすべてのシステムと同様に、限りある生を帯びているということである。それには、始まりがあり、長い発展の過程があり、そしてついには、大きく均衡から外れていって分岐《バイファケーション》点に達する、つまり死滅する。第二は、その分岐《バイファケーション》点においては、二つのことが言えるということである。すなわちひとつは、小さな働きかけが大きな影響力を持つということ（大きな働きかけも小さな影響力しか持たない、システムの通常の発展の時期と全く逆である）、もうひとつは、そのような分岐《バイファケーション》の結果は、その本質的性格として決定不可能であるということである。

第三の前提は、近代世界システムは、史的システムとして、その末期的な危機に突入したということであり、あと五〇年も持つことはあり得なさそうであるということである。しかしながら、その結果というものが不確実である以上、結果として現れるシステム(ないしは諸システム)が、現在我々が生きているシステムよりも、良いものなのか、それとも悪いものなのかについては知ることができない。ただし、システムからシステムへの移行にかかっている利害関与は実に高く、その結果は実に不確実で、小さな入力が結果に与える影響力が実に大きいため、そのような移行期が、大変な困難の時代となることは確かである。

一九八九年の共産主義の崩壊に、自由主義《リベラリズム》の偉大なる勝利を画するものであると、広く考えられている。しかしむしろ私は、それが、我々の世界システムの規定的なジオカルチュアとしての自由主義《リベラリズム》の決定的な崩壊を画するものであると見ている。自由主義《リベラリズム》とは本質的に、漸進的な改良によって、世界システムが持つ不平等が改善され、激しい二極分解が抑えられるという展望を示すものであった。実際、近代世界システムの枠組の中でこのことが可能であるという幻想は、それがひとびとの目から見て、国家に正統性を与え、予見可能な未来に地上の楽園を約束するものであったという点で、大きな安定化効果を持っていた。第三世界における民族解放運動の崩壊、および西側世界におけるケインズ主義モデルへの信頼の崩壊とならんで、共産主義の崩壊もすべて、そのそれぞれが喧伝してきた改良正義的なプログラムの有効性と現実性に対して大衆が幻滅したことの同時的な反映である。しかしこのような幻滅は、それが正当なことであるとはいっても、国家に対する大衆レベルでの正統化の根底を揺るがすものであり、諸国民が、現在の世界システムにおいてなおも続いており、さらに拡大しつつある二極分解の傾向を容認し続けるべき根拠を実質的に掘り崩してしまった。したがって私は、我々が一九九〇年代にすでに見てきたような深刻な騒乱が、ボスニアやルワンダから、世界のもっと富裕な(そして、より安定していると言われる)諸地域(たとえばアメリカ合衆国)に拡散していくであろうと予期している。

以上が、私の言うところの諸前提である。その前提そのものについては論証を行なう時間がないので、納得がいかないという向きもあるかもしれない。[1]したがってここで望むべくは、これらの前提から、若干の道徳的・政治的結論を引き出すことだけにとどめたい。第一の結論は、いかなる形態の啓蒙主義が説くところにも反して、進歩というものは不可避なものでは、全くないということである。もっとも、私は進歩が不可能であるという考えを受け入れるわけではない。世界は、過去数千年の間、道徳的には前進してこなかったが、その可能性はあった。我々が、マックス・ウェーバーのいう「実質合理性」すなわち、集団的・知的に達成される合理的諸価値および合理的諸目標へ向かう方向に動き出すことは、可能である。

第二の結論は、確実性への信頼や近代性《モダニティ》が有する根本的前提は、我々の視野を蔽い、我々の歩みの枷となるものだということである。近代科学、すなわちデカルト゠ニュートン的科学は、確実性の確実性に基礎をおいてきた。それは基本的に、すべての自然現象を支配する客観的な普遍的諸法則が存在し、それらの法則は、科学的な調査によってつきとめられうるものであり、ひとたびそのような法則が明らかになれば、どのような初期条件からでも、その未来および過去を完璧に予測できるということを前提としている。

しばしば論じられることだが、このような科学の考え方は、単にキリスト教思想の世俗化であって、神を「自然」に置き換えただけであり、その確実性という不可欠の前提は、宗教における信仰告白の真理性と平行関係にあるものである。私はここで神学そのものの議論をしたいとは思っていないが、私にとっていつも驚きであるのは、少なくともいわゆる西方宗教（ユダヤ教、キリスト教――イスラム教）には共通した見方である、全能の神に対する信仰が、実際には論理的にも道徳的にも確実性、ないしは、どのようなものにせよ、少なくとも人間の領域における確実性――に対する信頼とは相容れないということである。というのも、もし神が全能であるとすれば、人間は、彼らが永遠に真理だと信じているものを布告するによって、その神を制約するなどということはできないからであり、さもなくば、神は全能ではないということになってしまうからである。確かに、近代初期の科学者たちは、その多くがかなり篤い信仰を持っており、自分たちが、万物を統べる神の学と調和するようなテーゼを論じていると考えていたということはありえるし、また当時の多くの神学者が、彼らにそのように考えるべき原因を与えていたのも疑いないが、科学的な確実性に対する信頼が、宗教的な信条体系を完成させるために不可欠であるというのは、端的にまちがっている。

さらに、確実性に対する信頼は、今日、自然科学自体の内部において、厳しい、そして私に言わせれば、非常に説得力のある攻撃にさらされている。ここでは、イリヤ・プリゴジーヌの最近著である『確実性の終焉』[2]を挙げておけば十分であろう。同著においてプリゴジーヌは、力学における動態系という自然科学内部の聖地においてさえ、諸系は時の矢によって支配され、均衡状態から不可避的に遠ざかっていくと論じている。このような新しい見方は、複雑性研究と呼ばれている。これはひとつには、彼らが、ニュートン的な確実性というものは、非常に限られた、きわめて単純な系においてのみ正しいと論じているからであるが、この宇宙というものが、複雑性の進化という展開を示しており、いろいろな状況の圧倒的多数の場合は、線形的な均衡や時間の可逆性といった前提からは説明されえないと、彼らが論じているからでもある。

したがって第三の結論は、宇宙における最も複雑な系である人間の社会システムは最も分析が困難であり、良い社会を求める努力は継続的なものであるということである。さらに、人間の努力というものが最も大きな意味を帯びるのは、まさに、ひとつの史的システムから別のシステム（その本質については、あらかじめ知ることができない）への移行の時代においてなのである。あるいは、別様に言えば、いわゆる自由意志が既存のシステムによる均衡状態への回収の圧力に勝るのは、このような移行の時代においてのみだということである。このように、根本的な、ただし決して確実ではない変化が可能であり、このことのゆえに我々は、合理的に、誠実に、そしてより良い史的システムを求める強さをもって行動するという道義的責任を負うことが要請されるのである。

そのようなより良い史的システムが、構造的な観点からどのようなものとなるかは、知ることが出来ない。しかし我々が、その史的システムについて、それが実質的に合理的であるかどうかを判断する規準を述べ挙げておくことは可能である。それは、大筋において平等主義的であり、かつ、大筋において民主主義的である。私は、これら二つの目標の間に摩擦があるなどとは全く考えず、むしろ両者は本質的に相互に結びついているものであると主張したい。史的システムは、それが民主的でなければ、権力配分が不平等となり、したがって他のあらゆるものまでも不平等に分配されることになるがゆえに、平等主義的でもありえない。また、もしそれが平等主義的でなければ、より多くの物的手段を持つものと、そうではないものとの格差が生じ、したがって不可避的に政治的権力に格差が生じるがゆえに、民主的ではありえない。

私が引き出す四つ目の結論は、不確実性は実に素晴らしいことであり、確実性というものは、もしそれが現実にあるとすれば、道徳的な死であるということである。もし、我々が未来について確実に知っているならば、なにかを行なおうという道徳的な衝迫といったものは、一切ありえないであろう。全ての行動が予め定められた確実性のなかに収まっていくのである以上、我々は、なんの枷もなく、あらゆる情念に溺れ、エゴイズムを追求するばかりとなるであろう。もし全てが不確実ならば、未来は創発性に開かれているということになる。その創発性とは、単に人間の創造というだけではなく、全自然の創発性でもあるのだ。それは可能性に開かれ、したがってより良い世界にも開かれている。だが、我々がそこへたどりつきうるには、我々が、その達成へ向けて自らの道徳的エネルギーを注ぎ、そして、不平等で非民主的な世界を望む者たちに対して、彼らがいかなる装いのもとにあり、いかなる口実を持っていようとも断固闘う用意を怠らないということが絶対に必要なのである。

注

（1）これらのテーゼについては、最近出した次の二つの著作で、ある程度くわしく論じている。イマニュエル・ウォーラーステイン『アフター・リベラリズム』（藤原書店、新版、二〇〇〇年）、テレンス・K・ホプキンズ＋イマニュエル・ウォーラーステイン編著『転移する時代——世界システムの軌道 1945-2025』（藤原書店、一九九九年）

（2）Ilya Prigogine, *La fin des certitudes* (Paris: Odile Jacob, 1996)

I

資本主義の世界

The World of Capitalism

7

社会科学と共産主義という名の間奏曲《インターリュード》、あるいは現代史の解釈について

Social Science and Communist Interlude,
or Interpretations of Contemporary History

国際社会学会リージョナル・コロキアム「開かれた社会の建設と中・東欧における社会学のパースペクティヴ」（一九九六年九月十五～十七日、ポーランド・クラクフ）における講演

いったい共産主義という名の間奏曲《インターリュード》とは何なのか。何と何との間の間奏曲だというのであろうか。そしてまず第一に、いつのことを言っているのだろうか。私は、一九一七年の十一月（いわゆる十月革命）から、八月にソ連共産党が解体し、十二月にはソ連そのものが解体した年である一九九一年までの時期がそうだとみなしている。これは、ロシアおよびその帝国と、中・東欧ににおいて、国家が共産主義政党ないしはマルクス＝レーニン主義政党に支配されていた時期である。確かに今日なおアジアには、マルクス＝レーニン主義政党による統治を自認する国が何カ国かある。すなわち、中国、北朝鮮、ヴェトナム、ラオスといった国々である。また、キューバも存在している。しかし、いかなる意味にせよ、有意味な形で「社会主義圏諸国」が存在するような時代は終わっている。つまり、ここで私の視野にはいっているのは、相当程度の支持を手中に握るイデオロギーとしてマルクス＝レーニン主義が存在したような時代のことである。

というわけで、ここで間奏曲《インターリュード》といっているのは、〔何かと何との「合間」という〕その基本的な意味においてであって、マルクス＝レーニン主義的イデオロギーによって統治されていると称する諸国家が、ひとつのまとまった

ブロックとして存在していたような時代の始まりを画するような時点というものが存在し、また今日我々が生きているのはその時代の後の時期であるというほどのことである。もちろん、共産主義の影というものは、一九一七年以前からあった。マルクスとエンゲルスは、一八四八年の『共産党宣言』においてすでに「ヨーロッパをひとつの亡霊が徘徊している。共産主義という亡霊が。」とはっきり書いている。また、多くの点で、この亡霊は、依然としてヨーロッパを徘徊しつづけている。いや、ヨーロッパだけのことであろうか。それを論じてみよう。

一九一七年以前の亡霊とは何であったか。一九一七年から一九九一年までのそれは、何であったか。そして、今日それは何であるか。一九一七年以前においてその亡霊が何であったかについては、それほど困難もなく、各人の意見は合致すると思われる。それは、「民衆《ピープル》」——大体において、教育を受けておらず、無教養で、粗野な人間の集団と見られるような——が、何らかの無秩序な蜂起を起こし、財産を破壊したり没収したりして、多かれ少なかれそれを再分配し、才能や指導力に対する敬意を持たない統治を行なうような者を権力の座につけるというような、何らかのそのような亡霊であった。そして、その過程において、「民衆《ピープル》」は、その国の伝統の中にあって価値あるものと見なされているもの——もちろん、宗教的伝統を含む——を破壊するものであると考えられた。

このような恐怖は、まったくの思い違いというわけではなかった。パステルナークの『ドクトル・ジバゴ』の映画版には、次のようなシーンがある。革命の直後、ジバゴが、前線からモスクワにある比較的立派な自邸に戻って来たとき、彼を迎えたのは、彼の家族だけではなく、新しい住居としてその屋敷を占拠していた多数の人間の集団だったのである。ジバゴの家族は、その大きな屋敷の一室に追いやられてしまっていた。彼は、本質的に理想主義的なロシアの知識人を代表しているわけだが、この新しい現実をどのように思うかと、いくぶん攻撃的な調子で尋ねられて、「こうした方がいいとも、同志。より正義にかなっている。(1)」と答えている。その波乱万丈の一生を閉じるときにもなお、ジバゴはその方がよいと信じつづけていた。もっとも、読者／観衆の方は、ずっと曖昧な気持ちにさせられるわけであるが。

十九世紀のヨーロッパの政治・社会史については、かなりよく知られている。要約してみよう。フランス革命の後、それ以前であれば大半の人が奇妙であると考えたと思われるような二つの考え方が、ヨーロッパにおいて広範に受け入れられるようになってきた。その第一は、政治的変化というものが、絶対的に通常《ノーマル》であって、当然に予想される現象であるというものであり、第二は、主権　ナショナルな主権――が、君主や議会に存するのではなく、「人民《ピープル》」という名の何ものかに存するというものである。この二つの考え方は、単に新しいというだけではなく、ラディカルな考え方であり、財産や権力を持つ人々の大半にとって不愉快なものであった。

私が近代世界システムのジオカルチュアの生成と呼んでいる、個別の諸国家を超えた、このような新しい価値は、大半のヨーロッパ諸国における、人口構造および社会構造の重大な変化を伴うものであった。都市化のペースは速まり、賃労働者比率も増大した。このように、一般に最低の生活条件にある、かなりな数の都市賃金労働者が突然、ヨーロッパの都市に地理的に集中した結果、経済成長のもたらす利益からほぼ排除された人々――経済的に困窮し、社会的に排除され、一国レベルにおいてもローカルなレベルにおいても政治過程にいかなる発言力もない――によって構成される新たな政治勢力が生まれた。マルクスとエンゲルスの「万国のプロレタリアよ、団結せよ。プロレタリアは、鎖よりほかに失うべき何物ももたない。」という言葉は、この集団のことを言っていると同時に、この集団に対して語りかけているわけである。

一八四八年から一九一七年までの間に、ヨーロッパでは二つのことが起こり、この状況に影響を与えた。第一は、さまざまな国の政治的指導者が、この集団の不平に応え、その窮状を和らげ、疎外感を緩和することを狙った改良――合理的改良――のプログラムを実施し始めたということである。このようなプログラムは、その開始時期や、実施のペースの点でばらつきがあったものの、ヨーロッパの大半の国々で実施された。(私は、ここでのヨーロッパの定義に、主要な白人の定住植民地、すなわちアメリカ合衆国、カナダ、オーストラリア、ニュージーランドを含めている。)

改良のプログラムは、主に三つの要素から成り立っていた。その第一は、選挙権であり、慎重にしかし着実にその範囲を拡大するかたちで導入されていった。時期にばらつきはあったが、全ての成人男子(さらにそののち、成人女子にも)に投票権が与えられた。改良の第二として、労働の現場に救済的に介入する立法が、所得の再分配と組み合わされて実施された。いわゆる、のちの「福祉国家」政策である。第三の改良は、それを改良と呼べるとすればであるが、国民《ネイション》というアイデンティティの創造である。これは、大まかに言って、初等義務教育と(男子の場合は)国民皆兵制度を通じて行なわれた。

以上三つの要素――投票を通じての政治的参加、統治の及ばない市場関係が結果として引き起こす二極分解を軽減する目的の国家介入、階級を越えた統合をもたらす国民的忠誠――はあいまって、自由主義《リベラリズム》国家の支柱、というより実際のところ、その定義を構成した。この自由主義《リベラリズム》国家は、一九一四年までには、すでに、汎ヨーロッパ的な規範となっており、その実践の一部をなすようになっていた。一八四八年以降、いわゆる自由主義《リベラリズム》と保守主義の両政治勢力の間に、それ以前には存在した差異が、根底的に失われていった。それは、改良のプログラムに使いでがあるという点において両者が接近した考えをもつような傾向が現れてきたためである。ただしもちろん、改良の速度や、それが伝統的な象徴・権威の尊重を維持するのにどの程度有用であるかという点をめぐっては、論争が続いた。

これと同じ時期に、ヨーロッパには、場合によって社会運動とよばれるものが現れた。この社会運動とは、一方で労働組合、他方で社会党ないしは労働党を、その内実としていた。これらの政党は、全てではないまでも、その大半が、自ら「マルクス主義」であると任じていた。ただし、それが実際に何を意味するかということについては、当時からずっと論争の絶えなかったことである。これら諸政党の中で最も強力で、かつ大半の他の政党にとっても、また自ら認めるところとしても「モデル」となったのは、ドイツの社会民主党である。

ドイツの社会民主党は、他の大半の党と同様、ある大きな実際的問題に直面していた。すなわち、議会選挙に参加するべきか（さらにそこから出てくる問題として、党のメンバーは政府の一員となるべきか）という問題である。最終的に、党およびその戦闘的分子の圧倒的多数は、この問いに是と答えた。その根拠は、単純と言ったほうがよいようなものだ。議席を獲得すれば、彼らを選んでくれた選挙民のために、なにか直接よいことができる。そして選挙権が拡大し、政治的な教育が十分行き届けば、究極的には、過半数が自分たちに投票してくれるようになって完全に権力を手中にし、資本主義に幕を引き、社会主義社会を建設すべく立法を行なうことができるだろう、と考えたのである。このような考え方の基礎には、いくつかの前提が存在する。ひとつは、人間の合理性に対する啓蒙主義的な見方である。すなわち、人間というものは誰でも、自分の合理的利害について、それを正しく認識するだけの教育と機会があれば、その利害に基づいて行動するものである、という見方である。第二の前提は、進歩が不可避であり、したがって歴史は、社会主義の主張の側へ傾いているというものである。

一九一四年以前のヨーロッパの社会主義政党は、この方向での思考を推し進めた結果、実際上、革命勢力から——彼らが実際に革命勢力であった時期があったとしての話であるが——単に幾分急進的なだけの中道自由主義《リベラリズム》へと転化してしまった。それら社会主義政党の多くは、依然として革命の言語を語ってはいたが、もはや革命が暴動を伴うものであるなどと本気で考えてはいなかったし、あるいは実力の行使さえも、その革命の認識のなかにはなかった。革命とはむしろ、たとえば、世論調査で六〇パーセントの支持を獲得するとかいったような、なにか劇的な政治的事件に対する期待へと変わっていた。当時、社会主義政党は、依然として世論調査では、全体としてごく少数の支持をしか得ていなかったため、世論調査で勝利を得るという見通しを語ることには、まだ心理的に革命の香りがしていたのである。

さて、舞台にレーニン、というよりはロシア社会民主党のボルシェヴィキが、登場した。ボルシェヴィキの分析は二つの主要素を持っていた。ボルシェヴィキは、第一に、ヨーロッパの社会民主党の理論と実践は、全く革命的ではなく、せいぜいのところ自由主義《リベラリズム》の変種を構成するにすぎないと主張した。第二に、そのような「修正主義」は、ロシア以外の国でいかなる正当化が行なわれようとも、ロシアの現実には妥当しないと主張した。ロシアは自由主義《リベラル》国家ではなく、したがって社会主義者には、投票によって社会主義を実現するという可能性自体がなかったからである。今日からふりかえって見ると、ボルシェヴィキによるこの二つの当時の現状評価は、完璧に正しかったといわざるをえない。

ボルシェヴィキは、この分析から決定的に重要な結論を引き出した。すなわちロシアは（また暗黙に、他のいかなる国も）、国家機構の奪取を伴う反乱の過程を経なければ、社会主義になることは決してないと結論づけたのである。この結論に従って、実際には依然、数の上で少数であったロシアの（歴史の主体として認められた）「プロレタリアート」は、革命を計画・組織する幹部からなる厳格な秩序を持った政党へと組織化を遂げることで、それを遂行せざるをえないということになった。都市の産業プロレタリアートが「少数」であったことは、その理論が表向きはそうではないが暗黙に前提としている部分において、レーニンやその同志たちが認めているよりも大きな意味を持っていた。というのも、実質的にここで議論の対象となっているのは、富裕でも高度に産業化されてもおらず、したがって資本主義世界経済の中核地帯に位置を占めていない国において、社会主義政党は、いかにあるべきかについての理論だからである。

十月革命の指導者たちは、自分たちが、近代史における最初のプロレタリアートの指導者であると考えていた。

もっと現実に即して言えば、彼らが率いていたのは、世界システムの周辺および半周辺における民族解放蜂起の、最初で、おそらく最も劇的なものだということになろう。しかしながら、特にこの民族解放蜂起が他のものと異なっている点は、次の二つである。すなわち、ひとつは、それが普遍主義的イデオロギーを好んでふりかざし、したがって世界規模の政治構造をその直接の支配下に創り出そうと邁進するような、幹部政党によって指導されていたということであり、もうひとつは、ほかならぬロシアという産業的・軍事的に最も強力な中核地帯の外にある国で、そのような革命が起こったということである。一九一七年から一九九一年までの共産主義という名の間奏曲《インタリュード》の全歴史は、この二つの事実から派生したことである。

前衛党たるべきことを主張し、かつその上、国家権力の奪取へと邁進する政党は、独裁的にならざるをえない。ある者が自らを前衛的であると自己規定すれば、必然的に、その者は正しいということになる。そして、歴史が社会主義の方へ傾いていっているとするならば、論理的に前衛党は、その前衛をつとめるべき者——この場合では産業プロレタリアート——を含めて全ての人々に対して党の意志を強制することによって、世界の運命を成就させることになる。むしろ、そのように行動しなかったとしたら、それは、自らの義務に対する怠慢であるということになってしまう。くわえて、世界中で国家権力を有する前衛党がたった一つしかなく——一九一七年から一九四五年まではは本質的にそうであった——、しかるに、国際的な幹部構造をも組織しようとするならば、国家権力を有しているその党が指導的立場につくことは、確かに自然で、説得的なことであるように思われるし、いずれにせよ、その党には、反対の声が上がったとしても、自らの役割を断固主張しとおすだけの物的・政治的手段があるわけである。このように、ソ連の一党体制およびそのコミンテルンに対する事実上の支配は、前衛党の理論のほぼ不可避の帰結であったと述べても、あながち不当ではないように思われる。そうしてそれに伴って我々が実際に目にしたことが起こった。それは全く不可避ではないとしても、少なくとも高い確率で起こるべきものであった。すなわち、粛清、強制収容所、そして鉄のカーテンである。たしかに、ロシアの共産主義体制に対する全世界の明白で持続的な敵意は、このような事態の発展に大きな役割を果たした。しかし、レーニン主義理論がそのような敵意を予言しており、したがってそのような敵意は、体制が常に取り組まねばならないと覚悟しておくべき外的現実の定常条件の一部を代表している以上、このような事態の発展の原因を外的な敵意に帰するのは全く表層的である。

敵意は予期されていた。体制の内的構造も予めそうなるはずのものとなった。多少とも予期をはずれていたと言えそうなのは、ソヴィエト体制のジオポリティクスである。ボルシェヴィキが下したジオポリティクス上の決断は連続的に四つあり、それらはターニング・ポイントを画することにはなったが、私の目からすると、それは必ずしもソヴィエト体制がとりえた唯一のルートではなかったように思われる。

第一の決断は、ロシア帝国の再結集である。一九一七年において、ロシア帝国の軍は、軍事的混乱状態にあり、ばらばらになった巨大なロシアの人口は、「パンと平和」を求める叫びをあげていた。このような社会的状況のなかで、皇帝は退位を余儀なくされたのであり、そのような状況であればこそ、その少しあとに、ボルシェヴィキはペトログラードの冬宮への攻撃を実施し、国家権力を掌握しえたのである。

当初、ボルシェヴィキは、ロシア帝国そのものの運命には無関心であったように思われる。結局のところ、彼らはインターナショナリストたる社会主義者であり、民族主義《ナショナリズム》、帝国主義、そしてツァーリズムは害悪であるという信念を己のものとしていた。彼らは、フィンランドも、ポーランドも「放棄」した。彼らは難事に際して積荷を投げ捨てていたに過ぎないと冷笑的な解釈もできるが、私としてはむしろそれは、彼らのイデオロギー的先入見にのっとった、一種の直接的で、ほとんど本能的な反応であったと考える。

それから起こったことは、合理的な反省であった。気がつくと、ボルシェヴィキは、内戦という軍事的な困難を抱えていた。彼らは、「放棄」が国境地帯における敵対的な体制の活発化を招くことになることを恐れた。彼らは、内戦に勝ちたかったわけであり、それには帝国の再征服が必要であると決断したのである。フィンランドとポーランドについてはもう遅すぎたが、ウクライナとコーカサスについてはまだ間に合った。このような次第で、第一次世界大戦期のヨーロッパに存在していた三つの多民族帝国――オーストリア゠ハンガリー帝国、オスマン帝国、ロシア帝国――のうち、ロシア帝国だけが、少なくとも一九九一年までは、生き残ることとなったのである。

第二のターニング・ポイントは、一九二一年、バクーにおいて行なわれた東方諸民族大会である。長らく待たれていたドイツ革命が起こりそうにもないという現実に直面して、ボルシェヴィキは、その目を内向きにおよび東向きに転じた。内向きというのは、彼らが一国社会主義の建設という新しいドクトリンを打ち出したからであり、東向きというのは、バクーでの会議によって、ボルシェヴィキの世界システム的重要性が、高度産業諸国におけるプロレタリアート革命から、植民地・半植民地諸国における反帝国主義闘争へと転換したからである。このふたつの転換は、ともども実際的な見地から納得のいくものであるように思われる。両者は、世界革命のイデオロギーとしてのレーニン主義を馴致する上で、莫大な帰結をもたらしたのである。

内向きになるということは、ロシアの国家、およびその国家構造としての帝国の再凝集に集中し、産業化を通じて、中核地帯諸国に経済的にキャッチ・アップするプログラムを推進するということを意味した。東向きになるということは、中核地帯での労働者蜂起が事実上不可能であると、暗黙に（表向きは、まだそうではないが）認めることであった。それはまた、ウィルソンの言う民族自決を（反帝国主義というもっと華やかな旗のもとに）求める闘争に加わるということでもあった。このような目標の転換によってソヴィエト体制は、それ以前のスタンスよりも西側諸国の政治的指導者にとって受け入れやすいものとなり、ジオポリティクス上の協約関係の可能性の基礎を開くことになった。

　ここから論理的に次のターニング・ポイントが訪れた。まさにその翌年の一九二二年、ラパロにおいて、ドイツとソヴィエト・ロシアは、外交・経済関係の再開と相互不戦に合意することで、両者がそれぞれ苦しんでいた仏英米による一種の追放刑《オストラシズム》から首尾良く脱し、世界政治の主要国として再び舞台に登場した。この時を境に、ソ連は国家間《インターステイト》システムへの完全な統合に足を踏み入れることとなった。一九三三年には（許されれば、もっと早くにそうであったろうが）国際連盟に加盟し、第二次世界大戦では、自ら西側諸国の一員として戦い、国際連合の創設国の一つとなり、戦後世界においても、あらゆる国に対して（そしてまず第一にアメリカに対して）、世界の二「大国」のひとつであるという承認を求めてやまなかった。シャルル・ド・ゴールが繰り返し指摘していたように、このような努力は、マルクス＝レーニン主義のイデオロギーという観点からは説明しがたいもののように思われるかも知れないが、既存の世界システムの枠組内で機能している軍事大国の政策としては、全くあたりまえのものである。

　そうすると、第四のターニング・ポイントを目にしても、それほど驚くべきことはなくなる。それは一九四三年のコミンテルンの解体であり、しばしば無視されているが、イデオロギー的には重要なことである。まずもって言うべきことに、コミンテルンの解体は、すでに長らく現実であったこと――最も「進んだ」国々においてプロレタリアート革命を起こすというボルシェヴィキの当初のプロジェクトの放棄――を正式に認知することであった。これは明らかなことであると思われる。そして、これほど明らかではないが、このコミンテルンの解体は、一九二一年にバクーで定められた目標についても、少なくとも当初のかたちでは、それを放棄するということを象徴している。

　バクーの東方諸民族大会は、「東方」における反帝国主義民族解放運動の美点を賞揚していた。しかし一九四三年までには、ソ連の指導者は、自分たちが完全にその革命を制御している場合を除いては、もはやどこにおいても革命に本気で関心を持つなどということはなくなっていた。ソ連の指導者は愚かだったのではない。彼らは、長い民族闘争を経て権力についた運動が、モスクワにその魂を譲り渡すなどということはまずないということを分かっていたのである。では誰ならば、モスクワのいいなりになるというのか。答えはひとつしかなかった――ロシア赤軍が油断なくにらみをきかせたおかげで、その監視のもとに権力についた運動の場合ならば、ということである。かくして、少なくとも当時それが当てはまりえた世界の一部の地域、すなわち中・東欧に対するソ連の政策が生まれた。一九四四年から一九四七年の期間に、ソ連は、終戦の時点で赤軍が根をおろしていた全ての地域、要するに本質としてはエルベ川の東のヨーロッパにおいて、傀儡的な共産主義体制を政権につけるという決断を下した。エルベ川の東というときに「本質としては」と断ったのは、その直後にあっては、三つの例外があったからである。すなわち、ギリシア、ユーゴスラビア、そしてアルバニアである。しかし、これらの国で起こったことについては、我々の知らぬところではない。一九四五年の段階で、これら三つの国のいずれにも、赤軍は位置を占めていなかった。ギリシアでは、スターリンはギリシア共産党を劇的に見捨てた。ユーゴスラビアとアルバニアでは、ともに現地で蜂起した勢力が政権について、マルクス＝レーニン主義体制となり、その後、公式にソ連と断交することとなった。アジアについては、スターリンにその気がないということは誰の目にも明らかであった。それは、とりわけ中国共産党にとってそうであり、可能になると直ちに中ソもまた断交した。毛沢東・ニクソン会談は、ソヴィエトのこの第四のターニング・ポイントの直接の帰結である。

さて、四つのターニング・ポイントの後には何が残ったのであろうか。かつての共産主義の亡霊の影はあまりない。残ったのは、なにか全く異なるものである。ソ連は、世界第二の軍事強国であった。実際その強さは、他を圧して第一の強国であるアメリカ合衆国を相手取って取引を行ないうるほどであって、エルベ川とヤールー川に挟まれた地域を切りとり、そこに排他的な影響圏を築くことを認めさせることはできたが、それ以上は無理であった。取引の結果、その地域はソ連の支配下におかれ、その地域から全く外に出ない限りにおいてであれば、そのなかでは何をしようが、アメリカは黙ってそれを尊重することになった。取引は、ヤルタ会談の際に神聖化され、それから一九九一年まではずっと、西側諸国とソ連によって、本質的には尊重されてきた。この点でソ連は、皇帝《ツァーリ》直系の相続人として振舞いつつ、かつてよりも上首尾に、そのジオポリティクス上の役割を果たしたのである。

経済的には、ソ連は、キャッチ・アップへ向かう古典的な道、つまり産業化へ進路を定めた。ソ連がかかえていた種々の悪条件や第二次大戦による破壊のコストを考慮に入れれば、その成果はかなりのものであった。一九四五年から一九七〇年について、世界規準で比較すれば、その数値は目覚ましいものである。ソ連は、その衛星諸国にも、同じ道を追求するように強制した。このような強制がそれほど納得のいくものではない場合もあったが、それらの諸国もまた、当初はかなりの成果を収めた。しかし、その経済学は単純素朴《ナイーヴ》なものであった。というのは、私企業に十分な場を残しておかなかったからではない。着実な「キャッチ・アップ」が説得的な政策であり、産業化こそが経済の未来の波であると決めてかかっていたからである。いずれにせよ、我々の知る通り、ソ連ならびに中・東欧諸国は、一九七〇年代、一九八〇年代と経済的不振にあえぎ、結局崩壊してしまった。もちろん七〇〜八〇年代は、世界の多くの地域が同様に不振にあえいでいた時期であり、これらの国々で起こったことの多くは、もっと大きな傾向の一部であったにすぎない。しかしながら、重要なことは、これらソ連および中・東欧諸国に実際に暮らしていた人々の観点からすると、この経済的不振は、打ち続いてきた苦労に対する辛抱の限界を越えるものとなったということである。このことは、党公式のプロパガンダが、マルクス＝レーニン主義の長所を示す最大の証しは、経済的状況をたちどころに改善しうるところに存すると述べたててきていただけに、なおさらそうであった。

これが打ち続く苦労に対する辛抱の限界となったというのは、これら全ての諸国における政治状況は、ほとんど誰にとっても好ましいものではなかったからである。民主的な政治参加は存在していなかった。テロリズムという最悪の部分は、一九五〇年代の半ばには終わっていたとしても、恣意的な投獄や秘密警察による支配は依然としてあたりまえに続く生活の現実であった。また、民族主義は、いかなる表現も許されていなかった。おそらく、このことが一番問題にならなかったのはロシアであろう。ロシアでは、ロシア人が政治の世界の頂点に立っており、おおっぴらにそう言うことは許されていなかったとしても、それが現実であったからである。しかし、ロシア人以外の人びとにとっては、ロシアの支配は耐えがたいものであった。最後に、一党制は、これら全ての諸国において、ノーメンクラツーラというきわめて特権的な階級の存在を意味しており、その存在のために、平等主義を代表しているというボルシェヴィキのイデオロギー的な主張は、くだらないまやかしのように見えたのである。

これら全ての諸国には常に、ボルシェヴィキのもともとの目標をいかなる意味においても共有していない人々が、きわめて多数存在した。しかしながら、最終的にシステム全体の崩壊をもたらしたのは、そのようなボルシェヴィキの目標を実際に共有していた多くの人々が、その他の人々と同様に――おそらくそれ以上に――体制に対して敵対的となったことの方である。一九一七年から一九九一年までの世界を徘徊していた亡霊は、一八四八年から一九一七年のヨーロッパを徘徊していた亡霊の怪物的なカリカチュアへと変容してしまった。かつての亡霊は、楽観主義、正義、道徳性の霊気を漂わせており、それが強みであった。次に現れた亡霊は、停滞と裏切り、そして醜悪な抑圧の妖気を漂わせるばかりであった。さらにその次の亡霊は現れつつあるのであろうか。

最初の亡霊は、ロシアにでも、中・東欧にでもなく、ヨーロッパ（そして世界）に現れた。第二の亡霊は全世界に現れた。第三の亡霊も全世界に現れることは間違いないであろう。しかし、それを共産主義という名の亡霊ということはできるだろうか。一九一七〜一九九一年的な意味での共産主義とは呼べないことはたしかであり、一八四八〜一九一七年的な意味であっても、ある程度までそうというだけのことであろう。しかし、それにもかかわらず、その亡霊は恐ろしいものであり、偉大な物質的・技術的前進と世界の人口の異常な二極分解とが組み合わさっているという、近代世界から消滅したことのない問題と無関係ではない。

旧共産主義世界においては、多くの人々が、「常態への復帰」“back to normalcy”を果たしたと感じている。しかしそれは、一九二〇年に、アメリカのワレン・ハーディング大統領がそのスローガンをぶち上げた（「常態への復帰」は、前任者ウィルソンの政策に反対し、モンロー主義を唱えて、独占資本の利害を代弁したハーディング大統領が用いたスローガン）ときと同様、現実的な可能性ではない。アメリカが一九一四年以前の世界に戻ることは、決してありえなかったし、ロシア及びその旧衛星諸国が、一九四五年以前ないしは一九一七年以前の世界に戻るということもありえない。それは、細かい実際的事情の問題としてもいえることであるし、精神の問題としてもいえることである。世界は、決定的に動き出してしまっている。旧共産主義世界の大半の人々が、共産主義という名の間奏曲《インターリュード》が過ぎ去ったことに、大いに安堵している一方で、彼らにしてもその他の我々にしても、自分たちが、より安全ないしはより希望があり、住みやすい世界へ向けて進んでいるのかについては、まったく何の確信もないのである。

ひとついえば、今後五十年間の世界は間違いなく、我々がくぐり抜けてきた冷戦期の世界よりも、はるかに暴力に満ちた世界となるであろう。冷戦は、アメリカとソ連の両者がお互いの間で決して核戦争をおこしてはならないという関心を持っていたことによって、また同様に重要なことに、そのような戦争が決して起こらないと保障するに足るパワーが両国の間にあったという事実によって、高度にその振舞いが定められていて、高度に制約の強いものであった。しかし、そのような状況は根底的に変わってしまった。ロシアの軍事力は依然として大きくはあるが、相当に弱体化している。しかしまた、アメリカの軍事力も、ロシアほどではないとしても、やはり同様であるといわなければならない。すなわち、具体的に言えば、かつてはその軍事力を保障していた三つの要素――金、軍事行動に伴う損失にたえるだけの米国内の大衆的意志、西欧および日本に対する政治的支配――が、もはや失われているのである。

その帰結は、既に明白である。局地的な衝突がエスカレートするのを封じ込めることは、極度に困難となっている（ボスニア、ルワンダ、ブルンジなど）。今後二十五年間は、兵器の拡散を封ずることは、事実上不可能であろう。また、核兵器ならびに生物・化学兵器を自己の意思で用いうる国家の数が深刻に増大するということも、予期しておくべきことである。さらに、一方で、アメリカのパワーが相対的に弱体化して強国間で三極化が起こってきており、他方で、世界システムにおける南北間の経済的二極分解は継続しているとすると、これまでほど偶発的ではない（サダム・フセイン的な類の）南北間の軍事的衝突が起こる可能性が高いということも予期しておくべきだろう。そのような衝突を、政治的に処理することはますます困難になっていき、もっと同時多発的にそのような事態になれば、北側がそれを食い止めることができるかどうかは、疑わしいところである。アメリカ軍は既に、そのような事態を二件同時に処理しようという態勢に入っているが、三件同時に起こったらどうなるのであろうか。

第二の新しい要素は、南北間（東欧から西欧へを含む）の人口移動である。私は、今「新しい」と言ったが、もちろん、そのような人口移動は、今日まで五百年間続く資本主義世界経済の特徴であったものである。しかしながら、変化したことが三つある。第一は、輸送技術であり、結果、人口移動の過程ははるかに容易になった。第二は、グローバルな経済および人口動態の二極分解の拡大である。これによって、グローバルな人口移動のプッシュ要因の強度がはるかに上がった。第三は、民主主義のイデオロギーの普及であり、そのために、豊かな国の側で人口の流入に抵抗しうる政治的基盤は掘り崩された。

何が起こるのであろうか。短期的には、それは明らかなように思われる。豊かな国では、移民流入を抑止する言辞を弄することに焦点をあわせる右翼運動が勢力を伸ばすであろう。移民に対する法的・物理的障壁が、ますます打ち建てられていくであろう。それにもかかわらず――ひとつには、本気でそれを食い止めるとしたら、その障壁にかかる費用が高すぎることと、またひとつには、そのような移民労働力を使用したいという雇用主は広範に存在して、移民と利害を通じているために――合法および不法の移民の、実際の流入速度は上昇するであろう。

中期的な帰結もまた明らかである。統計的に有意な大きさの移民家庭（移民二世の家庭を含むこともしばしばであろう）の集団が現れるだろう。彼らは、低賃金であり、社会的に統合されておらず、ほぼまちがいなく政治的権利を持たない。これらの人々は、本質的に、それぞれの国の労働者階級の底辺階層を構成する。もしこの通りになれば、われわれは、一八四八年以前の西欧へ逆戻りすることになる――すなわち、下層階級が、権利を与えられずに、きわめて強い不満をもって都市地区に集中しており、しかも今回は、エスニシティによって明瞭に同定されうるのである。マルクスとエンゲルスが語った第一の亡霊を導いたのは、まさにそのような状況であった。

しかしながら今回は、一八四八年との相違がもうひとつある。十九世紀においては、世界システムは未来について圧倒的に楽観的な波に乗っており、実際それはほんの二十年前まで続いていた。歴史は進歩に向かっていると誰もが確信している時代に生きていたのである。そのような信条は、きわめて大きな政治的帰結をひとつもたらした。すなわち、おかげで、信じられないほど安定したのである。そのような信条は、いつか、いつかすぐに、少なくとも自分の子供の世代には、物事が良くなっているだろうということを、誰もに確信させてくれたために、忍耐が生じたのである。だからこそ自由主義《リベラリズム》国家は、政治構造として、説得的で受け入れられうるものとなったのである。今日、世界は、そのような信条をすでに失っている。そして、それを失った以上、世界を安定させてくれるものは、本質的に失われてしまっているのである。

今日いたるところで見られる、国家に対するはげしい嫌悪は、改良が不可避であるという信条がこのように失われてしまったことから説明される。国家に心底好感を寄せていた者など、今だかつていたことはなかったわけであるが、大多数は、国家が改良を媒介するものであると見なしたがゆえに、その権力が、かつてないほど大きくなるのを許してきたわけである。しかしもし、国家がその機能を果たせないとしたら、どうして、国家などというものに我慢をしなければならないものであろうか。けれども、もし強力な国家というものがなければ、日々の安全は誰が用意するのか。それは我々が自ら、自らのために用意しなければならない、というのが答えである。これは、世界をまとめて、近代世界システムの始まりの時期へと連れ戻すことになる。我々が近代世界システムの建設に努めたのは、自分自身のローカルな安全を構築する必要から出てきたことであった。

最後にひとつ――といってそれほど些細なことではないが――変化を指摘しよう。それは民主化と呼ばれている。誰もがそれについて語っており、私もそれが実際に起こりつつあると信じている。しかし民主化は、大きな混乱を減らすのではなく、むしろ増やすものである。というのは、大半の人々にとって民主化とは、まず第一に、平等な権利として次の三つのものを要求することと同義であるからである。すなわち、十分な収入（仕事と退職後の年金）、自分の子供への教育の機会、適切な医療施設の三つである。民主化の進んだ程度に応じて、人々は、単に上の三つだけではなく、それぞれについて、状況の進展にあわせて最低限受け入れうるだけの改善を定期的に行なうことを要求するようになる。しかし、人々が日々それを要求している水準で、これら三つのものを手にさせるとなると、豊かな国においてさえ、それは信じがたいほど高くつくものである。ロシアや中国、インドにおいては言うまでもない。全ての人々が真にこれらをより多く手にしうる唯一の方法は、世界の資源配分について、今とは根本的に異なるシステムを作ることである。

では、この第三の亡霊を何と呼ぼうか。人々がもはや信を置いていない国家構造の解体という亡霊と呼ぼうか。民主化およびラディカルに異なる分配システムを求める要求の亡霊と呼ぼうか。来るべき二五〜五〇年間は、この新しい亡霊といかに向き合うかについての長い政治的議論の時代となるであろう。この世界規模での政治的議論は、世界規模での政治的闘争となるであろうから、その帰結を予言することは不可能である。明らかなのは、社会科学者の責任とは、我々の前にある歴史的選択を明確にする上で役に立つ仕事をすべきであるということである。

注

(1)パステルナークの原作では、ジバゴを迎えたのは家族だけであった。そこで家族は、三階建ての屋敷の「居住面積」（新語である）のうちの二つの階を、ソヴィエトのさまざまな組織に「提供した」と、ジバゴに説明している。しかし、ここで触れた映画版では、ジバゴは、このほうが正義にかなっており、それまでは金持ちがあらゆるものについて多くを手にしすぎていたという考えを表明している。

2

ANCと南アフリカ

世界システムにおける解放運動の
過去と未来

The ANC and South Africa: The Past and Future of Liberation Movement in the World-System

南アフリカ社会学会年次大会における基調講演
一九九六年七月七～十一日、南アフリカ共和国・ダーバン

アフリカ民族会議（African National Congress. 以下、ＡＮＣ）は、世界システムで最も古い民族解放運動のひとつである。またそれは、その主要な目標である政治権力を手にした運動としては、最も新しいものでもあり、おそらく民族解放運動が政権につく最後の例といってよかろう。したがって、一九九四年五月十日は、単に南アフリカにおける、ある時代の終焉を画するというだけではなく、一七八九年以来続いてきた世界システム的過程の終焉でもあったといってもよいと思われる。

ひとつの用語としての「民族解放」は、もちろん最近のものであるが、その考え方自体はずっと古いものである。さらに概念としてそれを見ると、そこでは他に二つの概念、すなわち「民族《ネーション》」と「解放」の概念が前提とされている。これら二つの概念はいずれも、フランス革命以前には、それほど受け入れられてもいなかったし、正統性も持っていなかった（ただし、のちにアメリカ独立革命へと発展していく一七六五年以降のイギリス北米植民地における政治的騒乱は、同様の考え方を反映していた）。フランス革命は、近代世界システムのジオカルチュアを変容させ、政治的変化は例外的なものではなく、むしろ「常態」であり、国家の主権は（国王にせよ議

会にせよ）支配者にではなく「人民《ピープル》」全体に存するという信念が広まった。(1)

以来、実に多くの――権力にある者の側からすると、多すぎるほどの――人々が、真剣に、これらの観念を受け取るようになった。過去二世紀間の世界システムにおける主要な政治的問題は、これらの観念が完全に実施されるようになるべきだと望む者と、それをそのように完全に実施することに抵抗する者との間の闘争であった。この闘争は絶え間なく続き、激しく闘われ、世界システムのさまざまな地域において、多くの形態をとってきた。ごく初期から、イギリス、フランス、アメリカ、および世界の比較的産業化した地域においては、階級闘争が現れていた。そのような地域のなかで、数の増大した都市プロレタリアートは、彼らの雇用主であるブルジョワと、依然として権力を握っていた貴族の両方を相手に闘った。また、ナショナリズム運動も数多くあり、「民族《ネーション》」の人民が、ナポレオン戦争期のスペインやエジプトのように、「外的」な侵入者や、帝国の中心からの支配に対して戦った。あるいは、ギリシアやイタリア、ポーランド、ハンガリーにおける数多くの運動の例もそうであるし、ナポレオン戦争後においては、数え上げていけば、いくらでも例はあがってくる。またさらに、外部の有力な勢力が、それとは独立に自治を要求するようになった各地の定住者たちと結合するといったような状況も出てきた。アイルランドやペルーのようなケースがそうであるし、最も意義深い（にもかかわらず、しばしば無視される）例として、ハイチのケースがある。南アフリカにおける運動は、基本的に、この第三のカテゴリーの一種である。

このように論じてくるとすぐに気がつくことだが、これらの運動は、十九世紀の前半においてさえ、西欧に限られたものではなく、世界システムの周辺を包摂するものであった。そしてもちろん、時代が下るにつれ、のちのいわゆる第三世界ないしは「南」に根拠を置く運動の数は、増えていった。そして一八七〇年ごろから第一次大戦にかけての時期には、第四のタイプの運動が現れるようになった。それは、形式的には独立した国家において現れ、そこでは旧体制《アンシャン・レジーム》に対する闘争が、同時に国民的活力の再生であり、したがって外的諸力の支配に対する闘争でもあると見なされた。例えば、トルコ、ペルシア、アフガニスタン、中国、メキシコに現れた運動が、それである。

これらの運動全てについて、その運動の一体性の源となったのは、それらの運動が「人民《ピープル》」とは誰かということを知っており、その人民にとって「解放」とは何であるかを知っているという感覚である。またそれらの運動は全て、人民がその時点において権力を持っておらず、真に自由ではなく、そのような不正で道徳的に擁護できない状況に責任のある、具体的な人間の集団が存在するという見解を共有している。もちろん、実際の政治的状況は信じられないほど多様であり、したがってさまざまな運動によるその分析の詳細は、それぞれに全く区別されるべきものである。また、時とともに内的状況が変化するにつれて、特定の運動による分析の内容も、実にしばしば変化した。

しかしながら、そのような多様性にもかかわらず、これらの運動はすべて、さらにもうひとつ共通の特徴を持っている。あるいは、すべてとまでは言わないとしても、ともかくそれは、政治的な重要性のあった運動については共通している。成功を遂げた諸運動、支配的地位についた諸運動は、すべて、いわゆる二段階戦略を奉じていた。すなわち、まず政治権力を掌握し、それから世界を変える、という戦略である。クワメ・ンクルマ〔エンクルマ〕は、そのような彼らに共通の訓言を、きわめて力強く表現している。「まず、汝の政治的王国を求めよ。さすれば、全ては、汝の手に落ちるであろう」と。社会主義運動は、労働者階級を中心に、民族運動は、「民族《ネーション》」の定義として居住と市民権の共有を用いたり、特定の文化的遺産の共有を用いたりして、民族を中心に、この戦略に従ってそれぞれの主張を彩った。

民族解放運動という名で我々が呼んできたものは、以上挙げたうちの最後のタイプのもののことである。この種の運動の典型であり、かつ最も古いものは、インド国民会議 Indian National Congressであり、これは一八八五年に結成され、今日なお（少なくとも名目的には）存在している。ANCが、一九一二年に結成された当初、その名称は、インドの運動からとって、南アフリカ黒人民族会議South African Native National Congressとされていた。言うまでもないことだが、インド国民会議には、他の運動にはほとんど共有されていないような特徴がひとつある。すなわち、その歴史の最も困難で最も重要な時期を通じて、この運動は、マハトマ・ガンジーによって指導されたということである。彼が考え抜いた世界観は、サチャグラハすなわち非暴力不服従という政治戦術を産み出した。実は、彼はこの戦術を最初、南アフリカの抑圧状況の文脈で考え出したのであり、後でそれをインドへ持ち込んだのである。

インドにおける闘争が、サチャグラハのおかげで勝利を収めたのか、サチャグラハにもかかわらず勝利を収めたのかということについては、議論をはじめたらきりがないであろう。明らかなことは、一九四七年のインド独立は、世界システムにとって第一等の象徴的事件となったということである。それは、世界最大の植民地における大きな解放運動の勝利を象徴すると同時に、世界のその他の地域における脱植民地化が政治的に不可避であるということに対する暗黙の保証を象徴していた。しかしそれはまた、民族解放の実現は、運動が求めてきたものほど大きくはないかたちで、ないしは、運動が求めてきたものとは異なるかたちでしか、やってこないということをも象徴していた。すなわち、インドは分割されたのである。独立にひきつづいて、ヒンドゥー・ムスリム間の虐殺事件が相次いだ。そしてガンジーは、いわゆるヒンドゥー過激派によって暗殺された。

第二次大戦に続く二五年間は、多くの点で通常とは異なるものであった。第一に、その期間は、世界システムにおけるアメリカの明白なヘゲモニーの時代に相当していた。すなわちアメリカは、生産業の効率性の点で並ぶものがなく、一定のジオポリティクス上の秩序のなかに世界政治を実質的に封じ込める強力な政治的連合を率い、世界のその他の地域に対して、自己を準拠としたジオカルチュアを押しつけた。この時代はまた、世界生産および資本蓄積が、資本主義世界経済が始まって以来の四世紀間において、最大の拡大を示した一つの時期であるという点でもまた並外れていた。

このような時代の二つの側面――アメリカのヘゲモニーと世界経済の信じがたいほどの拡大――が、我々の意識において突出しているので、この時代が世界システムにおける史的な反システム運動の勝利の時代であったということは、しばしば見落とされている。第三インターナショナル、つまりいわゆる共産党《コミュニスト》は、地球表面の三分の一を支配下に収めるようになった。東側世界のことである。西側ではあらゆる場所で、第二インターナショナルが、通常最初のうちはある程度まで文字通り政権にあり、その後は保守的政党が福祉国家の諸原則に完全に応じる範囲において間接的に、事実上の権力を握った。そして南では、民族解放運動が次々に政権を奪取した――アジアでも、アフリカでも、ラテン・アメリカでも。この勝利が遅れていた唯一の大きな地域がアフリカ南部であったが、それも今や終わりを告げた。

このような反システム運動の政治的勝利のインパクトについて、我々は十分明確には論じていない。十九世紀の半ばごろの視点に立って見てみれば、それは、絶対的に常軌から外れた達成である。一九四五年以降の世界システムを、一八四八年の世界システムと比べてみればよい。一八四八年には、フランスで、擬似社会主義運動が初めて権力の奪取を試みた。また歴史家は、一八四八年を「民族の春《ネーション》」とも呼んでいる。しかし、一八五一年までには、これらの擬似蜂起は全て、いたるところで、あっけなく鎮圧されてしまった。「危険な階級」の脅威はすでに去ったというのが、当時の権力階級の見方であった。実際十九世紀前半にあっては、古い土地所有層と、より産業的な新しいブルジョワ層との紛争が政治の舞台を支配していたにもかかわらず、一八四八年以降の過程においてはそのような紛争はわきへやられて、両者は一致団結し、「人民《ピープル》」および「諸民族《ピープルズ》」を封じ込めようという努力を成功させたのである。

このような秩序の回復は、きちんと機能するかに思われた。それから一五〜二〇年ほどの間は、ヨーロッパの中においても外においても、大衆運動はひとつも、どこにも見られなかった。さらに、システムの上層にあった人々も、解放運動の抑圧の成功の栄冠の上にあぐらをかいていたわけではなかった。すなわち彼らは、反動ではなく自由主義《リベラリズム》の政治的プログラムを追求したのである。大衆反乱の脅威が永遠によみがえってこないように確実を期するためである。彼らは、ゆっくりではあったが着実な改良の道を歩み出した。選挙権の拡大、労働の現場における弱者の保護、所得再分配的な福祉の開始、教育・医療インフラの構築とその持続的な拡大などがそれである。このような改良のプログラムは、十九世紀のうちは依然ヨーロッパに限られてはいたが、汎ヨーロッパ的な人種主義の拡散と正当化――白人の重荷、文明化の使命、黄禍論、新たな反ユダヤ主義――と組み合わさって、ヨーロッパの下層階級を、国民《ネーション》という、右翼的で、解放に関心のないアイデンティティおよび帰属意識へと囲い込む上で力があった。

ここでは、一八七〇年から一九四五年までの近代世界システムの全歴史を再検討するというわけにはいかないが、大きな反システム運動が初めて、国際的な使命感をもって、国民的な諸力として形成されたのが、この時代であったということは言っておこう。ヴェルヴェットの手袋に鉄の拳をひそませるという自由主義《リベラリズム》の戦略に反対する、そのような反システム運動の闘争は、どれかひとつをとってみても、全体として見てみても、たえず苦しい戦いが続いた。それから考えると、一九四五年から一九七〇年の間に、それらの運動が、あれほど迅速に――そして結局のところ容易に――成功を遂げたことは、驚きであると言ってよかろう。むしろ、驚きというより、怪訝に思ってもよいところである。その過程で示されてきたことは、史的システムとしての資本主義が――生産様式として、世界システムとして、文明として――きわめて巧妙であり、柔軟であり、丈夫であるということである。我々は、それが反対勢力を封じ込める能力を過少評価するべきではない。

したがって、一般的に言えば反システム運動、特定して言えば民族解放運動の、このように長く続いた闘争を、運動の立場に立ったパースペクティヴから見ることを起点にして考えてみよう。運動というものは、自らに対して敵対的な政治的環境、すなわち、たいていの場合、自分たちの政治的活動を深刻に抑圧したり制限したりすることを辞さないような環境の中で、自らを組織していかねばならない。国家は、運動そのものおよびその運動のメンバー（特にその指導者や幹部）に対して直接そのような弾圧を加えると同時に、間接的には、潜在的にその運動に加わる可能性のある者に対して脅しをかけるということもする。また国家は、そのような運動には道徳的な正統性がないという主張を行ない、そのような主張を強化する役割を担わせるべく、国家とは別の文化的構造（教会、知識界、メディア）の支持をとりつける。

このような圧倒的な攻撃に抗して、それぞれの運動は——当初は小さな集団の努力であることが、ほぼ常である——大衆的支持を動員し、大衆の不満や不安を誘導する筋道をつけようとする。運動の側が大衆の共鳴を得るようなテーマを喚起し、分析を行なってきたのもたしかであるが、しかしそれにもかかわらず、実効的な政治的動員というものは、長く、容易ならぬ課題であった。大半の人々は、日々のくらしに精一杯で、権威に刃向かうような危ない橋を渡ることには二の足を踏むものである。多くの人は「ただ乗り客《フリーライダー》」であり、勇敢で大胆な行動に、内心喝采を送ることに躊躇はなくとも、同じ立場の他の人々が運動を支持する活動に加わるかどうかを見極めるまでは、じっと待っているのである。

何が大衆を動員して運動を支持させるのであろうか。それは抑圧の度合いである、とは言えない。第一に、それは定常的な条件であることがしばしばであり、したがってある時点で動員に応じた人々が、なぜそれ以前の時点ではまだ応じなかったのかということを説明しないからである。さらに、厳しい弾圧というものは、きちんと効果を発揮することの方が実際よくあることであり、相対的に大胆さを欠く層は、それによって運動に積極的に参加する気をなくしてしまうものである。そうなのだ。大衆を動員するものは、抑圧ではない。むしろ希望と確信――抑圧の終焉が近いという信念、より良い世界が本当に可能なのだという信念――なのだ。そして、そのような希望や確信を最も強く支えてくれるのは、成功である。反システム運動の長きにわたる行軍は、いわば雪だるま式に進んできたのであった。それは、進むに連れて勢いを集めてきたのである。そして、どのような運動であれ、似たような境遇にあって地理的および文化的に近いということが納得できるような他の運動の成功をひきあいに出すことが、支持を動員する上で、もっとも説得力を持つ議論だったのである。

このようなパースペクティヴからすると、運動内部の大論争――改良か革命か――は、非‐論争であったということになる。何にせよ、ある特定の努力の結果が、(指導者や幹部の感情とは別のものとしての)大衆の感情によって肯定的に喝采をもってうけいれられるというごく単純な意味で、それが実際に役に立ちさえすれば、改良を奉ずる戦術が革命の戦術に力を与えることも、逆に革命の戦術が改良の戦術に力を与えることもあったのである。なぜならば、国家権力の奪取という第一の目的がまだ達成されていない以上、〔路線はともあれ〕成功しているということが、とにもかくにも、さらなる行動へ向けての大衆の支持を動員したからである。

改良か革命かをめぐる論争を包んでいた熱気は、すさまじいものであった。しかしその熱気は、少数の政治的戦術家からなる集団の間を分割するものであったに過ぎない。それらの戦術家たちの信ずるところ、戦術上の相違が、短期的(効能)にも中期的(帰結)にも、重大なことであったのは確かである。しかし実際に起こったことを長期的な観点で見てみて、歴史が彼らの正しさを証明しているかといえば、それは心もとない。

上に述べたこの大衆動員の過程を、権力にあったもの、すなわちその動員を行なう運動の敵の観点から見ると、運動同じコインの裏側が見えてくる。権力にあったものが最も恐れたのは、運動による道徳的な糾弾ではなく、運動による大衆動員が、政治的な闘争の場《アリーナ》を寸断してしまう潜在的な力の方であった。したがって、反システム運動の出現に対する最初の反応は、常にそのような潜在的な大衆的支持から、運動の指導層を隔離――物理的、政治的、社会的に――した状態にとどめておこうというものであった。国家は、まさに運動の指導者たちが、実際のところ階級および／あるいは文化的背景において異なる出自のものであることを主張して、より大きな集団の「代弁者」としての彼らの正統性を否定したのである。これが、周知にして、よく用いられた「外部の煽動者《アウトサイド・アジテーター》」という問題である。

しかしながら場所によっては、このような、運動がよそから介入する「煽動者」にすぎないという問題設定が、もはや役に立たないようなポイントに達するケースが出てきた。このような転換点は、忍耐強い運動の努力の結果である（ひとたび運動が「ポピュリスト」的な様相を帯びるや、実に多くの場合に起こった）と同時に、世界システムのなかにおける、例の「雪だるま」式の伝染効果の結果でもあった。この転換点において、現状の擁護者たちは、運動が直面していたのと全く同一のジレンマに――ただし、全く逆のかたちで――直面することになった。改良か革命か、〔という運動の側の論争〕とは逆に、現状の擁護者たちは、歩み寄りか強硬路線か、で論争になった。この論争は、いつでもあったものであるが、やはりこれも、非‐論争であった。一方で運動の勢いを、他方でそれに対する大衆的支持の勢いをそぐというごく単純な意味で、それが実際に役に立ちさえすれば、強硬路線戦術が、歩み寄り戦術に力を与えることも、逆に歩み寄り戦術が強硬路線戦術に力を与えることもあったのである。

歩み寄りか強硬路線かをめぐる論争を包んでいた熱気は、すさまじいものであった。しかしやはりここでも、その熱気は、少数の政治的戦術家からなる集団の間を分割するものであったに過ぎない。それらの戦術家たちの信ずるところ、戦術上の相違が、短期的（効能）にも中期的（帰結）にも、重大なことであったのは確かである。しかしやはり再び、実際に起こったことを長期的な観点で見てみて、歴史が彼らの正しさを証明しているかといえば、それは心もとない。

長期的な観点で見て実際に起こったこととは、ほとんどあらゆる場所で運動が権力を奪取したということであり、それは大きな象徴的変化を刻むものであった。けだし、権力奪取の瞬間が、いたるところで一般の認識に深く刻印された。それは、ついに「人民」の手が主権の行使に届いた瞬間を刻して、その当時においても、また後の記憶としても、カタルシスの瞬間として認識された。しかしながら同時に、運動が完全に権力を手にするということは、ほとんどどこにも起こらなかったのも確かである。どこにあっても、実際におこった変化というものは、運動が希望し、予期していたほどのものではなかったのである。これは権力についた運動のシナリオである。

権力についた運動のシナリオは、いまや運動は権力を手中にし、国家を支配しているのであるから、続いて彼らは、世界を、少なくとも彼らの世界を変革しうるはずであった。しかし、そのようなことはもちろん実際には起こらなかった。後知恵的に考えて、それがひどく素朴な考え方であったことは確かである。そのような考え方は、二段階戦略の理論にしたがえば、ある程度までは、動員のさなかにある運動のシナリオと平行するものである。しかし実際には、主権というものを額面通り受け取って、主権国家は自律的であるということを前提に考えていたのである。主権国家は自律的ではないし、そんなことはかつて一度もなかった。例えば今日のアメリカのような、最も強力な主権国家でさえ、本当に主権的であるとはいえない。そして、例えばリベリアのような、非常に弱い国家の話となれば、主権という言葉を口にするなどというのは悪い冗談でしかない。全ての近代国家は例外なく、国家間《インターステイト》システムの枠組の中に存在しており、そのシステムの規則と政治関係によって制限されているのである。あらゆる近代国家の内部における生産活動は例外なく、資本主義世界経済の枠組の内部で起こっており、そのシステムが優先するもの、およびそのシステムの経済状態によって制限されている。あらゆる近代国家の内部に見られる文化的アイデンティティは例外なく、ジオカルチュアの内部に存在するものであり、そのモデルと知的なヒエラルキーによって制限されている。自分は自律的だと喚きたてるのは、潮よ引けと命ずるカヌート大王〔デンマーク王（一〇一八〜三五）およびノルウェー王（一〇二八〜三五）、一〇一三年にイングランドに侵攻し、一〇一六年に全イングランドの王となった。海岸に座り、押し寄せる波を止めようとしたという逸話がある。クヌートとも〕と似たり寄ったりである。

運動が権力の座につくと、どのようなことが起こるか。まず気がつくのは、彼らが、世界システム全体において権力を持つものに対して譲歩を行なわねばならないということである。しかもそれは、とにかくなにか譲歩すればよいというものではなく、重大な譲歩なのである。そこで用いられる常套の議論は、レーニンがネップ（NEP：新経済政策）に踏み切ったときの議論である。すなわち、譲歩は一時的であって、「一歩後退、二歩前進」というわけである。運動がそのような譲歩を行なわなかったごく少数のケースでは、通常その後すぐに結局、運動が権力の座から追われていることからすると、これは強力な議論である。とはいえやはり譲歩は、指導層内部での不一致や大衆の当惑および疑義を招いて、軋みを生じさせる。

運動が権力にとどまり続けようとするならば、この時点で、可能な政策は一つしかないように思われる。すなわち、真に根本的な変化を後回しにし、代わりに世界システムの内部における「キャッチ・アップ」に努めることである。運動によって樹立された体制はすべて、国家を世界システムのなかにおいて、より強いものにし、生活水準を先進国のレベルに近づけようとした。大衆が通常実際に望むものは、根本的な変化（それに正面から向き合うのは困難である）ではなく、むしろ、まさにキャッチ・アップを行なって、よりよい暮らしをするという物質的な利益を得ること（それはきわめて具体的である）であったため、運動の指導者による、カタルシス後の政策の転換は、実際、大衆に支持されたのである——それがうまく運んでいる限りは。しかし、それが問題なのだ。

ある政策がうまく運んでいるかどうかを見定める上で、最初に頭にいれておかなければならないことは、どの期間にわたってそれを測るのかということである。一瞬から永遠の未来に至るまで、その可能性の幅は広い。当然であるが、権力についた運動の指導者は、彼らが率いる人々に対して、短期的な見方をしないで長期的に判断して欲しいと願うことになる。しかし、大衆に向かってどのような議論をすれば、そのような猶予を容認してもらえるのだろうか。大きく言って二種類の議論の仕方がある。ひとつは、物質的《マテリアル》な議論である。つまり、即効性があり、有意義で、たとえ小さいとしてもきちんと数字で示せるような、なんらかの改善が、実際の状況においてであると示すことである。国によって置かれた状況が異なるため、この議論に訴えることが、より容易であった運動もあれば、そうではない運動もあった。また、世界経済の現実には波があるため、タイミングによって、このような議論を行なうことが、より容易な場合とそうではない場合とがあった。だが、たとえ小さいとしても、そのような有意味な改善を遂行することが、権力についた運動の手で実際に制御されている程度というものは、限定的なものでしかなかった。

しかしながら、議論の種類はもうひとつあり、権力についた運動の立場からすると、そちらの方についてなんとかするほうが容易であった。それは、希望と確信の議論である。運動は、世界の解放運動が全体として雪だるま式に進んでいることを指摘して、歴史の流れが自分たちの側に向かっている（ように見える）ことを示すために、それを用いることができた。そうすることで、彼らは、自分たちは無理でも自分たちの子供たちが、子供たちが無理でも孫たちは、より良い暮らしをするであろうという将来の望みを提供したのである。これは非常に強力な議論であって、実際、我々が今日考えてわかるように、そうすることで、権力についた運動は長期にわたって存続してきたのである。信念は山をも動かす。そして、未来に対する信念は、反システム運動を権力の座にとどめた——その信念が折れるまでは、であるが。

誰もが分かっている通り、信念は、疑念にさらされているものである。運動についての疑念を脹らませる源泉には、二つのものがある。ひとつは、ノーメンクラツーラの罪であった。運動が権力についているということは、その幹部が権力を握っているということである。しかして、その幹部たちは神ならぬ身である。彼らもまた良い生活を望み、それを得る上で、大衆ほど忍耐強くないことはしばしばである。結果として、腐敗、傲慢、小役人的抑圧は、とりわけカタルシスの瞬間の光輝が失せていくにつれて、ほとんど不可避となった。新体制の幹部たちは、時がたつにつれて、ますます旧体制《アンシャン・レジーム》の幹部たちそっくりに見えるようになり、むしろ、それよりひどくなることもしばしばであった。このようなことは、五年で起こってしまうこともあれば、二五年かかることもあったが、実際の話として、それは繰り返し起こったのである。

では、その上に何が来るのか。革命党に対する革命か。それは、決してすぐには起こらなかった。旧体制《アンシャン・レジーム》に対する大衆動員がゆっくりとした過程でしか進まなかった原因と同じ無気力が、ここでも作用していた。権力についた運動を、その権力から逐うには、ノーメンクラツーラの罪だけでは足りないのである。それには、直接的な影響のある経済の破綻と、「雪だるま」が依然として転がっているという確信の崩壊とが組み合わさることが必要である。最近ロシアやアルジェリア、その他多くの国々で起こったように、それが起こった時に、我々は「革命後の時代」の終焉を迎えたことになるのである。

ひとつの全体としての世界システムの内部で、世界規模で進んでいた「雪だるま」式の過程にもう一度、目を転じてみよう。一八七〇年から一九四五年までの諸運動の、長く困難な闘争と、一九四五年から一九七〇年までの世界規模での突然の躍進とについては、既に話してきた。その突然の躍進は、少からず独善主義《トライアンファリズム》を招き、運動を有頂天にさせた。そのおかげで、南部アフリカ地域のような、最も困難な諸地域における運動は、がんばりぬくことができたが、しかしながらむしろ、諸運動が直面せねばならなかった最大の問題は、その成功であり、しかもそれら個々の成功ではなく、むしろ世界規模での全体としての成功の方であった。権力の座にある運動が、完璧に目標を達成できないために、内部の不平に直面したとしても、彼らの抱えている困難は、その大部分が、強力な外的諸力の敵意に帰せられるものであるという議論を用いることができた。そして実際、その議論は、大部分において真実であった。しかし、ますます多くの運動が、ますます多くの国で権力の座につくにつれ、また運動の側でも、そのように全体としての運動の力が大きくなっていると論じたてるようになるにつれ、目の前の困難は外からの敵意によるものであるというのは、説得力がないように思われるようになった。またそのような議論は、歴史が明らかに彼らの側に傾いてきているというテーゼと矛盾しているように思われたということは、最低限指摘できることである。

権力を手にした運動の蹉跌ということが、一九六八年に世界規模で起こった革命の背後にある要因のひとつであった。全く突然に、権力の座にある反システム的運動の限界は、現状維持をねがう勢力からの敵意からというよりは、むしろ現状維持をねがう勢力との共謀関係から起こっているのではないかという疑念の声が、いたるところから上がったのである。いわゆる旧左翼は、いたるところで、攻撃にさらされることになった。すでに民族解放運動が権力の座にあった第三世界の各地では、いかなる運動もこの批判を逃れることができなかった。ほぼ無傷でいられたのは、まだ権力を手にしていない運動だけであった。

一九六八年革命が、諸運動の大衆的基盤を揺るがしたのだとすると、その後二〇年間にわたる世界経済の停滞は、偶像の解体を継続させたことになる。諸運動の偉大な勝利の時代である一九四五年から一九七〇年までの間、その偉大かつ直接的な希望は「国民的発展《ナショナル・ディベロップメント》」であった。多くの運動は、それを「社会主義」と呼んだわけであるが、実際の諸運動の主張は、それぞれの国において、自分たちは、その「国民的発展《ナショナル・ディベロップメント》」の過程を加速させ、完全にそれを実現するのであり、またそうすることができるのは、自分たちだけであるということであった。そしてまた、一九四五年から一九七〇年の期間にあっては、このような約束の言葉が、説得力を持つように思われたのである。それは、世界経済が、あらゆる場所で拡大しており、満ち潮によって、全ての船が浮かび上がっていたからである。

しかし、潮が引き始めると、世界システムの周辺地域において権力の座にあった諸運動は、世界経済の停滞が自国に及ぼす大きな負の影響を防ぐ手立てが、ほとんどないということにつきあたった。彼らには、自分が、また大衆がそう思っていたほどの力がなかった――むしろ話にならないほど無力だったのである。キャッチ・アップへの期待が幻滅にかわると、一国また一国と次々に、その幻滅は、運動それ自体に対する幻滅へと転化していった。彼らは、希望と確信を売ることで権力にとどまってきたわけであるが、いまや、打ち砕かれた希望と、続かなくなった確信に対して、その代価を支払うことになったのである。

かくのごとき道徳的危機《モラル・クライシス》のなかへ、インチキ万能薬の口上師が飛び込んできた。別名を「シカゴ・ボーイズ」〔Chicago boys：市場万能主義の経済政策を吹聴する経済学者らを指す。いわゆるシカゴ学派を中心として、典型的にシカゴ大学経済学部出身者が多いので、このように呼ばれる〕という。彼らは、世界システム全体において権力を握っている人々の側で新たに力を取り戻した強硬路線からの、圧倒的な支持をうけ、運動が失った希望と確信の代わりとして、市場という名の魔法の妙薬を、誰かれなく与えてまわった。しかしその「市場」が、世界人口の貧しい側七五パーセントの人々の経済的将来性を転換する力など、白血病の治療にビタミン剤を投与するも同然である。それは、まやかしであり、そのようなインチキ万能薬の口上師は早晩、街を逐われるに違いないわけであるが、たった一度でもその口上を信じてしまうと、もうとりかえしはつかないのである。

このような騒動の最中に、南アフリカの奇跡は起こった。かくも暗い世界の情景に一閃の明るい光が差し込んだのである。それは、時代はずれの出来事であった。それは、一九六〇年代的な民族解放運動の勝利を、はじめからやり直したのであり、またそれは、最悪の状況にあって最も困難な問題を抱えていると、誰もがつねに語っていた場所で起こったのである。転換は、極めて迅速に、驚くべきスムーズさで起こった。ある意味では、それは、世界が南アフリカおよびANCに課した、尋常ならざるほど不当な重荷であった。彼らは、自分たちのために成功しなければならなかったばかりではなく、世界の他の全ての人びとのためにも成功しなければならなかったのである。南アフリカの後には、もはや楽観性をもって大衆動員を行ない、世界の諸々の連帯運動からの声援に導かれる運動は続いていない。それはあたかも、世界における反システム運動という概念自体が、最後のチャンスを与えられたかのようであり、またあたかも、我々が、歴史の引き出す最後の審判の前の浄めの苦行の場において、決定的瞬間に直面しているかのようである。

これから一〇年ないし一五年間の間に南アフリカで何が起こるかについては、よく分からない。誰にわかるというのか。しかし確かに思うこととして、南アフリカの人々も、その他のどんな人々も、世界の重荷をその肩に負うようなことは、もうあるべきではない。世界の重荷は、世界のものである。南アフリカの人々は、自分の重荷を負い、世界の重荷のうち、彼らが公平に負担すべき分のものを負うだけで十分である。したがって、ここから後は、世界の重荷について言を費やすことにしよう。

組織体として、および考え方としての、反システム運動は、世界システムのジオカルチュアが、一七八九年の後に遂げた転換から自然に生じたものである。反システム運動は、システムの産物である。もちろん、そうであらざるをえなかったのである。今日、我々がその得失を勘定して、いかに批判するとしても――恐らく、私のこれまでの議論は、かなり批判的な評価であったわけだが――十九世紀の半ばにおいて、それらの運動がとった道よりも、ましな選択肢が、実際の歴史にありえたとは思えない。人間の解放へ向かう力は、他に存在しなかった。そして反システム運動は、たとえ人間の解放を達成はしなかったとしても、最低限少なくとも、人類の苦しみをいくばくか減じ、オルタナティヴな世界のヴィジョンの旗を高く掲げることはしたのである。理性あるものとして、今日の南アフリカが、一〇年前と比べてより良いところになったということを信じないものがあろうか。そして、その功績を民族解放運動以外の誰に帰すべきだというのか。

基本的な問題は、運動の戦略にある。彼らは歴史的に、ダブル・バインドの状態に置かれてきた。一八四八年以降、政治的に実行可能で、かつ状況に即効性を持つなんらかの希望を提供するような目標はひとつしかなかった。すなわち、国家構造における権力を奪取するという目標であった。国家構造は、近代世界システムの作用を調整する主要なメカニズムを提供するものだったのである。しかし、世界システムにおいて権力の座につくという目標が達成されてしまうと、結果的に反システム運動は去勢され、世界を変革する能力を持たないということが確定してしまうことになった。実際のところ、彼らは、スキュラの岩とカリュブディスの渦〔スキュラとカリュブディスはともにギリシア神話に登場する海の女怪。前者はシチリア島沖合の危険な岩礁と、後者はそれと相対する渦巻と同一視された〕の間を行くごとく、進退きわまっていたのである。即効性を捨てるか、長期的な将来は考えないか。結局彼らは、長期的な将来はなんとかなると願いつつ、即効性を取ったわけである。誰しもの選択であろう。

逆説的なことだが、私が論じたいのは、今日、民族解放運動が真に完全に解放の力とはなりえなかったことも含めて、全体としての反システム運動が、まさに失敗したということが、これからの二五～五〇年間にポジティヴな発展をもたらす、最も希望のある要素を与えてくれているということである。この一風変わった見方から意味を引き出すには、現在起こっていることを、まずそれとして受け止めなければならない。すなわち我々は、世界資本主義の最終的勝利ではなく、その最初にして唯一の真の危機を生きているのである。[2]

四つの長期的趨勢《トレンド》を指摘したい。それらはそれぞれ、漸近線に近づいてきており、またそのそれぞれは、無限の資本蓄積を追求する資本家の観点からすると破滅的なものである。第一に、それらの趨勢《トレンド》のなかで最も論ぜられることが少ないものであるが、世界の脱農村化の趨勢がある。ほんの二百年ほど前には、世界人口の、というよりむしろ、あらゆる国でそれぞれその人口の八〇～九〇パーセントは、農村人口であった。今日、世界中に、農村人口が五〇パーセントを越えるところはなく、さらにその数字は急速に減少している。世界の全地域で、農村人口は二〇パーセント未満であり、五パーセントにも満たない地域もある。「ほう、それで？」と言われる向きもあるかもしれない。都市化と近代は、ほとんど同義語ではなかったか。それこそ、いわゆる産業革命によって起こって欲しいと願われたものではなかったか。しかり。確かにそれは、我々みなが学んだ、ごくありふれた社会学的一般図式である。

しかしながら、そのような図式は、資本主義の作用を誤解するものである。剰余価値はつねに、資本の所有者と労働の遂行者との間で分割される。この分割に際してのそれぞれの取り分は、つきつめて分析すれば政治的なものであり、双方の交渉力《バーゲニング・パワー》の強さによる。資本家は、根本的矛盾を抱えて生きているのである。もし世界中で、労働に対する報酬の配分が低すぎれば、それは市場を狭めることになる――アダム・スミスがすで語ってくれているように、分業の広がりは、市場の広がりの関数である――が、逆にその配分が高すぎれば、利益に限界が生じる。労働者の側から言えば、彼らは当然、つねに自分の取り分が増えることを望んでおり、その獲得のために政治的に闘争している。時の経過とともに、労働力の集中が進んだところ各地で、労働者はその組合活動の存在感を増すことに成功し、結果として利潤に圧迫が加わっていったのである。このような利潤の圧迫は、資本主義世界経済の歴史を通じて周期的に起こってきたものである。資本家が労働者と闘うことができるのは、ある程度までの話でしかない。度を越して実質賃金を引き下げすぎると、製品に対する有効需要が、世界規模で縮小する危険があるからである。このような利潤の圧迫が起こるたびに、その解決策として講じられてきたのは、より富裕な労働者には市場における〔労働力の〕供給者として振舞うことを許しつつ、他方で政治的に弱体な、多くの理由からきわめて低賃金での労働を甘受するような新しい階層を労働力として世界規模で組み入れ、そうすることで、全体としての生産コストを削減するというものであった。五世紀間にわたって資本家が一貫しておこなってきたこととは、そのような人々を農村地帯に求め、都市プロレタリアートへと転換することであった。しかしながら、これらの人々が、低賃金労働者のままでいてくれるのは、ほんのしばらくの間のことにすぎない。そのしばらくの間が過ぎてしまうと、また他の人びとが労働供給に引き入れられなければならないのである。世界の脱農村化は、このような本質的過程を脅かすものであり、したがってまた、資本家がグローバルな利潤の水準を維持する能力を脅かすものである。

第二の長期的趨勢《トレンド》は、いわゆるエコロジーの危機である。資本家の立場からすると、これは、費用の外部化の限界という脅威というべきだろう。ここにもまた、危機の過程が存在する。常にそうであったこととして、利潤の水準において決定的な要素とは、資本家はその生産物にかかる費用の全体を払うことがないということである。化学プラントによって河川が汚染されたとき、その浄化（行なわれれば、の話だが）は通常、納税者が肩代わりさせられる。環境論者《エコロジスト》たちは、汚染の対象となる土地や、伐採の対象となる森林などはいずれ尽きてしまう、限りあるものであるということを指摘してきた。つまり世界は、環境破壊による破滅か、費用の内部化の強制か、という選択に直面しているわけである。しかし、費用の内部化の強制は、資本蓄積の能力にとって、深刻な脅威となる。

資本家にとってマイナスに働く第三の趨勢《トレンド》は、世界の民主化である。先に触れたことだが、〔運動に対する「旧体制」からの〕「歩み寄り」の過程は、十九世紀のヨーロッパから始まった。そこに今日あるのは、福祉国家とひとくくりに呼ばれるものである。福祉国家には、社会的賃金の支出が伴う。すなわち児童や高齢者、教育、医療施設などへの出費である。これが、長期間にわたってうまくいったのには、二つの理由がある。すなわち、福祉の受益者が当初は穏健な要求をしかしなかったことと、このような社会的賃金を受け取っていたのがヨーロッパの労働者だけであったことである。今日、あらゆる地域の労働者は、社会的賃金を、自分たちが当然受け取るべきものであると思っているし、その要求水準は、五〇年前と比べてさえ相当に高くなっている。究極的には、そのような社会的賃金にかかる費用は、資本蓄積を犠牲にしてしか調達されないものである。民主化などというものが、資本家の関心に入ってくることなど、決してないのである。

第四の要因は、国家のパワーをめぐる趨勢《トレンド》が逆転したことである。四百年間にわたって、国家は、世界システムの機能の調整メカニズムとして、内的にも外的にも、そのパワーを増大させ続けてきた。このことは、資本というものが言葉の上では反‐国家的であるにもかかわらず、資本にとって、絶対的に不可欠なことであった。国家は、秩序の保証者であったが、それと同じくらい重要なことに、独占の保証者でもあった。まともな資本蓄積の方途は、独占以外にはありえないものである。(3)

しかし、国家はもはや、その調整メカニズムとしての役割を果たすことができなくなっている。世界の民主化とエコロジー的危機によって、国家構造には、もはや負いきれない水準の要求が課されるようになり、その全てが「財政危機」となって国家を苦しめている。といって、もし財政危機に対処すべく、支出を削減すれば、システムを調整する能力も落ちてしまうことになる。それは悪循環である。ひとつ失敗を犯すごとに、国家への信任の度合いは落ちていき、したがって反税のムードが広がっていくが、国家の支払能力が落ちれば落ちるほど、前にもまして、その役割を遂行する能力は低下していくからである。我々は、このような悪循環の渦に既に入り込んでしまっている。

運動の失敗が始まるのは、ここにおいてである。とりわけ、ひとたび運動が権力につけばそうであったが、実際のところ、国家を政治的に支えていたのは、他のなににもまして運動であった。運動は、国家構造を道徳的に保証するものとしての役割を果たしていたからである。希望と関心とをもはや提供できなくなったために、運動が自らの主張への支持を失っていくその程度に応じて、大衆は、深いところで反‐国家的になっていく。しかし、国家を最も必要としているのは、改革勢力でもなく、運動でもなく、資本家である。資本主義的世界システムは、強力な国家間《インターステイト》システムの枠組の内部にある強力な国家（もちろん、その強さはまちまちである）なくしては、十分に機能しえないのである。しかし、資本家の論理の正当性は、経済的な生産性と一般的な福利の拡大から引き出されているのであって、秩序から引き出されているものでも、利潤の保証から引き出されているものでもない以上、資本家が国家の必要性を説くようなことを声高に主張することは、イデオロギー的にありえないことであった。十九世紀において、資本家は、国家構造の正統化の機能を、次第に運動に肩代わりしてもらうようになっていったのである。

今日、運動は、もはやこのような肩代わりを行ないえなくなった。かりに彼らがそうしようとしたところで、大衆の側でついてこないであろう。かくして、我々はいたるところで、自らの保護や、自らの福利の確保といった役割さえ引きうけようとするような非国家「集団《グループ》」が簇生するのを目にすることになった。これはグローバルな秩序の混乱へ至る道であり、我々はまさにそこへ向かって進んでいる。それは、近代世界システム、そして文明としての資本主義の解体の徴候である。

ご安心あれ。特権をその手に持つ人々が、その特権を救い出そうともせず、座して失われるに任せるなどといったことは、決して起こらない。しかし、ここまで私が逐一挙げてきた諸々の理由すべてのゆえに、彼らが、単に再びシステムを調整することによって、その特権を救い出すことは不可能であるということも、やはり同様に確かなのである。世界は転換の最中にある。混沌《カオス》から新しい秩序が生まれ、その秩序は、我々が今知っているものとは異なるものとなろう。しかし「異なる」ということは、必ずしも「より良い」ということではない。

運動が再び意味を持つのは、この点においてである。特権を持つ人々は、不平等で、ヒエラルキー的で、安定した、新しい種類の史的システムを構築しようとするであろう。彼らは、権力、財力を持ち、そして多くの知力の奉仕を受けられるという点で、優位に立っている。彼らが、なにかしら狡猾で、実効性のあるものを創り出してくるだろうということは確実である。復活した運動は、それに対抗しうるであろうか。我々は、システムの分岐《バイファケーション》の最中にある。その揺らぎは莫大に大きく、ごくわずかな力を加えることで、その後に進む過程が決定してしまうことになる。解放運動――もはや、民族解放運動であるべき必然性はない――に課された務めは、システムの危機、彼らの過去の戦略の行き詰まり、そして、まさにかつての運動の崩壊によって解き放たれた世界の民衆の不満という強い味方の力を真剣に評価することである。これは、史的オルタナティヴについての、徹底した精密な分析を行なうというユートピスティクスの契機であり、社会科学者が、なにかしら重要な貢献を行ないうる契機である。その前提にあるのは、社会科学者が、そのような貢献をなすことを望んでいるということだけである。ただし、そのためには、社会科学の過去の諸概念を脱思考《アンスィンク》することも必要である。それらの諸概念は、まさに反システム運動が採ってきた諸戦略を規定した十九世紀の状況と同じところから出てきたものだからである。

何にもまして言うべきことに、これは、一日や一週間でなすべき務めではないが、逆に何世紀もかけてなすべき務めでもない。これは、まさにこれから二五~五〇年間のうちになすべき務めであり、その結果は、我々がどのようなものを投ずる覚悟と能力を持っているか、ということに全面的に規定されるのである。

注

(1)これらの諸観念について、さらに詳しく論じたものとして、拙著『脱＝社会科学』(藤原書店、一九九五年)

所収の「世界史的事件としてのフランス革命」論文を参照のこと。

(2)以下の文章における議論は、テレンス・K・ホプキンズ+イマニュエル・ウォーラーステイン編著『転移する時代——世界システムの軌道 1945-2025』(藤原書店、一九九九年)での広範な分析の要約である。

(3)フェルナン・ブローデル『物質文明・経済・資本主義 十五—十八世紀』全三巻(みすず書房)参照。

3

東アジアの勃興、あるいは21世紀の世界システム

The Rise of East Asia, or the World-System in the Twenty-First Century

共同研究「国際学の展望」主催のシンポジウム「資本主義的世界システムのパースペクティヴと二十一世紀の始まり」における基調講演
一九九七年一月二十三〜二十四日、明治学院大学国際学部付属研究所

一九七〇年ごろから、いわゆる東アジアの勃興は、世界システム規模の経済の問題なのか、政治の問題なのかで、重点のかけ方はまちまちではあったが、世界システムの史的展開に関心を持つ人々の間で、大きな議論のテーマとなってきた。第一に、大半の人びとのの念頭にあったのは、一九六〇年代との比較において、日本経済が、あらゆる指標について、尋常ならざる拡大を遂げたということである。第二に、それに続いて、いわゆる「フォー・ドラゴンズ」の勃興があり、最も近時においては、同様の経済成長のパターンが、東南アジア諸国や中国に波及しているということがある。経験的現実としては、これらは全く明らかであるように思われるので、主要な議論の対象となるのは、その意義の方である。

世界中で行なわれているこのような議論は、次の二つの問題を、その中心に置いている。

一、この成長を説明するものは何か。

この問いは、他の地域での成長がはるかに鈍く、一部にはマイナス成長の地域さえあるような時代に、それが起こったという印象から、特に提起されるものである。

二、このような東アジア地域の経済成長は、二十一世紀の世界システムの有り様の前兆として、どのような意味を持っているか。

私は、近代世界システムの構造と軌跡に立ち入って分析することで、これら二つの問いを順に論じていくのがよかろうと思う。構造と軌跡とは、もちろん緊密に結合したものである。したがって、システムの通時的な軌跡を論ずるには、資本主義世界経済の共時的構造についての一般的な前提について、ある程度は検討しておかざるをえない。そのような構造についての一般的な前提に関しては、私はこれまでに他の場所で詳しく論じてきたので、ここでは、それを要約して、上の二つの問いを論ずるに際して特に関連性の高いものを命題の一覧として示すことにしよう。

・近代世界システムは、資本主義世界経済として存在する。それは、システムが無限の資本蓄積へ向かう動因に支配されているということを意味する。その動因は、価値法則と呼ばれることもある。

・この世界システムは、十六世紀の間に出現したものである。出現した当初の分業の範囲には、ヨーロッパの多くの部分および両アメリカ大陸のいくつかの部分が含まれていた（しかしオスマン帝国とロシアとは含まれていなかった）。

・この世界システムは、何世紀にもわたって拡大を遂げ、世界の他の諸部分を、その分業体系の中に、順次組み込んで《インコーポレート》いった。

・東アジアは、そのような組み込み《インコーポレーション》の対象として最後に残された主要地域であった。東アジアの組み込み《インコーポレーション》は、十九世紀の中葉におこり、それを経て近代世界システムは、真に世界規模の広がりを持つ、つまり地球全体を包みこむ最初の世界システムといいうるようになった。

・資本主義的な世界システムは、中核－周辺関係に支配される世界経済と、国家間《インターステイト》システムの枠組におさまった主権国家群を中身とする政治的構造とによって、構成されている。

・資本主義的なシステムの根本的矛盾は、システムの過程としては、その矛盾をその都度封じ込める働きをする循環的な律動の継起というかたちで表出してきた。

・そのような循環的律動のうちで、最も重要な二つのものは、五〇／六〇年周期のコンドラチェフの循環《サイクル》と一〇〇／一五〇年周期のヘゲモニーの循環《サイクル》である。前者においては、生産の圏域と金融の領域の間で、利潤の主たる源泉の交替が起こり、後者においては、グローバルな秩序の保証者の興亡が継起する。それぞれのヘゲモニーは、それぞれ特有の支配《コントロール》のパターンを有している。

・循環的律動の帰結として、規則的に、ゆっくりとではあるが確実に、蓄積と権力の中心となる場が、地理的にシフトしていく。ただし、システムに内在的なものである根本的に不均等な関係は変化しない。

・これらの諸循環《サイクル》は、決して完全な対称性をもつものではない。むしろそれぞれの循環《サイクル》は、その都度、特定の方向へ、小さいが重要な構造上の転換をもたらすものであり、その積み重ねによって、システムには、世紀単位で観察される趨勢《トレンド》が生じる。

・近代世界システムは、他のすべてのシステムと同様に、その時間的持続の点で有限であり、上に述べた世紀単位の趨勢《トレンド》が進んで、システムのゆらぎの幅が拡大、不安定化し、もはやシステムの諸制度を更新することによって維持することができなくなるような点に至ると、終焉を迎える。この点に至ると、分岐《バイファケーション》が発生し、（カオス的な）移行の時期を経て、新しい、ひとつないしは複数のシステムが、それに代わることとなる。

これら一群の前提の内部においてであれば、いわゆる東アジアの勃興は、かなり容易に分析することができる。それは、コンドラチェフのB局面に起こったものであり、それはちょうど、アメリカのヘゲモニーの衰退の局面の始まりに当たっていた。もっとも同時にこの時期が、〔ひとつのシステムから別のシステムへの〕移行の時代の最初にも当たるのかという問題は、なかなか大変な論争の主題である。(1)いずれにせよ、このように記述してみると、我々の手許にある二つの問いについて、より明快に議論をすることができる。すなわち、過去及び現在の東アジアの状況を説明することと東アジアの勃興が未来に対して持つ重要性についてである。

コンドラチェフのB局面について、一般的にはどのようなことがいえるであろうか。A局面との比較において、通常、次のような一般的特徴がある。生産からの利潤が低下し、大資本は金融の領域に利潤追求活動の場を転換する傾向が生ずる。世界規模で賃労働が減少する。生産からの利潤の削減によって、生産活動の配置転換が深刻な課題となり、低取引費用の原則にかわって、賃金水準の削減や経営のスリム化の原則が重んぜられるようになる。雇用への圧力は、蓄積の中心となっている諸国において競争の激化の要因となり、各国はできるだけ、失業をよその国へ押し付けようとしあうことになる。そしてさらにこれが、為替レートの不安定化を招く。以上のようなことが、一九六七〜七三年から今日にかけての期間に起こっているということを示すのは、難しいことではない。(2)

世界の大半の地域にとって、このようなコンドラチェフのB局面は、それ以前のA局面との比較において、下降局面ないしは「悪い時代」と受けとめられる。しかしながら、このような時代が、全ての者にとって悪いというわけでは決してない。まずひとつに、大資本にとって、あるいは少なくとも大資本のある部分にとっては、それら自身の個々の蓄積水準を上昇させるような代替的な利潤の獲得先の発見は、ありえないことではない。第二に、コンドラチェフのB局面の特徴のひとつとして、生産活動の配置転換があるわけであるから、世界システムのどこかある地域にとっては、全般的な経済的地位が相当程度に改善し、したがってその時代が「良い時代」であると受けとめられるのはおかしなことではない。

私は今「どこかある地域」といったが、それは、「では具体的にどの地域が、その『どこかある地域』になるのか」が、事前に正確に述べられるということがめったにないからであり、最初の段階では、複数の地域が、その配置転換の利益に一番にありつこうと、猛烈に競争するのが通常だからである。しかし、実際に、非常にうまくそのような利益にありつくことができる地域は、結局ひとつだけであるということも、また通常のことである。というのも、配置転換されるべき生産活動の量は、その程度のものでしかないし、生産者にとっても、配置転換された生産活動は一カ所に集中させたほうが、経済的に有利であるからである。したがって基本的な構図としては、機会こそ複数の地域に開かれているものの、大成功はそのうちのひとつの地域に限られたものになるということである。想起していただきたいのは、ＮＩＣｓ（新興工業国）という用語が作られた一九七〇年代の段階ではまだ、大半の論者は、その最重要例としてメキシコ、ブラジル、韓国、台湾を挙げていたということである。しかし、一九八〇年代までには、メキシコとブラジルとは、そのリストからは姿を消し、一九九〇年代に入ると、「東アジアの勃興」という声しか聞こえなくなったのである。このように、東アジアが、上に述べたようなコンドラチェフのＢ局面に伴う地理的な構造の再編成の最大の受益者であることは明らかである。

もちろん、なぜ、たとえばブラジルとか南アジアではなく、東アジアが、そのような最大の受益者になったのかということは、やはり説明されなければならない。今日の東アジアの勃興は、過去五〇〇年間にわたる歴史に起因するものであるという学者もある。そうしてたとえば、明治維新も江戸時代の商業的発展から説明されたり（川勝平太）、中華朝貢システムがとりあげられたり（濱下武志）している。しかしながら、一九四五年の段階では、ブラジルや南アジアの経済状況は、実際上東アジアの経済状況とまったく変わるところがなかったと論ずることは無理なく可能であり、したがって戦後世界で大躍進を遂げるという期待は、それらのうちのどれについても、無理からぬことでありえた。ブラジルおよび南アジアに対して、東アジアが異なっていたのは、冷戦の地理的側面であった。東アジアは、その前線に立っていたが、他の二つはそうではなかった。したがって、アメリカの見方も、東アジアとその他の地域とでは、まったく異なるものとなった。日本は、アメリカからの直接支援はもとより、朝鮮戦争からも、非常に大きな経済的利益を得た。韓国と台湾も、冷戦という理由によって、経済的、政治的、軍事的に支援（さらにいえば過保護）されてきた。一九四五～一九七〇年の時期のこのような差異が、一九七〇～一九九五年の時期に決定的な優位となって、その意義を表してきたのである。

東アジアの勃興の経済的帰結として、戦後世界の経済地理は変容してしまった。一九五〇年代には、アメリカは、資本蓄積の唯一の主要な中心であった。一九六〇年代までには、西ヨーロッパも主要な中心の地位に返り咲いた。一九七〇年代までには、日本（および、より一般的に言えば東アジア）が、第三の主要な中心となった。いわゆる三極の時代に入ったわけである。西ヨーロッパおよび東アジアの勃興は、必然的に、アメリカに根拠を置く経済構造の役割の低下を意味するものであり、それにともなって、アメリカの財政は悪化した。一九八〇年代には、アメリカは、その軍事的ケインズ主義のつけとして、莫大な対外債務を抱えるようになり、一九九〇年代には、アメリカは、国家支出の削減を優先項目とするようになった。こうしたことは、アメリカの軍事的活動の遂行能力にも、大きなインパクトを与えた。たとえば湾岸戦争におけるアメリカの勝利は、その軍隊が、アメリカ以外の四カ国、すなわちサウジアラビア、クウェート、ドイツ、日本の資金調達によって出動したという事実に依存するものであった。

もう少し長い期間、すなわち一七八九～一九八九年の二世紀間をとって観察してみると、近代世界システムの、もうひとつ別の本質的現実が見えてくる。そしてここでも、東アジアは注目すべき役割を果たしている。それは、世界システムの政治的安定化という話である。この話の始まりはフランス革命のことである。(3) フランス革命は、その文化的インパクトによって、資本主義のシステムである世界システムを変容させた。革命の騒乱およびその後のナポレオン戦争が残した結果として、最も重要な持続的影響は、フランス革命という事件と結び付けられた二つの基本的主題が、初めて広範に受容されるところとなったことである。その二つの主題とは、政治に〔たとえば革命というような〕変化が起こることは通常であるということ、したがってそれは本質的に正統であるという考え方と、国家の主権は、君主個人に宿るものでも、立法府が握るものでもなく、むしろ「人民《ピープル》」に宿っているのであり、したがって非民主主義的体制に、道徳的な正統性などないという考え方である。

これら二つの主題は、実際に革命的で危険な考え方であり、既存の権威の全てを脅かすものであった。以来、既存のシステムにおいて特権を享受していた人々は、このような考え方との抗争を余儀なくされ、その影響の封じ込めを画策する必要に迫られるようになった。その方法として第一に行なわれたものが、イデオロギーの確立と普及である。実際それは、革命にともなう諸価値の大規模な普及に対処するための政治的戦略であったのである。歴史的に言えば、大きく三つのイデオロギーが、封じ込めの様式として登場してきた。第一に、もっとも直接的に、また最も明瞭なものとして、保守主義が現れた。それはまず、そのようなポピュリスト的価値は異端であるとして、単純に真っ向から拒否しようとするものであった。自由主義《リベラリズム》は、保守主義に対抗するイデオロギーとして登場してきたものである。自由主義《リベラリズム》を標榜するものからすれば、革命からの挑戦に対する保守主義の対応は、頭がかたすぎで自滅的とみえるものであった。自由主義者《リベラルズ》は、そのような単純な拒否ではなく、代わりに、そのようなポピュリスト的な諸価値を理論的には正当であると認めつつ、実際の実現の過程でそのペースを落とすことによって、うまく誘導してやる必要があると論じた。彼らは、このようなポピュリスト的価値の合理的な実施には、専門家による媒介が必要であると強調することによって、そのような議論を行なった。急進主義／社会主義は、自由主義《リベラリズム》から離脱して、第三のイデオロギーとして登場した。彼らは、自由主義者《リベラルズ》の臆病さに愕然とし、専門家と称する連中の動機と意図に深い疑念を持っていた。したがって彼らは、変化の施行・管理を支配《コントロール》するのが大衆であるべきことの重要性を強調した。さらに彼らは、転換を急速に進めることによって、社会生活の不安定化につながる潜在的な大衆的圧力をせきとめ、調和的な社会的現実を再創造することが可能になると論じた。

　十九・二十世紀における政治の展開の中心にあったのは、これら三つのイデオロギーの主唱者たちの間での闘いであった。振り返って考えると、その闘いについては、二つのことが明らかである。第一は、三つのイデオロギーは全て、口先では反国家的な言辞を弄していながら、実践上、反国家的であったものはひとつもなかったということである。これらのイデオロギーの名において形成された運動は、すべて国家の政治権力の獲得を目指し、それを手中にすると、その国家権力を用い、またそれを増大させることによって、その政治的目的を追求した。結果として、行政機構、国家機関の実効活動領域、および政府が行なう法的干渉の範囲は、持続的かつ深刻に拡大することになった。このようなことを正当化する論理は、決まって、フランス革命によって大衆的に認知された諸価値の実施に求められた。

　第二に指摘しておくべきことは、長期にわたって――正確に言えば一八四八〜一九六八年であるが――自由主義《リベラリズム》が、三つのイデオロギーの中で支配的なものであり、世界システムのジオカルチュアを規定するものであったということである。このことは、一八四八年以降（一九六八年に至るまで）保守主義者と急進主義者《ラディカル》とが、実質的に、さらには言辞の上でさえ、その主張を修正して、結局のところ、中道的な自由主義《リベラリズム》の政治的プログラムの変種でしかないようなものに彼らのイデオロギーを改版してしまったことから、わかることである。これら二つのイデオロギーの支持者たちと自由主義者《リベラルズ》との間の差異は、当初は、根本的な原則上の差異であったが、次第に変化の速度についての議論へと還元されてしまった。保守主義者は、「できるだけゆっくりと」と主張し、急進主義者は、「できるだけ速く」と主張した。そして「ちょうど適切な速度で」とのたまったのが自由主義者《リベラルズ》だったというわけである。論争がこのように、変化の内容というよりは、むしろ変化の速度についての議論に矮小化されてしまったことで、不満が醸成された。中期的に見れば、政府の交替はいたるところで何度も起こったにもかかわらず、そのような交替が「革命」と宣された場合でさえ、実際にもたらされた変化は最小限のものでしかなかったために、そのような不満は、時がたつにつれて悪化していった。

　十九世紀および二十世紀の政治の流れが、これで全部だというわけでないのは確かである。われわれは、フランス革命に引き続いて強力に――つまるところ、それが説く諸価値に対して、全ての主要な政治勢力がリップサービスを行なわなければならなくなったほど――大衆の心をつかんだ考え方が、実践上はかくも見事に封じ込められえたというのは、いったいいかにしてであったかということについても、説明を必要としている。世界システムのジオカルチュアにおける自由主義《リベラリズム》の勝利（つまり、エリートに制御された非常に穏やかな変化のプログラムの勝利）の時代と私が主張している時代とまさに同じ時期（一八四八～一九六八年）は、結局のところ、いわゆる旧左翼の誕生、勃興、そしてさらに言えば勝利の時代でもあったのである。その時代にあって、この旧左翼の面々は、彼らの目標が反システム的であると、すなわち自分たちはフランス革命において追求されたものを求める闘いを続けているのであり、まさに今回こそ真に、そして完全に、自由・平等・博愛の三位一体に到達するのだと、常に主張していたのである。

　フランス革命の諸価値が、十九世紀の前半に実際大きな広がりをみせた一方で、現実の世界における広範な不平等の拡大は、大衆諸力の政治的な組織化を事実上、極端に困難なものにしていた。その最初にあたって、大衆は投票権もなければ、資金も、訓練された幹部も持たなかったのである。後に急進主義的な大衆運動のグローバルなネットワークにまで成長するような組織構造を作り出すことは、長く、きつい上り坂を歩むがごとき闘いの道のりであった。

十九世紀の後半には、官僚構造——労働組合、社会主義および労働者政党、ナショナリズム政党——がゆっくりと形成されてきた。それは、この十九世紀後半の時点では、主としてヨーロッパと北米のものであったが、それでも非ヨーロッパ世界にも既にいくつかは存在したものである。この段階では、議会にひとり議員を送りこむことでさえ、あるいは、重要なストライキをひとつ成功させることでさえ、かなりな成果であるように思われていた。そこで、反システム的な諸組織は、戦闘分子の幹部を創出し、より大きな集団を動員して団体行動を起こし、政治的行動のための教育を行なうことに専念した。

同時に、この時代は、世界経済の最後の大きな地理的拡大期にあたっていた。その過程には東アジアの組み込み《インコーポレーション》も含まれていた。それはまた、世界システムの周辺が大規模で直接的な政治的服属のもとに置かれた最後の瞬間——アフリカ、東南アジア、太平洋の植民地化——でもあった。くわえてそれは、日常生活に質的な変化をもたらしうる技術的前進の現実的な可能性が、初めて大規模に示された瞬間でもあった。それは鉄道から始まって、自動車、飛行機へと続き、さらに電信、電話、電灯、ラジオ、そしてさまざまな家電製品など枚挙にいとまない。いずれにせよ、それらはすべて、目に見えてすばらしいものであり、全員の生活条件を漸進的に改善するという自由主義の展望の説得力を確証するものであるように思われたのである。

上に挙げたような諸要素——ヨーロッパおよび北米での労働者階級の実質的な組織化と、その通常の議会政治への（いかに周縁的であったとはいえ）参加、ヨーロッパの労働者階級に対する物質的な利益分配の始まり、ヨーロッパによる非ヨーロッパ世界の支配の絶頂——をまとめて考えると、ヨーロッパの労働者階級に対して自由主義《リベラリズム》が施した三重の政治的プログラム（普通選挙、福祉国家、ナショナルなアイデンティティの創出——それは白人人種主義と結合していた）が、なぜ二十世紀の初めまでに、これらヨーロッパの危険な階級を手なずけることができたのか、その理由を理解するのは、むしろ容易なことであろう。

しかしながら、「東洋《オリエント》」が、世界システムにおける政治的存在として姿を現したのは、まさにこの時であった。一九〇五年、日露戦争において日本が勝利したことは、ヨーロッパの拡張が巻き返しを食う可能性を示す最初の兆候であった。一九一一年の辛亥革命は、世界最古にして最大の人口を擁する中華の国《ミドル・キングダム》の再構築の過程の始まりを告げるものであった。ある意味では、東アジアは、組み込み《インコーポレーション》の最後の対象であった一方で、ヨーロッパの勝利主義を転覆する過程を始めた最初の主体でもあったということである。(4) アフリカ系アメリカ人の偉大な指導者であったW・E・B・ドゥボイスは、二十世紀は、有色か否かの線引き《カラー・ライン》の世界になるだろうと一九〇〇年に語った。それは全く正しかったのである。ヨーロッパの危険な階級は飼い馴らされてしまったが、そうして解決された十九世紀の危険にかわって、より大規模な「危険な階級」である非ヨーロッパ世界が、二十世紀の世界秩序の問題となったのである。

自由主義者《リベラルズ》は、この非ヨーロッパ世界という「危険な階級」を飼い馴らすための戦略として、十九世紀に彼らが成功を博したときと同じ戦略をもう一度遂行しようと再び勇を奮った。そして当初それは、再び成功するかに思われた。まず一方で、非ヨーロッパ世界の民族解放運動は、組織的および政治的な強さを増し、植民地・帝国主義的権力に対して、ますます圧力を加えるようになった。この過程の強度は、第二次大戦後の二五年間に、極大点に達した。他方で、自由主義者《リベラルズ》は、民族自決（〔十九世紀の戦略でいえば〕普通選挙の対応物）と低発展諸国の経済開発（〔同様に〕福祉国家の対応物）というプログラムを世界規模で提供し、それこそが、非ヨーロッパ世界が本質的に必要としているものに応じるものだと主張した。

一九四五〜一九七〇年の期間には、世界のいたるところで、旧左翼が、基本的にこれらの自由主義的《リベラリズム》な政治プログラムに立脚して権力を獲得した。ヨーロッパ／北米では、旧左翼は、政党として完全な政治的正統性を獲得した上、完全雇用と福祉国家を実現した。それは、反システム運動がそれまでに成し遂げたいかなる成果よりも、はるかに大きなものであった。世界の他の地域では、民族解放および／あるいは共産主義運動が、多くの国で権力を獲得して、その直接の政治的目的を達成すると、国民経済の開発のプログラムを実施した。

しかしながら、旧左翼に属する者たちが、この時点で成し遂げたことは、十九世紀の半ばに、彼らが当初設定した目標とは、全く異なるものであった。彼らは、システムを転覆したわけではないし、真に民主的で平等主義的な世界を獲得したわけでもない。彼らが手にしたものは、せいぜいのところ、パイの半分といったところであって、まさに自由主義者《リベラルズ》が、十九世紀の前半に彼らに分けてやってもいいと考え始めたものでしかなかった。この時点では、彼らが「飼い馴らされた」、つまり世界システムの枠組のなかで、開発主義的・改良主義的目標へむけて力を貸す気であったとはいっても、それは、彼らがその「パイの半分」で満足したからというわけではなかった。むしろ逆であって、それは、大衆諸力が、いずれパイの全てが自分たちのものになるだろうと心底確信していたからであった。〈反システム〉運動が革命の情熱をこの改良主義の包囲網へ誘導することができたのは、自分たちの子供は、その世界を手に入れるだろうという大衆の漸進主義的な希望（と信念）があったからである。というのも、大衆がそのような希望と信念とをもっていたとしても、それは決して、自由主義者《リベラルズ》／中道主義者が持っていた展望に基づくものではなかったからである。実際には、彼らは、大衆の民主的な情熱を囲い込んでしまうことを考えていたわけであるし、大衆の側でも、彼ら自由主義者《リベラルズ》／中道主義者にはほとんど信頼を置いていなかった。そうではなく、むしろ大衆の希望と信念は、次の二つの考慮に基づくものであったのである。すなわち第一に、実際問題として大衆運動は、一世紀にわたる闘争を通して、パイの半分は獲得したということ、そして第二に、歴史が自分たちの側に向かって進んできており、したがって、そこから示唆されることとして漸進主義というものが実際に可能であるということを、彼ら自身の運動が約束してくれていたという事実である。

自由主義者《リベラルズ》が天才的だったところは、それが一方では、まやかし（自由主義者《リベラルズ》は、今はパイの半分だが、いつかは全部よこしてくれるだろうという希望）によって、そして他方で、自由主義者《リベラルズ》に敵対する運動（特に急進主義／社会主義の立場からの敵対者）を、逆に自由主義者《リベラルズ》の化身へと――それらの敵対的運動を、専門家／エリートによって管理されるような漸進主義的改革という自由主義の教義を、実質的に広めるような結果に導いて――転換することによって、大衆諸力を抑制することができたことである。それにもかかわらず自由主義者《リベラルズ》の限界であったことは、まさにこの天才性と同根であった。大衆諸力が実際にパイの全部を与えられてしまったら、もはや資本主義は存立し得ない以上、パイ半分が、パイ全部になることは決してありえないということは、いつかある日、不可避的に明らかにならざるをえない。そしてその日か来てしまったら、旧左翼の諸運動、急進主義／社会主義的な姿に化身した自由主義《リベラリズム》は、不可避的にその信用を失うことになってしまうことにならざるをえない。

上に述べてきた「ある日」は、実はもうすでに来てしまったものだ。呼び方としては、一九六八／一九八九年ということになろう。ここにおいて、再びまた、東アジアの特殊性というものが見て取れる。一九六八年の世界革命は、いたるところに発生した――アメリカしかり、フランスしかり、ドイツ、イタリア、チェコスロバキア、ポーランド、メキシコ、セネガル、チュニジア、インド、中国、そして日本においてもである。個々それぞれの革命には、それぞれに固有の悲痛さや要求があったわけだが、それらを通じて繰り返し現れてきた二つの主題があった。すなわち第一に、アメリカによって支配された世界システムに対する非難、そして第二に、旧左翼の失敗に対する――特に、多くの運動が自由主義《リベラリズム》の教義の化身に成り下がってしまったという事実に対する――批判がそれである。

一九六八年の直接的で劇的な効果は、その後二～三年で、抑圧されるか、霧消するかしてしまった。しかし、一九六八年の世界革命は、直接の持続的効果をひとつと、もう一つ、二十年後に感じられるようになった影響も残した。直接の持続的効果とは、自由主義《リベラリズム》というコンセンサスが破壊されたことと、保守主義者および急進主義の双方が自由主義《リベラリズム》の誘惑の罠から解放されたことであった。一九六八年以降の世界システムは、一八一五～四八年期におけるイデオロギーの展開――三つのイデオロギー間の闘争――を巻き戻しで見るかのように展開した。保守主義は、しばしば新自由主義《ネオリベラリズム》という誤った名前をまとって、復活してきた。それは大変強力であり、保守主義が、自由主義《リベラリズム》の化身として今日現れてきているのではなく、むしろ逆に最初から自由主義《リベラリズム》のほうが、保守主義の仮の姿だったのだといわんばかりである。一方、急進主義／社会主義はまず、たとえば一九七〇年代初頭の短命におわったマオイズムの諸潮流や、それよりは長続きした、いわゆる新左翼の諸運動（緑の運動、アイデンティティ・ムーヴメント、ラディカル・フェミニズムなどなど）といった、さまざまな意匠のもとに復活を目指したが、結局一九六八年以前的な自由主義《リベラリズム》の化身にすぎないというイメージを完全に払拭することはできなかった。そして端的に言えば、中・東欧および旧ソ連の共産主義の崩壊は、一九六八年以前的な自由主義《リベラリズム》の化身でしかなかった、偽の急進主義に対する批判の最終局面であるということである。

一九六八年以降のもうひとつの方の変化は、漸進主義――というより、革命の意匠で漸進主義を説いてきた旧左翼の諸運動――に対する大衆の信認が失われたということである。これが、完全に顕在化するのに二十年かかった。大衆にとって、自分の子供が、この世界を受け継ぐのだという希望（そして信頼）は、こなごなに粉砕されてしまったとまで言わずとも、少なくとも、深刻な打撃を受けてしまった。一九六八年からの二十年間は、最も新しいコンドラチェフ波動のB局面に、正確に対応している。一九四五～七〇年の期間は、資本主義世界経済の歴史において、もっとも顕著なA局面であり、地球のあちこちであらゆる種類の反システム運動が、権力の座についた時期でもあった。このふたつのことが重なって、資本主義世界経済のあらゆる地域が、事実として「発展している」という幻想（つまり希望と信頼）が、みごとに醸成された。つまり、初期の大衆勢力は、世界経済における経済的・社会的格差を劇的に削減しうるという期待が持てたということである。ゆえに、それに実際に続いたB局面がもたらした失速は、そのような期待があっただけにいっそうのこと、劇的なものとなった。

このコンドラチェフ波のB局面によって明らかになったことは、いわゆる開発途上国の経済発展が可能となる範囲というものが、非常に狭いものであるということであった。産業化は、それが可能な場合でさえ、それ自体としては、開発の特効薬とはならなかった。というのは、周辺および半周辺地帯の産業化の大半は、「お下がり」の産業化でしかなかったからである。つまり、それまでは中核諸国に立地していたが、もはや独占が不可能であり、したがって、非常に高い利潤率をあげることがもはや不可能となったような産業活動が、その他の国々へとシフトされたにすぎないということである。このようなことは、たとえば鉄鋼業について言えることであるが、繊維産業についても、いうまでもないことである。十八世紀後半には、それは先進産業だったのである。また、これは、極めて高度にルーチン化されたサーヴィス業分野の諸部門についてもいえることである。

ある産業活動から別の産業活動へと、相対的な独占可能性が高く利潤率の高い産業分野を求めて飛び回る資本主義のゲームは、すでに終わったわけではない。こうしている間にも、経済的・社会的な格差の全般的な拡大は、縮小するどころか、急速にその勢いを強めているのである。いわゆる開発途上国・地域の「発展」の歩みよりも、その他の諸国・諸地域の歩みのほうが速いということである。たしかに、個々の国や地域をとってみれば、その地位を上下させている例はあるかもしれないが、地位を上げているものがあるということは、相対的に別のものが地位を下げているわけであり、その結果として、世界経済の階層構造の構成比率のだいたいの値は、一定に保たれているのである。

コンドラチェフ波のB局面の直接のインパクトは、アフリカのような、もっとも無防備な地域に、もっとも激しい影響を及ぼす。しかし、それは、ラテン・アメリカ、中東、中・東欧および旧ソ連、南アジアといった地域にも、同様に、実に厳しい影響を与えた。また、ずっと厳しさの程度は低いとはいえ、北米や西欧にも影響は現れた。実質的に、このB局面がもたらすマイナスのインパクトを被るのを免れたのは、東アジアだけであった。もちろん、地理的に定義されたある地域にマイナスのインパクトがあったといったところで、その地域の全ての成員が、同じ割合で損失を被るということにはならない。むしろ逆であって、それらの地域それぞれの内部において、二極分解の格差は拡大したのである。つまり、コンドラチェフ波のB局面が、非常にプラスに働いた範囲においてさえ、所得水準と資本蓄積の可能性という観点からすると、その恩恵を受けたのは、むしろ少数に属する人びとであって、人口の過半がそうであったというわけではないということである。そしてこの場合も、東アジアでは――すくなくとも、東アジアのいくつかの地域では――このような地域内格差の拡大は、相対的に低かったのである。

さて、一九七〇~九五年の期間の世界経済のこのような窮状がもたらした政治的な帰結について考えてみよう。第一に、最も重要なこととして、旧左翼およびそれまでの反システム運動――旧植民地世界における民族解放運動、ラテン・アメリカのポピュリスト運動、(東西問わず)ヨーロッパの共産党、西欧および北米の社会民主主義/労働運動――に対する信認は深刻な打撃を被ったということである。それらの勢力の大半は、選挙を勝ちぬくために、かつてよりもさらに中道寄りになっていかざるをえないと感じていた。結果として、大衆にとってそれら諸勢力は、いちじるしく魅力に乏しいものとなり、また同程度に、彼ら自身の自信もゆらぐことになった。いずれにせよ、窮乏化が進み、人々が忍耐を失うなかで、それらの諸勢力が自由主義《リベラリズム》的改良主義の保証者として振舞うことは、もはやほとんど不可能となった。したがって、そのような大衆の側からの政治的反動を制御《コントロール》するメカニズムとして機能することも不可能となった(それまでは、それら諸勢力は、主として支配《コントロール》機構だったのである)。大衆の多くは、それらの諸勢力を離れて、別の方向へむかった——政治的アパシー(もっともそれは、つねに、なにか他の方向へ向かう途中の過渡的なありかたである)、あらゆる種類の原理主義運動、またネオファシスト運動へ向かう場合もあった。重要なことは、これらの大衆が、ふたたび、自らの意志で行動するようになったということであり、したがって、世界システムの既得権益層の目からすると、大衆がふたたび、危険なものとなったということである。

政治的帰結の第二は、その結果、世界のあちこちで、大衆が反国家的になったということである。一八四八〜一九六八年の世界政治を支配してきた自由主義《リベラリズム》/中道主義の政治的プログラムの最後の名残まで一掃してしまう上で、この機会を絶好のものと見た保守勢力が息を吹き返し、彼らによる喧伝が、大衆のこのような反国家的態度を相当に後押ししているのは確かであるが、一部の例外を除けば、大衆がこのような立場をとっているからといって、それによって彼らがなんらかの反動的なユートピアに対する支持を表明しているわけではない。むしろ、彼らが表明しているのは、漸進主義的な改良主義が彼らの窮状に対して、なんの解決にもならないという不信感なのである。そして、国家というものが、なかんずく、そのような漸進主義的な改良主義の道具となってきたがゆえに、彼らは反国家的な態度に転じたのである。

このような反国家的な態度は、経済的な再分配における国家の役割の否定だけではなく、徴税水準および国家の安全保障力の効率性やその意図に対する一般的な不信感にも反映されている。また、長らく自由主義《リベラリズム》的改良主義の媒介者となってきた専門家に対する非難の再燃にも反映している。それは、諸々の法的な手続きに対する公然たる侮蔑感の高まりや、さらにいえば、抗議活動のひとつの形態としての犯罪の増加といったことにも現れている。このような反国家主義の政治は、累積的なものである。大衆は、安全の保障が不適切であると不満を抱き、保障の担う機能を、国家から自分たちの手へ取り戻そうとする。結果として大衆は、課税された額の税金の支払いを、今まで以上に忌避するようになる。このようなステップをひとつ踏むごとに、国家機構は弱体化し、国家がその機能を果たすことは、ますます困難になって、最初の不満がますます妥当であるように思われて、さらなる国家の否定へと導かれていくのである。われわれは現在、さまざまな国家において、近代世界システムの形成以来はじめて、国家権力の深刻な後退の時期に生きているのである。

このような反国家主義の拡散の波がまだ達していない唯一の地域が、まさに東アジアなのである。なぜならば、一九七〇〜一九九五年の期間における経済的展望において、唯一深刻な後退を依然として経験しておらず、したがって、漸進主義的改良主義に対する幻滅がまだ生じていない唯一の地域が東アジアだからである。東アジア諸国家内部において、相対的に秩序が保たれていることは、東アジアが勃興してきているという感覚を東アジア自身の目にも、その他の地域の目にも、強く印象付けている。さらにいえば、東アジアの共産主義国家だけが、一九八九年前後にその他の共産主義国家が経験したような崩壊をこれまでのところ免れているという事実も、それによって説明できるかもしれない。

私はここまで、世界システムのなかにおける東アジアの現在／過去を説明してきた。それは、未来に対して、どのような警鐘をならしているであろうか。きわめて不確定である。基本的には、二つのシナリオがありえる。多かれ少なかれ、この世界システムがこれまでどおりに持続し、ふたたび循環《サイクル》的な変化へと入っていくというのがひとつ。あるいは、この世界システムが危機のポイントに到達し、したがって、根本的な構造的変化、破裂、内破を見ることになって、最終的に、なんらかの新しい史的システムの構築に至るというのが、もうひとつのシナリオである。二つのシナリオのどちらが起こるかによって、東アジアが最終的にどのような帰結を迎えるかも、おそらく異なるであろう。

第一のシナリオに従い、この世界システムに現在何が起こっているにせよ、それはヘゲモニー勢力の衰退の初期段階に生じる状況として、これまでも繰り返し起こってきたことのヴァリエーションにすぎないとするならば、われわれに予期しうるのは、以下のような「通常《ノーマル》」の諸展開である。いくつかの簡潔な命題の形で、手短に要約しよう。(5)

・最近二十年間に新しい経済の牽引役として前面に出てきた諸産業に基礎をおいて、新規のコンドラチェフ波のA局面がまもなく起こる。

・そのような新しい主要産業の担い手としてトップに立つべく、日本、EU、アメリカ合衆国の間で激しい競争が生じる。

・同時に、アメリカ合衆国のヘゲモニー権力を継承すべく、日本とEUとの間での競争が始まる。

・三極間の激しい相互競争というものは、二者関係に集約されるのが通常である。組合せとしてもっとも可能性の高いのは、日本と合衆国との連合対EUというものである。この組合せは、経済的考慮からも、また逆説的であるが、文化的な考慮からも強力なものである。

・このような日米間の連帯が実際におこれば、それは旧ヘゲモニー国に支持された海／空軍国と大陸勢力との対抗関係という古典的な状況の再来となる。そこから考えられることは、ジオポリティクス上の理由からも、経済的な理由からも、最終的に日本の勝利に終わるということである。

・三極を構成しているそれぞれの成員は、特定の地域との経済的・政治的結合——すなわち、合衆国は両アメリカと、日本は東アジアおよび東南アジアと、EUは中・東欧と旧ソ連と——の強化を継続する。

・このようなジオポリティクス上の再編成が生じるなかで、最も困難な政治的問題は、中国を日米ゾーンに、ロシアをEUゾーンに、どのように包摂するかということであるが、これらふたつの問題に取りまとめをつけられるような条件の折り合いは、おそらく存在する。

このようなシナリオにおいては、これからの約五十年間に、EUと東アジアとの間に、相当な緊張が予想され、おそらく東アジアの勝利に終わると思われる。その時点で、この新しい構図における日本の支配的役割を、中国がもぎとることになるかどうかについては、予測が極めて困難である。

このシナリオについて、これ以上紙幅を割くのはやめておきたい。私は、このシナリオが現実のものとなるとは期待していないからである。むしろ私は、そのシナリオが実際にすでに始まってしまっていて、しばらく続きはするものの、ひとつのシステムとしての資本主義世界経済の根底にある構造的な危機のゆえに、上に予想されたような「自然な」結論にはいたらないだろうと考えているのである。すでに別の場所[6]で、ある程度詳しく、論考を行なったことがあるので、この点についてもまた、ごく簡潔に、私の見解を要約することにしよう。

・現在のコンドラチェフ波のB局面が、どの程度激しい帰結を伴うのか、つまり、破滅的なデフレがおこるのかどうかについては、確たることが言えない。しかし、そのような破滅が問題を劇的なものにするということを除けば、それは対した問題ではないと思われる。いずれにせよ、その速度はどうあれ、おそらくわれわれは、デフレの時代に入りつつあると考えられる。

・コンドラチェフ波のA局面を再開させようとするならば、なによりもまず、実質的な有効需要の拡大が必要である。つまり、世界人口のなんらかの部分が、現在を上回る購買力を獲得しなければならないということである。そのような部分を構成しうる人口は、東アジアに偏って存在していた。

・いずれにせよ、上昇の過程には、生産への相当な投資が必要であり、安価な労働力を求めて周辺や半周辺地域に向かうような投資は確実に減少するだろうから、そのような投資の行き先は、またもや、「北」の世界に偏ってしまうことになるということは容易に予測できる。結果として、「南」の世界は、さらに周縁化される。

・世界の脱農村化によって、一次産品の生産を行なう地域が新規に開かれることは、ほぼなくなり、そのため、世界規模での労働力コストの上昇を補償してきた伝統的な機構が消滅して、資本蓄積を阻害するようになる。

・環境問題という深刻なディレンマによって、諸政府には、生態系《エコロジー》の均衡を十分な水準にまで回復させ、さらなる環境破壊を防止するための費用を他の支出から捻出するか、生産を行なう諸企業に、そのような費用を内部化する義務を課すかのどちらかを行なう莫大な圧力がかかってくるようになる。後者の選択をすれば、資本蓄積には莫大な制約がかかることになる。前者の選択をすると、企業に対して今まで以上の課税を行なうか——その場合の帰結は、上と同じである——大衆に対して今まで以上の課税／今まで以下のサーヴィスを行なうか——この場合は、私が先に論じたような国家に対する幻滅から、政治的に、非常に良くない帰結を伴うであろう——のどちらかが必要になる。

・国家のサーヴィス——特に教育、保健、生活保護——に対する大衆の要求は、反国家的態度の拡大にもかかわらず、減少しないだろう。これは、「民主化」の代償である。

・排除された「南」は、現在よりも、政治的にはるかに御しがたくなり、グローバルな秩序の混乱の水準は、顕著に上昇するであろう。

・旧左翼の崩壊は、これらの解体的諸力を、もっとも有効に穏健化してきた勢力を排除してしまうことになるだろう。

この暗い時代はやや長引きそうであり、われわれは、そこから、内戦（局地的、地域的、そしておそらく世界規模で）の増加を予期することができる。そして、このシナリオは、そこで終わりである。というのも、この過程の結果として、矛盾する複数の方向への「秩序の模索」（分岐《バイファケーション》）が起こらざるをえず、その帰結は、本質的に予測不可能だからである。さらに、そのような紛争を地図に描くとどうなるかというようなことを、あらかじめ確かめるのは容易なことではない。おそらく、相対的に利益を得る地域もあれば、その逆もあろう。相対的に被害を被る地域もあれば、その逆もあろう。しかし、具体的にどこがそうなるのか。東アジアはどうなのか。それは、私にはわからないことである。

すると、東アジアの勃興というものは存在したのであろうか。もちろんである。しかし、どれくらいの期間の勃興だったのだろうか。十年？　百年？　千年？　東アジアの勃興は、世界全体にとって良いことなのだろうか、それとも東アジアにとってだけ良いことなのだろうか。繰り返そう。それは、きわめて不分明である。

注

（1）これらの問題は、テレンス・K・ホプキンズと私の編著である『転移する時代――世界システムの軌道1945－2025』（藤原書店、一九九九年）の主題にほかならない。

（2）これらの過程についての初期の詳細な研究としては、Folker Fröbel, "The Current Development of the World-Economy: Reproduction of Labor and Accumulation of Capital on a World Scale," *Review* 5, no. 4 (spring 1982): 507-55 を参照のこと。

（3）ここからの議論の材料は、拙著『アフター・リベラリズム』（藤原書店、新版、二〇〇〇年）で詳しく論じたものである。

（4）もちろん同時に、世界の他の地域も、反応を始めていた。エチオピアは、一八九六年にイタリアに敗れた。メキシコには、一九一〇年に革命が起こった。二十世紀初頭のオスマン帝国／トルコ、ペルシア、アフガニスタン、およびアラブ世界には、一連の事件／革命が起こっている。インド国民会議は、一八八六年に結成され、南アフリカ原住民族会議South African Naive National Congress（のちのANC〔アフリカ民族会議〕）は、一九一二年の結成である。しかし、東アジアの諸事件は、特に広範な反響を持った。

(5)これについては、以前に『ポスト・アメリカ——世界システムにおける地政学と地政文化』（藤原書店、一九九一年）所収の論文「日本と世界システムの将来の軌道」において、より詳しく議論している。

(6)特に、上記ホプキンズおよび私の編著『転移する時代』の第八章および第九章を参照のこと。

第3章のための

終曲部《コーダ》

いわゆるアジア危機

長期持続《ロング・デュレ》におけるジオポリティクス

The So-called Asian Crisis:
Geopolitics in the *Longue Durée*

政治家も、ジャーナリストも、そしてあまりにも多くの学者たちも、最近の新聞の見出しには、何度となく振りまわされている。これでは大きな事件についてさえも、その意味と重要性についての興味本位の不十分な分析にしか結びつかず、不幸なことである。共産主義の崩壊についてもそうであったし、世界システムのジオポリティクスにおけるサダム・フセインの挑戦についてもそうであったし、いわゆるアジア金融危機についてもそうである。このような「事件」を理解する上では、多層的な社会的時間という考え方に訴えてみることが有用である。その多層的な社会的時間とは、フェルナン・ブローデルがかつて提起したものであり、彼によれば、〔「事件」を精錬して〕現実を現実的に分析しうるるつぼのようなものである。

さて、最初に『フィナンシャル・タイムズ』紙（一九九八年二月十六日付け、十五頁）に掲載された、興味深い時事論説を見てみよう。

〔東アジア諸国は〕なぜ、今、沈んでしまったのだろうか。その原因の大部分は、外部の投資家の気まぐれに求められよう。彼ら投資家の行動は、最初あたかも東アジア経済に太鼓判を押されているかのごとくであったかと思えば、そのすぐあとに、同じ東アジア経済に失格の烙印が押されているかのごとく反転したのである。（…）

パニックにおびえる貸し手。資金の流入は、経験の浅いビジネスマンや、信用ある金融機関、腐敗した無能な政治家たちにはとても抵抗しえない誘惑をもたらし、資金の流出は、その後に与えられた罰をいっそう厳しいものにした。国内的な資産バブルであれば、国内機関によって管理されうるものであるが、この場合、それが不可能だったからである。資本がなだれをうって流出し、為替レートが崩壊し、倒産の波が民間部門を呑みこんでしまって、東アジアの諸国は、パニックにおびえる民間貸し手と、要求ばかりうるさい公的貸し手にされるがまま、右往左往することになったのである。（…）

これは、パニックの世界だ。ひとたびパニックが発生するや、個々の投資家は、合理的な行動として、他の全ての投資家に先んじて、逃げ出そうとする。かくして、そのような行動の原因となったはずの経済の実際の状況から妥当とすべき損失よりも、はるかに大きな損失が生じるのである。

この分析には、いくつか注意すべき点がある。まず、東アジアの金融停滞は、投資家、特に外部の投資家の観点から見られており、この論説の書き手は、問題がかくも大きくなってしまった原因を考える際に最も重要なことは、それら投資家のパニックであると主張している。注意深く読むと、特にそこで語られているのは、政治的な影響力がもっとも小さく、合理的に考えて「他の全ての投資家に先んじて、逃げ出す」必要がもっとも大きいような、比較的小規模の投資家のことだということがわかる。第二には、ジオポリティクスについての考慮が、まったく分析に入っていないように思われるということに気がつく。そして、第三に気がつくのは、この『フィナンシャル・タイムズ』紙の結論は、ほとんど左翼的政策となっているということである。

形成途上の諸経済を、グローバルな金融市場に統合するスピードは急ぎすぎなくらいでよいのだというような考え方は、再考しなければならない。対外直接投資は非常に貴重であるが、短期借り入れへの民間部門の参入を容易にするのは、致命的に危険である。このグローバル金融市場という大海原を航海できるのは、備えと熟練を有するものだけである。最終手段としての真のグローバルな貸し手というものが存在しない以上、形成途上の脆弱な諸経済は、岸をあまり離れて沖へ出るべきではないのである。

第一に、この論説は、「形成途上の諸経済を、グローバルな金融市場に統合するスピードは急ぎすぎなくらいでよい」と説く、最近の新自由主義《ネオリベラリズム》的な考え方を攻撃している。続いて、世界経済は、「備えと熟練を有するものだけが航海できる」ような「大海原」だと主張している（常にそうなのだろうか、現在に限った話なのだろうか）。「経験の浅いビジネスマンや、信用ある金融機関、腐敗した無能な政治家たち」よ、御用心あれ。おそらく、腐敗した政治家たちは、無能であってはならないのだろう。そして最後に、結論では、「最終手段としての真のグローバルな貸し手」が不在であると指摘している。これは、（私の考えだと）アメリカ合衆国の構造的な金融的弱体性を、暗に指摘するものである。合衆国は、最終手段としてのグローバルな貸し手であるどころか、グローバルな借り手として、現在日本に依存しているのである。

いろいろ限界はあるにせよ、この論説は、現在の状況に対する多くの処方箋よりも、健全なものである。なぜなら、それは、もうちょっとＩＭＦ印の赤チンがありさえすれば、こんなケガなどなんでもないなどという幻想を払拭するものであり、なかんずく、「パニック」の問題を強調しているからである。パニックというものは、いわゆる実物経済においては、決して問題とはならないものである。パニックが起こるのは、投機が存在するとき、すなわち、大勢の人々が主として生産からの利潤によってではなく、金融的な操作によって儲けようとしているときにおいてである。生産から得られる利潤に力点が置かれる局面と、金融的操作から得られる利潤に力点が置かれる局面とが、たがいに入れ替わりながら、循環的《サイクル》にめぐってくる関係は、資本主義世界経済の基本的な要素である。[1] このことから想起されるのは、現在の事態を説明する原因を探す際に、最初に見るべきところは、われわれは現在、コンドラチェフ波動のB局面——それは実際、一九六七／七三年から続いている——のなかにあるという事実である。

この際、世界システムの経済の最近の歴史を多少ふりかえっておくことことも、意味のないことではないだろう。一九六七／七三年以来の事態の推移は、二つの地域において見てみることができる。すなわちまず一方で、中核諸国、すなわちアメリカ合衆国、西ヨーロッパ（全体として）、日本（日本であって東アジアではない）と、それから他方で、半周辺・周辺諸地域である。そこには、いわゆる「東アジアの四匹の虎」（韓国、台湾、香港、シンガポール）と中国、および東南アジアが含まれる。まず、中核の方から見てみよう。コンドラチェフ波のB局面の基本的な意味は、望みうる有効需要に対して、生産が過剰となるということであり、その結果、生産からの利潤率が低下するということである。したがって、直接的でグローバルな解決を望むなら、生産の削減ということにもなろうが、誰が犠牲となってわが身を差し出し、喜んで競争に敗れようというのか。積極的な生産者がとる、現実の通常の対応とは、利潤率が低下しているわけであるから、生産を増加（そうすることで、たとえ利潤率は低下しても、実質利潤の総額は維持する）させようとするか、実質賃金レートがより低い地域に配置転換をおこなって、利潤率を高めようとするかのどちらかである。増産（第一の解決）が、グローバルには利益を損ねるものであり、しばらくすれば崩壊するのはいうまでもない。配置転換（第二の解決）は、このグローバルな問題に対して、増産よりは長い期間持ちこたえうる解決となるが、グローバルに見てそれに見合うだけの――あるいは、少なくとも問題の解決に十分な――有効需要の増加を伴わずに、生産量だけが増加することになってしまえば、第一の解決と同様、それまでのことである。

過去三十年間に起こってきたことは、かくのごとしであった。あらゆる産品（自動車、鉄鋼、電器、そしてとりわけ最近では、コンピューター・ソフトウエア）のグローバルな生産は、北米、西欧、日本から、その他の地域へと配置転換されてきた。これは、中核地域において、相当な失業をもたらした。しかしながら失業は、均等に拡大していくとは限らない。実際、コンドラチェフ波の下降局面においては、中核地域の諸政府が、失業を互いに輸出しあおうと努力するというのが、その典型的な特徴なのである。過去三十年間のパターンを見てみると、当初一九七〇年代から、特に一九八〇年代の初頭においては、アメリカ合衆国がもっとも被害を受け、次いで、ヨーロッパにおはちがまわってきた。ヨーロッパの受難はまだ続いているが、ごく最近になって日本にも、その順番がめぐり、日本が苦しんでくれているおかげで、一九九〇年以降、合衆国の失業率は再び低下することになった。

その間、投資家たちはいたるところで、あらゆる種類の金融的投機に没頭してきた。一九七〇年代におけるOPEC原油価格の上昇は、グローバルな蓄積をもたらし、それは第三世界諸国への借款として再利用された。それらの借款は、最終的には借り手を窮乏化させるものであったが、十年間程度は、たしかに中核地域の収入をグローバルに維持することになった。もっともこのようなポンジー・ゲーム〔利殖性の高い投資対象を考え出し、それに先に投資した人が後から投資する人の投資金によって利を得る方式の詐欺〕が続いたのは、それが最終的に一九八〇年代初頭のいわゆる債務危機によっておじゃんになってしまうまでの話であった。このような操作のあとに、第二のゲームが続いた。それは、一九八〇年代の合衆国政府（レーガンによる軍事的ケインズ主義）と民間資本家（ジャンク債）による借り入れの組合せで行なわれたが、それもポンジー・ゲームであって、いわゆる合衆国の債務危機でおじゃんになってしまうまでのことであった。[2] 一九九〇年代のポンジー・ゲームは、「短期借り入れ」を通じたグローバル資本の、東アジアおよび東南アジアへの流入であった。『フィナンシャル・タイムズ』紙が述べるように、それもまた「致命的に危険である」。

　いずれの局面においても、大金を手にした者がいるのはもちろんである（無一文になった者がいるのももちろんである）。そして、大資本家層から一段下がったところに、非常にうまくやりぬき、過剰な所得を得たヤッピーたちの層がある――「うまくやりぬける」といっても、適切な時期に適切な国にいたとして、の話であるが。しかしながら重要な点は、だいたいにおいて利潤の大部分が金融的な操作から得られていたということである。おそらく、生産からの利潤で唯一、意味を持ったのはコンピュータの領域、つまりいわゆる「新産業《ニュー・インダストリー》」だが、この分野においてさえも、すでに過剰生産点に近づきつつあるのが現状であり、したがって――少なくともハードウェアにおいては――利潤率は低下しつつある。ひとつの集団としての半周辺および周辺諸国に目を転ずると、コンドラチェフ波のＢ局面は、破滅と好機の両方を提供するものであった。破滅の側面とは、それら諸国の輸出品――特に一次産品――の市場の縮小である。これは、グローバルな生産の縮小に起因するものである。原油価格の上昇も、それら諸国に深刻な影響を与えた。というのも、それは世界規模での生産の縮小を引き起こす一方で、非中核諸国の輸入コストを増大させる結果を伴ったからである。輸出の減少と輸入費用の上昇があいまって、特に一九七〇年代には、それらの諸国の大半において国際収支は深刻に悪化し、それら諸政府は借款（それはＯＰＥＣの超過利潤の再利用であった）を受け入れざるをえなくなり、十年とたたぬうちに、いわゆる債務危機へと導かれていった。

　しかし、コンドラチェフのＢ局面はまた、好機を提供するものでもあった。その主要な効果として、中核諸国からの産業の配置転換がある以上、非中核諸国は、その配置転換の受益者となるからである。ただしそれは、受益者となる非中核諸国もある、ということである。配置転換の可能性はその程度でしかなく、全ての非中核諸国がその新しい配置先になろうとして互いに競争する立場にあるということを念頭において考えることは、きわめて重要である。一九七〇年代には、新しい言葉が発明された。すなわち、ＮＩＣｓ（「新興工業国」）という言葉が流通しだしたのである。当時の文献は、四つの主要例を挙げていた。すなわち、メキシコ、ブラジル、韓国、台湾の四つである。一九八〇年代までに、メキシコとブラジルは、このリストから消える方向に向かい、「フォー・ドラゴンズ」（韓国、台湾、香港、シンガポール）という言葉が使われだした。一九九〇年代までには、「フォー・ドラゴンズ」からさらに、タイ、マレーシア、インドネシア、フィリピン、ヴェトナム、および中国へと、さらなる配置転換を示す指標が現れた。そして現在、いわゆる金融危機が、まずもって右の最後のグループに生じ、さらに「フォー・ドラゴンズ」にも生じた。日本が、一九九〇年代の初頭から、かなりの経済的困難を経験しているのは周知であり、お偉方は、現在の危機は日本にも「波及」する可能性があるとの御託宣であるが、だとすれば、あるいはたとえばアメリカ合衆国のような別の場所にも、「波及」しうるということでもあろう。

この場面で、ＩＭＦの入場である。ＩＭＦは、合衆国政府の強力な支持を得、一九八〇年代初頭の債務危機の「解決」を発明し、それを携えて登場した。その「解決」とは、危機にある政府に、緊縮財政と今まで以上に広範な投資家への市場開放との組合せを実行することを勧めるというものであった。ドイツ銀行東京支店の主任エコノミストが指摘したように、また誰あろう、かのヘンリー・キッシンジャーその人もそれを是認して引用したように、ＩＭＦは「ひとつの特効薬であらゆる病気を治療しようとするはしか専門医のごとく」[3]行動しているのである。

キッシンジャーは、実際のところ、アジア諸国は「慣習的知識」が勧めるままに行動してきただけであり、またそれら諸国も世界の金融センターも「現在の危機を予見したことなどなかった」と指摘している。では、誰に責任があるのか。それは「投資家および資金の貸し手が、国内では不足し、海外では豊富であったことと、〔そして、その海外の投資家たちが〕……非健全的な投資〔を通じて〕……莫大なたなぼた的利益を手にしたこと」との組合せだというのが、キッシンジャーの弁である。いずれにせよ、キッシンジャーによれば、ＩＭＦの出す特効薬は、「社会的セーフティ・ネットを持たない〔それら諸国の〕国内の銀行システムが完全に無力化する」ことを余儀なくするものであり、破滅的な効果をもたらして、合衆国の世界システムにおける地位にきわめて悪い影響を与える潜在的可能性をもつ、本質的に「政治的な」危機を引き起こすものだという。

> 世界の指導者たちが、グローバルな資本流通と、それが産業国と途上国の双方の経済に与える潜在的影響について、もっときちんとした理解を持たなければならないのは明白である。そして、彼ら指導者たちは、主として国内的な理由からしばしば下されている決断が、潜在的に国際的影響を持っていることについて、もっと高い意識を持たなければならない。

キッシンジャーは、この点では政治経済学者として、史的システムとしての資本主義世界経済の安定性の維持について憂慮の念を抱き、特に被害の拡大の直接の原因が金融的投機であると突きとめうるような場合に、政治的に許容されうる格差の程度には限度があるということによく気がついて語っている。しかしもちろん、彼はまた、水漏れの止め方を指示する配管工としての仕事をもっており、その仕事をする能力においては、長期の視点に立つ分析を行なってはいない。

いわゆる東アジア危機を三つの時間的枠組で見てみることにしよう。うち二つは、複合状況《コンジョンクチュール》レベルの時間、のこる一つは、構造レベルでの時間である。現在のコンドラチェフ波動のサイクルの話――それはまだ完全には終わっていない――として、複合状況《コンジョンクチュール》のひとつについては、ここまですでに語ってきたところである。このコンドラチェフ波のB局面においては、なんらかの理由で（すぐあとで論ずる）、世界システムの東／東南アジア地域が、コンドラチェフ波の下降局面に起因する配置転換の主たる受益者となった。このことは、当該地域諸国が、他地域の半周辺・周辺諸国とは異なり、大きな成長の勢いを示し、下降局面の影響が、それら諸国にまで及ぶまでの間は、それら諸国が繁栄に向かっているかに見えたという意味である。この意味では、ここまで起こったことは、異常なことでも、予期されなかったことでもない。もちろん、このことを理解するには、熱心に東アジアの長所を取り上げるような説明は、すべてわきへのけてしまわなければならない。そのような説明は、いまや、「同族資本主義《クローニー・キャピタリズム》」に対する不快感と非難の声にとってかわられてしまっている。一九七〇年代および一九八〇年代において、世界の産業の配置転換を誘致する上で、東アジアは完全に正しい行動をとったというわけではない。しかし、近年の危機によって明らかとなったのは、たとえ適切なあらゆる行動をとったとしても、世界システムにおいて、ひとつの地域が相対的な経済的地位を長期的かつ根本的に改善しつづけるに十分ではないということである。

しかし、上とは別に、コンドラチェフ波よりも長いサイクルで、もうひとつの複合状況《コンジョンクチュール》の局面が存在する。それは、ヘゲモニーのサイクルである。そのサイクルは、現在のサイクルの起点は、一九四五年ではなく、一八七三年ごろにまでさかのぼる、世界システムにおけるアメリカ合衆国のヘゲモニーの勃興と現在の衰退をたどるサイクルである。そのサイクルは、ヘゲモニー大国であったイギリスの後継者の地位をめぐる、合衆国とドイツとの間の長い競争から始まる。この闘争は、この二つの後継者候補の間で、一九一四年から一九四五年まで続いた「三十年戦争」にまで至り、アメリカ合衆国が勝利をおさめた。その後、真のヘゲモニーの時代が、一九四五年から一九六七／七三年まで続いた。しかしながら、真のヘゲモニーというものは永続しうるものではない。その基盤である経済的生産性の優位は、他の勢力が強力な競争者として登場することで、不可避的に掘り崩されてしまう。この場合、その競争者とは西ヨーロッパと日本であった。以来、合衆国経済は、急速に、相対的な衰退を続け、その分だけ、その経済的競争者を益するところとなった。ある時点までは、合衆国は、冷戦の脅威を利用して同盟者たちを統制することで、自らの衰退を政治的に封じ込めることができた。しかしながら、この冷戦の脅威という道具は、一九八九～一九九一年のソ連の崩壊によって霧消してしまった。

さまざまな理由から、この期間において、日本は西ヨーロッパよりもうまく立ち回ることができた。それは、ひとつには経済的諸制度が、相対的に新しい「後発」のものであったからであり（ガーシェンクロン効果〔経済発展における「後発性の優位」を説く説〕）、また、アメリカ合衆国の企業は、長期的な関係をとり結ぶ相手として、西ヨーロッパよりも日本に関心をもっているように思われたが、それもひとつの理由である。しかし、どう説明するにせよ、一九六〇年代においてもまだ合衆国の研究者がトルコと比較していたような国である日本が[4]、経済的超大国となったのである。「フォー・ドラゴンズ」および、その後の東南アジアが、一九八〇年代にあれだけの実績を示すことができたのは、日本との地理的・経済的結びつきによるものである（いわゆる「雁行的発展」効果）。これから五年後には、タイはヴェネズエラ同然の観を呈するようになり、韓国はブラジル同然となるかもしれないが、日本は経済的超大国であり続けるだろう。そしておそらく、二十一世紀の初めには、次のコンドラチェフの上昇局面が進行するにつれて、日本は世界システムの資本蓄積における主導地域の座を占めるものとして現れてくるだろう。このような日本／東アジアの経済的中心性において、再興してきた中国が果たす役割の大きさは、このジオエコノミーおよびジオポリティクスの再編——新しいヘゲモニーのサイクル、そしてその新しい主導者の地位をめぐる、日本ないしは日本／中国と西ヨーロッパとの競争の始まり——における大きな不確定要因である。このようなパースペクティヴからすると、いわゆる東アジア金融危機は、相対的に小さな、一時的事件であって、限られた重要性しかないものであり、おそらく、日本、日本／中国ないしは日本／東アジアが勃興する構造的条件を変更するものでは全くないだろう。

東アジア危機が深刻な世界不況を導けば、合衆国は最も大きな損害を被る可能性が高い。そして、このコンドラチェフ波のB局面の最後の期間から完全に抜け出て、A局面に入ったとしても、それは、世界システムが、十七世紀および十九世紀に経験したような、世紀単位で続くデフレの時代の始まりとなるだろう。

最後に、構造レベルでの時間が存在する。資本主義世界経済は、「長期の十六世紀」以来、史的システムとして存在してきた。あらゆる史的システムには、三つの契機がある。すなわち、生成の契機、通常の生長すなわち発展の契機、そして構造的危機の契機である。それらはそれぞれ、別々のものとして分析されなければならない。いま、われわれ全員が生きている近代世界システムが、構造的危機に突入したと考える根拠は十分にある。[5] もしそれが正しければ、次のヘゲモニーのサイクルが完全なかたちで進行することは、ありそうにない。日本は、オランダ、イギリス、アメリカ合衆国と受け継がれてきた歴史的役割の継承者として、その日の目を見ることは、結局ないかもしれないということである。次のコンドラチェフのサイクルがありうるのは確かであるが、そのときにやってくる上昇局面たるA局面は、構造的危機を食い止めるというよりは、むしろ加速するだけであるということは疑いがない。

この場合、われわれは、複雑性研究でいうところの「分岐《バイファケーション》」に立っていると考えることができる。そこでは世界システムは、システムの全ての方程式の解の可能性が同時に複数あるという厳密な意味で「カオス的」となり、したがって、短期的なパターンについての予測可能性は全く失われることになる。しかし、このシステムから、なんらかの新しい「秩序」が現れることになる。その秩序がどのようなものとなるかについては、絶対的に非決定論的であるが、(小さな力が、危機にあるシステムの進む道に莫大なインパクトを持ちうるという意味において) 多くの主体の支配するところとなるであろう。

このような観点からすると、東アジア危機は、ひとつの兆しである。それは初めて現れたものではない。その最初は、一九六八年の世界革命であった。しかし、東アジア危機は、新自由主義者《ネオリベラリスト》たちが、システムの再安定化をもたらす秘密を発見したと称している限り、東アジア危機は、そのようなイデオロギーが、いかに不毛で不当であるかということを証明することになろう。金融投資家の「パニック」がもたらす政治的インパクトを憂慮する『フィナンシャル・タイムズ』やヘンリー・キッシンジャーのような人びとをパニックに陥れているのは、まさにこのことなのである。IMFを批判する彼ら賢者は正しいが、他方で、彼らがわれわれに提起するものはほとんどない。なぜなら彼らは、われわれが生きているこの史的システムが不死であると論じる必要を感じており、したがって、彼らは、自分がその史的システムのジレンマを分析しているのではないとの偽証を誓って行なわなければならないからである。しかしながら、不死のシステムなどというものはない。そして、人類の歴史において最も大きな経済的・社会的格差を産み出したシステムが不死であろうはずがないことは確かなのである。

注

(1)このことは、長らく経済史家たちの議論の的となってきた。最近では、ジョヴァンニ・アリギ Giovanni Arrighiの*The Long Twentieth Century* (London: Verso, 1994) において、大変詳しく解明されている。
(2)私はこの全過程について、Samir Amin et al., *Dynamics of Global Crisis* (New York: Monthly Review Press, 1982) pp11-54所収の拙論"Crisis in Transition"と、『ポスト・アメリカ』(藤原書店、一九九一年)の特に第一章の両方で、すでに分析を行なっている。
(3)Henry Kissinger, "How U. S. Can End Up as the Good Guy," *Los Angels Times*, February 8, 1998.

（4）Robert E. Ward and Dankwart A. Rustow eds., *Political Modernization in Turkey and Japan* (Princeton, NJ: Princeton University Press, 1964) 参照。

（5）テレンス・K・ホプキンズ＋イマニュエル・ウォーラーステイン編著『転移する時代——世界システムの軌道 1945-2025』（藤原書店、一九九九年）における分析を参照のこと。

4

国家？ 主権？

転移の時代における資本主義的主体のディレンマ

States ? Sovereignty ?
The Dilemmas of Capitalists in an Age of Transition

コンファランス「世界経済における国家と主権」における基調講演
カリフォルニア大学アーヴァイン校、一九九七年二月二一〜二三日

周知のように、個々の国家と資本家との間の関係については、長らく論争が存在している。諸々の見解の幅は広く、国家が資本家にいかに操作されていて、個々の資本家および集団としての資本家の利益に奉仕するものであるかを強調するものから、国家が自律的な主体であって、いかにそれが資本家を他のいくつかないしは多くの利益団体の一つとして扱っているかを強調するものまで、さまざまである。また、資本家が国家機構による支配からどの程度逃れうるのかという点についても論争があり、資本家のそのような能力は、企業の多国籍化といわゆるグローバリゼーションの始まりとともに、ここ数十年間で、相当に大きくなったと論ずるものが大勢いる。

くわえて、いわゆる主権国家相互間の関係についても、長らく論争が存在している。諸々の見解の幅は広く、国家はさまざまあれど、その主権はいずれも実効を有すると強調するものから、いわゆる「弱い国家」がいわゆる「強い国家」の圧力（および甘言）に抵抗しうる力について冷笑的な立場をとるものまで、さまざまである。この論争は、個々の国家の資本家に対する関係についての論争とは、切り離されたまま論じられることがしばしばであり、あたかもまったく別の二つの問題を扱っているかのごとしである。しかしながら近代世界システムの

構造の特殊性に鑑みるに、これらの諸問題をきちんと一緒に並べて見ないで議論をしても、きちんとした理解にはなかなか至らないように私には思われる。

近代世界システムは、「長期の十六世紀」以来少なくとも地球の一部を占める存在であり、資本主義的な世界経済である。このことには、いくつかの含意がある。システムは、社会的行動の主要な動力が無限の資本蓄積である場合に、「資本主義的」であるということになる。これは、価値法則と呼ばれることもある。もちろん、必ずしもあらゆる人が、そのような無限の蓄積を自己の活動の動機に置いているというわけではないし、さらに言えば、そのような無限の蓄積に成功しうるのは、ごくわずかなものだけである。しかしあるシステムを見た場合に、そのなかでそのような活動に従事する人々がそれ以外の動力に従って行動している人々よりも中期的に見て優位に立つ傾向があれば、「資本主義的」であるということなのである。他方で、無限の資本蓄積は、あらゆるものの無限の商品化を要請するものである。資本主義世界経済は、この方向への連続的傾向を示すようにできているはずであり、実際たしかに近代世界システムは、そのような傾向を示している。

すると、このことから、第二の要請に導かれる。すなわち、いわゆる商品連鎖に諸商品を結びつけるという要請である。これは、そのような連鎖が（産出に対して費用を最小化する方法を構成するという意味で）「効率的」であるから要請されるだけではなく、その連鎖が（ブローデル的な語法で）不透明となるから要請されることでもある。長く展開した商品連鎖においては、剰余価値の配分が透明な可視性を持たないということによって、政治的反抗は最も効果的に最小化される。なぜならば、その不透明性のおかげで、無限の資本蓄積の帰結たる分配の激しい格差——その格差たるや、これまでに存在したいかなる史的システムよりも激しいものである——という現実とその原因とが、曖昧なものとなるからである。

商品連鎖の長さが、世界経済の分業の範囲を画す境界を決定する。その長さは、いくつかの要因の関数である。

すなわち、連鎖に含められなければならない原料の種類、運輸・通信技術の水準、およびおそらく最も重要な要因として、資本主義世界経済において支配的勢力が、自らのネットワークに新たな地域を組み込む《インコーポレート》政治的な強さをどの程度有しているかということが挙げられる。私は以前に、近代世界システムが現在の構造にいたるまでの歴史地理学は、三つの主要な契機を有すると考えられると論じたことがある。第一の契機は、システムの最初の形成の契機、すなわち一四五〇〜一六五〇年の時期であり、その時代に、近代世界システムは、主としてヨーロッパの大部分（ただしロシアとオスマン帝国は除く）と両アメリカのいくつかの地域とを含むようになった。第二の契機は、一七五〇〜一八五〇年の大拡張期であり、この時代には、主としてロシア帝国、オスマン帝国、南アジア、および東南アジアのいくつかの地域、西アフリカの大部分、そして両アメリカの残る諸地域が組み込まれた《インコーポレート》。第三にして最後の拡張は、一八五〇〜一九〇〇年の期間に起こり、その時代には、主として東アジア、およびアフリカのその他の諸地域、東南アジアの残る諸地域、さらにオセアニアが、分業に組み込まれる《インコーポレート》ようになった。その時点で、資本主義世界経済は、初めて真にグローバルなものとなったのである。近代世界システムは、史上初めて、全地球をその地理的範囲とする史的システムとなった。

今日、早くとも一九七〇年代に始まった現象として、グローバリゼーションについて語ることが流行しているが、実際には、国境横断的《トランス・ナショナル》な商品連鎖は、システムの最初から相当な広がりを持っており、十九世紀の後半からずっとグローバルなものであったのである。技術の向上によって、長距離輸送の量と品目の拡大が可能となったのはたしかである。しかし、私が主張しているのは、二十世紀において、上述の商品連鎖の構造と作用に、根本的な変化は一切なかったということであり、いわゆる技術革命によっても、そのような変化は、なんら起こらないだろうということである。

それでもやはり、この五百年間にわたる資本主義世界経済のダイナミックな成長は、常軌を逸した、きわめて顕著なものであり、われわれが、ますます目覚ましいものになっていく機械類や、その他のかたちの科学的知識の応用が実現されていくのを見るにつけ、目もくらむばかりとなるのも当然である。新古典派経済学の基本的な主張によれば、このような経済成長および技術的達成は、資本主義的な企業家精神にもとづく活動の帰結であり、無限の資本蓄積を妨げる障害として残っていたものがすべて排除され尽くした今日、世界は繁栄から繁栄へ、富から富へ、したがって満足から満足へと進むであろう、ということになる。新古典派の経済学者たち、および新古典派に追従するその他の個別科学《ディシプリン》の学者たちは、自分たちの出す処方を受け入れていれば、まったくバラ色の未来が来ると説き、その処方が拒否されたり、あるいは多少とも歪められようものなら、まったく陰鬱な将来がやってくると説いている。

　しかし、たとえ新古典派の経済学者たちでも、現実として、ここ五百年間の歴史が、「生産要素の自由な流通」が完全に行なわれてきた歴史ではなかったということは、認めるであろう。だが実際のところ、それこそが、「グローバリゼーション」をめぐるおしゃべりの語っているものなのである。一見して、そのような生産要素の自由な流通が完全に行なわれるようになったのは、やっと今日のこと、あるいは、まだ起こっていないことのように思われる。そうだとすると、知的にも政治的にも、ほとんどすべての立場に立つ論者が、資本蓄積の能力という観点からして、ここ数世紀間にわたって資本主義的企業家が、ひとつの集団として見た場合に、実際かなりの成功をおさめてきたということには異論がないと思われる以上、そのような資本主義的な企業家は、ここ数十年以前にあっては、〔生産要素の自由な流通はなかったはずであるのに〕いったいどうやってあれほどの蓄積に成功してきたのかということが疑問に思われてこざるをえない。このようなみかけ上の異常事態を説明するためには、アルフレッド・マーシャル以来、新古典派の経済学者が頑としてその考慮から排除してきたもの、すなわち政治的、社会的要素に目を向けなければならない。そして、国家が議論のなかに入ってくるのは、ここにおいてである。

近代国家は、それが国家間《インターステイト》システムの内部における、いわゆる主権国家であるかぎりにおいて、特殊な産物である。ここで私が主張しているのは、非資本主義的なシステムに存在する政治的構造は、〔近代世界システムの内部にある〕この近代国家と同様には機能せず、近代国家というものは、それら非資本主義的システムにおける政治構造とは、質的に異なった制度を構成しているということである。では、その近代国家の特殊性とは何なのか。まずもって重要なことは、それが主権を有すると称している点である。主権とは、十六世紀以来、定義されてきたところであるが、国家について主張されてきたものではなく、国家間《インターステイト》システムについて主張されてきたものである。それは、内向きと外向きの二重の主張を含んでいる。内向きの主張としては、国家の主権とは、その国境の内部において（したがって必然的に、国家間《インターステイト》システムの内部において明確に定義され、正統化された国境がなければならないわけであるが）、国家が賢明だと考える政策であれば、いかなる政策をも追求することが許され、国家が必要と考えるならば、いかなる法を定めることも許され、そして国家の内部ではいかなる個人も集団も国家内組織もその法に従うことを拒絶する権利を持つことなく、国家はその政策を追求し、法を定めうるという権利を主張するものである。外向きの主張としては、国家の主権から論ぜられることは、所与の国家の境界の内部に対して、直接ないしは間接に権威を行使することは、当該国家の主権の侵害を構成することになる以上、そのようなことをしようとする権利は、システムにおける他のいかなる国家も、これをもたないということである。近代国家以前の国家形態も、その領域における権威を主張していたことは確かであるが、「主権」には、それに加えて、国家間《インターステイト》システムの内部の諸国家のこのような主張の相互承認が関わる。つまり、近代世界における主権とは、相互的概念なのである。

しかしながら、このような主張を紙に書きつけてみると、たちどころに気がつくのは、それが、近代世界の実際の姿から、いかに隔たっているかということである。かつて、実態として、その内部に対して真に主権的であったような近代国家など、ひとつも存在しない。国家の権威に対しては、常に内部からの抵抗があったからである。さらに言えば、大半の国家においては、その抵抗の方が、なかんずく憲法というかたちで、内的な主権に対する法的制限の制度化を導いてきたのである。また、その外部に対して真に主権的であったような近代国家もやはり、ひとつも存在しない。ひとつの国家の国内事項に対して、別の国家が干渉を行なうということは、ありふれているからであり、また国際法の全体系（それが弱き葦にすぎぬことは、自ら認められているところであるが）も、外的主権に対する一連の制限を表しているからである。いずれにせよ、強い国家というものが、弱い国家の主権を完全に相互に対等なものとして認めていないというのは、ありふれた非難である。ではなぜ、そのような馬鹿げた考えが、力を持ったのであろうか。そしてまた、なぜ私は、国家間《インターステイト》システムの内部における、このような主権の主張が、他の種類の世界システムとの比較において、近代世界システムに特殊な政治的特徴であるなどと言っているのであろうか。

　実際のところ、主権の概念は、西欧において、現実としての国家構造が非常に弱体であった時代に形成されたものである。国家は、小規模で非効率的な官僚制しか有しておらず、軍隊もあまりきちんとその指揮下には入っておらず、末端には、あらゆる種類の強力な諸権力があり、管轄権が何重にも重なり合っていて、国家は、それらとも対峙せねばならなかった。この力関係が逆転しはじめたのは——逆転しはじめただけである——十五世紀末の、いわゆる新君主国の登場のときからのことにすぎない。君主の絶対的権利という教義は、弱い統治者が打ちたてたいと望んでいたはるかなユートピアを志向する理論的な主張だったのである。君主の恣意性は、その相対的な無力の鏡像であった。治外法権と外交官の安全通行権の承認をそなえた近代の外交は、ルネサンス期のイタリアの発明であり、十六世紀にはじめてヨーロッパに普及したものである。国家間《インターステイト》システムの最低限の制度化の達成が実現するまでには、一六四八年のウェストファリア講和条約まで、一世紀を要した。

過去五百年間の展開は、資本主義世界経済の枠組のなかで、国家の国内的権力と国家間《インターステイト》システムの諸制度の権威が、単調増加的に、遅いながらも着実な増大を示してきた。しかしやはり誇張は避けるべきである。それらの諸構造は、非常に低いレベルからスタートして、ある程度高いレベルに達しはしたが、絶対権力と呼びうるようなレベルにまで達したことなど決してなかったからである。さらに、どの時点をとってみても、他の大半の国家と比較して、はるかに大きな内的権力と外的権力とを有する（いわゆる「強い」）国家が存在した。もちろん、ここで、権力《パワー》とは何のことか、はっきりさせておかねばならない。権力《パワー》とは、理論的（つまり法的）に無制限な権威を持つことであるなどというような大げさなものではない。権力《パワー》は、結果によって測られるものである。権力《パワー》とは、やろうと思ったことができたかどうかということに関わっている。真に権力《パワー》を有するものは、穏やかな調子で、敬意を集め、静かに事態を操作することができるはずである（また、通常実際そうである）。真に権力《パワー》を有するものに失敗はないのである。権力《パワー》を有するものとは、その正統性が部分的にしか認められていない場合にでも、その意向が気遣われるような存在である。彼らが武力による威嚇を行なえば、それを実際に使用する必要は消滅することも、きわめてよくあることである。真に権力《パワー》を有するものはマキャヴェリ主義者である。彼らは、現在において、実際に武力を使用すれば、まさにその過程によって、将来自分が武力を用いうる力が減少してしまうということを承知しており、それがゆえに、そのような武力の使用に対して、控えめで、慎重なのである。

このような国家間《インターステイト》システム内の主権国家という政治的システム――ともに全く権力《パワー》がないわけでもないし、完全な権力《パワー》をもっているわけでもないその中間の程度権力《パワー》を有する諸国家および国家間《インターステイト》システムからなる政治的システム――は、資本主義的企業家の必要からいえば、完璧におあつらえむきのものである。なぜといって、無限の資本蓄積を目標とする者が、その目的を実現するために何を必要とするかを考えてみればよい。あるいは、別様に問うならば、なぜ自由市場は彼ら資本主義的な企業家の目的にとって十分なものではないのだろうか、彼らは一切の政治的権威が全く存在しないしない世界でなら、本当にもっとうまくやっていけるのだろうか、と考えてみればよい。このような問いを考えてみれば、いかなる資本家も資本家の擁護者たちも――ミルトン・フリードマンでさえ、あるいは、アイン・ランド〔きわめて素朴な客観主義・実証主義の立場から保守的な新自由主義の「哲学」的基礎づけを試みた在野思想家（一九〇五～八二）、その死後もアイン・ランド協会が、彼女の「思想」の研究と普及に努めている〕でさえ――そんな世界を実際に望んだことは一度もないということは、すぐにわかる。彼らでさえ、少なくとも、いわゆる夜警国家は存在すべきであると論じてきたからである。

では、夜警とは、何を行なうものなのか。夜警は、暗がりにすわって、手持ち無沙汰に退屈をかこち、眠らないときにはときどき警棒や拳銃をぐるぐるまわして、ただ待っているのである。その機能は、財産の窃盗をたくらむ侵入者を防ぐことにある。かれは、主として、単にそこにいることによって、その機能を果たしている。ここが基本である。すなわち、普遍的に観察される、所有権の保全を求める要求がここにあるわけである。所有権を保持できないとなると、資本蓄積には何の意味もない。

企業家が自らの蓄積した資本を、市場における操作以外の場で失うのには、主として三つの場合がある。窃盗、没収、そして課税である。どのような形態にせよ、窃盗というものは、なかなかなくならない問題である。近代世界システムの外部における常として、重大な窃盗に対する基本的な防衛策は、私的な防衛体制に投資を行なうことであった。それは、資本主義世界経済においても、その初期にあっては言えることである。しかしながら、それにかわる策が現れた。すなわち、窃盗に対する防衛の供給という役割を国家に依託するのである。総称的には、これは警察機能と呼ばれる。防衛の役割を、民間から公共へシフトすることの経済的利点は、フレデリック・レインの『権力からの利潤』（*Profits from Power*）に、見事に描かれている。同書において、彼は、

「保護地代《プロテクション・レント》」という用語を案出し、歴史上におこった上のシフトの結果、（強い国家にある）企業家が、その他の企業家よりもはるかに大きな利益を引き出し、その恩恵によって、利潤をいかに増大させたかを描いている。

しかしながら、真に富裕なものにとっては、おそらく窃盗は、歴史的に比較的小さな問題であったろう。没収と比較しての話である。没収は、非資本主義的システムにおいては常に、統治者——特に強力な統治者——の手に握られた大きな経済的・政治的武器であった。資本家たちが、無限の資本蓄積を最優先に考えるということを広く行なうことができなかった、その主たる原因となるメカニズムのひとつとして、没収があったことは間違いない。だからこそ、所有権の確立だけではなく、「法の支配」の確立を通じて、没収の正統性を否定する制度を作ることが、資本主義的な史的システムの構築の必要条件となったのである。没収は、近代世界システムの初期にあっては——たとえ直接的な没収がなくとも、国家の破産というかたちで間接的に（スペイン・ハプスブルク家が四度も続けて破産した例を見よ）——広範に残っていたし、社会主義化を通じての没収は、二十世紀の現象である。しかしそれでも、没収の実例がいかに少なかったか——いかに多かったかではない——ということは、注目に値する。資本家たちにとって、近代世界システムの安全保障の水準は、他のいかなる世界システムとも比較にならないほど高かったのであり、実際のところ、このような没収に対する安全の保障は、時とともに増大したのである。社会主義化の過程でさえ、「補償付き」で実施されることがしばしばだったのであり、さらに周知のように、その過程はしばしば逆もどりした。つまり、システム的な観点からすると、その過程は一時的なものでしかなかったということである。いずれにせよ、法の支配の浸透によって、未来の所得水準についての予測の不確定性が減少する傾向が生じ、そのおかげで資本家たちは、より合理的な投資を行なうことが可能となり、したがって究極的には、より多くの利潤をあげることができるようになったのである。

課税に話を移そう。もちろん、課税されることを望む者など誰もいない。しかし、階級としての資本家は、彼らが適当であると考える程度の課税には、決して反対してこなかった。かれらの観点からすると、適当な課税は、国家からのサーヴィスの購入代金ということになるのである。他のすべてのものの購入についてもいえるように、資本家たちは、可能な限り割安に支払いたいと考えはするが、それらのサーヴィスがただで手に入るとは思わないのである。くわえて、われわれにもわかるように、理論上の税金と、実際に支払われる税金とは同じものではない。さらに、資本主義世界経済においては、数世紀間にわたって実質課税率は増大しているというべきであるが、これは、国家の提供するサーヴィスが増大しているからである。資本家が、これらの必要なサーヴィスの費用を直接に賄うとしたら、税金を支払うよりも安く上がるなどということを確言することは全くできない。さらに言えば、課税率は相対的に高い方が、大資本家にとっては有利にはたらくということを指摘しておきたい。というのも、税金の多く――大半といっても良いであろう――は、なんらかの形で、彼らのところに還流するからである。いいかえれば、国家による課税は、剰余価値を小企業家や労働者階級から大資本家へとシフトさせる方法なのである。

資本家が国家に求めるサーヴィスとは何であろうか。まずもって最大のサーヴィスとして、資本家は、自由市場からの保護を必要としている。自由市場は、資本蓄積にとっては、不倶戴天の敵なのである。経済学者たちが、愛しくも熱心に書きつのる仮定としての自由市場においては、大勢の売り手と大勢の買い手がいて、全員が完全情報を共有しているわけであるが、当然、そんなものは、資本家にとってはこの世の終わりである。そんなところで誰が金儲けなどできようか。そこでは、資本家は、十九世紀のプロレタリアート――その存在も仮定のものであるが――の所得、つまり、生存ぎりぎりの「自由市場における利潤の鉄則」とでもいうべき生活にまで零落することになるであろう。それが実態とは異なることはわかっているが、なぜそうなのかといえば、それは実際に存在する市場が決して自由ではないからである。

どの生産者であれ、その生産者が市場を独占している程度に応じて、その収益を増大させることができるということは明らかである。しかし、当然のことながら、資本家のスポークスマンが常に言っているとおり、自由市場は、実際のところ市場の独占を掘り崩してしまう傾向を持つものである。ある操作が利潤を生むという場合――独占された操作というものは、その定義からして、利潤を生むわけであるが――、他の企業家も可能とあらばその市場に参入するであろうし、それによって、その所与の産品が市場で売られる価格は減少することになる。「可能とあらば」である。市場自体が、そこへの参入に課する制約は、きわめて限られたものでしかない。それは、いわゆる効率性という制約である。もしある企業家が、既存の企業家と対抗できるだけの効率性を有していれば、市場はその企業家の参入を歓迎する。市場への参入に対する真に重要な制約は、国家が――いやむしろ「諸国家が」というべきであろう――行なうものである。

　諸国家の手中には、市場における経済的取引の構造に影響を与える、三つの主要なメカニズムがある。最も明白であるのは、法的制約である。国家は独占を命ずることもできれば禁ずることもでき、また数量割当てを行なうこともできる。もっともよく用いられる方法は、輸出／輸入禁止と、さらに重要なものとしては、特許である。そのような独占に「知的所有権」というラベルを貼り直して、何がしたいかといえば、この考え方が自由市場の概念といかに両立しがたいものであるかということに、だれも気がつかないようにしたいのである。あるいは、このことからわかるのは、所有という概念が、自由市場という概念と両立しえないということなのかもしれない。結局のところ、「金か命をおいていけ」という古典的な盗賊の切りだし文句が、自由市場のオルタナティヴということになってしまうのである。「……をしろ。さもないと……」という古典的なテロリストの脅し文句でも同じことである。

　このように、企業家にとって、禁止〔という法的制約〕は重要である。しかしやはり、それらは、〔それが自由市場に反しないという〕巧みな言い分をも、かなりのところ、はなはだしく裏切っているように見えてしまう。したがって禁止という手段をあまりにも頻繁に用いることについては、一定程度、政治的にためらわれるところがある。国家は、独占を作り出す上で、その他の道具も持っている。それは、法的制約よりも多少は目立たないものであり、したがってより重要なものであるということになろう。国家は容易に市場をゆがめることができる。市場は、最も効率的であるものに有利にはたらくということになっており、効率性とは、同等の産出について費用をどの程度削ることができるかという問題である以上、全く単純なこととして、国家は企業家の払う費用の一部を肩代わりすればよいのである。どのようなやり方にせよ、企業家に補助金を与えているような場合、国家は費用の一部の肩代わりをしているのにほかならない。国家は、特定のひとつの産品について直接にこれを行なうこともできるが、多数の企業家にかわって、まとめて一度にこれを行なう方法が二つあり、その方が重要である。国家は、いわゆる産業基盤《インフラストラクチュア》を構築することができる。この場合もちろん、当該の諸企業家は、その費用を負担する必要はないということになる。これは通常、そのような費用があまりにも高額で、単一の企業家には負担できず、そのような国家支出は、万人の利益のための費用を、全体で共有するということの現れであるという根拠でもって正当化されている。しかし、このような説明は、全ての企業家が、平等にその利益を享受するということを前提としているが、実際には、そんなことはめったにあることではない。国境を越えて見た場合は間違いなく不平等であるし、国境の中で見た場合でも、きわめてしばしば不平等である。いずれにせよ、産業基盤《インフラストラクチュア》の費用は通常、受益者の全体に課されるのではなく、全ての納税者に課されているのであり、その産業基盤《インフラストラクチュア》を使用するわけでもない人びとに、不当に高額の負担を強いているともいえる。

このような産業基盤《インフラストラクチュア》の構築を通じた直接の費用負担も、国家による補助として唯一最大のものではない。国家は、企業家に対して、彼らがみずから所有していないものに対して破壊を行なっても、それを元に戻す費用の支払いをせずにすませる可能性を提供している。企業家が河川を汚染し、汚染防止ないしは水質回復の費用を払わない場合、国家は事実上、その費用を社会全体に移転することを許しているわけである。そのツケは、その後何世代にもわたって支払われないままであることがしばしばであるが、最終的には誰かが払わなければならないものである。その間、企業家には何の制約もかからず、その費用を「外部化」することができるわけであるが、それは、相当な重要性をもった補助金なのである。

独占を創り出す過程は、まだこれでおわりではない。強い国家の企業家であるということには、他国では同様には享受できない特別な利点が存在する。ここに、企業家の観点からする、国家間《インターステイト》システムにおける国家の位置から生じる優位性を見ることができる。強い国家は、ある特定の企業家――通常、その強い国家の国籍を有している――に不利になるような独占的優位を他国がつくりださないようにすることができる。

命題はきわめて単純である。実質的な、つまり無限の資本蓄積を真に可能とするような利潤は、相対的な独占――それがどの程度長期間にわたって継続するにせよ――によってのみ可能である。そして、そのような独占は、国家なしには不可能である。さらに、国家間《インターステイト》システムは、その内部に、複数の国家が存在するというようなシステムになっているおかげで、企業家は、国家の行なう規制が彼らの役に立つものであり、自分たちの活動に入り込んできてその邪魔をするようなものにはならないということに、大いに安心していられるのである。この奇妙な国家間《インターステイト》システムなるもののおかげで、企業家――特に大企業家――は、国家のでしゃばりを牽制すべく、他国の保護を求めるというような手段をとることもできるし、ある国家機構を利用して、別の国家機構の力をそぐというようなこともできるのである。

このことから、自由市場が自由に機能することを国家が妨げる第三の方法に気がつく。国家は、その国内市場における主要な購買者である。また大国は、世界市場においても、顕著な割合の購買力を有している。国家は、特定の非常に高価な財について、しばしば需要独占（ないしは準独占）を行なう。たとえば今日であれば、軍備や超伝導体といった財である。国家がもちろん、このような権力を用いて、購買者たる自らのために価格を下げさせることもできるのであるが、そうするかわりに実際には、大体の場合、この権力を用いて生産者がほぼ均等な市場シェアを独占できるようにしてやり、その価格を言語道断なほどにまでつりあげているのである。

　しかし、それならばアダム・スミスは、いったい何について、あれほど熱心に論じていたのだろうか、と思われる向きもあろう。彼は、独占を形成する国家の役割に対して激しい抗議を行なっていたのではないのか。彼こそは「なすにまかせよ《レッセ・フェール》、行くにまかせよ《レッセ・パッセ》」を標榜していたのではないのか。たしかに、ある点までは、その通りである。しかしながら、彼がなぜそのような主張をしていたのかを見ることが、決定的に重要である。ある者が独占をすれば、他の者に害が及ぶのは明かである。アダム・スミスは、そのような哀れにして、暗愚な負け犬のスポークスマンであったのである。しかし、それら負け犬たちも、自分が参加していない独占を、ひとたび解体してしまえば、いそいそと、自分たちのための新しい独占をつくりだそうとするのは確実であり、ことそこに至れば、彼らはもはやアダム・スミスを引用するのをやめて、新保守主義的財団に資金の提供でも申し出るものなのである。

　もちろん、資本家が国家から得る利得は独占だけではない。その他の主要な利得としては、普通に指摘されることだが、秩序の維持がある。国家の内部の秩序とは、なによりもまず、労働者階級の蜂起を抑える秩序のことである。これは、窃盗に対する警察機能だけではなく、労働者による階級闘争の実効性を下げるという国家の役割なのである。そしてそれは、実力、詐術、および譲歩を組み合わせて達成される。自由主義《リベラル》国家という言葉が意味しているのは、このうち実力の使用量が減らされ、詐術と譲歩の使用量が増やされているような国家のことである。そのように実力の使用を減らした方が、よりよく機能するのは確かなのであるが、常にそれが可能であるとは限らない。譲歩しようにも、国家がそのために割きうる余剰が少なすぎるような、世界経済の周辺地帯においては特にそうである。しかしながら、最も自由主義的《リベラル》な国家においてさえ、労働者階級による行動の様式については、深刻な法的圧迫があり、全体としてみると、その圧迫は、それに対応するものとして雇用者の側に課せられている圧迫よりも大きい――通常、はるかに大きい――のである。階級について盲目な法体系など存在しない。もっとも、過去二世紀間にわたる労働者の政治的活動の結果として、一九四五年以降は、かつてよりも多少は、事態の改善に向かう傾向はあった。一九七〇年代以降、世界中で保守的なイデオロギーが復活してきて、異議を唱えているのは、労働者階級の地位がこのように改善されたことに対して向けられたものである。

しかしながら、国家間秩序についてはどうなのであろうか。シュンペーターは、彼にはめったにない素朴さで、国家間関係の混乱は企業家の観点からするとマイナスに働くものであり、社会的な退嬰化であると主張した。だが、シュンペーターは、素朴に考えてそんな主張をしたのではないのかもしれない――レーニンの『帝国主義論』の経済的論理をどうしても受け入れるわけにはいかないという切実な必要がしからしめただけなのかもしれないからだ。いずれにせよ、一般に、資本家が戦争に対して抱く感情は、課税に対して抱く感情と同じであるということは、私には実に明らかなことのように思われる。その態度は、個々の状況で異なってくる。サダム・フセインに対する戦争は、特定の資本家にとっての、特定の資本蓄積の可能性を保全するものであるということから、プラスに考えられるかもしれない。世界戦争でさえ、勝者の側で営業し、直接の戦災から逃れられる場所にいるのならば、通常、特定の資本家にとっては役に立つものとなるし、あるいは、どちらの側で営業するにせよ、特に戦時特需品の生産に携わるならば、それでも同じことである。

それでも、あまりにもひどく、あまりにも長い期間にわたる国家間関係の混乱は、市場の状況の予測可能性を低下させ、資産の突発的な破壊をもたらすという点で、シュンペーターの議論は、一般的には当を得ている。また、それ以前の商品連鎖のルートに干渉が生じ、特定の種類の経済的取引は、不可能ないしは少なくとも非常に困難となる。要約すると、世界システムが継続的な「世界戦争」状態に入れば、資本主義は、おそらく、機能不全を起こすだろうということである。したがって、諸国家は、これを防止しなければならない。もしくは、むしろシステムを一定程度規制する制度をもたらしうるようなヘゲモニー大国が存在するほうが、予測可能性が増大し、突発的な損失が最小化されるために、都合がよいということになる。しかし、この場合にもやはり、ヘゲモニー大国が課する秩序は常に、すべての資本家に均等に都合良く作用するようなものではない。資本家階級の全体的一体性はこの領域では、あまり強力ではない。まとめて言えば、戦争を起こすことは、常にそうであるとは言えないにしても、多くの場合、特定の資本家にとって、大いに都合のよいことである。ただ私は決して、資本家が——個々の資本家にせよ資本家全体にせよ——戦争を起こしたり、やめさせたりしているなどと主張したいわけではない。資本家は資本主義世界経済において、権力《パワー》を有する存在であるが、すべてを支配する存在ではない。戦争についての決断に際しては、別の要素が入り込んでくる。

いわゆる国家の自律性について、議論せねばならないのは、この点においてである。資本家は、資本蓄積を行なおうとする。政治家は、だいたいにおいて、まずもって、政権を手に入れ、それを確保しようとする。政治家も、小企業家なのではないかと考える向きもあるかもしれないが、その場合、彼らは自分の持つ資本を越えて、相当な権力を行使する存在ということになる。政権にとどまるかどうかということは、支持——資本家層からの支持はもちろんであるが、有権者／市民／大衆層からの支持も含まれている——の関数である。このような有権者／市民／大衆層からの支持が、その国家構造に最低限の正統性を与えることを可能にしている。このような最低限の正統性を欠けば、政権にとどまるためのコストは極めて高くつくことになり、そのような国家構造の長期的な安定性は限られたものとなる。

資本主義世界経済において、国家を正統化するものは何なのか。剰余価値の配分の公正さでないのは確かであるし、法の適用の公正さでさえないであろう。あらゆる国家が、その歴史や起源、ないしその国家がもつ特別の美点について言う際に用いているものは、神話にほかならないと言うならば、なぜ、そのような神話が受け入れられてしまうのかということを、さらに問う必要がある。人々が、そのような神話を受け入れるということは、自明なことではない。また、いずれにせよ、大衆蜂起は繰り返し発生していて、そのなかには、社会の基底にある神話を疑問に付すような文化的な革命の過程を含むものさえあるのである。

　というわけで、正統性というものには説明が必要である。ウェーバーによる分類のおかげで、われわれは、人々がその国家を正統と認める様式に、異なるさまざまなものがあることを理解している。自由主義《リベラリズム》のイデオロギーが説いている正統性の形態が、ウェーバーが合理的‐法的正統性と呼んでいるものであることは、いうまでもない。常にというわけではないにせよ、少なくとも、かなりの期間にわたって、近代世界の多くに、この形態が普及した。しかし、なぜ普及したのだろうか。わたしは、この問いの重要性を強調するのみならず、それに対する答えが決して自明ではないということをも強調したい。われわれは、きわめて不平等な世界に生きている。われわれは、格差が持続的に拡大し、中間階層でさえ、絶対的条件としては改善しているにもかかわらず、その上の階層の上昇のスピードについていってはいないような世界に生きている。では、なぜ、かくも多くの人々が、この状況を許しているのか、いや、称えるものさえいるのか。

　可能な解答には二通りがあると、私には思われる。ひとつは、相対的な剥奪感というものである。われわれの暮らしはよくない。少なくとも十分良くはない。しかし、彼らは本当に困窮している。だから、波風をたてるのはよそう。そして、なによりも、彼らに波風を立てさせないようにしよう。この種の集団心理が、大きな役割を果たしているという議論は、民主主義の安定性の基礎としての相当規模の中間層の存在を語る賞賛の口調であるか、虚偽意識に蝕まれた労働貴族の存在について語る慨嘆の口調であるか、またそのような心理が主として国家の内部で働いているのか、世界システムにおいて働いているのかをさておけば、きわめて広範に受け入れられているように、私には思われる。これは、構造的な説明である。すなわち、まさに資本主義世界経済の構造から、特定の集団心理が派生しているという議論である。このような構造的側面が手つかずのままであれば――すなわちいくつもの階層を有するヒエラルキー構造が継続すれば――この構造から帰結する正統性の度合いも、一定となるはずである。現在、この多層的なヒエラルキーという現実は、実際、これまでずっと手つかずであったように思われるので、この構造的説明は、正統性の程度の変化については、なんら説明を与えるものではない。

しかしながら、国家構造の正統化の継続の説明要因には、非常に重要な第二のものが存在する。この要因は、〔構造の次元ではなく〕複合状況《コンジョンクチュール》の次元に属しており、したがって変化することがありうるし、実際、変化してきた。十九世紀以前において、資本主義世界経済の正統化の度合いがかなり低いものであったことは疑いない。また、二十世紀の後半になっても、周辺地帯の大半においては、低いままであった。生産にかかわる取引の持続的な商品化によって変化が引き起こされ、その多くは――大半といってもいいだろう――直接生産者の観点からすると、マイナスに働くものであった。フランス革命以降、さらに、状況は変化し始めた。商品化の影響が――少なくとも大多数にとっては――それほどマイナスに働かなくなったというわけではない。彼らのどうにも抑えがたい不満感が形をとり、主権は単に権威や法的権力の定義の問題として議論されてはならないという主張となったのである。疑問が提起されざるをえなくなったのである。この権力を行使するのは誰なのか。主権者とは誰のことなのか。その答えが、絶対君主ではないのならば、それにかわって、そこにいるのは誰なのか。周知のとおり、新しい答えが、広範に受け入れられるようになった。「人民《ピープル》」という答えである。

人民《ピープル》が主権者であるというのは、あまり精確な物言いではない。というのも、人民《ピープル》とは誰のことか、そして、どのような手段によって、その人民《ピープル》は、この主権という権威を集団的に行使しうるのかということを決定しなければならないからである。しかし、「人民《ピープル》」といった実体が存在し、その「人民《ピープル》」が主権を行使するという主張には、事実上の権威を行使している者にとっては、非常にラディカルな含意がある。その結果、人民《ピープル》による主権の行使を、どのように解釈――つまり無害化――するかという問いをめぐって、十九世紀および二十世紀は、政治的‐文化的に大きな騒乱を経験してきた。

人民《ピープル》による主権の行使を無害化する過程は、自由主義《リベラリズム》のイデオロギーの歴史にほかならない――まず、そのイデオロギーが発明され、十九世紀には、資本主義世界経済のジオカルチュアの地位へ昇りつめ、競合する二つのイデオロギー（一方で保守主義、他方で急進主義／社会主義）を自由主義《リベラリズム》の化身に転換してしまう力を発揮した。その過程については、拙著『アフター・リベラリズム』で詳しく論じたが、ここでは、要点だけを簡単に述べよう。

自由主義《リベラリズム》は、中道主義として現れてきた。自由主義者《リベラルズ》は、進歩は望ましくかつ不可避であり、合理的な改良の過程が、専門家の制御のもとで制度化されることによって、もっともよく達成されると説いた。専門家とは、その学識に基づいて分析を行ない、史的システムの全般にわたって、必要な改良を実施する能力をもつ者のことであるが、彼らは、基本的な政治的手段として、国家の権威を利用した。十九世紀の「危険な階級」――西欧および北米の都市プロレタリアート――の激しい要求に直面して、自由主義者《リベラルズ》は、改良計画三点セットを用意した。すなわち、普通選挙権、福祉国家の開始、および人種主義的ナショナリズムによる政治的統合である。

この三点セットは、例外的といってよいほど成功し、一九一四年までには、当初「危険な階級」であった西欧および北米の都市プロレタリアートは、もはや危険ではなくなっていた。しかしながら、ちょうどその時、自由主義者《リベラルズ》たちは、自分たちが、新しい「危険な階級」に直面していることに気がついたのである。それは、世界の他の地域の大衆勢力であった。二十世紀において、自由主義者《リベラルズ》は、同様の改良の計画を国家間《インターステイト》システムのレベルにも適用しようとした。民族自決は、普通選挙権の機能的等価物としての役割を持ち、低開発国の経済開発は、一国レベルでの福祉国家の等価物を提供するものであった。しかしながら、三点セットの三つ目は用意できなかった。というのも、全世界の統合を目指すとなると、もはや人種主義的ナショナリズムによる統合の際に外部に構築した対立集団は、ありえないからである。

それにもかかわらず、二十世紀版の世界レベルでの自由主義《リベラリズム》も、ある時点までのしばらくの間は――特に一九四五年以降の「栄光の」時代には――機能しているように思われた。しかし、その方式は、一九六八年で、頓挫してしまった。たしかに、民族自決にはほとんど問題がなかったが、世界規模での再分配は、ごく穏当な程度のものでさえ、無限の資本蓄積の可能性に、莫大な制約を与える脅威となって現れた。そして、三点セットの三つ目は、そもそも不在であった。一九七〇年代以降、グローバルな自由主義《リベラリズム》はもはや、たちゆかないかの観を呈した。

これが、システムにとって、何ゆえかくも破壊的に作用したのかを理解するためには、自由主義《リベラリズム》が提供していたものが何であり、そうして、なぜそれが長期間にわたってシステムを政治的に安定化することに成功したのかを理解しなければならない。自由主義《リベラリズム》が「危険な階級」を懐柔するために用いた三点セットの計画は、「危険な階級」が欲していたもの、および彼らがもともと要求していたもの――それは、フランス革命の古典的スローガンである「自由、平等、博愛」に、これ以上なく簡潔に要約されている――を提供するものではなかった。もし、これらの要求が満たされたなら、無限の資本蓄積を保証することは不可能となって、そのため、資本主義世界経済は、もはや存在しなくなっていたであろう。というわけで、自由主義者《リベラルズ》が提供したものは、パイの半分、いや、もっと正確に言うと、パイの七分の一であった。すなわち、世界人口の半数にも満たない人びとに対して、ある程度の生活水準を与えるということだったのである（これが、かの中間階級というものである）。いまや、この小さなパイ切れは、この七分の一の人々に対しては、彼らがそれ以前に得ていたものに比べればずっと多くのものをもたらしたが、平等な分け前というにはほど遠かった。そして残りの七分の六の人びとには、ほとんど何も与えられなかったのである。

この程度のものを与えるだけであれば、大資本家の資本蓄積の可能性が、深刻に削られるということにはならない。しかし、中期的観点において、革命の騒乱のもとを絶つという、その政治的目的は、たしかに果たしたのである。物質的な面でその恩恵を被った七分の一は、だいたいにおいて全くそれをありがたがった。それは、その恩恵にあずかれなかった人びとの状態を見るにつけ、なおいっそう、ありがたく感じられた（トーニーが描いた「仲間たちが溺れているという思いにたじろがずに、岸へ這い上がる」才能あるものたち、というイメージを想起されたい[1]）。さらに興味深いのは、その「溺れつつある仲間たち」の反応である。彼らは、岸に泳ぎ着く才能ある者たちの能力を、自分たちにも希望がある証しと解釈するようになったのである。これは、分析的には軽率な解釈であるとしても、心理的には理解できるものである。

自由主義《リベラリズム》は、希望というアヘンを提供し、それは丸呑みにされた。それは特に、世界の反システム運動の指導者の口に入り、彼らは、希望という前途を示して、動員を行なった。彼らは、革命によって良い社会をつくりあげるのだと主張したが、彼らが実際に意図していたのは、もちろん改良であった。ただ、ひとたび国家権力という手段を握ったなら、現在の体制が提供している専門家にかわる新たな専門家として、彼らが行政を行なうというだけのことである。もし、あなたが溺れていて、誰かが希望を提供したとする。何にせよ、救助の手として差し伸べられるものがあれば、それをつかもうとするのは非合理的だとはいえないと、私は考える。世界の大衆にむかって、彼ら大衆の苦しみを代弁したさまざまの反システム運動に、支持を与え、道徳的エネルギーを捧げたことをとらえて、それを後知恵的に非難することはできない。

体制側にあるものたちは、能弁で、覇気に満ち、威嚇的な反システム運動に直面して、二通りの対応のうちの一方をとるしかなかった。運動に恐怖を観じていた場合は——実際しばしば、そうだったのだが——彼らの目に悪蛇と映ったものたちの首を切り落とそうとした。しかし実際のところ、その悪蛇はヒドラの如くいくつもの首を持っていたので、現状の擁護をめざすもののうち、もっと洗練されたものたちは、もっと微妙な対応が必要であることに気がついた。反システム運動が、実際には、ひねくれたやり方ながら、システムの利害にむしろ奉仕するものであるということがわかるようになった。大衆を動員するということは、大衆をある方向に導くということであり、そのような運動の指導者が国家権力を握ると、てきめんに保守化するという効果があるのである。さらに、そのような運動が、ひとたび政権を握るや、その運動にしたがってきたものたちの激しい要求を抑えようとし始め、彼ら以前に政権にあったものたちと同様の——あるいはむしろそれ以上の——厳しさで、その要求に対するようになっていった。くわえて、希望という麻薬的鎮静剤は、その売人がれっきとした革命の指導者であれば、なおいっそうの効き目があったのである。もし未来が彼らのものであるならば、大衆は、しばらくなら待っていられると考える。彼らが「進歩的」な国家を手にしているのであれば、なおのことである。少なくとも、自分の子供たちは、この星を相続することになるのだから。

一九六八年の衝撃は、単に一時的なものではなかった。それは、自由主義《リベラリズム》のジオカルチュア全体が——特に、反システム運動によって構築された歴史の楽観主義が——汚れたものであり——いや詐欺であり——、かの大衆の子供たちは、この星を相続することになどなっていないという現実を悟った衝撃であった。実際、子供たちは、彼ら大衆よりももっとひどいことになりかねなかったのである。かくして、大衆は、反システム運動も、さらにあらゆる自由主義《リベラリズム》的な改良をも放棄してしまい、したがって彼らを全体として、よりよいところへ運んで行ってくれるはずの国家構造をも放棄することになったのである。
もはやすりきれた希望の道を捨てることは、屈託のない行ないなどではない。もはや希望がないからといって、人類の七分の六が、抑圧され、満たされない人間となるという運命を静かに受け入れるつもりになるということにはならないからである。全く逆である。受け入れられていた希望の前途が放棄されれば、人は別の道を探そうとするものである。問題は、それが、それほど簡単は見つからないということである。しかし、もっと悪いことがある。諸国家は、世界の人口の多数に対して、長期的な改善を与えてはくれなかったかもしれないが、暴力に対する、一定程度の短期的な安全は、たしかに提供してくれていた。しかしながら、人々が、もはや国家の正統性を認めなくなれば、彼らは国家の警察官に従わなくなるだろうし、国家の徴税官に対する支払いにも応じなくなるだろう。その結果、諸国家は、暴力に対する短期的な安全を提供する能力も失っていくことになる。この場合、諸個人（および諸企業）は、旧式の解決に戻らざるをえなくなる。すなわち、安全は自前で調達するということである。

民間で調達する安全が、再び社会の重要な構成要素となれば、法の支配に対する信頼は、ただちに崩壊し始めるだろう。すると、市民《シヴィル》意識（ないしは公民《シヴィック》意識）も同様に崩壊し始めるだろう。唯一の安全な避難所として閉鎖的な集団が出現（ないしは復活）するだろうが、閉鎖的な集団というものは、不寛容で、暴力的で、地域一帯から異質なものを駆逐しようとする傾向をもつ。集団間抗争が発生し、その指導者はますます、その性格がマフィア的――集団内では有無を言わさぬ服従を力ずくで強《し》い、あわせて買収による不当利得を得るという意味で――なものとなっていく。現在、我々の周りでは、あちこちで、こういうことが実際起こっており、これから数十年間において、さらにそれは増えていくだろう。

国家に敵対することは、現在、流行になっており、その流行は拡大している。反国家主義的な議論は、保守主義にも、自由主義《リベラリズム》にも、急進主義／社会主義にも、おなじみのテーマである。それは、これまで一五〇年間にわたって実践上は無視されてきたのであるが、いまや、いずれの陣営においても、その政治的行動において深い共鳴を見出している。資本家層は、それを歓迎することになるのだろうか。そうではなさそうである。というのも、資本家は国家を、それも強い国家を必要としており、しかも、彼らのこれまでの表向きの巧みな物言いではとても容認できなかったほどに必要としているのである。

資本家が、世界経済の取引の流れへの周辺の諸国家の干渉を忌避するのは当然であるが、現在、反システム運動は深刻な問題を抱えてしまっているので、今のところ大資本家は、ＩＭＦやその他の諸制度を利用して、彼らの望むところを強いることができているが、ロシアの国家がもはや外国からの投資を拒絶しないということと、ロシアの国家が、モスクワを訪れる企業家の個人的安全を保証できないということとは、全く別のことである。『ＣＥＰＡＬレヴュー』誌の最近の号で、フアン・カルロス・レルダは、グローバリゼーションという名目での国家体制の自律性の喪失について、きわめて注意深い評価を行なっている。しかしながら、彼は、彼が信ずるところの世界市場の諸力がその活力を増大させていることの明るい面を強調している。

> グローバリゼーションという現象は、ナショナルな政府の運動の自由を実質的に制約している。しかしながら、国際的競争が有する規律の力は、少なくとも上の過程の大部分の背後で働いており、当該地域諸国における、公共政策の未来の進路に、相当に有益な効果を持ちうるものである。かくして、「自律性の喪失」について語る際、むしろそれが、場合によっては、公共政策の実際においての「恣意性の水準の低下」という歓迎すべき事態なのではないのだろうかということを、よく注意して確認しなければならない。[2]

これは、いわば公式見解とでも呼ばれそうなものである。市場は客観的であり、したがって「規律」をもたらす。それは、いかなるものにせよ、利潤の最大化以外の基礎に基づいて社会的決定を行なおうとする、万人が持つ歪んだ本能を淘汰する。国家が、そのような歪んだ根拠に基づく社会的決定を行なうとすれば、その国家は恣意的なのである。

しかし、資本家にとっての重大な利害がかかっているときに、国家に「恣意的」に振舞わないようにさせてみればよい。絶叫が聞こえるだろう。一九九〇年に、アメリカの主要な金融機関が破産の危機に瀕したとき、ヘンリー・カウフマンは、『ニューヨーク・タイムズ』紙の署名入り特集ページに次のように書いている。

金融機関は、アメリカの預貯金および当座資金の保有者であり、したがってその護り手でもある。それは固有の公的責任である。市場にまったく金融システムを規律させるがままにしておけば、なだれをうって潜在的な破綻へと向かうのを黙認することになる。(3)

というわけで、これではっきりとわかるであろう。国家が恣意的に振舞うときに、市場がそれを規律するのは歓迎であるが、国家が、その同じ市場に銀行を規律させるのは、無責任だというのである。社会福祉を保持するという社会的決定は無責任であるが、銀行を救うという社会的決定は、そうではないというのである。あるものにとっての独占（ないしは恣意的な決定）は、別のものにとっては害毒となるということだけではなく、資本家は国家の干渉に依存しており、しかもそれは、国家の権威が少しでも本当に弱まれば、破滅的なことになってしまうようなしかたで、何重にも依存しているということをも、はっきりと念頭において考えなければならない。ここでわれわれが論じてきた実態は、グローバリゼーションが、実際には、国家機能の能力に、有意な影響を与えておらず、そのような影響が出ることは、大資本家の意図するところではないということである。しかしながら、諸国家は、この五百年間で初めて、対内的にも対外的にも、その主権が低落するのを経験している。これは、世界経済の構造が変容しているからではなく、世界経済のジオカルチュアが変容しているからであり、なによりも、自由主義的《リベラリズム》な改良主義および左翼の姿をしたその化身のいずれもにおいて、大衆が希望を失ったことによるのである。

もちろん、ジオカルチュアの変容は、世界経済の変容の帰結ではある。その変容とは、まず、システムの内的矛盾の多くについて、それを、資本主義的過程の循環《サイクル》的な更新となるような形で、さらにもう一度解決するような調整が、もはや不可能になったという事実にほかならない。このようなシステムの危機的なディレンマには、なかんずく、世界が脱農村化していること、環境破壊が限界に近づいていること、政治的民主化および教育・保健サーヴィスの最低要求水準の上昇によって諸国家に財政危機が生じていること、が含まれている。(4)

国家の主権——国家間《インターステイト》システムの枠組の内部における対内的・対外的主権——は、資本主義世界経済を根本的に支える柱である。もしそれが倒れたり、ひどく傾いたりすれば、資本主義はシステムとして維持できなくなる。私の主張は、今日それが、近代世界システムの歴史において初めて傾いてきているというものである。これは、史的システムとしての資本主義の深い危機の最初の徴候である。資本家が——個々の資本家としても、ひとつの階級としても——抱える本質的ディレンマは、国家の弱体化から生じる短期的利益を最優先するか、短期的に国家構造の正統性の回復するような弥縫を最優先するか、はたまた別のシステムの構築をめざして、そのエネルギーを投入するか、ということになる。巧みな口先の背後で、現状の維持を目指してものを考えている者たちは、この危機的状況に気がついている。彼らは、一方でわれわれにグローバリゼーションなどという偽りの問題について語らせておいて、他方では、少なくとも一部で、代替システムの可能性がどのようなものであるか、その方向での事態の推移はどのようになるかを、計算しようとしている。もし、彼らが進めようとしているような非平等主義的解決によってつくられる未来に生きることを望まないのならば、彼らが取り組んでいるのと同じ問いに自ら取り組むべきである。そこで、私の立場を簡潔に呈示しておきたい。資本主義世界経済は、主権国家が国家間《インターステイト》システムにおいてリンクされた構造を必要としている。そのような国家は、企業家を支える決定的に重要な役割を果たしている。その主要な役割とは、生産費用の一部の肩代わり、利潤率を高める準独占の保証、労働者が自己の利害を護る能力を制限し、かつ、剰余価値の部分的な再配分によって、その不満を緩和するという努力である。

しかしながら、この史的システムは、他のあらゆる史的システムと同様、固有の諸矛盾を抱えており、それらの矛盾がある点に達すれば（別言すれば、その軌道が均衡から大きく外れた場合に）、システムの通常の機能は不可能になる。システムは、分岐《バイファケーション》のポイントに達したということである。脱農村化、環境破壊の限界、民主化は、それぞれに、資本蓄積の能力を低下させている。諸国家が、この五百年間で初めて、その強さを失いつつあるという事実もまた、同様に資本蓄積の能力を低下させている。ただし、そのような国家の弱体化は、しばしば主張されるように、トランス・ナショナルな企業が強くなったからでは決してなく、漸進的な改良の希望に対する信頼が失われた結果として、人びとがこれまで諸国家に認めてきた正統性が低下しているからなのである。国家は依然として重要である――企業家にとっては特にそうである。そして、国家の強さが低下しているがゆえに、トランス・ナショナルな諸企業も、長期的利潤の狭窄にもかかわらず、もはや国家は彼らを保釈してくれる立場にはないという事態に、初めて直面し、深刻な困難を迎えている。

われわれは、困難の時代に突入した。その帰結は不確定である。われわれは、現在の史的システムが、いかなる種類の史的システムによって置きかえられるのかということについての確実性を持ち得ない。確実性を持って知り得ることは、われわれが生きている、無限の資本蓄積の過程を支える上で国家が決定的な役割を果たすという非常に特殊なシステムは、これ以上、機能し得ないということである。

注

(1) R. H. Tawney, *Equality*, 4th ed. (London: George Allen and Unwin, 1952), 109.〔この引用は、ウォーラーステインが、開発主義を批判する際に常用するものである。その例として『資本主義世界経済』I(名古屋大学出版会、一九八七年)一二二頁〕

(2) Juan Carlos Lerda, "Globalization and the Loss of Autonomy by the Fiscal, Banking and Monetary Authorities," *CEPAL Review* 58 (April 1996): 76-77. 本文は続いて、「たとえば、国際金融市場の不寛容さ——為替レートの恣意的な操作や高水準の財政赤字の継続に対して——が増大しているのは(政府に対する制限を強めるという意味で)国内体制の自律性に本当に影響を与えているのか、ないしは、それがむしろ、(たとえば、大きな為替差の蓄積が、金融的なトラウマになって、不可避的に通貨切り下げが起こり、その際に、実物経済の領域に相当な負の効果をもたらしてしまうというような)未来におけるより大きな害悪を防止するような有益な力であるのかどうかを問うてみる価値はある」と論じている。

(3) Henry Kaufman, "After Drexel, Wall Street Is Headed for Darker Days," *International Herald Tribune*, February 24-25, 1990 (New York Timesから再掲).

(4) 資本主義世界経済の諸構造の危機についての詳しい分析は、テレンス・K・ホプキンズ+イマニュエル・ウォーラーステイン編著『転移する時代——世界システムの起動 1945-2025』(藤原書店、一九九九年)参照。

5

エコロジーと資本主義的生産のコスト
出口なし

Ecology and Capitalist Costs of Production: No Exit

第二十一回PEWS大会「グローバルな環境と世界システム」基調講演
カリフォルニア大学サンタ・クルーズ校、一九九七年四月三〜五日

今日、ほとんどすべての人が、われわれの生きる自然環境の深刻な破壊の存在を認めている。それは、三十年前と比べてそうであり、百年前と比べれば、なおのことであり、五百年前となれば、いうまでもない。そしてこれは、深甚な技術的発明の継続と科学的知識の拡大という、全く逆の結果を導くことが期待されてもおかしくないような事実があるにもかかわらず、たしかにそうなのである。結果として、今日、三十年前とも、百年前とも、五百年前ともちがって、エコロジーは世界の多くの地域で深刻な政治的問題となっている。環境をこれ以上の破壊からまもり、可能な限り状況を逆転させようという考え方を中心として組織された、まともな、意味のある政治運動さえ存在するのである。

もちろん、現代の問題の深刻さの度合いについての理解は、破滅がすぐそこまで来ていると考える人から、すぐにも技術的に解決することが十分可能であると考える人まで、さまざまである。大半の人々の考えは、両者の中間のどこかの立場を占めていると思われる。私は、この問題について科学的な観点から議論をできる立場にはない。私は、上の両極端の中間にある理解が説得的であると考えて、この問題が世界経済の政治経済とどのよう

にかかわっているのかを分析することにしたい。

宇宙の全過程というものは、絶え間なく続く過程であることは言うまでもないが、そうだとすると、物事がかつてのままではないという単純な事実は、なんらあらためて注目すべきことでもないほど、ありふれたつまらないことであるということになる。さらに、このような絶え間ない転変という常態のなかでは、いわゆる生命という名の、構造的な更新のパターンが見うけられる。生命ないしは有機体という現象には、その個々の存在にとっては、始まりと終わりがあるものであるが、その過程においては生殖が行なわれ、結果として種というものは持続する。ところが、この循環的な更新は決して完璧ではなく、したがって生態系は、全体として、決して静的なものではない。くわえて、あらゆる生命現象は、なんらかのしかたで、その外部にあるもの——大半の場合、そこには他の生物が含まれる——を摂取するが、捕食者／被捕食者比率も決して完璧ではないので、生物場というものは、常に変化していくわけである。

さらに、毒というものも自然の現象であり、人類の登場のずっと以前から、生態系のバランスを保つ上で一定の役割を果たしていた。たしかに、今日のわれわれは、われわれの祖先よりも、化学や生物学の知識を多く持っているわけだから、われわれの環境に存在する毒素についても、その分だけ、かつてより意識が高いということになりそうだが、そうであるともかぎらない。というのも、先史時代の人々が、毒素や抗毒素について、いかに洗練された知識を持っていたかということも、最近、分かってきたからである。われわれは小学校や中学校において、日常生活の単純な観察から、そのような知識をすべて学ぶ。しかしながら、環境問題についての政治的議論においては、われわれはしばしば、そのような明らかな制約のことを無視してしまいがちである。

近年になって、なにかしら特別で、これまでにはなかったようなことが起こっている——つまり、危険の水準が高くなっている——とわれわれが思っており、かつ、そのような高まりつつある危険に対して、なにかしら手をうつことが可能であるとわれわれが思っていればこそ、その場合にのみ、いやしくもこれらの問題を議論する意味は存在する。緑の運動やその他のエコロジー運動が一般に主張していることは、まさに以下の二つの議論の組合せによって構成されている。すなわち、危険の水準の上昇（たとえば、オゾン層の穴、温室効果、原子炉のメルトダウンなど）と可能な解決とである。

すでに述べたように、私は、危険が高まっている――そして、なんらかの対応が差し迫って必要である――のは、たしかにその通りであろうと納得できるという前提から議論をはじめたいと考えている。しかしながら、その危険への対処のしかたを冷静に考えるには、二つの問いをたててみる必要がある。すなわち、「その危険は、誰にとって存在しているのか」という問いと、「危険が高まってきたのはなぜか」という問いである。さらに、前者の問いには、二つの構成要素がある。つまり「誰にとって」という場合に、人間のなかの「誰にとって」という要素と、生物のなかの「誰にとって」という要素である。この第一の要素は、エコロジーの諸問題に対する、南北間の態度の対照に光をあてるものである。後者は、ディープ・エコロジーの論点である。実際のところ、二つの要素はともに、資本主義文明の本質と資本主義世界経済の機能とにかかわるものであり、したがって、前者の問いの論点を論ずる前に、後者の問いである危険の高まりの源泉の方を分析した方がよいであろうと思われる。

話は、史的システムとしての資本主義の基本的な二つの特徴から始まる。その特徴のひとつは周知のとおりであり、資本主義は、その第一目的である無限の資本蓄積を続けるために、いやおうなく拡大を――人口の観点からも、地理的範囲の観点からも――必要とするシステムであるというものである。第二の特徴は、第一のものほど論ぜられることはないが、資本蓄積の本質的要素は、資本家が――特に大資本家が――自分の支払うべき費用を支払わないということであるというものである。私は、これを資本主義の「汚れた秘密」と呼んでいる。

では、上の二つのポイントについて、詳しく述べよう。第一に、資本主義世界経済の絶え間ない拡大は、万人の認めるところである。資本主義の擁護者たちは、それを、資本主義の大きな長所のひとつとして、喧伝している。また特に、エコロジーの諸問題を憂慮している人たちは、それを大きな欠陥のひとつであると指摘している。彼らはしばしば、この拡大を支えるイデオロギー的支柱を——すなわち、人間が「自然を征服する」権利（さらに言えば義務）を持っているという主張を——とりあげて論難している。さて、拡張にしても自然の征服にしても、十六世紀における資本主義世界経済の始まり以前において不在というわけではなかったというのは、たしかである。しかし、この時代以前のその他の社会現象の多くと同様、それ以前の史的システムにおいては、両者のいずれとも、そのシステムの存在にかかわるような優先性は持っていなかった。史的システムとしての資本主義がなしたことは、この二つの課題——実際の拡大とそのイデオロギー的正当化——を前面化させたということであり、そのおかげで資本家は、このすさまじい組合せに対する社会的反対を踏みにじっていくことができたのである。これは、史的システムとしての資本主義と、それ以前の史的システムとを分かつ差異として、実体的なものである。資本主義文明における諸価値はすべて、何千年という歴史をもつものであるが、それに矛盾する諸価値もまた、同様に長い歴史を持っている。史的システムという語の意味は、そのなかで構成された諸制度が、資本主義的な諸価値を優先的に追求することが可能になるようなシステムであり、その結果として世界経済は、それ自体が目的となった不断の資本蓄積のために、あらゆるものを商品化するという道を進むことになった。

もちろん、このことがもたらす効果は、一日にして感ぜられるようになるようなものではない。一世紀かかっても、まだであろう。拡大は累積効果を持った。たとえば、木を伐り倒すにも時間がかかる。アイルランドの森林は、十七世紀には、すべて伐採されてしまったが、まだよそには、森林があった。今日、アマゾンの熱帯雨林は、実質的に残された最後の緑の広がりであると言われているが、それは急速に失われているようである。河川や大気を汚染物質で満たすのにも、時間はかかる。「光化学スモッグ」という言葉が、ロサンゼルスのきわめて異常な大気の状況を指すために新しくつくりだされたのは、たかだか五十年ほど前のことである。その語は、生活の質や高度な文化に対して冷淡で無関心であるような地域の生活のことを指すものだと思われていた。今日、光化学スモッグは、いたるところに起こっており、アテネやパリにもはびこっている。そして、資本主義世界経済は、とてつもないスピードで、今なお拡大を続けているのである。現今のコンドラチェフ波の下降局面にあってさえ、東アジアや東南アジアでは、顕著な度合いでの成長が進んでいると言っているではないか。次にコンドラチェフ波の上昇局面が訪れたら、いったいどうなるというのだろうか。

さらに、世界の民主化——それはたしかに進んできた——によって、世界の大半の地域において、このような拡大に対する信じがたいほどの大衆的支持が維持されることとなった。さらにいえば、おそらくそのような大衆の支持は、今日かつてなく高まっていよう。自分たちの権利を主張する人びとの数が増え、その権利とは、パイの分け前を受け取る権利というものを、まったくその中心的要求に含んでいる。しかし、世界人口の大きな割合が、パイの分け前を受け取ろうとすれば、必然的に生産が拡大しなければならない。そして言うまでもなく、世界人口の絶対規模も、今なお拡大を続けている。というわけであるから、これを望んでいるのは、資本家だけではなく、普通の人びともまたそうなのである。だからといって、それら多数の同じく普通の人びとが、同時に世界的環境破壊の緩和を望まないということにはならない。しかし、それによって明らかになるのは、この史的システムの矛盾がまたひとつ、われわれをとらえたということでしかない。すなわち、多くの人びとは、みずからより多くの木々を望むと同時に、より多くの物財を望んでいるわけだが、その多くの者は、そのふたつの要求を、単にそれぞれの心の中で隔離させているにすぎない。

資本家の観点からいえば、彼らが生産を拡大する際の真意が、それが利益をあげるところにあるのは、わかりきったことである。そこで問題なのは、交換のための生産であって使用のための生産ではない——私には、この区別が時代遅れになったようには全く思えない——ということである。一回の操業に伴う利潤は、販売価格と総生産費用——つまりその製品が販売されるに至るまでにかかるあらゆるものの費用——との差額である。するともちろん、資本家の操業全体の実際の利潤は、上の差額に総販売量をかけ合わせた額として計算できることになる。ということは、価格が高くなった場合に、販売価格が低かった場合よりも、総販売利潤が小さくなってしまうこともあるという意味で、「市場」が販売価格を制約しているということである。

しかし、総費用の方には、どのような制約があるのであろうか。労働の価格は、この点で、きわめて大きな役割を果たしている。もちろん、このように言うとき、あらゆる投入に入り込んでいる労働の価格が含まれている。しかしながら、労働の市場価格は、単に労働の需給関係の結果として決まるものではなく、労働側の交渉力にもよるものである。この労働側の交渉力の強さには、多くの要素がからんでいて、話は複雑である。ここで言えることは、資本主義世界経済の歴史を通じて、この交渉力は、〔中期的な〕循環的《サイクル》律動の局面では、いかようか浮沈があったといえども、〔長期的な〕世紀単位で見た趨勢としては増大してきたということである。今日、世界的に脱農村化が進んでいるので、二十一世紀に入れば、この労働の交渉力の強さは、断続的に強まる一方になり、弱まることはなくなってしまいそうである。

脱農村化は、労働の価格にとって決定的な重要性を持っている。労働予備軍は、労働の交渉力の観点からすると、別の重要性を持っているのである。もっとも弱い集団とは、それまで農村地域に居住していたものが、都市部にやってきて賃雇用に初めて従事するというような人びとであるのが常である。一般的に言って、そのような人びとにとって、都市での賃金は、たとえ世界的な水準から見て——あるいは、その土地の水準で見てさえ——極端に低くても、農村地域にとどまっているよりは、経済的にましだという水準をあらわしている。そのような人びとが、その経済的な参照枠組をシフトさせて、都市の労働の場において自らが持っている潜在的な交渉力に完全に自覚的になり、たとえば、より高い賃金を求めて、何らかの職業組合のようなものに身を投じるようになったりするまでには、二十〜三十年はかかるだろう。都市に長く居住している人びとは、たとえ公式の経済統計上は失業者に数えられ、劣悪なスラム的条件下に暮らしているとしても、一般的に、賃雇用を受け入れる前から、賃金水準については、より高いものを求めるものである。これは、彼らが都市の中心部にあって、賃雇用ではないほかの収入源から最低限の収入水準を得る方法を知っており、その収入が、農村地域から新規に移り住んできた者に対して提示される賃金よりも高いからである。

かくして、たとえ依然として世界システムには莫大な労働予備軍が存在するとしても、システムが急速に脱農村化しているという事実の意味するところとして、平均の労働力価格は、世界的にみて着実に上昇しているということになるのである。さらに、このことは、このまま時がたつにつれて、平均利潤率が必然的に低下せざるをえないということも意味している。このように利潤率に圧迫が生じると、その分いっそう、労働力費用以外の費用の削減が重要になってくるが、言うまでもなく、生産に向けられる投入はすべて、労働力費用の上昇という同じ問題をかかえることになってしまっているのである。技術革新によって、さらに費用の削減がなされる投入物もあるかもしれないし、政府が制度を維持して諸企業の独占的地位を保護し、販売価格をより高く設定しうるようとりはからってくれるということもありうるが、一方で、それにもかかわらず、資本家にとっては、彼らが払うべき費用の一部の相当な部分を、誰か他の者がかわりに払い続けてくれるということが、絶対的、死活的に重要なことなのである。

言うまでもなく、この「誰か他の者」というのは、国家のことであるか、もし国家が直接にそうするのでなければ、「社会」のこと、ということになる。その仕組みがどうなっていて、どのように資本家のツケが支払われているのかを検討してみよう。国家が費用を支払う仕組みというのは、二通りあって、そのどちらかによって可能となっている。第一は、政府が、その役割を公式に引き受けられる場合であって、要するに、なんらかの補助金を出すというものである。しかしながら、補助金というものは、次第に目に付くようになり、支持をえられなくなっていく。そのような政策は、競争相手の企業からの激しい反対に遭うであろうし、納税者からも同様に反対されることになる。補助金は政治的問題なのだ。だが、国家が費用を払う仕組みには、もう一つ別のものがあって、こちらの方が重要であり、それは、政府にとっては政治的により困難が少ない。なぜ困難が少ないかというと、それには、不作為しか必要でないからである。史的システムとしての資本主義の歴史を通じて、政府は、企業がその費用の多くを内部化しないことを容認してきた。そのような要請をしてこなかったのである。その際の政府のやり方は、ひとつは、産業基盤《インフラストラクチュア》整備の引き受け手になるというものであり、もうひとつは——こちらの方が大きな割合を占めると思われる——生産の工程に、「保全」というようなかたちで、環境の回復にかかる費用を内部化せよというような主張をしないというものである。

環境保全には、二種類の操作がある。第一は、生産活動に伴う、負の効果を除去するというものであり（たとえば、生産の副産物たる化学汚染物質に対抗する措置をとるとか、非生物分解性の廃棄物を除去するとか、である）、第二は、消費されてしまった天然資源の更新に投資する（たとえば、植林）というものである。ここでもまた、エコロジー運動は、これらの諸問題のそれぞれに対処するための提案をさまざまな分野にわたって推し進めてきた。一般に、それらの諸提案は、その提案によって影響を受ける諸企業の側から、相当な抵抗に遭った。企業の側の論拠は、エコロジー運動の提案する手立ては、あまりにも費用がかかりすぎ、したがって生産を圧迫することになってしまうというものであった。

本当のこととして、企業の言い分は本質的に正しい。現在の世界規模での平均利潤率を維持するという観点から問題を定義すれば、エコロジー運動の提案する手立ては実際——大まかに言えば——費用がかかりすぎることになる。かかりすぎるどころではない。世界が脱農村化しているとすれば、そして、実際すでに、それが資本蓄積に深刻な影響をもたらしている以上、エコロジー的対策が相当程度に実施され、まじめに実行されれば、資本主義世界経済の存続可能性に対して、とどめの一撃を与えることができるであろう。したがって、これらの問題についての個々の企業の広報部の態度がどのようなものであれ、資本家一般の腰は重いと考えられるのである。実際のところ、われわれの前には、三つの選択肢がある。第一は、政府が、すべての企業に対して、全ての費用を内部化せよと求めるというものがありうるが、この場合、われわれは、即座に利潤の激しい圧迫に直面することになるだろう。あるいは第二に、政府が、エコロジー的対策（汚染の除去、環境の回復に加えて、汚染の防止も）の費用を負担し、税金をそこへ投入するという選択肢がある。しかし、増税する場合に、企業に対する税を増大させれば、第一の選択肢と同様の利潤圧迫が生じるし、その他全員に対して増税すれば、おそらく激しい反税闘争が起こるだろう。それ以外に第三に、ほとんど何もしないという選択肢がある。この場合は、エコロジー運動が警告しているような、さまざまな環境の破綻が生じるだろう。これまでのところは、第三の選択肢がとられてきたということになるが、いずれにせよ、このような理由によって、私は「出口なし」と言っているのである。つまり、既存の史的システムの枠組みのなかでは、出口がないということである。

もちろん、政府が費用の内部化を求めるという第一の選択肢を拒否すれば、時間をかせぐことはできる。実際、多くの政府がやっているのは、そういうことである。時間をかせぐ主要なやり方のひとつは、より政治的に強いものから問題をシフトさせて、より政治的に弱いものの背中になすりつけるというものである。すなわち、北から南へということである。さらに、これを行なうには二つ方法がある。ひとつは、廃棄物を南に投棄するというものである。これは、北にとっては、多少の時間稼ぎにはなるが、グローバルな蓄積とその効果には影響がない。もうひとつの方法は、工業生産に対する厳しい制約や、環境にはより健全であるが、より高くつく生産形態の使用を受け入れるようにと要請することで、南の諸国に「発展」の延期を押しつけるというものである。このことから即座に、グローバルな制約の代価を支払うのは誰であるのか、そして、いずれにせよ、そのような部分的な制約でうまくいくのか、という問題がもちあがってくる。たとえば、中国が化石燃料の使用の削減に応じたとしても、それは、世界市場の成長地域としての中国の将来に対して、どのような効果をもたらすであろうか。ひいては、資本蓄積の展望はどのようなものになるだろうか。同じ問題に戻ってきてしまう。

率直に言って、南への廃棄物の投棄が、実際には、ディレンマの真の長期的な解決にはならないということは、おそらく、幸運なことであるといえよう。そのような投棄は、過去五百年間にわたって、ずっと行なわれてきたことの一部であるといわれる向きもあるかも知れないが、世界経済の拡大はきわめて大きく、その結果としての環境破壊のレベルもきわめて深刻であるので、もはや、周辺に汚染を輸出することによる状況の有意な調整の余地はないのである。かくして、根本に帰ってこざるをえなくなった。それは、まずもって、政治経済の問題であり、その帰結として、道徳的・政治的選択の問題である。

われわれが今日直面している環境問題のディレンマは、直接には、われわれが資本主義世界経済に生きているという事実の帰結である。それ以前の全ての史的システムも、生態系を変容させてはきたし、局地的に存在していた史的システムの生存を保障していた特定の地域の存続にかかわるバランスの維持の可能性を破壊したものさえあったが、かつては想像もつかなかったほどのスピードで、生産（および人口）を拡大させたという事実によって、人類全体の未来の存在の可能性を脅かしているのは、史的システムとしての資本主義だけである。このようなことが起こったのは、本質的には、このシステムにおける資本家が、自分たちの活動に対して、無限の資本蓄積という価値以外の諸価値の名のもとにその他の社会勢力が制約を課す能力を、実質的に無効にしてきたからである。問題は、まさに「縛めをとかれたプロメテウス」〔水と泥から人間を創ったとされるギリシア神話の巨神。天の火を盗み人類に与えたため、ゼウスにより罰せられた。「縛めをとかれたプロメテウス」とは、技術発展がヨーロッパにおいて特殊に産業発展に結びついた過程を解明しようとしたランデス（David S. Landes）の主著名である〕だったのである。

しかし、「縛めをとかれたプロメテウス」は、人間社会に内在するものではない。プロメテウスの縛めをとくことは、現在のシステムの擁護者たちの誇るところであり、実際それ自体は、容易ならざる達成であったが、その中期的な利益が、今日、長期的な不利益に圧倒されつつあるのである。現在の状況を政治経済学的に見れば、史的システムとしての資本主義は、まさに現在のディレンマ——生態系の破壊を封じ込めることができないというのは、その唯一のディレンマではないとしても、主要なディレンマではある——に対する妥当な解決を見出すことができないわけであるから、実際のところ危機にあるのである。

以上の分析から、いくつか結論を引き出すことにしよう。第一は、改良主義による法制化には、限界が内包されているということである。成功の程度を、そのような法制化によって、たとえば今後一〇〜二〇年間でグローバルな生態系の破壊の割合をどの程度、相当に引き下げることができるかということで測るとするならば、その種の法制化は、ほとんどまったく成功しないという予測がつく。なぜならば、そのような法制化が資本蓄積に与える影響を考えると、それに対する政治的反対は激烈なものになると思われるからである。しかしながら、だからといって、そのような努力を行なおうとすることは無駄だということにはならない。おそらく、まったく逆であろう。そのような法制化を後押しする政治的圧力は、資本主義的システムのディレンマをさらに昂進させうる。それは、差し迫った真の政治的問題を結晶化させる可能性があるのである。もっともそれは、それらの諸問題が正しく設定されれば、という条件のもとでである。

企業家の議論では、問題は本質的に、仕事かロマンか、人間か自然か、といったかたちとなる。このような問題設定に接して、エコロジーに関心のある人々の多くが、二つの異なる応え方——私の考えでは、ともに間違っているのであるが――をする傾向が強く、結果、罠にはまってしまっている。第一の応え方は、「転ばぬ先の杖」型の議論である。すなわち、現在のシステムの枠組みのなかで、政府が将来の支出を避けるために、それより少ない特定の額の支出をいまのうちに行なっておくことには、形式的合理性があるという主張をする人々がいるということである。これは、所与のシステムの枠内でならば、意味のある議論の系列に入るが、資本家層の観点に立って私がたったいま論じてきたように、そのような「転ばぬ先の杖」は、損失をくい止めるに十分に行なわれたとしても、資本蓄積の持続可能性を根本的に脅かしてしまうという点で、まったく不合理なのである。

さらに、上の第一の応え方とはまったく異なる第二の応答があるが、それも同様に、私には、政治的に実際的ではないと思われる。それは、自然の美を称え、科学の悪を非難する議論である。これは、実際には、あまりはっきりとしないなんらかの動物相《ファウナ》の擁護の議論として提示されるが、大半の人びとはそれについて聞いたこともなく、無関心であり、結果、失業の増大の責めが、そのような議論をする軽薄な都市中間階級の知識人に負わされることになったりする。これは論点が、背後にある構造的問題から完全に遊離しているためである。その背後の問題は二つある――そして、その二つは決してなくならない。第一は、資本家が彼らの支払うべき費用を支払っていないということであり、第二は、無限の資本蓄積というものは、実質的に不合理な目的であって、それとは基本から異なる、全体の実質的な合理性の観点から、さまざまな諸利益を互いに均衡させるような選択肢が、たしかに存在するということである。

科学を敵としたり、技術を敵としたりする不幸な傾向が存在するが、実際には、その背後の資本主義が、問題の包括的根源なのである。たしかに、資本主義は、あくなき技術進歩の光輝をその正当化のひとつとして利用してきた。そしてそれは、あるタイプの科学――ニュートン主義的・決定論的科学――の価値を、文化的偽装として裏書してきた。そのおかげで、人類はたしかに自然を「征服」できるし、そうすべきでもあり、したがって経済拡張の負の効果はすべて最終的には、不可避的な科学の進歩によって打ち消されるという政治的議論が可能となった。

われわれは今日、このような科学のヴィジョンおよびこのタイプの科学は、限られた普遍的適用性しか持っていないということを知っている。今日、このタイプの科学は、自然科学者自身のコミュニティの内部から――いわゆる「複雑性研究」にたずさわる、いまや非常に大きな集団から――根本的な疑義にさらされている。この複雑性研究は、ニュートン主義科学とは、さまざまの重要な点できわめて異なっている。すなわち、予測可能性が本質的に可能であるということの否定、均衡とはまったく異なる方向への動きがシステムの常態であり、それは不可避的に分岐《バイファケーション》を伴うという考え方、「時の矢」を中心的に考える態度などである。しかし、おそらくここでの議論にもっとも妥当することは、それが、自然過程の自己構築的創発性と、人間と自然との間の弁別不可能性とを強調しており、結果として、科学が文化の一部であるのは言うまでもないという主張を伴っていることであろう。永久の真理を目指す根拠なき知的活動という考え方は去った。かわってわれわれは、現実の世界の発見可能性というヴィジョンを手にしている。そのヴィジョンにおける未来を発見することは、今は不可能である。なぜなら、未来はまだ創造されていないからである。未来は、過去に制約されるものではあるとしても、現在に書きこまれたものではないのである。

科学に対するこのような見方のもつ政治的含意は、私には、実に明瞭であるように思われる。現在はつねに、選択の問題である。しかし、かつて言われたように、歴史を作るのがわれわれであるとしても、われわれは、自分の選んだようにそれを作るわけではない。それにもかかわらず、われわれは歴史をつくるのである。現在は選択の問題であるが、選択の幅は、システムが均衡から離れる分岐《バイファケーション》の直前の時期には相当に拡大する。なぜなら、その時点においては、小さな入力が大きな出力を伴うからである(均衡に近い契機における場合の逆である。

その場合は、大きな入力が小さな出力をしか持たない)。

というわけで、エコロジーの問題に話を戻そう。私は問題を、世界システムの政治経済の枠組みのなかに置いた。私は、生態系の破壊の源泉は、企業家が費用を外部化する必要と、その結果としてのエコロジーに対する配慮ある決定を行なう動機の不在であるということを説明した。しかしながら私はまた、この問題が、われわれの突入したシステムの危機のために、いままでになかったほど深刻になっているということも説明した。というのは、このシステムの危機は、さまざまな点で、資本蓄積の可能性を狭めており、費用の外部化が、主だったものとしては唯一残された容易に利用できる手段なのである。かくして、生態系の破壊と闘う諸方策に対して、企業家層から真剣な同意を得ることは、このシステムのこれまでの歴史のいつにもまして、今日、可能性の乏しいことなのである。

以上のことはすべて、実に容易に複雑性の言語に翻訳可能である。われわれは、分岐《バイファケーション》の直前の時代にある。現在の史的システムは、事実として、末期的な危機にある。われわれの眼前にある問題は、この史的システムをなにと置き換えるか、ということである。これは、今後、二十五〜五十年間にわたって、中心的な政治的論争となるであろう。生態系の破壊という問題は——もちろん、問題はこれだけではないのだが——この論争の中心的な焦点となる。われわれみなが言わねばならないことは、論争が実質合理性にかかわっているということ、そして実質的に合理的な解決ないしはシステムを求めて、われわれは闘っているということであると、私は考えている。

実質合理性の概念は、すべての社会的決定には、異なるさまざまな価値の間の——しばしば、対立する諸価値の名において主張を行なう異なるさまざまな集団の間ではもちろんである——紛争があるということを前提としている。また、たとえそれぞれの価値群はすばらしいものであると感ぜられるとしても、それらの諸価値群の全てを同時に完全に実現しうるシステムは決して存在しないということも前提とされている。実質的に合理的であるというのは、それらの最適な配合を提供してくれるような選択を行なうことである。しかし、「最適」とは何を意味するのであろうか。ひとつとして、ジェレミー・ベンサムの古い標語すなわち「最大多数の最大幸福」を用いて定義することはできる。問題は、この標語は、われわれを正しい道筋（結論）に置いてくれる一方で、しばりのゆるいところがたくさんあるということである。

たとえば、最大多数とは誰のことなのだろうか。エコロジーの問題は、この点についてのわれわれの感覚をきわめて敏感にするものである。というのも、生態系の破壊について語る際、問題を一国に限るわけにはいかないということは明白だからである。地球全体でさえ、そこが限界ということにはできない。世代の問題もある。一方で、現在の世代に最大の食糧となるものであっても、将来の世代の利害にとっては、きわめて有害である可能性があり、他方で、現在の世代も、やはり権利というものを持っている。われわれはすでに、現に生きている人間にかかわるこのような論争の渦中にある。すなわち、総社会支出に占める、子供向け支出、労働力世代向け支出、高齢者向け支出の割合についての論争である。ここに、これから生まれてくる世代を付け加えれば、正しい配分にたどり着くのは、きわめて困難になる。

しかし、これはまさに、われわれが構築しようしているオルタナティヴな社会システムが、どのようなものになるかということであり、上のような原理的な諸問題について、論争し、考量し、全体として決定するものである。生産は重要である。われわれは、森林を木材や燃料として使用しなければならないが、同時に、木々の木陰やその審美的な価値も必要としている。そして、われわれは、これらすべての用途のために、未来にもずっと木々を入手可能にしておく必要がある。企業家の伝統的議論によれば、集合的な判断に達すべきメカニズムなどというものは存在しない以上、そのような社会的決定は、個々人の決定を積み重ねて得られる帰結が最良のものであるが、その手の論理がいかに説得的に聞こえるとしても、他人に費用を押しつけるという代償を払って、一人の人間が自分に利益をもたらす決定を行なうような状況は正当化されうるものではない。しかもその他人には、その決定に自らの見かたや、選好、利害を挿入する可能性がまったくない。これが、まさに費用の外部化のなんたるかということなのである。

出口はないのだろうか。今ある史的システムの枠組みのなかに出口はないのだろうか。いや、われわれは、このシステムそのものから抜け出す過程にあるのである。われわれの目の前にある真の問題は、結果として、そこからどこへ向かうかということである。まさに今、ここにおいて、実質合理性の旗幟を鮮明にし、そのもとへの結集を呼びかけなければならない。そしてひとたび実質合理性の道を行くことの重要性を認めたならば、その道が長く険しいものとなる覚悟をしなければならない。それは、新しい社会システムばかりでなく、新しい知の構造にまでもかかわることであり、そこでは、哲学と科学とはもはや、垣根を隔てたものとはならず、資本主義世界経済の誕生以前にはあらゆるところで知の追究の枠組みとなっていた、単一の認識論《エピステモロジー》に帰ることになるだろう。われわれの生きる社会システムと、われわれがそれを解釈するために用いる知の構造の両方について、この道を進み始めるならば、われわれは、始まりに立っているのであって、決して終わりに立っているのではないということを心に銘記しなければならない。始まりは不確実で、多くの未知の要素をはらみ、そして困難なものではあるが、そこには前途への望みというものがある。そしてそれこそが、われわれの期待しうる最大のものなのである。

6

自由主義と民主主義

憎みあう兄弟？

Liberalism and Democracy: *Frères Ennemis ?*

ライデン王立大学・政治科学に関する間学部ワークグループ
第四回ダールダー講義（一九九七年三月十五日）

自由主義と民主主義とは、ともにスポンジのような言葉である。そのいずれにもそれぞれ、しばしば矛盾する複数の定義が与えられてきた。さらに、近代の政治言説のなかで初めて使用されるようになった十九世紀前半から今日にわたって、この二つの言葉の間の関係は、あいまいなものであった。ある語法においては、両者は同一ないしは少なくともきわめて重なりの大きい言葉であるように思われたが、別の語法の場合には、両者はほとんど対極にあるとみなされてきた。私は、この両者が実際「憎みあう兄弟」であったと論じようと思う。両者は、ある意味では、同じ家族の一員であったが、まったく別の方向への進路を代表するものであった。そして、いわば兄弟間の競争は、きわめて激烈なものとなった。私はさらに論を進めて、両者の主張、両者の考え方の間の妥当な関係というものを考え出すことが、今日の本質的な政治的責務であり、二十一世紀におけるきわめて強力な社会的紛争として私が予期しているものを、前向きに解決するための前提条件であると論じたい。これは、定義の問題ではなく、まずもって社会的な選択の問題なのである。

二つの概念は、近代世界システムに対する反応——かなり異なる反応だが——を代表している。近代世界システムは、資本主義世界経済である。それは、不断の資本蓄積を優先することに基礎をおいている。そのようなシステムは、必然的に非平等主義的であり、実際、格差は経済的にも社会的にも拡大してきている。同時に、蓄積を強調すること自体には、ひとつ、深甚な平準化効果がある。それは、蓄積以外の規準を基礎として得られる、ないしは維持される、いかなる地位についても、疑いの目を向けるというものである。親子関係を通して獲得される規準もすべてそこには含まれている。ヒエラルキーと平等性との間の、このようなイデオロギー的矛盾は、まさに資本主義の原理に内蔵されたものであるが、これはその最初から、このシステムにおいて特権を有する全ての人びとにとってのディレンマをうみだしてきた。

このディレンマを、資本主義世界経済の典型的主体である企業家——ブルジョワと呼ばれることもあるが——の観点から見てみることにしよう。企業家は、資本蓄積を目標としている。資本蓄積を行なうため、企業家は、世界市場を通じて行動しなければならないが、市場によってのみ行動するということはめったにない。企業家の成功は、相対的に独占された部門を創り出し、それを維持する上で助けになるような、国家装置の補助のいかんに必然的にかかっている。独占こそが、市場における真に実質的な利潤の源泉なのである。[1]

企業家は、ひとたび相当な量の資本を蓄積すると、それをいかに維持するかの心配をしなければならなくなる——市場の気まぐれからそれを守らねばならないことももちろんであるが、他のものがそれを盗もうとしたり、没収しようとしたり、課税しようとしたりすることに対してもそうである。しかし、問題はそこでおわりではない。企業家は、それをいかに相続させるかという心配もしなければならない。これは経済的な必要ではなく、むしろ社会心理的必要であるが、しかしながら、重大な経済的結果をも伴うものである。資本が遺産として相続されることが保証されなければならないというのは、税金の問題（それは、国家に対して市場を護るという問題として取り扱えばすむ話である）が第一なのではなく、その企業家の遺産相続者も、企業家として有能か（つまり、市場が相続の敵となる）という問題である。長期的に見て、有能ではない相続者が確実に、資本を相続し、それを維持しうる唯一の方法は、資本更新の源泉を利潤から地代に転換することしかない。(2)しかし、これが、社会心理学的な必要を解決する一方で、企業家的な蓄積の社会的正統性――市場における競争力――を掘り崩してしまう。そしてさらに、それは続く政治的なディレンマをうみ出してしまう。

ここで同じ問題を、いかなる重要な意味においても資本を蓄積する立場にはない人びとである労働者階級の観点から見てみることにしよう。周知のように、資本主義体制下における生産諸力の発展の結果、産業化、都市化が莫大に進展し、富および相対的に高賃金の雇用は地理的に集中することになった。ここでの議論においては、なぜそうなったのか、いかにしてそのようなことが起こったのかは、問題にはならない。問題は、単にその政治的帰結のみである。時がたつにつれ、特に中核ないしは「先進」諸国において、この過程が、一国レベルでの階層化のパターンの再形成を招き、中間階級および相対的に高賃金の被雇用者の層が厚くなって、その結果そのような人びとの政治的立場が強くなったのである。フランス革命とその後のナポレオン期の事態がもたらした最も重要なジオカルチュア上の帰結は、国の主権は、「人民《ピープル》」にあるという議論を通じて、そのような人びとの政治的要求が正統化されたことであった。人民主権は、市場を通じた蓄積という理念から仮説として引き出せる平等主義と両立しうる考え方でもあったが、他方で、地代所得の源泉をつくりだそうとするあらゆる試みと絶対的に矛盾するものでもあった。

市場の正統性というイデオロギーと、地代所得をつくりだす社会心理的な必要との折り合いをつけることが、企業家のために人びとをいいくるめる巧言の中身の常であった。自由主義者たちの矛盾した言葉は、そのひとつの結果である。過去二世紀間の「自由主義」と「民主主義」とのあいまいな関係の舞台は、このように言葉をごまかしてすりかえようとする試みによって用意されたものにほかならない。十九世紀前半に、自由主義と民主主義が、初めて政治用語として一般に用いられるようになった頃、政治的対立の基本構図は、保守主義と自由主義との間に――つまり秩序の党と運動の党との間に――展開されていたというのが実情であった。保守主義者とは、どのような意匠のものにせよ――ジロンド派、ジャコバン派、ナポレオン派――フランス革命の生み出したものに反対する者たちであり、自由主義者とは、フランス革命に――最低限、イギリスにおける議会制政府の進展に類するものを代表していると思われたジロンド派のものに――なにかプラスのものを見ている者たちであった。フランス革命に対する、このようなプラスの見方の主張は、ナポレオンの敗北に続く一八一五年の当初には警戒がちであったものが、年がたつにつれて大胆になってきた。

一八一五～一八四八年の時期には、保守主義者と自由主義者とに加えて、別の人びとが現れた。彼らは、民主主義者と呼ばれることもあったが、共和主義者と呼ばれることが実にしばしばであり、急進主義者と呼ばれることもあれば、場合によっては、社会主義者と呼ばれることさえあった。しかしながら、これらの人びとは、自由主義者の陣営のなかの左翼側の小さな付属勢力を代表するものでしかなく、場合によっては、ピリッと刺激を与える役目を果たすこともあったが、自由主義者の主流派から見れば、片腹痛いお荷物であることのほうが多かった。この左翼側の付属勢力が、完全に独立したイデオロギー的主張として登場するようになったのは、もっと後になって初めての話であり、そのころになると、彼らは社会主義者という名札をつけられるようになっていた。一八四八年以降、諸イデオロギーの土俵は安定化し、十九・二十世紀の政治生活の枠組みとなる三位一体のイデオロギー――保守主義、自由主義、そして急進主義／社会主義（ないしは、右翼、中道、左翼として知られている）――の時代となった。ここでは、一八四八年以降、いかにして、またなぜ自由主義が、イデオロギー的構成として、他の二つに対する優位を占めるようになり、自由主義を中心とする合意が形成されて、それが近代世界システムのジオカルチュアとして聖別され、その過程において保守主義と社会主義がともに自由主義の化身に変わってしまったのか、ということについての私の議論を繰り返すことはしない。また自由主義を中心とするその合意は、一九六八年までは堅固であったが、その年を境にふたたび疑義がなげかけられ、保守主義と急進主義とが個別独立のイデオロギーとして再登場しうるようになったということについての議論も、ここでは繰り返さない(3)。

この議論にとって決定的に重要なことは、一八四八年以降、自由主義者の中心的関心が、旧体制《アンシャン・レジーム》に反対する主張ではなくなったということを理解する点にあると思われる。むしろ、彼らの中心的な関心は、政治的立場の広がりのなかの対極の側にうつり、いかにして民主主義を求める要求の増大を抑えるかというものになったのである。一八四八年の革命は、戦闘的な左翼勢力の潜在的な強さが、初めて示された事件であり、中核地域における真の社会運動の始まりであると同時に、より周辺的な地域における民族解放運動の始まりでもあった。このような勢力の強力さは、中道主義的な自由主義者を震え上がらせ、一八四八年の革命はすべて、先細りになったり、弾圧されたりしたが、自由主義者たちは、危険な階級の急進的で反システム的な要求と彼らの目に映ったものに対して、その口舌を絶つべく、腰をあげたのである。

自由主義者たちのとった対抗策は、三つの形態をとった。第一に、彼らは、その後半世紀間にわたって、「譲歩」のプログラムを推し進めた。それによって、彼らは状況を沈静化するに十分だと思われるだけの要求を満足させてはやったが、それは、システムの基本的な構造を脅かさないようなやり方で行なわれた。第二に彼らは、左翼が脅威になりそうだと思われた場合には、いつでもどこでも、それまで（左翼が小勢力でしかなく、自由主義者にとっての主要な対抗相手が保守主義者であると思われていた一八一五〜一八四八年の時期に追求されていた）左翼との事実上の政治的連合を廃して保守勢力との政治的連合を優先するという転換を、まったくおおっぴらに行なった。第三に、彼らは、自由主義を民主主義から微妙に区別する言説を展開した。

「譲歩」のプログラム——選挙権、福祉国家の開始、人種主義的ナショナリズムによる統合——は、ヨーロッパ／北アメリカ世界において見事な成功をおさめ、資本主義的システムが、その災厄すべてを乗り越えられる能力を持つ基礎を与えた。実際、二十年ほど前までは、それで災厄は乗り越えられてきたのである。第二の手段である保守勢力との政治的連合は、一八四八年の結果として保守主義者たちが自分たちと同様の結論をひきだしていた点で、その分いっそう容易に実行できるものであった。「啓蒙的保守主義」が、右派政治の支配的見解となり、それが本質的に自由主義の化身でしかない以上、現実として政治が中道主義的な合意を中心に回っており、決して左右どちらかの方向に振れ過ぎてしまうということがないような諸政党間での公式の権力のシフトを通常のこととして含むような議会の活動形態に対してまともな障害となるものは、もはやなかったのである。

多少とも問題を生じさせたのは、第三の戦術すなわち、言説上の戦術であった。これは、自由主義者が、二兎を得ようとしたことに起因する。彼らは、自由主義を民主主義から区別しようとしたが、同時に彼らは、民主主義の提起するものを、さらにいえば民主主義という用語そのものを、統合のための力として自己のものにしようと望んだのである。ここでの私の議論の対象として集中的に論じたいのも、この言説とその諸問題についてである。

自由主義は、しばしば指摘されるように、その分析を個人から出発させている。そこでは、個人が社会的行為の主たる主体であると考えられる。自由主義が呈示するメタファーによれば、世界は、独立の諸個人という多元的な成り立ちをしており、それら諸個人は、なんらかのかたちで、なんらかの時に、共通善をめざす共通の結びつきをうちたてるべく調和的関係（社会契約）に入ったのであるとされている。自由主義によれば、この調和的関係は、かなり限定的なものとして描かれてもいる。この点が強調されるもともとの原因は、明らかである。自由主義者は、自分たちが「有能である」と定義した人びとを、本質的にその人びとより無能な者の手にあると見えた諸制度（教会、王政、貴族政、ひいては国家）による恣意的な支配から解放しようとしたところに、その起源を有しているからである。社会契約の限定性という考え方は、まさに、そのような有能な者たちの解放と称されるものに根拠を与えるものであった。

もちろん、このことは、「才能にひらかれた職業」といった、フランス革命と同一視されるような伝統的標語の根拠でもある。「ひらかれた」という語と「才能」という語の組み合わせが、上の標語に、その本質的な内容を与えている。しかしながら、この実に正確な言葉遣いは、すぐに、「人民《ピープル》の主権」という、もっとあいまいで、もっと流動的な言葉遣いへと横滑りを起こしてしまった。この「人民《ピープル》の主権」という問題は――この言い回しは、フランス革命ののち、広範な正統性を獲得したのであるが――「人民《ピープル》」が、「才能ある人びと」よりも、はるかに境界のひきにくい集団であるということである。「才能ある人びと」は、論理的な境界づけによって、計測可能な集団を構成する。説得的なものであれ、見せかけだけのものであれ、才能についてのなんらかの指標を決めさえすれば、だれがその集団に属するものなのかを同定することはできる。しかし、「人民《ピープル》」を構成するものは誰なのかというのは、実際のところ、まったく計測の問題ではなく、公共的・集団的決定の問題である。つまり、それは政治的決定であり、かつ、そのようなものとして認識されているものなのである。

もちろん、「人民《ピープル》」を、単にまったく万人と定義するつもりなのであれば、問題はなかろう。しかし、政治的概念として「人民《ピープル》」とは、第一に、国家の内部における権利について指すために使われるものであり、したがって、係争の種となる。明らかなことは、「人民《ピープル》」とは万人のことである、つまり真に万人が完全な政治的権利を持つべきであると言うつもりであったものは、ほとんど誰もいなかった――現在でもいない――ということである。「人民《ピープル》」については、広く合意された諸々の排除項目があった。未成年者は含まれない。精神異常者は含まれない。犯罪者は含まれない。外国人滞在者は含まれない。これらの例外項目はすべて、ほとんどすべての人びとにとって、多かれ少なかれ自明であるように思われた。しかしそれから、このリストに別の例外カテゴリー――移民、無産者、貧民、無学者、女性――が付け加えられ、多くの人びとにとって――特に、自身は移民でも、無産者でも、貧民でも、無学者でも、女性でもない人びとにとって――それらもまた同様に自明のことと思われたのである。「人民《ピープル》」とは誰のことなのかということは、今日にいたるまでずっと、あらゆるところで、主要な政治的係争の源泉を構成している。

過去二百年間、世界中で、権利を持たない人びと、ないしは、他より権利の少ない人びとは、不断にドアをたたきつづけ、ドアをあけようと、押したり突いたりを繰り返し、常により多くの権利を求めつづけてきた。あるものたちを中に入れると、別のものたちが、そのすぐ後ろに来ていて、自分たちも入れてくれと求めているのである。このような政治的現実――それは誰の目にも明らかであった――に直面した際の反応は、さまざまであった。特に述べておくべきなのは、自由主義と結びついた反応のトーンと、民主主義と結びついた反応のトーンとが、かなり異なるもの、ほとんど対極のものとなったということである。

自由主義者は、その流れを抑制しようとする方向に進んだ。民主主義者は、それを歓迎し、推進しようとした。自由主義者は、過程の方に主要な関心を置いた。悪い過程は、悪い帰結を招くというわけである。民主主義者は、帰結の方に主要な関心を置いた。悪い帰結は、悪い過程の存在を示すものであるというわけである。自由主義者は、過去を指摘し、これまで、いかに多くの達成が成されたかを強調した。民主主義者は、未来に目を向け、完成に至るまでにいかに多くのことが残されているかを強調した。コップに半分も水が入っているのか。コップの半分は空なのか。おそらくそういうことだが、おそらくそれはまた目的の相違でもあろう。

自由主義者のお題目は合理性である。自由主義者は、啓蒙主義のもっとも忠実なる末裔である。彼らは、あらゆる人びとには潜在的な合理性があると信じている。潜在的な合理性とはつまり、後天的であって先天的なものではなく、教育を通じて獲得されるべきもの、すなわち教養ということである。しかしながら、教育が創り出せるものは、単に、公民的美徳を具えた知的な市民というだけではない。近代世界の自由主義者たちは、古代ギリシアの都市国家を淵源とする民主主義の町民会《タウン・ミーティング》モデルは、物理的に大きく、したがってさらに幅広い複雑な問題についての決定を要請される近代国家という実体においては、運営が不可能であるということによく気がついていた。自由主義は、ニュートン主義科学のメタファーを共有している。すなわち、複雑性は、より小さい部分への還元によって、いいかえれば分化と特化とによって、最もよく取り扱いうるという考え方である。すると、諸個人は、公民的美徳を具えた知的な市民としての役割を果たすために、彼らを善導し、選択肢の範囲を明確にし、政治的な選択肢を判断する際の規準を示してくれるような専門的な助言者が必要であるということになる。

　合理性が行使されるために専門家が必要であるならば、専門家に最高の位を与えるような公民的文化が要請されるということにもなる。近代の教育システムは、人文主義的形態をとっているにせよ、科学主義的形態をとっているにせよ、市民に対して、専門家の命令に服するような社会性を身につけさせようという設計になっている。これは、選挙権や、その他の政治参加の形態についてのあらゆる論争の渦の中心にある文脈である。誰が必要な専門的知識を持っているのか。誰がそれらの専門家からの情報を受けて判断を行なう、文化的枠組みを具えているのか。要するに、全ての人びとが潜在的に合理的であるからといって、全ての人びとが、実際に合理的であるとは限らないということなのである。自由主義は、合理的でないものが、非常に重要な社会的決定を行なうものとならないために、合理的なものに権利を与えようという呼びかけである。そしてもし、なんらかの圧力のもと、まだ合理的になっていない多くの人びとに、公式に権利を与えなければならないという政治的必要が生じた場合には、軽挙妄動が起こらないようなしかたで、その公式の権利に枠をはめることが、絶対必要になる。これが、自由主義者の過程への関心の源泉である。そこで過程という言葉の意味するところは、専門家が優勢を占めるようなすばらしい機会が得られるように、決定を十分に引き延ばすべく遅らせるということなのである。

不合理の排除は、現在においても常に実行されている。しかしながら、排除されたものも、将来において、彼らが学習を終え、試験に合格し、現在排除されていない者たちがそうであるようなしかたで合理的になったならば、そのときには、排除されなくなるであろうということは、常に約束されている。自由主義者にとって、根拠のない差別は忌避の対象である一方、彼らは、根拠のない差別と根拠のある差別との間に、無数の差異を見ているのである。

かくして、自由主義者の言説は、多数《マジョリティ》を恐れ、下賤で無学なものたちを恐れ、大衆を恐れる傾向を持った。たしかに、自由主義の言説は常に、排除されている人びとを統合する可能性を賞揚する言葉に満ちている。しかし、自由主義者の語っているその統合は制御されたものであり、すでになかにいるものたちが有している諸価値や諸構造への統合でしかない。多数《マジョリティ》に対して、自由主義者たちは、不断に少数者《マイノリティ》を護っている。しかし、自由主義者が護っているのは、集団としての少数者《マイノリティ》ではなく、象徴的な少数者《マイノリティ》、すなわち群衆に抗する英雄的な合理的個人——要するに自分自身——なのである。

この英雄的な個人は、有能であると同時に文明化《シヴィライズ》されている。有能さという概念は、実際には、文明化されていることという概念とあまり異なるものではない。文明化されたものとは、公共《キヴィス》の社会的必要に適応するすべ、〔私的利益を追求する〕市民であると同時に〔公的利益に関心を払う〕公民たるすべ、社会契約に参加し、その結果として課せられる義務に責任を持つすべを身につけたもののことである。この考え方は、ここにかかわる諸価値が普遍性を持つと主張されているという意味において、ほとんど必然的に普遍主義的なものとなるが、同時に開発主義《ディヴェロップメンタリズム》的なものでもある。ひとは、文明的たるを学ぶのであって、文明的たるものとして生まれてくるのではない。諸個人、諸集団、諸民族に可能なのは、文明的になることなのである。有能さというのは、さらに道具主義的な観念である。それは、社会的に――特に仕事において――機能する能力のことを指している。それは、職業《メチエ》という観念と結びついている。それは、教育の結果であるが、文明の場合――それはまずもって、家族のなかでの幼少期の社会化の問題である――よりも、さらに公式の教育の結果である。それでもなお、両者の間には高い相関関係があり、有能なものは同時に文明化されており、文明化されたものは同時に有能であるということは、つねに前提とされている。両者がかみ合っていないのは、驚くべきことであり、異常なことであって、なにより、不穏なことである。自由主義とは、なににもまして、洗練された振舞いについての規則なのである。いかに形式的には抽象的であっても、そのような定義がつねに、階級ないしは階級的偏見に基づいたものであることは、私には明らかなように思われる。

しかしながら、いずれにせよ、このように文明と有能さとに議論が及ぶと、われわれが万人について語っているのではない――全ての個人についてでもなければ、全ての集団についてでもなく、全ての民族についてでもない――ことはすぐに明らかとなる。「文明」と「有能」という概念は、本質的に比較に基づく概念であり、ある者は他の者よりもそうであるという人間のヒエラルキーを記述するものである。同時に、両者は普遍的概念でもある。理論上、究極的には、万人がそうなることができるからである。さらにいえば、この普遍主義は、自由主義に内在するもうひとつの含意と密接に連関している。すなわち弱者、文明化していない者、能力のない者に対する、温情主義《パターナリズム》である。自由主義は、他者を善導する社会的責務というものを示唆するものである。それは、人の努力としてももちろんそうであるが、なによりも、社会や国家の集団的努力によって、成そうとするものである。したがって、自由主義は永久に、さらなる教育を、さらなる教養を、さらなる社会改良を求めていくのである。

「リベラル」(liberal)という単語そのものには、政治的意味だけではなく、「気前良さ」――いわゆる

「高貴な義務《ノブレス・オブリージュ》」――という語法もそなわっている。権勢ある個人は、物的・社会的価値の分配において、気前良く《リベラル》振舞うことができる。ここにおいては、貴族政の概念――自由主義が自らの敵と称する――との結びつきが、実にあからさまに見られる。現実には、自由主義者が反対していたのは、貴族政の概念そのものではなく、貴族とは、過去の先祖の功績から引き出された、特権の権原をなす称号の地位を表す、特定の外的表徴によって定義された人間であるという考え方なのである。その意味では、自由主義者の理論は、極端に現在志向的である。自由主義者が、少なくとも理論的に関心を払うのは、現在の個人の功績にほかならない。貴族とは、そして真に最良なるものとは、現在において最も有能であるということが示されたもののことであり、そうでなくては、真に最良のものではありえないのである。このことは、二十世紀の言葉で「能力制《メリトクラシー》」と表現され、社会的ヒエラルキーの正統化に定義を与えている。

能力制《メリトクラシー》は、貴族制とは違って、平等主義的な考え方として提示される。というのも、形式的には、優秀さ《メリット》を認定ないしは定義する試験を受けることは、万人に開かれたものとされうるからである。優秀さ《メリット》を相続するということはできないだろう。しかし、もちろん、子供が試験の内容たる技能を獲得する可能性を相当に上げうるような有利な条件というものは相続される。そして、それが事実であるならば、その結果は、決して真に平等主義的なものにはならない。これは、公式の試験において、良い成績をあげられず、その結果として、良い地位や身分の配分にあずかれないものが繰り返し唱える不平である。この時、これらは、民主主義者の不満であると同時に、「マイノリティ」の不満でもある。ここで「マイノリティ」というのは、持続的、歴史的に、劣位の社会的集団として扱われ、現在においても社会的ヒエラルキーの下層にあるような、あらゆる集団（その規模がどのようなものであれ）を指している。

有能なものたちは、普遍主義的な形式的規則に立脚して、自らの優位を護る。したがって、かれらは、政治的論争においても、形式的規則の重要性を護ることになる。かれらは、「極端」と呼ばれたり見なされたりするものに対しては、いかなるものにも、その本性上、恐怖を感ずる。しかし、近代の政治において、「極端」とは何なのだろうか。それは、「大衆主義《ポピュリズム》」というラベルを貼られうる、あらゆるもののことである。大衆主義《ポピュリズム》とは、成果の観点から、人びとに訴えることである。立法における成果、諸役割の社会的配分における成果、富における成果。自由主義の主流派は、だいたいにおいて、露骨に反大衆主義《ポピュリズム》的であった。もっとも、ファシズムの脅威が迫っていた、ごくまれな機会において、短期間、大衆的な意思表示の正統性を受け入れた時期はあった。

大衆主義《ポピュリズム》は、通常、左翼のやり口である。あるレベルでは、政治的左派は伝統的に大衆主義《ポピュリズム》であり、少くとも、伝統的に大衆主義《ポピュリズム》的であるふりをしてきた。人民の、多数《マジョリティ》の、弱者の、排除されたものたちの名において主張をおこなってきたのは左翼であった。大衆感情を動員し、政治的な圧力の形態として、その動員力を繰り返し利用しようとしてきたのも、政治的左派であった。そして、この大衆の圧力が自発的に現れると、政治的左派の指導者たちは、それに乗じようとするのが普通であった。民主主義者は、排除された人びとを包摂することを、その優先事項としており、良い社会とは有能なものが栄える社会であるという自由主義的な考え方に、特に反対した。

しかしまた、右翼の大衆主義《ポピュリズム》というものも存在する。とはいえ、左翼の演ずる大衆主義《ポピュリズム》と、右翼の演ずる大衆主義《ポピュリズム》とは、かなり異なったものである。右翼的大衆主義《ポピュリズム》が、真に大衆主義《ポピュリズム》的であったことは決してない。なぜなら、右翼とは、人民をただ追従者としてのみ信頼するものにほかならず、それが右翼を概念として性格規定するものだからである。右翼的大衆主義《ポュユリズム》は、実践上、多少の社会福祉的関心と、専門家に対する敵意との組合せとして現れるが、常に、強い排除主義、すなわちその利益を民族的に限定された集団だけに与え、しばしば専門家を外部集団の一員と定義するようなやり方に立脚するものである。したがって、民主主義という語を、排除されているものを包摂することを優先する考え方という意味で使うならば、その意味で、右翼的大衆主義《ポピュリズム》は全く民主主義的ではない。

民主主義という語によってわれわれが意味しているのは、実際のところ、右翼的大衆主義《ポピュリズム》に全く反対するものであるが、同時にわれわれが自由主義という語によって意味するものに対しても、全く反対するものである。民主主義は、まさにその含意のうちに、専門家、有能なるもの——その客観性、その利害中立性、その公民的美徳——に対する不信感を持っている。民主主義者は、自由主義の言説に、新しい貴族政の仮面を見てきたのである。それは普遍主義的な主張をしていながら、結果として常に、既存のヒエラルキーの構成をだいたいにおいて維持するような傾向を持つという点でもさらにいっそう悪質なのである。かくして自由主義と民主主義とは、互いに矛盾するものであり、かつ、深い溝に分かたれた二つの傾向を代表することになるのである。

このことは、おおっぴらに認められることもなかったわけではない。たとえば、フランス革命の有名な標語についての言説にそれを見ることができる。すなわち、「自由、平等、博愛」というその標語について、自由主義者は、個人の自由という意味で自由に、民主主義者（ないしは社会主義者）は平等に、それぞれ最も力点を置いたということは、しばしば言われることである。これは、私の見るところ、両者の違いを説明する上で、極めて誤解を生じやすい見方である。自由主義者は、単に自由を優先したわけではない。彼らは、平等に反対したのである。それは、平等という概念が意味を持つためには、成果を規準とする以外にはありえない一方で、彼らが、成果を規準とするいかなる考え方にも強く反対の立場であったからである。自由主義が、最も有能なものによる学識ある判断に基づいた合理的な政府の擁護である限りにおいて、平等とは、均一化的で、反知識的で、不可避的に過激主義的な考え方として現れるのである。

しかしながら、民主主義が、これと並行するようなしかたで、自由に反対していたというのは、当たらない。

全く逆である。民主主義者が拒んでいたのは、自由と平等とを区別する考え方である。まず一方で、その伝統として民主主義者は、不平等な人間は集団的な決定に参加する平等な能力を持ち得ない以上、平等に基礎を置くシステムの外では自由はありえないと論じると同時に、政治的ヒエラルキーというものが社会的不平等に変質するものである以上、不自由な人間は平等ではありえないとも論じてきた。このことには、近年、単一の過程としての平等＝自由《エガリバティ》 egaliberty（ないしは平等＝自由《イクオリバティ》 equaliberty）という概念的ラベルが与えられるようになった(4)。しかし他方で今日、左翼を自認する者のなかで、この平等＝自由《エガリバティ》を大衆動員の主題とするつもりがあるものはほとんどいないというのもたしかである。それは、自由主義者が過程と能力とを強調してやまぬのと同じ原因である恐怖に起因している。すなわち、人びとは、全く自由にさせてしまったら、合理的には振舞わなくなるだろう——合理的でないというのは、この場合ファシズム的ないしは人種主義的という意味である——という恐れである。われわれに言いうることは、民主主義を求める大衆の要求は、左翼諸政党の公式の立場いかんにかかわらず、絶え間なく続いてきたものであるということである。さらにいえば、長い目で見た場合、平等＝自由《エガリバティ》を掲げることを拒否した左翼諸政党は、その大衆的な支持基盤が崩れてしまい、そのため、それまでの彼らの支持基盤から、「民主主義」というよりも、むしろ「自由主義」に属すると見なされるようになってきている。

自由主義と民主主義との間の緊張関係は、抽象的な問題ではない。それは、ひとつのセットになった諸々の政治的ディレンマと諸々の政治的選択となって、くりかえし、われわれの前に現れてくる。世界システムは、両大戦間期に多くの国でファシズムの勃興を見たときに、この緊張関係とそれらのディレンマのなかに投げ入れられたのである。その時代にあって、中道および左派の政治勢力はいずれも、躊躇と決定の回避をしかなしえなかったことは、われわれが顕著に記憶していることである。一九九〇年代にはいって、そのような躊躇は再び、目に見えて激しく現れてきており、ナショナリズムの仮面をつけたさまざまな破壊的人種主義や、西洋世界の内部での反移民的、反外来者的修辞に立脚した新しい排除の政治をつくり出そうという試みが頭をもたげている。

同時に、ポスト一九六八年期において、排除されたものの運動が大きく躍進をとげるにつれて、上とはまったく異なる第二の問題が現れてきた。それらの運動は、集団の権利の観点から、自分たちの政治的権利を求める要求の枠組をつくっている。これは、「多文化主義《マルチカルチュラリズム》」を求める主張という形態をとってきた。もともと、この問題はアメリカ合衆国にあったのだが、いまや、長らく自由主義国家の体裁をとってきた他の大半の諸国において議論されるようになっている。この問題はしばしば、フランス語に言う社会の「ル・ペン化」〔ル・ペンは、フランスの排外主義的右翼政党である国民戦線の元党首〕への異論の論点と混同されているが、両者は同じものではない。

このように、憎みあう兄弟の関係は、今日再び、まさに政治的戦術に関する論争の中心にある。しかし、レトリックを切り離して議論を進められなければ、この問題には、なんら意味のある前進がもたらされることはないだろうと思われる。

いくつかの今日的な現実からとりあげてみよう。ポスト一九八九年的状況には、四つの要素があると思われる。その四つは、政治的決定が行なわれる際の準拠となる引用変数を形成するという意味で、基底的なものである。第一の要素は、歴史的存在となった旧左翼に対する世界規模での深甚な幻滅である。私は旧左翼のなかに、共産党だけではなく、社会民主主義諸政党と民族解放運動も含めて分類している。第二の要素は、資本と商品の運動に対する制約に対して規制緩和を求め、同時に福祉国家を解体せよと迫る巨大な攻勢である。この攻勢は、「新自由主義《ネオリベラリズム》」と呼ばれることがある。第三の要素は、世界システムの経済的、社会的、人口学的二極分解の持続的拡大である。新自由主義的攻勢は、まちがいなく、それを煽ることになる。第四の要素は、以上すべての要素にもかかわらず、あるいはおそらく以上全ての要素が原因となって、民主主義——民主主義であって自由主義ではない――を求める要求が、近代世界システムの歴史においてこれまで例がないほどに高まっているという事実である。

第一にあげた現実、すなわち旧左翼に対する幻滅は、旧左翼が、時がたつにつれて、民主主義を求める闘争を放棄し、能力ある人びとが重要な役割を担うことを中心とするプログラムを構築したという非常に単純な意味において、実際には自由主義的なプログラムを推進したという事実が主たる原因となって、起こったことであると思われる。たしかに、彼らは、能力ある人びととは誰なのかということについて、中道諸政党とはやや異なる定義を、少なくとも理論上は施したが、しかしながら、自由主義の言説において特権を享受していた人びととは非常に異なる社会的背景の有能な人びとを、実際に登用したかというと、それはたしかではない。いずれにせよ、現実は、彼ら旧左翼を支えた大衆的基盤の目からして十分に違いがでるものではないことが明らかになり、結果として、大衆は彼らを見放したのである。(5)

新自由主義《ネオリベラリズム》の攻勢は、旧左翼に対する、このように広範な大衆的幻滅の結果、可能となったものである。それは、グローバリゼーションについての本質的に虚偽であるレトリックをまとって登場した。彼らのレトリックが虚偽だというのは、彼らがグローバリゼーションと呼ぶ経済的現実は、なんら新しいものではなく(資本主義企業が世界市場における競争の圧力にさらされているという事態が新しいものではないのは疑いない)、彼らが口先で新しさを主張して、自由主義がこれまでの歴史のなかで行なった譲歩としての福祉国家政策を放棄してしまうのを正当化するために、それを利用している点を指して言っているのである。新自由主義《ネオリベラリズム》が、実際には自由主義の新しいかたちとは考えられない理由は、まさにこの点にある。それは、自由主義という名を採用してはいるが、実際には、保守主義の一形態であり、保守主義というものは、結局のところ、自由主義とは異なるものである。今や歴史的存在となった自由主義は、旧左翼の崩壊を生きぬくことができなかった。旧左翼は、自由主義の不倶戴天の敵であるどころか、不可避的に進行する進歩という希望（および幻想）を提供することで、危険な階級の民主主義的圧力を封じ込めるという決定的に重要な役割を、長らく果たしてくれていたという点で、自由主義の最も重要な社会的基盤だったのである。たしかに旧左翼は、そのような希望は、だいたいにおいて、彼ら自身の努力を通じて実現すると主張したが、実際には、そのような主張は、漸進主義的な自由主義者の主張の単なる変種でしかないような政策や実践を、裏書するものでしかなかったのである。

旧左翼が没落したのは、それが実際には世界システムの二極分解傾向――特に世界規模で――を緩和することがもう不可能になってしまったということが、はっきりとしてしまったからである。新自由主義《ネオリベラリズム》の攻勢は、その機に乗じて、自分たちの提供するプログラムならば、それが可能であると主張したのである。これは信じがたい主張である。なぜなら、実際には、そのプログラムは、世界システムの経済的、社会的、人口学的二極分解を、圧倒的な速度で悪化させているからである。さらに、このような近年の攻勢は、実際のところ、相対的に富裕な諸国内の二極分解過程をも再加速してきている。この過程は、相対的に長い期間、特に一九四五年～一九七〇年の時期においては最も顕著に、福祉国家政策によって食い止められてきたものである。二極分解の拡大と相関する現象として、南（かつてのいわゆる東側世界を含む）から北への移民も増大している。しかもそれは、合法的な移民を立法的・行政的に妨げようとする傾向が、ますます強まってきているにもかかわらず、起こっていることなのである。

おそらく、最も重要なことは、民主主義的感情が、これまでになく、強まってきていることであろう。それは、上に述べたような事態にもかかわらず、というよりは、むしろ、そのような事態のためにいっそうそうなのだと思われる。このような民主主義的感情の強まりは、特に次の三つの要求――それらは地球のいたるところで作用しているのがわかる――に見ることができる。すなわち、教育施設の拡充、保健施設の拡充、所得基盤の拡充の三つである。さらに、最低限受容可能なぎりぎりの限度とみなされるものは、不断に増大しており、全く後退の気配がない。これはもちろん、福祉国家の解体のプログラムと、深く矛盾するものであり、したがって、激しい社会的紛争の可能性——一方では、（たとえば、フランスですでに起こっているように）相対的に自発的な労働者の動員の形態をとり、他方では、（たとえば、ねずみ講事件が引き起こした激しい所得基盤の損失の結果、アルバニアで起こった暴動のように）より暴力的な、市民蜂起という形態をとる——を増大させるものである。

一八四八年から一九六八年までは、われわれは自由主義的合意に立脚するジオカルチュアのなかに生きており、したがって自由主義者は、「民主主義」という言葉を盗用して、その勢力をそいでしまうことができたのだが、それに対して今や、われわれは、イエーツの世界に入ってしまった——「中心はもちこたえられない」〔イエーツからのこの引用は、同様の論旨で『脱＝社会科学』所収の「アナール派をこえられるか」論文中にも引かれている〕。われわれの眼前で、論点は、さらなる二極分解を起こしている。平等＝自由《エガリバティ》を択ぶのか、自由と平等とを両方否定することを択ぶのか。万人を包摂する真の努力を目指すのか、深い溝で分割された世界——一種のグローバルな人種隔離《アパルトヘイト》システム——へと引きこもることを択ぶのか。一八四八年から一九六八年までの時代は、自由主義が強力であったために、民主主義者たちは、だいたいにおいて自由主義的な展望を受け入れるか、見当違いな政治的立場であると罵倒されるかという選択を余儀なくされていた。民主主義者たちは、前者を択ぶ方に流れ、それが旧左翼のたどった歴史的軌跡となった。しかしながら、今日、選択をせまられているのは、自由主義者の生き残りたちの方である。だいたいにおいて民主主義的な展望を受け入れるのか、見当違いな政治的立場であると罵倒されるか。このことは、今日、自由主義と民主主義との間で戦わされている二つの大きな論争をさらに仔細に検討すればわかってくる。すなわち、多文化主義《マルチカルチュラリズム》をめぐる論争と「ル・ペン化」をめぐる論争である。

多文化主義《マルチカルチュラリズム》をめぐる論争の論点は何か。一国レベルにおいても世界レベルにおいても、政治的参加、経済的報酬、社会的認知、文化的正統性から相当に排除されている諸集団——もっとも顕著なのは、女性と有色人種であるが、もちろん、他にも多くの集団がある——が、三つの異なるやり方で、その要求を押し出してきている。第一に、歴史的な成果を数量化し、その数値が恥ずべきものだと主張するやり方。第二に、研究の対象と尊重の対象、および「歴史の主体」と想定されるものに目を向け、今日までになされてきた選択は、深い偏見を伴っていたと主張するやり方。第三に、これらの現実を正当化するために使われてきた客観性の基準が、それ自体として、誤った指標ではないのか、現実を産み出す導力になっているのではないかと疑ってみるやり方である。

これらの要求に対する自由主義者の反応は、成果を要求することとは、数量割当てを要求することであり、そうすれば、凡庸さが幅を利かせるようになって、新たなヒエラルキーが生じるというものであった。彼らは、尊敬や歴史的妥当性というものは、法令によるものではなく、客観的基準から演繹されるものであると主張した。客観性の基準にむやみな干渉を行なうのは、全面的な主観性にすべり落ちる道であり、したがって、完全な社会的な不合理性へ至る道であるというわけである。これらは弱い主張であるが、相対的にあいまいで、自覚に乏しい定式化のしかたであるとはいえ、多文化主義《マルチカルチュラリズム》の真の問題の論点から外れた議論というわけではない。

あらゆる多文化主義《マルチカルチュラリズム》的主張の問題は、それが、内在的な制限を持っていないということである。第一に、集団の数に、それ自体としての制限がない。さらにいえば、無限に増殖しうる。第二に、多文化主義《マルチカルチュラリズム》の主張は歴史上に行なわれた不正義の程度問題について、解決不可能な論争を引き起こしてしまう。第三に、たとえある世代において、なんらかの調整がついたとしても、その次の世代にまでそれが続くという保証は全くない。では、何カ年かおきに、再調整をすべきだというのか。第四に、多文化主義《マルチカルチュラリズム》の主張は、稀少資源、とりわけ分割不可能な資源の配分のしかたについては、いかなる手がかりも与えてはくれない。第五に、多文化主義《マルチカルチュラリズム》的な配分が、結果として平等主義的なものになるという保証はどこにもない。なぜなら、多文化主義《マルチカルチュラリズム》の主張が、実際には単に、特権を享受する有能な人間の集団の成員資格について新しい規準を案出するだけに終わってしまうということもありうるからである。

このように述べれば、このような反多文化主義《マルチカルチュラリズム》的主張が、現在われわれの生きているきわめて非平等主義的な世界のなかで、いかに自己奉仕的であるかを見て取ることは難しいことではない。反ＰＣ（ＰＣとは“Politically Correct”＝「政治的に正しい」の頭文字で、マイノリティに対するアファーマティヴ・アクションなどを正当化する考え方を指す）的な言論人の声高な批判にもかかわらず、われわれは、多文化主義《マルチカルチュラリズム》的な現実が既に支配しているような世界に生きているのでは、決してない。われわれは、歴史的に行なわれてきた不公平に、やっと小さな反撃をし始めたかどうかといったところなのだ。黒人、女性、その他多くのマイノリティは、いくらそこここで周縁的な改善があるといっても、おおまかに見れば、依然として貧乏くじを引いている。間違いなく、まだ振り子の振り戻しを求めるには早すぎるのである。

真のさらなる重要事は、諸構造および諸過程を、不断に正しい方向に向かって構築し、かつ、その結果として、自由主義者たちが正しくも恐れたような袋小路に入ってしまわないようにする方法を真剣に検討し始めることである。自由主義者は、いかに強力な知的伝統であったとはいえ、もはや死にゆく血統として、傍観者的にあら探しや、非難の声を浴びせるのではなく、当事者の一員としてその才気を利用すべき時であるのは明白である。単純な例を挙げれば、アラン・ソーカル（ニューヨーク大学の物理学教授。物理学用語を意図的に誤用した科学論の論文をでっちあげ、ポストモダン系の社会思想雑誌である『ソーシャル・テクスト』誌に掲載後、それがでたらめであることを暴露、ポストモダン思潮の自然科学に対する無理解を告発し、いわゆる「サイエンス・ウォーズ」の発端となった）のような人物も、馬鹿げた行き過ぎを懲らしめて、その結果、背後にある問題をいっそう困難にする――容易にはならない――のではなくて、知の構造についての真の問いをたてようとしている人びとと協力して議論に参加していれば、その方が真に、より有益なものとなったのではないだろうか。
念頭に置くべきは、問題そのものである。その問題とは排除であり、その排除という問題が、近代世界システムの「前進」によっては、全く解決されないという事実である。今日、状況は――あえて比較するならば――かつてないほど悪い。しかして、民主主義者とは、排除と戦うことを第一とするもののことである。包摂《インクルージョン》は困難であるというなら、排除は不道徳である。また自由主義者とは、よい社会を追求するものであり、合理的な世界の実現を目指すものである。彼らが念頭に置かねばならないのは、マックス・ウェーバーのいう形式合理性と実質合理性との区別である。形式合理性は、問題解決的であるが魂に欠けており、したがって、究極的に自己破壊的である。実質合理性を定義するのは、常軌を逸する程に困難であり、恣意的な歪曲に任されがちであるが、究極的には、良い社会のすべてである。

多文化主義《マルチカルチュラリズム》は、われわれが非平等主義的な世界に生きている限り、決してなくならない問題である。つまり、われわれが資本主義世界経済のなかにある限りなくならないということである。私は、他の多くの人々が考えるよりもずっと近い将来に、それはなくなると考えている。しかし、その私が見てさえ、現在の史的システムが完全に崩壊するまでに、あと五十年程度はかかると思われる。[6] その五十年間における問題は、現在の史的システムにかえて、いかなるシステムを建設するかということにほかならない。そしてこの点において、「ル・ペン化」の問題がもちあがってくる。というのも、人種主義的・排除的運動が役割を拡大し、公的な政治的議論における議題を設定する力を持つような世界は、平等=自由《エガリバティ》の最大化という観点からして、現在の世界よりもさらにひどい構造を持つ世界に帰結する可能性が高いからである。

具体的な例として、フランスの国民戦線のケースを取りあげよう。これは、能力と包摂《インクルージョン》の両方に反対する運動である。したがってそれは、自由主義と民主主義の両方の原則と目標とを蹂躙するものである。問題は、それについてどうするかということである。国民戦線が強力であるのは、相対的に小さな力しか持たないが、異なるさまざまな階級的立場を横断する人びとの間に拡散している、身体的・物質的な個人の安全についての不安が原因となっている。これらの人びとは、そのような恐怖を感じる現実的な根拠をもっている。国民戦線が提供しているのは、そのようなあらゆる運動と同様に、三つのものである。すなわち、抑圧的な国家によって身体的安全を向上させるという公約、新自由主義《ネオリベラリズム》と福祉国家とのあいまいな組合せのプログラムを通じて物質的保障を向上させるという公約、そしてなによりも、人びとが経験している困難を、目に見えるスケープゴートによって説明してみせるというものである。国民戦線の場合には、このスケープゴートは、第一に「移民」であった。この「移民」という語は、全ての非西欧人（非白人と定義された）を意味しており、女性の本来の役割についての主張が、ひとひねり加えられていた。第二のスケープゴートは——時々に応じて注意深く、しかしフランスの反人種主義的な法律に触れるのを回避するために、比較的に隠然と主張された——ずるがしこく富裕なユダヤ人や世界市民《コスモポリタン》的知識人、および既存の政治的エリートである。要するに、スケープゴートとは、排除されたものと能力あるものなのである。

長らく、国民戦線に対する反応はあたりさわりのないものであった。保守派は、国民戦線の排外主義的主張を水で薄めて採用することで、その支持者の票を刈り取ろうとした。中道的自由主義者たちは——共和国連合（ＲＰＲ）にせよ、フランス民主連合（ＵＤＦ）にせよ、社会党にせよ——相手にしなければ、そのうちに消えてなくなってくれるだろうと思って、当初、国民戦線を無視しようとした。国民戦線の排除主義に反対する運動のための動員は、一握りの諸運動（たとえば「ＳＯＳ人種主義《ラシズム》」）と知識人たち、および、もちろん排撃の対象となっているマイノリティのコミュニティの成員たちの手に残されてしまった。一九九七年に、国民戦線が初めて、ヴィトロル市の地方選挙で勝利を収め、そこで完全な多数派となると、パニックのスイッチが入り、全国的な動員が起こった。政府は、真正の保守主義と中道的自由主義とに分裂してしまい、反移民法案のうち、極めてひどい一条項については取り下げたものの、残りはそのまま残してしまった。要するに、大まかに言うと、国民戦線に流れた票を取り戻そうとする政策が優勢を占めたわけである。

民主主義者のプログラムはどうだったのか。すでにフランスにいる全ての人間は、なんらかのかたちで、権利を与えられ、フランスの社会に「統合」されるべきであるというのが彼らの基本的な主張であり、抑圧的な法律の制定にはすべて反対していた。しかし、それが言外に意味することとして、決定的に重要なのは、上の主張は、すでにフランスにいるもののすべてにしか適用されないということである。ほかに適用されるものといえば真正の難民くらいであろう。国境を越える個人の移動に対するあらゆる制限は取り除かれるべきだとあえて主張するものは誰もいなかったのである。けだし、北の諸国間においては、すでに実際上そのような制限は存在せず、歴史的に言えば、二十世紀にいたるまでは世界の大半において、実際上そのような制限はなかったにもかかわらず、である。もちろん、このような腰の引けた対応しか行なわれなかったのは、フランスの民主主義者たちでも、そのような立場をとれば、国民戦線の勢力が労働者階級に属する人びとにますますくいこんでしまうということを恐れることになるからである。

しかしながら、このような立場の可能性は「極端」であるとしても、まさにそれが問題をはっきりとさせるがゆえに、私はそれを提示しているのである。問題が排除ということにあるのであれば、なぜ、一国の境界の内部においてのみ、その排除と戦うべきであるということになるのか。世界全体において、それと戦うべきではないのか。問題が能力ということにあるのならば、なぜ、一国の境界の内部において、その能力が定義されるべきだということになるのか。世界全体において、定義されるべきではないのか。そして、保守主義的な、すなわちいわゆる新自由主義《ネオリベラリズム》的なパースペクティヴをとって、規制緩和の利点を強調するならば、なぜ、人びとの移動も規制緩和の対象にすべきではないのか。フランスにおいても、その他いかなる場所においても、これらの諸問題がはっきりと正面から提示されていないのではないかと、人種主義的・排外主義的運動の側が目を光らせるというようなことは、とてもありそうにない。

自由主義と民主主義との間の関係に話を戻そう。すでに述べたように、一方は、能力の用語を強調するものであり、他方は、排除と戦うことを喫緊の優先事項として強調するものである。両方やればいいではないかというのは易しいが、両者に同等の力点を置くのは容易ではない。能力というものは、その定義上、排除を含んでいる。有能なものがいれば、その裏には有能でないものがいる。包摂《インクルージョン》というものは、万人が対等な重みを持って参加することを、その内容に含んでいる。政府およびあらゆる政治的意思決定のレベルにおいて、ほとんど不可避的に、二つの主張は対立してしまう。かくて兄弟は憎みあうというわけである。

自由主義者たちは、のうのうとしているうちに、時代においていかれてしまった。今日われわれは、能力と包摂をともども拒否する人びと——要するに、あらゆる世界で最悪のもの——の逆襲におびやかされている。彼らの勃興に歯止めをかけ、新しい史的システムを構築するというのなら、包摂《インクルージョン》の原則に立脚する以外にはありえない。自由主義者は民主主義者に道を譲るときが来たのだ。もし自由主義者たちがそうするならば、彼らはまだ、健全な役割を果たすことができる。自由主義者は、多数派というものが思慮浅く、性急であるという危険性を指摘しつづけるという役割を果たしうるはずである。ただしそれはあくまで、集団的決定において多数派の根本的な優位が承認されているという文脈の枠内でのみ可能なことである。くわえてもちろん、自由主義者は、集団的決定の領域から、個人の選択や多様性に任されるのが最も良いような事柄をすべて除いておくよう、常に求め続けるという役割も果たしうるはずである。そうして、彼らはその役割を終えることになろう。自由至上主義《リバタリアニズム》がこのようなものになるならば、それは民主主義的な世界において、きわめて健全なものになるであろう。そして、もちろん、能力に包摂を優先させるというのは、第一に政治の領域においての話である。それは、能力が仕事の場や知識の場においても妥当しないなどと主張するものではない。

　金持ちと知識人との関係について、古いジョークがある。こんな具合だ。金持ちが知識人に向かって、「そんなに賢いんなら、どうして金持ちにならんのかね」と訊くと、答えて曰く「そんなに金持ちなのに、なぜ賢くならないのですか」と。このジョークにちょっと手を加えよう。自由主義者が民主主義者に向かって「多数者を代表しているなら、どうして有能な統治というものをしないのかね」と訊くと、答えて曰く「そんなに有能であるのなら、なぜあなたの提案には、多数者の同意が得られないのですか」と。

注

(1)私は先に第四章で、企業家が常に、いかに国家に依存しているかを、概略示した。フェルナン・ブローデルの『物質文明・経済・資本主義 15-18世紀』全六分冊（みすず書房、一九八五〜一九九九年）も参照のこと。

(2)私は、このことが、数世紀間にわたって、どのように、またなぜ行われてきたかについて、「ブルジョワ（ジー）／その概念と現実」（エチエンヌ・バリバール＋イマニュエル・ウォーラーステイン『人種・国民・階級』新装版、大村書店、一九九七年、所収）において概略を論じた。

(3)私は、「世界史的事件としてのフランス革命」（『脱＝社会科学』藤原書店、一九九五年、所収）において、これについて論じた。拙著『アフター・リベラリズム』新版（藤原書店、二〇〇〇年）第II部も参照のこと。

(4)平等＝自由（égaliberté）の理論化については、エチエンヌ・バリバールEtienne Balibarの“Émancipation, transformation, civilité” in *La crainte des masse* (Paris: Galilée, 1997), 17-53. 参照のこと。

(5)これは、拙著『アフター・リベラリズム』で詳細に検討した主題である。同書の他の部分でも論じたが、特に第四部を見られたい。また『ポスト・アメリカ』（藤原書店、一九九一年）所収の「マルクス、マルクス・レーニン主義、近代世界システムにおける社会主義の経験」と、前掲の同書第1章も参照のこと。

(6)この議論の詳細は、テレンス・K・ホプキンズ＋イマニュエル・ウォーラーステイン編著『転移する時代——世界システムの軌道 1945-2025』(藤原書店、一九九九年)の拙論第八章および第九章を参照のこと。

7

何への統合か、何からの周縁化か

Integration to What ? Marginalization from What?

第十九回北欧社会学会議「統合と周縁化」基調講演
一九九七年六月十三〜十五日、コペンハーゲン

「統合」と「周縁化」は、ともに最近になって、現代の社会構造を論ずる際に、広く公共の議論に用いられるようになった言葉である。この二つの言葉は、ともに「社会」という概念に暗に言及しているかぎりにおいて、社会科学の営みにおいても中心的な概念である。社会科学の内部において、これを議論する際の問題は、社会という概念が、われわれ社会科学者の分析にとって基本的なものであるにもかかわらず、同時に、異様に曖昧な用語であるということである。そしてそのため、統合と周縁化についての議論は混乱している。

思うに、社会という概念は、人間が、自分の住んでいる世界について二つのことに気がつくようになってから、おそらく少なくとも千年は——それより古くはないとしても——たっているといえるだろうという意味において、千年紀単位《ミレニアム》の歴史をもつものである。人間は、他の人間と——通常近接する地域にいる人間と——恒常的な基礎にたって相互にかかわりあう。そして、この「集団」は、彼ら全員が尊重する規則を持っており、実際多くの点で、彼らの世界意識をかたちづくる。しかしながら、そのような集団の成員は、つねに、地球上の人類の全体よりは小さな存在であり、したがって、成員はつねに、「われわれ」と「その他」との区別を行なう。

人間が自分の「社会」についてつくりだしてきた古典的神話は、神々が、はるかな過去のあるときに、なんらかのしかたで、彼らに固有の「社会」を創り出し――それは通常、特に創り出されたものである――現在の、その社会の成員は、この恩寵あつい始原の集団の子孫であるというものである。そのような神話の手前勝手な性格とは別に、それは血族的連続性を示唆するものでもある。

もちろん、そのような血族的連続性は、いかなる集団も完全に血族的連続にしたがって営まれたことなどないという意味で、全く文字通りの神話であるということは周知であり、またそのことは、特に近代世界において言えることであるということも周知である。したがって、集団の外部から来た人間が、その集団に入ろうとしたり、その集団に引き入れられたりということが、なんらかのかたちで不断に起こっている以上、それは統合であるし、他の人々が集団から退出しようとしたり、集団から締め出されるということが不断に起こっている以上、それが周縁化だということになる。

学問上の基本的問題は、われわれが自らの「社会」として同定しうるものは何かということについて――したがって、われわれがそのような「社会」への統合とか、そのような「社会」からの周縁化とか言うときに、何を意味しうるのかということについて――近代世界システムが深い混乱を産み出してしまったということである。実践上は、今や少なくとも二世紀間になろうかという期間にわたって、主権国家の境界――場合によっては、既存のものにせよ、これから創り出されるべきものであるにせよ、なんらかの主権国家の境界であるべきだと考えられているもの――の内部にある集団を意味するものとして、「社会」という語が使われてきたというのは、まったく明白である。そのような国境に基づく集団の先祖が何であるにせよ、今日、それらの集団は、血族的連続性の集団とは、ほとんど類似性を保持していない。

さらにいえば、過去二世紀間の大半の主権国家が有していた原則のひとつとして、それらの国家は「市民《シチズン》」

――つまり民族《エトノス》ではなく人民《デモス》――によって構成されるということになっており、したがってそれは、性格上、文化的というよりは、法制的なカテゴリーを表している。さらに「市民《シチズン》」というカテゴリーは、地理的な輪郭においては、まったく自明ではない。つまり、それは、任意のある一時点の所与の主権国家における居住者と完全には一致しないということである。くわえて、市民権《シチズンシップ》の取得（および喪失）についての規則は、国家ごとに非常にまちまちである一方で、どの国家にも何らかの規則がある。また、その国家の市民権《シチズンシップ》を持たないものが、その国家の領域に入ること（移民）および外国人居住者の法的権利を管理する規則が、どの国家にもあるのは言うまでもない。さらに、移民（入国および出国）は、近代世界システムにおいて、例外的な現象ではなく、むしろ持続的に（かつ相対的に大きな規模で）生じていた現象である。

始まりから始めよう。近代世界システムは、長期の十六世紀に構築された。その当初の地理的境界は、ヨーロッパ陸塊の大きな部分と両アメリカ大陸の多少の部分とを含んでいた。この地理的な範囲一帯の内部では、垂直的分業が伸長し、資本主義世界経済という形態をとった。その分業体制にそって、制度的枠組が形成されていき、このような史的システムは持続的なものとなった。そのような制度的要素のひとつに――全く不可欠のものとして――いわゆる主権国家の形成がある。その主権国家は、国家間《インターステイト》システムの内部に位置づけられた。もちろん、これは〔短期的に起こった〕出来事ではなく、〔中期的・長期的な〕過程である。歴史家がこの過程の記述を行なう場合は、十五世紀の「新君主国」に始まるヨーロッパ内の国家建設や、ルネサンス期イタリアの都市国家に始まる外交およびその規範形成の起こりや、両アメリカその他の地域における植民地体制の確立や、一五七七年のハプスブルク帝国の崩壊や、三十年戦争が、ウェストファリア条約をもって終結し、国家統合および国家間秩序に新しい基礎を与えたことなどの議論となる。

しかしながら、この国家構築の過程は、史的システムとしての資本主義の発展と別個の過程ではない。むしろ、それとは不可分の一部をなすものである。資本家にとって、そのような主権国家の確立は、大いに役立つことであった。所有権の保証、保護地代《プロテクション・レント》[1]の提供、相当な利潤を得るのに必要な準独占の形成、他国にある競合企業家に対しての利害の主張、資本の安全を保証するに十分な秩序の提供など、彼らはそこから、さまざまな便益を獲得した[2]。もちろん、これらの諸国の強さは一様ではなく、まさにその不平等性のゆえに、より強力な国家は、その国家にある企業家にとって、大いに役立つものとなったのである。しかし、分業体制に組み込まれていながら、なんらかの国家の管轄権に服していないような土地は存在せず、したがって、まずなんらかの国家の権威に服していないような個人も存在しない。

十六世紀から十八世紀までの時期には、このシステムの制度化が顕著となった。この時代に、主権の行使というもともとの主張は、いわゆる絶対王政という名で推し進められたが、国によって、結果的に君主がその主権を立法府および司法府と共有するという圧力をうけるようになる場合もあった。しかしながら、この時代は依然として、ヴィザやパスポートなどない時代であり、移民の出入国管理もなければ、参政権もあるうちには入らず、せいぜいごく少数の人間の手にある特権でしかなかった。人口の大部分は、「臣民」であり、その土地で代々のなんらかの権利を有する臣民と、そうでないものとの間の区別が、引き合いに出されることなどめったになく、たいした意味も持たなかった。十七世紀において、たとえば、ブルターニュからパリに出てきた移民と、ラインラントからライデンに出てきた移民とで（一方は、あまりはっきりとは目に見えないとはいえ、国際的境界を越えての移民であるが、他方はそうではない）、日々の生活に司法的・社会的差異があるかどうか見極めるのは困難である。

フランス革命は、臣民を市民にかえることで、このような状況を一変させた。フランスにとっても、ひとつの全体としての資本主義世界経済にとっても、もはや後戻りはなかった。国家は理論的に、またある程度は実践上も、憲法上の政治的発言権をもつ大きな人間集団に対して責任を有することになった。十九および二十世紀において、そのような政治的権利の実現は、現実にはゆっくりと、しかもまったく不均等にしか進展しなかったが、レトリック上では、はっきりと勝利をものにしていた。そしてまさに大事なのは、レトリックだったのである。しかし、ひとたび市民が現れると、そこには非市民もまた現れることになった。

臣民が市民へと転換させられたのは、上からの圧力と下からの圧力の、両方の結果であった。統治への参加を求める大衆の要求――民主化を求める要求と呼んでもよかろう――は、不断に可能なあらゆる仕方で表明された。それは、大衆主義《ポピュリズム》および革命をめざす勢力に表現を与え、その底流をなす力となった。要求に立ちあがった人びとは、弾圧されるのが常であったが、その考え方は、未熟な形態ながら生き残り、直近の現在においては弱小であることがしばしばであったとはいえ、常に成長する潜在的な可能性をもって存在しつづけた。

このような、いわゆる危険な階級からの要求に、長期的に応える反応が、自由主義《リベラリズム》の政治的プログラムである。それは、十九世紀の資本主義的世界システムにおいて勝者の位置を占めたイデオロギーである。自由主義者《リベラルズ》たちは、合理的な改良、大衆へのゆっくりとした権利の譲渡、漸進的な制度的変化というプログラムを提示した。十九世紀の自由主義《リベラリズム》のプログラムは、主として三つの内容をもっていた。普通選挙権、所得の再分配、ナショナリズムである。[3] 普通選挙権は、その国家に住む、より多くの人間に投票権を拡大して与えていく過程を含んでいる。二十世紀になるまでに、成人男女の普通選挙（極悪人や狂人などの特定のカテゴリーを例外として）は、しかるべき規範となってきた。所得の再分配は、国家によって定められ、国家によって強制された最低水準の賃金と、国家によって実施された社会保障および福利厚生、つまりいわゆる福祉国家政策を含むものであり、このプログラムもまた、少なくとも富裕な諸国においては、二十世紀の半ばまでに、しかるべき規範となった。自由主義《リベラリズム》のプログラムの第三の要素であるナショナリズムは、自分の国家に対する愛国的な感情の創造にかかわるものであり、主として二つの制度によってシステマティックに伝達された。すなわち、初等教育（これも、二十世紀の半ばには普遍的になっていた）と兵役（少なくとも男性に関する限り、平和時においても、徴兵に応召することは、大半の国で規範となっていた）である。ナショナリズム的な集団的儀式も、いたるところで、きわめて頻繁に行なわれるようになった。

これら三つの主要な政治的制度――普通選挙権、福祉国家、ナショナリズムの儀式／感情――のそれぞれをみると、市民／非市民の区別が重要な妥当性を持っていることがすぐにわかる。実際、二十年ほど前までは、たしかにその区別が機能していた。投票権を持つのは市民だけである。どれだけ長く、その国に居住していようと、非市民が投票を許されるなどということは考えられないことであった。国家の実施する福利厚生は通常、つねにそうだというわけではないとはいえ、市民と非市民との間に区別をひいた。そしてもちろん、ナショナリズムの儀式／感情は市民の領分であり、非市民はそこから社会的に排除されていた。その結果として、非市民は、道徳的に怪しいものであるということになり、特に国家間の緊張が高まると、そのような疑いがかけられた。

これら三つの制度は、それぞれの国で個別に――その過程は並行するものであったが――単に制度として発展しただけではない。それによって市民は、自分の国家を構築し、強化する過程の主役となるという特権を得たのである。諸国家は、「国富《ウェルス・オヴ・ネイションズ》」を求めて、国家間《インターステイト》システムにおいて競争を展開しており、上に述べた市民の特権は、国家がどれだけのことをなしとげるかに左右されるものである以上、市民権《シチズンシップ》は、例外的な権利と考えられた。少なくともGNP（国民総生産）のピラミッドの上部四分の一を成す諸国家の全てにおいては間違いなくそうである。さらに、それらの国家は、自国市民に対して、なにかしらきわめて特別なものとして立ち現れ、その市民権《シチズンシップ》から利益を得ている人びとにとっては、それは説得的なことのように思われたのである。

このように、市民権《シチズンシップ》は、なにかしら非常に価値のあるものとなり、結果として、他人とすすんで共有しようなどとはあまり思えないものとなった。ある国家における市民権《シチズンシップ》は、熱烈にそれを欲する少数のものに対して施しのように分け与えられることもあるが、一般的には、大事にとっておくべき特権であった。このことは、市民が、自分たちはこの特権を得るべく、かつて対内的（および対外的）に闘争を行なったのであり、単に天賦の権利なのではないという信念をもっていたことからして、なおいっそうそうであった。彼らは、自分の市民権《シチズンシップ》が、自分たちの徳のゆえに得られたものなのだと感じていたのである。このように、概念としての市民権《シチズンシップ》が下からの要求を構成しているという事実によって、危険な階級を上から懐柔するメカニズムとしては、いっそう有効なものとなったのである。あらゆる国家の儀礼は、「国民」が人の帰属先として唯一の——よしんば「唯一」ではないとしても、他のものよりもはるかに重要な——社会であるという信念を強化すべく、まとめあげられた。

　市民権《シチズンシップ》は、他のあらゆる種類の利害衝突——階級的利害衝突や、人種、性役割《ジェンダー》、宗教、言語、その他「国民／社会」以外のあらゆる社会的規準によって定義された諸集団・諸階層間の利害衝突——を消し去ってしまった。あるいは、少なくとも曖昧にしてしまった。市民権《シチズンシップ》は、国民の利害というものを前景化したのである。市民権《シチズンシップ》は、国家の内部では統合力として働くはずのものであり、実際それは、良くその目的を果たした。しかも〈市民《シチズン》であること《シップ》〉が特権を与えるものであり、少なくとも、そのように思われていたために、それは、そのような統合力としていっそうの力を発揮した。一般的に言って、市民の概念は、近代世界システムを実によく安定させる要素であった。それはたしかに、国家内の混乱を削減したし、それが、市民という概念が仮になかったとした場合の水準と比べて、国家間の混乱を相当程度に増大させたという主張にも無理がある。それは、単に安定をもたらす概念であっただけではない。それは、ひとつの中心的概念であった。近代国家の法制的基盤に目を向けるだけで、それら諸国家の立法と行政が、いかに市民というカテゴリーに依存するものであるかが知られよう。

　それにもかかわらず、市民という概念は、問題をもたらしてしまった。というのは、資本主義世界経済の社会経済的基礎のひとつに、労働力の物理的な移動、つまり移民がたえず行なわれなければならないということがあるからである。移民というものは、まずもって経済的必要なのである。経済活動の立地がたえずシフトするということは、人口変動の標準が地域ごとに不均等であることとあいまって、不可避的に、特定の場所での特定の種類の労働者に対する需給の不均衡となって現れてしまう。そうした事態が起こるとつねに、労働者・被雇用者のなかに、なんらかの労働移民によって、利益を得るものが出てくることが明らかになり、したがって、法律の制約（もちろん、そのような法律の制約をかいくぐる実際上の可能性も含めて）によってその勢いに差はあっても、実際にそういうことになっていく。このような労働力需給の局地的な不均衡は、労働力の絶対数の単純な総和からは計算されえない。同種の労働に対しても、さまざまな労働者の集団が異なる水準の賃金で雇われる傾向というものが存在するからである。これが、「賃金の歴史性」ということの意味である。これゆえに、所与の局地的な範囲で、賃雇用を求めていながら、特定の種類の低賃金労働を拒否するような者が出てきて、雇用者が、潜在的ないしは顕在的に存在する移民で、その必要を埋めようとするというようなことは、まったくありうることである。

というわけで、市民権《シチズンシップ》はよいものだとは言っても、それは、「保護主義」的な感情を煽るものであり、近代世界においては、たえず、移民という現象が繰り返し起こってしまうのである。これは、近代世界システムの最初から言えることであった。私は、今日、過去の諸世紀と比較して、どのように定義するにせよ、総人口に対する移民の割合が数字の上でたしかに多いと言いきることは――輸送交通手段の改善にもかかわらず――無理だと思っている。しかしそれが、より政治的な注目を浴びるようになり、より政治的な問題を伴う現象となったことはたしかである。

「移民」という言葉の意味を変えたのは、市民の概念である。農村や小さな街を離れて、五十キロメートル離れた大都市へ移動するのと、五千キロメートル離れた大都市へ移動するのとで、両者が経験する社会変容の大きさがかわらないということはありえる。あるいは、二十世紀の後半には、もはや多くの国でそのようなことはいえなくなったとしても、少なくとも一九五〇年までは、どこでも、多かれ少なかれ、そのようなことは言えたであろうと思われる。何が違うのかといえば、五千キロメートル移動した移民は、国境をまたいで移動している可能性がきわめて高く、他方、五十キロメートル移動した移民の方は、そういうことは、なさそうであるということである。この点をもって、前者は法的に移民である（したがって、市民ではない）と定義され、後者は移民ではないということになるのである。

移民のうちの相当な割合のものは、自分が移民していった先の地域（ないしは、少なくとも、その国）に定着する傾向がある。彼らは、移民先の新しい土地で子供をもうけ、きわめてしばしば起こることであるが、そうして生まれた子供たちは、文化的には、彼らの親の生まれた土地ではなく、彼ら自身の生まれた土地の所産となる。統合の問題について討議が行なわれる場合、われわれが通常語っているのは、このような長期的な移民、すなわち移民の子供〔二世以降の世代〕の統合のことである。移民の受け入れ国は、自国で生まれた者の市民権《シチズンシップ》について、さまざま異なった規則を有しており、出生地主義を採るアメリカ合衆国やカナダのような国々と、血統主義を採る日本や、修正版の血統主義を採っているドイツのような国々を両端にして、その間に、いろいろな可能性が連続的に広がっている。

統合というのは、文化的な概念であって、法的なものではない。統合の概念は、そのために受容されなければならない、なんらかの文化的規範が存在するということが前提となっている。だいたいにおいて単一言語的で、単一宗教的な国の場合、そのような規範というのは、比較的にはっきりしていて、それほどやっかいな感じがしない場合もあるが――そのような場合でも、そのような規範のパターンから逸脱してしまう「マイノリティ」は常に見つけられるものだが――もっと「多彩な」人びとを抱えている国の場合だと、それでも支配的な規範が存在するとはいえ、その規範はもっと威圧的な暴威を振るうもののように感ぜられてしまう。アメリカ合衆国をとりあげてみよう。共和国の建設の時代、その市民権についての文化的規範は、英語を話し、監督教会派《エピスコパリアン》、長老派《プレスビテリアン》、メソジスト、会衆派《コングリゲーショナリスト》の四つのうちのいずれかの派のプロテスタントであることというものであった。もちろん、この定義は、社会の上層に対応するものであるが、中・下層の一部をも含むものであった。この定義はゆっくりと拡大され、他のプロテスタント諸派もそこに含められるようになった。ローマ・カトリックとユダヤ人が、この文化的定義に含められたのは、ずっと最近の一九五〇年代になってからのことにすぎない。その際には、政治家たちは「ユダヤ＝キリスト教的伝統」なる言い回しを創り出した。アフリカ系アメリカ人が真にそこに含められたことはないが、他方で、ラティーノ〔ラテン・アメリカ出身のアメリカ人〕およびアジア系アメリカ人は、待機経路に入っており、将来の入場許可を待っている。ムスリムは、今日やっとはじめてマイノリティとして有意な存在となったところであり、依然として排除されたままである。

合衆国の例は、いずれの特定の国家についても、その文化的規範のパターンの定義に際しては、柔軟でありうるという可能性を示している。合衆国内においては、この柔軟性が、準公式イデオロギーとして解釈されており、それが、合衆国の政治システムが、外来者を市民のカテゴリーに包摂し、そうすることで、かれらを国民に「統合」する能力を示しているということになっている。たしかにそれが示されているのは疑いがないが、同時にそれは、全ての移民が統合されたことは、これまで一度もないということを示してもいる。考えても見れば、これまで一度も全ての外来者が包摂《インクルージョン》されるということが決してなかったような過程には、〔「統合」の前提たる文化的規範を規範たらしめるような〕固有なるものなどないのではないかと思われてくる。かつてエミール・デュルケームは、逸脱が事実上消滅してしまうと必ず、社会システムは規範を再定義して、逸脱を統計的に再創造すると主張した。

同じことは、市民の概念との関連でも言いうるかもしれない。全ての居住民が事実上統合されてしまったら、「国民」は再定義されて、「周縁」が再創造されることになるのだろうか。

このようなひどい考え方の前提にあるのは、周縁を創り出すことが、社会的に有用であるということである。実際、社会科学者たちは、いろいろなしかたで、しばしばそのように主張してきた。たとえば、集団の罪をなすりつけるためのスケープゴートの有用性だとか、最下層民が存在することで、危険な階級の間に、今よりも暮し向きが悪くなってしまうかもしれないという恒常的な不安が生まれて、その要求水準を抑制するのであるとか、自分たちと対照をなすような望ましくない階層が目に見えて存在するようにすることで、集団内の忠誠が高まるとかいうような主張である。これらはすべて説得力のある主張であるが、しかしながら、それはまた、きわめて一般的・総称的な議論である。

先に私は、上のようなパターンは、一八〇〇年ごろから一九七〇年代まで、多かれ少なかれ、そのままであったと指摘したが、その裏を返すと、事態が変化したのは、その後からであるということになる。私はそれで正しいと思っている。一九六八年の世界革命は、多くの点で、近代世界システムの歴史の転換点を画した。これまで指摘されてこなかったことだが、その帰結のひとつとして、フランス革命以来初めて、市民の概念が疑問に付されたということがあげられる。それは単に、一九六八年革命が、「国際主義《インターナショナリスト》」の精神を持っていたということではない。国際主義《インターナショナリスト》の諸運動などというものは、十九世紀および二十世紀を通じて、すでに存在していたものである。さまざまな労働者のインターナショナルが一方にあり、他方には、さまざまな種類の平和運動があった。周知のように、そのような国際主義《インターナショナリスト》の運動は、国家間《インターステイト》システムにおいて鋭い緊張が高まった際に、ナショナリズム的な感情が国民・大衆に噴出するのを抑える上では、あまり有効ではなかった。最も顕著な例を挙げれば――お決まりの例だが――第一次世界大戦の勃発に対する社会主義諸政党の対応である。[4] その理由は、一九一四年の戦争勃発前の数週間におけるフランスの社会主義者の論争に関するA・クリエジェルとJ・J・ベッカーの著書の中で、よく説明されている。

このように、社会主義のあるものはジャコバン主義の現代版でしかなく、自分の国が危機に瀕するや、「偉大な祖先」の声が社会主義理論の主張を掻き消してしまい、直近の状況における理論の妥当性を認識することは困難となってしまった。国中を巻き込んでいる圧倒的な愛国的感情の渦のなかで、戦争というものが再びまた、かつての精神的昂揚を得うるものと見られたのである。それは、平和を通じての人類の友愛ではなく、戦争を、そして勝利を通じての人類の友愛であった。(5)

国際主義的《インターナショナリスト》志向をもつ労働者および平和運動には、それぞれの組織が国民単位《ネイション》でつくられているという事実による、深刻な制約があった。しかし、それよりもさらに重要なのは、彼らが国民単位《ネイション》で自分たちの組織を形成した理由として、自分たちの目標が、国民単位《ネイション》で最も良く――おそらく唯一の道として――実現されうると考えていたことである。すなわち、彼らはまずもって市民として行動し、自分たちの国家に影響を及ぼし、さらに変革を目指して政治的努力を積むべく、他の市民と一緒になっていたのである。国家を変革することで、彼らがその党徒《パルチザン》として目指している国際的連帯をうみだすのに貢献できると、彼らは思い込んでいたのである。それにもかかわらず、彼らの活動は、まずもって国民単位《ネイション》であり、全くそれのみであることが、きわめて多かったのである。

一九六八年の世界革命が、それまでのものと異なっているのは、それが、ちょうど対照的に、国家レベルでの改良主義の可能性に対する幻滅を表明するものであったということである。実際、そこに参加したものは、ただ幻滅を表明するにとどまってはいなかった。彼らが実質的に主張したのは、国民《ネイション》単位の改良主義を志向することが、彼らが否定しようとしている世界システムを維持するための主要手段となっているということだったのである。革命勢力は、大衆行動に否定的ではなかったが、市民的な運動に対しては、たとえそれが「革命」を標榜していても、否定的であった。おそらく彼らのこのような態度こそが、一九六八年蜂起によって苦しめられた人びと、特に旧左翼の面々に、最も大きな困惑をもたらしたものであろう。

一九六八年革命のこのような態度は、近代世界システムの歴史について、彼らが下した二つの分析の知見から出てきたものである。第一に、世界の反システム運動が歴史的にとってきた二段階戦略——まず国家権力を奪取し、しかるのちに世界を変革する——は、彼らの見方では、歴史的失敗であった。一九六八年革命が実質的に主張したのは、十九世紀および二十世紀に誕生した反システム運動——社会民主主義、共産主義、民族解放運動——は全て、第二次大戦後の時期に、多かれ少なかれ、実際、国家権力を握ったが、それから世界を変革しなかったということである。

この第一の観察に、第二の分析要素があわさって、批判はいっそう激しいものとなった。反システム運動が、それが権力を獲得した場合に限っていえば、たしかに進歩的だと思われた——革命的ではなかったとしても——ある種の改革を実施しはした。しかし、しかしである。それらの改革は、下層階級の特定の小さな部分——それぞれの国における支配的な民族集団、主として男性、より教育水準(「統合水準」というべきか)が高く、国民文化になじみやすい人びと——だけをシステマティックに厚遇するものであったと、第二の分析は主張したのである。その小さな部分を除くと、そのような限定的ながらも制度化された諸改革からでさえ実質的な恩恵をこうむらなかったような、忘れられ、「周縁化された」人々が、多数残されていた。すなわち、女性、「少数民族《マイノリティ》」、および、その他あらゆる種類の非主流的集団である。

一九六八年に続いて起こったのは、この「忘れられた人びと」が、社会運動としても知的運動としても組織化されるようになり、支配階層に対する主張を展開するだけではなく、市民という概念に対しても反対の主張をするようになったということである。ポスト一九六八年の諸運動の最も重要な論点のひとつは、彼らは単に人種主義や性差別主義に反対しているのではないということがあった。つまるところ、人種主義や性差別主義に抗する闘いの運動は、これまでにもずっと存在していたものである。しかし、ポスト一九六八年の諸運動は、そこに新しいものを付け加えた。彼らは、人種主義や性差別主義は、単に個人の偏見や差別の問題ではなく、「制度的」な形態をとるものでもあると強調したのである。ここで、これらの運動が語っているのは、公然たる法制上の差別ではなく、「市民」という概念の内部に隠された隠然たる形態の差別——市民という語が、能力と相続された権利との組合せを指す限りにおいて——のことであるように思われる。

もちろん、どんな場合であれ、権利の隠然たる否定に対して闘おうとすると、それが説得力をもたず、証拠も挙がらず、究極的には証明もできないという問題に悩まされることになる。諸運動が指摘したのは、実績に注目するということである。彼らは、事実として、諸集団のヒエラルキー上の地位に大きな開きが存在し続けていると論じ、このようなことは、制度的な周縁化の結果としてでなければ、起こり得ないことであると主張した。社会科学の議論としては、制度的周縁化がシステマティックなものであり、今日の世界システムにとって本質的なものであるという主張に対する反応は、基本的には二つしかありえない。

ひとつは、保守的な反応であり、その前提を否定するものである。集団間のヒエラルキーの増進の結果としての格差は、明らかに観察可能であるかもしれないが、それがただちに、制度的な周縁化を原因としているということにはならない。そのような格差が生じるのは、他の要因——集団間の文化的差異に関係する要因——によって説明されると論ぜられることはありうることである。この線に沿った議論は、単純な論理的問題に直面する。

かりに、比較の対象になっている集団間に、いわゆる文化的差異なるものをつきとめたとして、では、その差異は、どうやって説明されうるというのか。また別の文化的差異をもちだしてくるのか。つきつめると、社会構造的な説明か、さもなくば社会生物学的な説明へと舞い戻らざるをえなくなってしまう。しかし、前者の社会構造的説明は、制度的な人種主義／性差別主義があると仮定する議論を展開している論者たちが主張しようとしていることそのものであるし、後者の社会生物学的説明は、ただちに古典的な人種主義＝性差別主義へと横滑りを起こすものである。

このような保守的な態度はとらず、社会構造的説明を受け入れようとすると、問題は、差異をどう説明するかという点から、格差をどう縮小するか――格差が小さい方が道徳的に望ましいと考えられていると推定してであるが――という点にシフトする。そして実際、これこそが、最近二十年間における政治的論争の――唯一ではないとしても――ひとつの中心だったのである。この論争において展開されたさまざまな立場を検討してみよう。最も単純な立場は――最も単純というのは、自由主義イデオロギーの伝統的議論と最もよく調和するからである――制度的な人種主義および性差別主義は、その隠然たる差別を目に見えるようにしてやれば、克服されるというものである。そして――多くの場合に付け加えて論ぜられることに――この過程が機能するには時間がかかるため、歴史的に、制度的な周縁化にさらされてきた人びとに、システマティックな援助を、過渡的なものとして、与えることで、その過程を速めることができるとされた。これは、この種のプログラムの元祖である。「アファーマティヴ・アクション」（積極的差別是正措置）と呼ばれる合衆国のプログラムにも、本質的に当てはまるものである。

実質的に、アファーマティヴ・アクションのプログラムは、理論上とうの昔に統合されているはずの人びとを「統合」する意図を持つものであった。それは、市民概念《シチズンシップ》がもともと意図していたことを実行するプログラムであった。当時論ぜられていたところに従えば、市民権《シチズンシップ》は、なにがしか、民主主義（すなわち市民権《シチズンシップ》）の完全な実現に反対する諸力によって、機能不全に陥っていたからである。アファーマティヴ・アクションのプログラムは、「システム」には全幅の信頼を置き、個人的参加者に対してはまるで信用を置かないという傾向があった。したがって、理論上の市民権《シチズンシップ》というものが、それがきちんと適用されていたことになっているカテゴリーの人びとについてでさえ、完全に実現したことなどかつて一度もなかったという事実に、なにかしらシステマティックな原因があるのではないかというような、前提的な疑念が提起されることは、よしんばあったとしても、めったになかった。

アファーマティヴ・アクションのプログラムには——大変な（政治的・財政的）努力がはらわれたにもかかわらず、限定的な成果しか達成されなかった——三つの欠陥があった。第一に、それに対する隠然たる抵抗があり、その抵抗には、実際に多くのやり口が存在した。たとえば、集団横断的《トランスグループ》な学校を用意しようにも、事実上の居住地域の隔離が存在すれば、それを通じた統合はきわめて困難であった。しかし、事実上の居住地域の隔離をなんとかしようとすれば、それは、一般に個人の選択に属すると考えられている領域に干渉することになり、同時に、（階級と人種的／民族的カテゴリーとが高い相関関係を示している以上）階級に基づく事実上の居住地域の隔離の問題にも取り組まざるをえなくなってしまう。

第二に、アファーマティヴ・アクションは、ある意味では、理論的に市民権《シチズンシップ》を持っている人びとをしか、考慮にいれていなかった。しかし、これらのカテゴリーの定義は、それ自体が、問題の一部であった。移民の子供（ドイツのトルコ人、日本の韓国・朝鮮人など）は、非移民の子たちが享受している権利から除外されるべきなのか。移民自身は除外されるべきなのか。この問題は、法制的には市民でない者への市民権《シチズンシップ》の拡大を求める多くの要求——市民権《シチズンシップ》取得の制度を緩和することと同時に、歴史的には市民にのみ与えられていた権利を非市民に正式に拡大すること（たとえば、少なくともいわゆる地方選挙レベルでの選挙権）もその手段となる——にむすびついていった。

第三に、アファーマティヴ・アクションの論理は、権利主張を行なう集団の種類を拡大する傾向——権利主張を行なう集団を細分化させる傾向はもとより——を生んだ。そして不可避的に、これは、事実上の数量割当てシステム——しかも、それにはきりがないように思われた——に帰着した。また、この過渡的な調整を経て、いうところの改革された市民権《シチズンシップ》、ないしは完全に実現された市民権《シチズンシップ》が、市民の下にさらに集団の下位区分を設けずに機能するようになりうるのか、あるいは、どれほどのちにそうなるのかも明確ではなかった。これは、不可避的に「逆差別」という非難を招いた。すなわち、それまでは周縁化されていた集団が、いまや実際上、法的に優遇されていて、特に歴史的に、そのような集団よりは統合が進んでいた別の下層集団（たとえば、支配的な民族集団に属する労働者階級の男性）を犠牲にしているという非難である。その結果、アファーマティヴ・アクションは、単に実施が困難で、その有益さがあやふやになっただけではなく、それを維持することが、政治的にきわめて困難になってしまった。これは、政治的構造としての国家の内部においてだけではなく、知の構造としての大学においてもいえることであった。

もちろん、伝統的な市民権《シチズンシップ》の概念の限界——結果における不公平を伴うという限界——を克服しようとするならば、別の道もなかったわけではない。周縁化された諸集団の、構造へのさらなる「統合」を追求するのではなく、諸集団間の平等を追求するということは可能であった。アファーマティヴ・アクションが、全ての市民の完全な平等という自由主義《リベラル》的な考え方に、その正統性を見出したのに対して、集団間の平等という考え方は、民族自決という自由主義《リベラル》的概念に、その正統性を見出した。たしかに、この後者の考え方は、国家間の関係、ひいては主権国家となる「植民地」の権利に適用されるべく意図されたものでしかなかったが、その考え方を国家内の集団間に適用するのは、そこからほんの一歩進むだけのことであった。

これは、集団の「アイデンティティ」を追求する道であり、周知のように、それは、女性の諸集団、人種ないしは民族に基づく諸集団、セクシュアリティに基づく諸集団、さらに増え続けているさまざまな他の諸集団の内部に、強力な支持を見出すことになった。このような集団のアイデンティティの追求は、統合という考え方の完全な拒否を含むものであった。なぜ周縁化された集団が、支配的な集団への統合を望まなければならないのかと、その支持者は問うたわけである。統合という概念自体に、生物学的、ないしは少なくとも生物＝文化的ヒエラルキーの前提が入り込んでいると彼らは主張した。人がそこへ統合されるべきだと呼びかけている集団は、なんらかの点で、それ以外の周縁化された集団よりも優越的であるという前提があるというのである。対して、集団のアイデンティティを追求する人びとは、われわれの歴史的アイデンティティは、統合を呼びかけているそのような集団のアイデンティティと比べて――それに優越するとまで公然と主張せぬまでも――少なくとも同等の価値を有していると主張したのである。

集団が、自らのアイデンティティの価値を主張するという道は、集団としてのアイデンティティ意識を強化しなければならなくなってしまい、一般的に「文化ナショナリズム」の道をたどることになる。これは、本質的には分離主義へ向かうものであるが、かならずしも、国家統合のアンチテーゼとなるものではない（実際、それは明らかとなっている）。個々の市民にではなく、いわば集合的な市民に立脚する国家統合という名目で、そのような「文化ナショナリズム」を擁護する主張を行なうことは可能である。

この方向に進む場合の困難は、そのような集合的市民となりうる集団をどのように定義するかというところに存する。だが、これは必ずしも解決不能ではない。スイスは、歴史的に、集団的市民としての言語集団というものを、特定のしかたで、認めている。カナダのケベック州には、カナダ国家には二つの歴史的「民族」があるということを承認すべきだと主張する人々がいる。ベルギーも同様の道を歩んでいる。これらのケースそれぞれの具体的な政治的状況を論じなくとも、集団的市民という考え方を推進すれば必ず、ひとつの政治的ディレンマとして、未解決で、しかも解決不能かもしれない、非包摂要素の問題（いわゆるカナダのアロフォン〔非英語非フランス語人〕）や重複の問題（ベルギーのブリュッセル）といった難問が常に生じてしまうということは、明らかである。

しかし、これが、文化ナショナリズムの最大の困難というわけではない。結局のところ、多くの場合、人は政治的な妥協点に達することができるものである。最大の問題は、アファーマティヴ・アクションの場合にもそうであったように、集団そのものの即自的・対自的定義なのである。というのも、周知のように、文化的集団というものを、いかように定義しようとも、それには必ず、下位集団が含まれ、また境界を横断する集団ができてしまうからである。（ネイションの水準での）有色人種の女性の利害、さらには（世界という水準での）第三世界の女性の利害が、白人の女性によって無視されているというフェミニズムの内部論争は、ひとつの国家のなかにおいて、男性による女性の利害の無視が論じられる場合に提起される分割線と平行な分割線を引くことになる。

この場合もまた、これを政治的に処理する方法はないわけではない。それはいずれの場合も、多かれ少なかれ「虹色」の同盟を提起するという形態をとる。すなわち、国家のなかで周縁化された全ての集団が同盟して変革を求め、それらに共通の利害を追求するのである。しかし、この「虹色の同盟」もまた、二つの問題を生じてしまう。相対的に何を犠牲にするのかという問題と、同盟に含めるか否かの決定に際して、どの集団が周縁化されていると見なされうるのかという問題とである。そして、彼らもやはり、アファーマティヴ・アクションと同様の反応に遭遇することになる。すなわち、排除のそしりを受けることになるのである。黒人にせよ、女性にせよ、彼らの意識を高めるために、彼らだけの学校があってよいならば、白人や男性のためだけの学校があってもよいのではないのか。本質主義は、諸刃の剣である。

これまで提起されてきた解決がそれぞれに、困難に立ち至ってしまっているという事実に鑑みれば、周縁化された集団が、そのとるべき戦略に関して深く分裂しており、戦術に関して動揺を続けているのは、驚くにはあたらないことである。実際のところ、ポスト一九六八年的な諸集団にとってさえ統合と周縁化についての論争においては——その懐疑的な口ぶりにもかかわらず——市民権《シチズンシップ》という概念を前提とすることにそっくり立脚してしまっており、またその市民権《シチズンシップ》という概念が、本質的に、常に包摂《インクルージョン》と排除の両契機を有するものであるという事実に、それらの困難のそもそもの原因があるのではなかろうかと問うてみてもよかろう。

市民という概念は、その市民から排除されるものがいなければ、意味をなさない。そして、その排除されるべき者は、突き詰めて分析すると、恣意的に選ばれた集団にならざるをえない。排除される者のカテゴリーを定める境界を、完璧に根拠づけるものなど存在しないのである。さらに、市民という概念は、資本主義世界経済の根本的構造と結びついている。それは、ヒエラルキー的で二極分解的な諸国家＝システムの構築から派生したものであるが、そうだとすると、市民権《シチズンシップ》は、それを持つものの利害関心として、他人とそれを共有したいなどということがないような、ひとつの特権として定義されざるをえないことになる。それは、危険な階級に歯止めをかけておくという必要ともむすびついており、彼ら危険な階級は、その一部が包摂《インクルージョン》され、別の一部が排除されることによって、最も効果的に歯止めを利かせることができるのである。

要するに私は、統合と周縁化についての議論の全体が、われわれを袋小路に追い詰めてしまっており、そこからは出口がないと主張しているわけである。そんなところには入りこまずに、市民という概念をいかにして乗り越えるかということについて考えをまとめにかかるべきなのだ。もちろん、これは、われわれの近代世界システムの構造を乗り越えていくということを意味している。しかし、私は、この近代世界システムが末期的な危機にあると考えている（この件については、ここでは展開する余裕がない）(6)ので、おそらく少なくとも、われわれが構築したいと望む史的システムがどのようなものであり、それが市民という概念なしでやっていけるものであるかということを、よく考えてみるべきであろうと思う。そして、もし市民という概念なしでやっていくとするならば、何をもってそれにかえるかということを考えてみるべきであろう。

注

(1)Frederic Lane, *Profits and Power* (Albany: State University of New York Press, 1979) 参照。

(2)企業家に対する国家の歴史的関係については、本書第四章で論じた。

(3)このプログラムとその社会的根拠の歴史的展開は、拙著『アフター・リベラリズム』(藤原書店、新版、二〇〇〇年)で、詳細に分析した。特に第二部「リベラル・イデオロギーの構築と勝利」を参照。

(4)George Haupt, *Lè conges manquè: L'internationale à la veille de la première guerre mondiale* (Paris: François Maspéro, 1965) 参照。

(5)A. Kriegel and J.-J. Becker, 1914: *La guerre et la mouvements ouvrier français* (Paris: Armand Colin, 1964), p. 123.

(6)しかし、テレンス・K・ホプキンズ+イマニュエル・ウォーラーステイン編著『転移する時代——世界システムの軌道 1945-2025』(藤原書店、一九九九年)を参照されたい。

8

社会変動?

万物は変化する。天の下、変わるものなし。

Social Change?
Change is Eternal. Nothing Ever Changes.

第三回ポルトガル社会学会議「社会変動の実践と過程」開幕セッションでの講演
一九九七年二月七日、リスボン

私は、この講演のタイトルに、『近代世界システム』第一巻の冒頭の一文である「万物は変化する。天の下、変わるものなし。」という言葉を入れた。それは、私の目には、近代の知的努力の中心にあるように思われる主題である。「万物は変化する」というのは、近代世界を定義づける信念である。「天の下、変わるものなし」というのは、近代の、いわゆる進歩によって迷妄から覚めた者みなが、繰り返しあげる嘆きの声である。もっとも、それは、普遍化をめざす科学のエートスに繰り返し現れる主題でもある。いずれにせよ、二つの言明は、ともに、経験的現実についての主張を意図したものである。そしてもちろん、両者はしばしば——むしろその方が普通なのだが——規範的な選好を反映している。

経験的な証拠は、きわめて不完全で、つきつめて考えると納得できないものでしかない。ひとつには、どのような証拠を差出すことができるか、またその証拠から、なんという結論が引き出せるかは、計測の対象となっている時間の長さに左右されるように思われるからである。なんらかの方法によって、短期的な時間にわたる計測は、莫大な社会変動を最も良く捉えることができる。一九九六年の世界が、一九六六年の世界と異なるようには見えないなどと考えるものがあろうか。さらに一九三六年と比較すれば、なおさらであるし、一九〇六年となると、もう言うまでもない。ポルトガルを見るだけでもそれは明らかだ——その政治体制、経済活動、文化的規範。しかしながら、もちろん多くの点で、ポルトガルは、ほとんど変わっていないところもある。その文化的特殊性は、依然として認知可能であるし、社会的なヒエラルキーの変化も、本体に及ぶようなものではない。またジオポリティクス上の同盟関係は、依然として、かつてと同じ基本的な戦略的な関心を反映しているし、ポルトガルが、二十世紀の世界経済のネットワークに占める相対的な地位も、顕著に一定のままである。そしてもちろん、ポルトガル人は、今でもポルトガル語を話している——これとて、ささいな問題ではない。とすると、どちらなのだろうか。万物は変化するのか。天の下、変わるものはないのだろうか。

もっと長期的な時間、たとえば五百年——近代世界システムの持続時間——をとりあげるとどうだろう。いくつかの点では、変化は、さらに顕著である。この期間には、世界規模の資本主義的システムが出現し、それに伴って、驚くべき技術変化が起こった。今日では、飛行機が地球上を飛び回り、インターネットを介して、私たちの多くは、家に居ながら、地球の反対がわにいる人びとと即時に連絡をとったり、文字や図像のダウンロードをすることができる。一九九六年の一月、ある天文学者たちは、今までと比べて、より遠くまで「見える」ようになり、約五倍の宇宙の広がりを観測できるようになったという発表をおこなった。それは、何光年に及ぶのか、私には想像もできないほどの広がりに、そのぞれぞれが何十億という星を含む、何十億という銀河があるということである。そして同時に、その天文学者たちは、それらの星のなかの二つについて、そのまわりをまわる地球と同様の惑星を発見したそうである。それらは、彼らが見つけたそのような惑星の最初のものであり、彼らの主張では、複雑な生物構造を支持するだけの気候的条件があるという。つまり生命の可能性があるということだ。いったい、ちかい将来に、いくつそのような発見があるのだろうか。五百年前には、バルトロメウ・ディアスが船でインド洋に達したことが、驚くべきことであったわけだが、その彼でも、今日われわれの前にあるかくも異世界的《エキゾティック》な可能性など、夢想だにしなかったであろう。しかしながら同時に、社会科学者を含めて多くの人びとが、われわれは近代の終わりに到達してしまっており、近代世界は末期的な危機にあって、われわれは近い将来に、二十世紀よりも、むしろ十四世紀に近いような状況にたちいたる可能性があるなどと述べたてている。もっと悲観的な見方をして、五世紀間にわたるわれわれの労働と資本が投資された世界経済のインフラが、ローマ帝国の水道橋と同じ運命をたどる可能性を予見している者もある。

では、さらに視野を広げて、一万年程度の期間をとってみよう。そうすると、もうポルトガルも、その他今日存在するどんな政治文化的実体も、まだ存在しなかった時代、われわれがその歴史を再構成することがほとんどできないような時代、農業が人類にとって意味のある活動となる以前の時代、にまでさかのぼることになる。その頃に栄えていた多数の狩猟採集集団《バンド》をふりかえって、それは人類にとって、生存を維持するための一日当たりの労働時間はずっと少なく、社会関係は限りなく平等に近く、環境についてははるかに汚染や危険が少ないような構造であったと考えている者もあり、したがって、過去一万年間に見られた「進歩」は、むしろ、不断の長い退歩であったとする分析もある。さらに、この長いサイクルが終わりに近づいており、それ以前の「より健全な」状況に帰りつつある可能性があると期待や希望をかけている者もある。

このように対照的である、さまざまな見方に対して、どのような評価を下せば良いのであろうか。そして、科学的・哲学的に論争になっている諸問題を、どのように取扱えば良いのであろうか。これは社会科学者が――さらに言えば、知の保持と創造にかかわるあらゆる者が――一般的に直面している主要問題であると、私には思われる。しかしながら、これらは、このうえ実証研究をひとつ――たとえ、非常に野心的なものであっても――企てたところで、解決されるような問題ではない。それにもかかわらず、知的な枠組の堅固な基礎というものを創り出して、そのようなより大きな枠組のなかに、分析を明晰に定位することができるようにならなければ、いかなる具体的問題に対しても、それについての実証的な研究を明晰に定式化することは、きわめて困難であるということはできよう。あまりにも長い時間にわたって――今日すでに二世紀になる――このような「より大きな枠組」は、「哲学的思弁」へと誘う疑似餌《ルアー》のようなものであって、まじめな「合理的科学者」がとりあうべきようなものではないと考えられ、そのような考えの地盤の上に、実証的な研究へ向かう傾向が存在していた。これは誤りであり、われわれには、もはやそのような考えに身を委ねていられる余裕などまったくない。

今日のわれわれには周知のように、社会科学は啓蒙主義の産物である。さらにいえば、それは、いくつかの点で、啓蒙主義の最高の成果であった。すなわち社会科学は、人間社会とは知的に理解しうるような機能を持つ構造体であるという信念を反映しており、そのような前提から当然に、人間は、良い社会というものを合理的につくりあげていく能力を用いて、その世界に決定的な影響力を持つ存在であると考えてこられた。そしてもちろん、社会科学は、ほとんどなんの疑問もなく、世界は良い社会へ向けて不可避的に進化を続けているという――つまり、進歩とは人間に自然に与えられた運命であるという――さらなる啓蒙主義的前提を受け入れてきた。

もし進歩の確実性、そして合理性を確信すると、社会変動についての研究は、単に社会科学のひとつの特殊領域であると考えることはできなくなる。むしろ、全ての社会科学が必然的に社会変動についての学問となってしまう。ほかに研究の主題などありえない。そして、そうだとすると、「万物は変化する」というのは――その変化は特定の方向を向いているということにはなるが――明らかに正しいということになる。さらに言えば、このような問題設定は全体として、きわめて目的論的となる――野蛮から文明へ、動物的行動から神のごとき振舞いへ、無知から知へ――。

したがって、われわれが社会変動の実践と過程を論ずるために集まったのであるとすれば、われわれは非常にはっきりとした単純な枠にはめられていることになる。それは、ほとんど技術官僚《テクノクラート》的な計算仕事そのものとなる。その場合、われわれに要請されるのは、自分の認識する直接の諸変化を分析し、その上で、それがより合理的であるか否か――お望みなら「機能的」であるか否かと言ってもよいが――を判断するということである。それは本質的に、それらの変化が、いかにしてそのようになっているかを説明するということである。しかるのちに、もし望むならば、集団として、良い社会へ向けての進歩をより速く進めるよう、諸項目の配列を調整するべく何をなしうるかについて、処方箋を書くことができる。そうすることで、われわれ社会科学者は、有用で、政策志向的で、実践的な存在であると見なされるわけである。もちろん、われわれは自分の知識を、非常に短い期間の非常に小さい集団に応用したり、もっと大きな集団（主権国家など）について、たとえば、「国民経済の発展」のために何をすることができるかというような課題に対するときのように、中程度の長さの期間にわたって応用したりして、そのような計算の際に用いる時間および空間の変数を変化させることができる。

あらゆる種類の社会科学者は、少なくとも一世紀間にわたって、公然とあるいは暗黙に、このような分析にたずさわってきた。私が「暗黙に」とわざわざ付け加えたのは、自分の営みが、公共的な合理性の行使にそれほど直接には結びついていないと考えるような社会科学者も多いという意味である。そのような社会科学者は、自分の営みを、抽象的な領域で、より完全に近い知識の追求を行なうものと考えていることもある。しかし、そのような抽象的な営みを行なっている場合でも、彼らが生産している知識が、他人によって、より完全な社会の達成に用いられているということは、彼らも意識している。また、かれらの科学的研究を支える経済的基盤が、少なくともある程度の長期的な観点からして、その仕事に社会的利益があると示しうるかいなかということに条件づけられているという意識も、たしかにあるのである。

しかしながら、おなじ啓蒙主義的前提が、異なる――反対とさえ言って良い――方向性を示すこともある。物理的世界と全く同様に、社会的世界にも存在すると前提された合理性から導かれるところとして、そのような合理性を完全に記述する法則のような命題が定式化されうるものであり、そのような命題は、時間と空間とを超越して真であるということになるからである。言いかえれば、それは、正確かつ美的に提示可能な普遍性の存在を示すものであり、われわれの科学的営みの対象は、そのような普遍性の有効性を定式化し、検証する営みにほかならないという結論に至るものである。これはもちろん、ニュートン主義科学の社会的現実への適用以外のなにものでもない。そしてそれゆえ、すでに早くも十九世紀において、そのような営みにを記述するのに「社会物理学」という名称を使う者さえいたのは偶然ではないのである。

実際のところ、このように、法則のような命題を求める探求は、よい社会という目的論的な目標の達成に中心を置く政策志向的・実践的な研究と、完全に両立可能である。二つの目標を同時に追求することへの不快感を避けえない者など誰もいはしない。とはいえ、この二重の探求には、ひとつ、小さな障害があり、それは、社会変動にかかわるものである。人間の相互関係のパターンが、時空を超越した普遍的な法則に従うならば、「万物は変化する」というのは、真ではありえない。実際、全く逆ということになってしまう。つまり、「天の下、変わるものなし」――あるいは、少なくとも、根本的には何も変わらない――というのが正しいということになる。そうすると、全ての社会科学が社会変動についての研究であるというのも真ではないばかりか、まさにその逆が真であるということになってしまう。社会変動についての研究は、単に均衡からの逸脱についての研究として定義されることになる。この場合、たとえばハーバート・スペンサーのように、紙幅の五〇パーセントを社会変動に割こうとして――社会静学の付録としての社会動学――研究をはじめたとしても、すぐに実際上、社会変動の項目が、社会科学の盲腸のようなもの、すなわち、社会が変革を始めた初期の傾向の古臭い遺物のようになってしまうことに気がつくだろう。事実、このようなことは、学生向けの基本教科書を見れば、その多くに見られることである。それらの教科書では、「社会変動」の項目は本の最後の章にまわされており、そこでやっと、社会構造の静態的記述に、若干程度、問題が存在するということが遅ればせに認められているのである。

今日、啓蒙主義的な世界の見方は、さまざまな方面から、攻撃の的にされている。なんの限定もなく、それを受けいれているということを認めるような人はほとんどいない。素朴に過ぎるように思われるのだ。それにもかかわらず、そのような啓蒙主義的見方は、社会科学の実践と理論とに深く根をはっている。そして、それを根絶しようとするならば、大げさなみぶりのポストモダン的非難をこえるものが必要である。社会科学者が、社会変動についての彼らの基本的な見方の方向転換を受け入れるには、その前にまず、それが社会科学の存在理由を消滅させるものではないということについて、彼らが納得することが条件となる。したがって私が提起したいのは、進歩の信念に立脚した社会科学に対して、そのオルタナティヴとなる論理を持つような社会科学にどのような根拠があるかということである。われわれは、もはや知の個性記述的《イディオグラフィック》形態と法則定立的《ノモセティック》形態との間の「方法論争《メトーデンストライト》」にとらわれる必要はないと私は考えている。また私は、「二つの文化」――科学vs哲学／文学――の間にあると思われている本質的乖離は、われわれにとっての罠であり、幻想であり、克服されなければならないものであると考えている。さらに私は、先の社会変動についての二つの言明――「万物は変化する」／「天の下、変わるものなし」――は、そのままの形では、妥当なものとして受け入れられないと考えている。要するに私は、社会的現実を記述するために、これまでとは別の、より良い言語を見つけ出すことが必要であると考えているのである。

では、社会学の最も伝統的な概念、すなわち社会の概念を論ずることから始めてみよう。われわれは、社会のうちに、またその一部として、生きていると言われる。社会は複数あるということになっているが、（その用語の語法として）われわれひとりひとりは、そのうち一つの社会の成員であるということになっており、その他のあらゆる社会については、せいぜい滞在者であるにすぎないということになっている。しかし、そのような社会の境界とは何なのだろうか。これは、社会科学者たちがさまざまなしかたで、大変な骨折りを厭わず、慎重に無視してきた問いである。しかしながら、政治家たちは、そうではなかった。というのも、われわれの今日の「社会」という概念の起源は、それほど遠い過去にあるわけではないのである。この概念は、フランス革命に続く五十年ほどの時期に使用されるようになったのであるが、それは、近代世界の社会生活が、三つの異なる領域――国家、市場、市民社会――に分割されているという主張が、ヨーロッパ世界で当たり前に言われるようになった時期だったのである。国家の境界は、法的に定義されている。そして他の二つの領域の境界は、暗黙に――決して明示的にではなく――国家の境界であると前提された。国家がその通りだと主張しているという以外には理由などないにもかかわらずである。フランスも、イギリスも、ポルトガルも、それぞれに、国民国家、国民市場ないしは国民経済、国民社会が存在することを前提とした。これらは、ア・プリオリな断定であり、それを示す証拠などほとんどあげられることもなかった。

　これら三つの構成物は、同じ境界のなかに存在するにもかかわらず、それらは、互いに別個のものである――それぞれが（固有の規則に従うと考えられているという点で）自律的なものであるという意味でも、それぞれが他の構成体に対して対抗的に作用する場合があるようなメカニズムを持っているという意味でも――ということが強調された。かくして、たとえば、国家は、「社会」を代表しているということもありうるということになる。フランス語で、「参政権所有市民」(le pays légal) と「一般市民」(le pays réel) とを区別する場合に念頭にあるのは、そのようなことである。さらにいえば、社会科学というものは、もともと、このような区別を中心として構成されたものである。これらの仮説的な実体のそれぞれに、「個別科学《ディシプリン》」が対応している。すなわち、経済学者は市場を、政治学者は国家を、社会学者は市民社会を研究する者だということである。

社会的現実をこのように分割することが、啓蒙主義の哲学から直接にひきだされたものであることはまちがいない。それは、人間社会の構造が「進化」を経てきており、より高度な社会構造（つまり近代的な社会構造）の規定的特徴は、諸々の自律的な領域への「分化」であるという考えの具体化である。これが、過去二世紀間の支配的イデオロギーとなり、近代世界システムのジオカルチュアとして機能した自由主義《リベラリズム》のイデオロギーのドグマであることは、実によくわかることである。ちなみに、ポストモダニズムがモダニズムからの決別というよりは、むしろモダニズムの最新版に過ぎないと考えた方が説得的であることの証左として、ポストモダン主義者たちが、上の図式的モデルから、まったく逃れていないという事実を挙げることができる。彼らが、客観的構造の抑圧について、口やかましい非難を浴びせ、主観的主体を体現する「文化」の立場を唱導しているとき、それは本質的に、市民社会の領域が、国家および市場の領域に優先するという議論に訴えているのである。しかし、そのような議論の過程において、彼らは、三つの自律的領域への分化が、実体的に存在するものであり、分析の根幹をなす要素であるというテーゼを受け入れてしまっているのである。

私自身は、これら三つの行為の領域が実際には、自律的ではなく、異なる原則に従うものでもないと考えている。まったく逆である。私は、それらがどこまでも互いに絡まりあったものであり、したがって、これらの領域のいずれにおける行動も、つねに全体としての効果が決定的な考慮要因となっているような選択として追求されるものであり、そして、一続きである行為の連鎖の記述をばらばらにしようとするのは、現実世界の分析を明晰にするというよりはむしろ、曖昧にしてしまうものであると考えている。この意味では、私は、近代世界も、世界史の過去の諸時代となんら変わるところがないと考えている。つまり私は、「分化」が、近代を他から区別する特徴なのではないと考えているのである。また私は、近代世界のなかに複数の別個ばらばらの諸「社会」があって、そこにわれわれが生きているとか、それぞれの国家がただひとつの「社会」を包含するものであるとか、われわれひとりひとりが、本質的には、そのようなどれかただひとつの「社会」の成員であるとかいったことも、みな間違いであると考えている。

なぜかを説明しよう。思うに、社会的現実を分析する際に適切なユニットは、私の言葉でいうと「史的システム」である。この語によって私が意味していることは、読んで字の如しでである。まず、そのシステムの維持・再生産を可能にしている、現行の分業体系を中心として構築されているという限りにおいて、それは「システム」である。システムの境界は、個別ケースごとの問題であって、実質的な分業の境界を画定することによって解決される。たしかに、ある社会システムには、そのシステムの基本原則が、ありうべき程度まで実現し、その社会システムにある人間や集団が、これまたありうべき程度、システムと調和するような行動をとるように社会化されるように、社会行動を統御・制約する制度というものが、さまざまに存在する。お望みとあらば、それらのさまざまな制度が経済的なものであると指摘することもできるし、政治的なものであるとも、社会文化的なものであるとも言うことができるが、制度のあり方をそのように示すのは、実際のところ正確ではない。というのも、あらゆる制度は、同時に政治的でも経済的でも社会文化的でもあるような仕方で動いており、そうでなければ、有効な制度たりえないからである。

しかし同時に、システムは必然的に「史的」なものである。すなわち、システムは、（われわれの分析の対象となりうる諸過程の帰結として）時間上のある契機において誕生し、（われわれの分析の対象となりうる諸過程の進行によって）時間の経過とともに進化し、そしてそのシステムの矛盾を封じ込める方法が尽きるような契機がやってきて終焉を迎え、システムとしての存在を終える（今あるシステムも、あらゆるシステムと同様に、いずれ終焉を迎えるだろう）。

このことが社会変動について、どのような意味合いを持つかは、すぐにわかることであろう。システムについて語っている場合は、「天の下変わるものなし」と言っていることになるのだが（構造が本質的に同一なままであってくれなければ、いかなる意味でシステムについて語っているというのか）、そのシステムが「史的」であると強調する段になると、「万物は変化する」といっていることになるわけである。歴史の概念には、動態的な過程というものが含まれている。それはまさに、同じ水の流れに二度飛び込むことはできないというヘラクレイトスの言葉の意味するところであり、自然科学者が今日「時の矢」について語る際に意味していることである。要するに、社会変動についてのふたつの言葉は、所与の史的システムの枠組の内部では、ともに真であるということになるのである。

史的システムには、さまざまな種類のものがある。われわれが現在生きている、資本主義世界経済は、そのひとつである。ローマ帝国も、そのひとつである。中央アメリカのマヤの社会構造もまたひとつの史的システムを構成しているし、ほかにも、もっと小規模な史的システムは、無数に存在してきた。それらの史的システムの任意のものについて、それがいつ出現し、いつ消滅したかを決定するのは、実証的には、困難かつ論争的な問題であるが、理論的にはまったく問題はない。定義として、史的システムという名称は、統合された生産構造、それを組織する一組になった諸原則および諸制度、そして一定の寿命を有するような分業を具えた実体に対して与えられるものである。社会科学者としてのわれわれの課題は、そのような史的システムを分析すること、すなわち、その分業の性格を示し、その組織原則を明らかにし、その制度の機能を記述し、生成と消滅をともに含めてそのシステムの歴史的軌跡を説明することである。無論、われわれのひとりひとりが、それを全部行なう必要はない。他のあらゆる科学的活動と同様に、これは、分業および協業で行ないうるものである。しかし、分析の枠組（史的システム）が明確でなければ、その作業が明らかにしてくれるもの、もたらしてくれるものは、あまり多くはないであろう。私がいま言ったことは、個々の史的システムのいずれにも当てはまることである。そして、われわれはそれぞれ、なんらかの個々の史的システムの分析に、おのが力を注げば良いのである。過去には、社会学者を自認する者の大半が、自分の関心を近代世界システムの分析に限っていたが、そのようなことに、知的にしっかりとした根拠などなにもありはしないのである。

しかしながら、社会科学には、さらにその先の課題がある。世界史上に、複数の史的システムが存在していたというのであれば、それらそれぞれの間の関係がいかなるものであったかという疑問がおこってこよう。存在論的に、それらはたがいに結びついていたのであろうか。もしそうなら、どのような結びつきであったのだろうか。これは、クシシトフ・ポミアンのいう時間知《クロノソフィー》(chronosophy)の問いである。啓蒙主義的な世界観は、この問いに対して、固有の解答を持っていた。それは、私のいう史的システム間の関係を、連続的で累積的であると考えるものであった。つまり時間の経過とともに、継起的に現れる諸システムは、次第に複雑に、次第に合理的になり、最終的に「近代《モダニティ》」に到達する、というものである。これは、史的システム間の関係を記述する唯一の方法なのだろうか。そうではないであろう。実際私は、史的システム間の関係を、このように記述するのは、きわだって誤ったものだと考えている。社会変動についての基本的な問いは、このレベルでも繰り返されているのである。変化と反復のいずれが常態なのかという問いは、それぞれのシステムの枠組の内部においてだけではなく、諸々の史的システムの複合体としての人類史の総体についても、問われなければならない。そしてここでも私はやはり、先の二つの言葉が——「万物は変化する」/「天の下、変わるものなし」——いずれも不十分なものでしかないと論じたい。

しかしながら、諸々の史的システムの複合体としての人類史の総体について論ずる前に、ひとつの所与の史的システム内部での社会変動の問題にたちかえっておこう。そして、われわれ自身がその一部である史的システム、すなわち私が資本主義世界経済と定義する史的システムを見るところから、それを始めよう。互いに混同すべきではない、まったく別個の知的問題が三つある。第一は、生成の問題である。時間上のこの点、空間上のこの場所に、このようなかたちで、この史的システムが出現したのは、いかにしてであったのか。第二の問題は、システムの構造の問題である。個別この史的システム――あるいは、もう少し一般的にこの種の史的システム――の機能を統御している規則は何であるのか。そのような規則の実行を担う制度は何であるのか。紛争の当事者となる社会的主体はどのようなものであるのか。第三の問題は、システムの死滅の問題である。その史的システムの矛盾とはどのようなものであり、どの点でそれは制御不能となり、システムの分岐《バイファケーション》を招いて、システムの死滅にいたり、それに代わる別のシステム（ないしは諸システム）が出現するのか。これら三つの問いは、別個のものとして区別されるばかりではなく、それに答える際に用いられるべき方法論（ありうべき問いの立て方の様式）も、まったく異なるものである。

私は、このような三つの問いを混同すべきではないということの重要性を強調したい。社会変動の分析は、その大半が、上の第二のタイプの問い――史的システムの機能――を中心に行なわれてきた。そしてその分析者は機能主義的な目的論を前提にしていることが、じつにしばしばである。すなわち、彼らの記述の対象たるその種のシステムがよく機能していることが証明され、それ以前の諸システムと比較してその機能様式の点で「優越」していると論ずることができさえすれば、そのシステムの生成については、適切な説明がなされたことになると思い込んでいるのである。この意味で、生成は、歴史の論理に位置づけられ、特定の種類のシステムの起動とむすびつけられた擬似不可避的な性格をとっていることになる。死滅の方はというと、すでに死滅したシステムの場合、それは、システムに内在的な矛盾（あらゆるシステムには矛盾がある）によってではなく、その機能様式の「劣等性」――それは、不可避的に、より「優越」した機能様式にとってかわられるということになっている

――によって説明される。そして看過すべきでないことに、この問いは、現在の史的システムについては、めったに提起されることがないのである。それが「優越」であるのは、自明だというわけである。このような論理は、進化の論理的過程の到達点としての近代西洋世界の出現を説明しようとするような数え切れないほどの書物に見出すことができる。そのような書物が行なう論証には、通常、歴史の奥深くにわけいって、現在――輝ける現在――をもたらした種子を探し出す作業が必然的に含まれている。

　この同じ歴史を論ずる、別のやり方というものも存在する。近代世界システムを論ずることで、それを明らかにしてみよう。時は一四五〇年ごろ、場所は西ヨーロッパに、その生成が起こったとしてよいであろう。その時代のその地域においては、多かれ少なかれ同時代的な大運動として、いわゆるルネサンスや、グーテンベルク革命や、地理上の発見《デスコブリメントス》や、プロテスタントの宗教改革などが起こっていた。このような史的契機は、この同じ地域における陰鬱な時代――ペストの流行、村落の荒廃《ヴュストゥンゲン》、いわゆる中世の危機（ないしは領主経済の危機）――のあとに続いてやってきたものである。地理的に、多かれ少なかれ同一の地域において、封建制の終焉、そしてそれにかわるシステムの登場がおこったことを説明するには、どのようにしたらよいであろうか[1]。

　まずはじめに、先行して存在していたシステムが、もはやそのシステムの規則に従って機能を続けるのに必要な調整を行ないえなくなったのは、なぜかということを説明しなければならない。このケースは、封建制を維持していた、鍵となる三つの制度の同時的崩壊によって説明されるというのが私の考えである。すなわち、領主、国家、教会の崩壊である。人口の激減から、耕作者の数が減少し、貢租が減少し、小作料が減少し、商業が衰退し、結果として、制度としての農奴制は、衰退ないし消滅した。一般に農民は、大地主に対して、はるかに良い条件を引き出すことができたわけである。その結果、領主の権力と財源は、深刻な打撃を受けた。すると国家も、その歳入が減少し、同時に、領主たちが困難な時代のなかで個人的な状況をなんとかしようと互いに争いあったために（結果、貴族層が破壊されて、農民に対する彼らの力はさらに弱まった）崩壊した。そうして、教会は内部からの攻撃に遭った。それは、経済状況が悪化したためでもあるが、領主層の崩壊が、全般的な権威の失墜を招いたからでもある。

史的システムがこのように瓦解する時に通常起こることは、それが支配層の刷新に委ねられるようになるということである。これは、外部からの征服という形をとることが、最も多い。十五世紀西欧の運命がそうであったならば、その時に起こった転換は、中国の明朝が満洲族に取って代わられた歴史（それは本質的に、上に私が叙述したのとまったく同じものであり、外部からの征服により支配層が刷新された）と同程度の関心をしか払われないものである。しかしながら、西欧で起こったのは、これとは異なるものであった。つまり実際には、われわれの知っているとおり、封建制は、根本的に異なるシステム――資本主義的なシステム――にとってかわられたのである。

第一に注意しなければならないことは、これは、不可避であったどころか、予期されえぬ、意外な展開であったということである。第二に注意すべきことは、これは、必ずしも、幸せな解決ではなかったということである。いずれにせよ、これはいかにして起こったのか。そして、なぜ起こったのか。その最大の理由は、通常起こるはずの外部からの支配層の刷新が、偶然の異例なこととして、不可能だったからではないかというのが、私の考えである。最も可能性のあった征服勢力であったモンゴルは、西欧で起こったこととはまったく別の理由で、自ら崩壊してしまったばかりであり、他には、すぐにこの機会を捉えうるような征服勢力が存在しなかったのである。オスマン帝国の登場は、すこしばかり遅きに失し、彼らがヨーロッパの征服に乗り出したときには、新しいヨーロッパのシステムはすでに、彼らをバルカンで食い止めうる程度には（それがぎりぎりであったが）強力になっていたのである。

しかし、ではなぜ、封建制は資本主義に取って代わられたのだろうか。ここで想起しなければならないことは、資本主義的な企業家層というものは、地球上の他の多くの地域においてと同様に、西欧にも長らく存在していたということである。実際、そのような集団は、何千年とまでは言わずとも、何世紀にもわたって存在してきた。しかしながら、それ以前の史的システムにあっては、いずれの場合も、そのような資本主義的な企業家層が自由に振舞い、彼らの行動規準がシステムの規定的性格になってしまうような可能性を制限する、非常に強力な諸勢力が存在した。キリスト教のヨーロッパの場合にも、このことは、きわめて明白な真実であり、カトリック教会の強力な諸制度が、「高利貸し」に対する闘いをたえず続けていた。キリスト教のヨーロッパにおいては、世界の他の地域と同様、資本主義というものは正統性を欠く考え方だったのであり、その担い手たちは、社会的宇宙における相対的に小さな片隅に、かろうじてその存在をゆるされていたのである。大半の人びとの目からすれば、資本主義の諸勢力は、突然に強力になったり、正統性を高めたりしたわけではない。いずれにせよ、決定的な要因としては、資本主義勢力の強さがどの程度であったかということが、第一に重要だったのではなく、資本主義に抗する社会的反対の強さのほうであった。突如として、そのような社会的反対を支えてきた諸制度が、まったく弱体化してしまった。そして、それを再構築することもできず、外部からの征服を通じて支配層の刷新をすることによって同様の構造を創り出すこともできなかったために、上の資本主義勢力にとっては、一瞬（おそらく、かつてなかった）突破口が開かれたかっこうになり、彼らは、速やかにそこから入り込んで、地歩を固めてしまったのである。この出来事は、通常のコースの外部にあり、予期されえない、まちがいなく不確定なもの（この概念ついては、後でまた論ずる）であると考えざるをえない。

それにもかかわらず、それは起こった。社会変動の観点からすると、これは、（史上何度も反復されたものではなく）一回きりの出来事であり、「天の下、変わるものなし」という見出しをつけるわけにはいかないのは間違いない。この場合における変化は、根本的なものである。この根本的変化は通常、手前勝手に「西洋の勃興」と呼ばれているが、私は、そう呼ばずに、「西洋の道徳的崩壊」と名指したい。しかしながら実際のところ資本主義は、ひとたび枷をはずされると、きわめてダイナミックなシステムとなり、そのため、急速に根をおろして、最終的には地球全体を、その回転に巻き込んでしまった。かくのごとく、わたしは、現在われわれの生きている近代世界システムの生成を捉えている。それは、おどろくべき偶然性の産物だったのである。

するとすぐに、史的システムについての第二の問いに立ち至る。その史的システムを動かしている規則は何であるか。その制度の性格はいかなるものか。中心となる矛盾は何か。ここでは、近代世界システムについて、これらの問題に立ち入って論ずるのは控えておこう[2]。ただ、本質的な諸要素を簡単に要約するにとどめておく。システムを、このシステムを、資本主義的であると規定するものは何か。それを規定する「種差」は、資本蓄積自体ではなく、無限の資本蓄積に付与された優先性にあると、私には思われる。言いかえれば、それは、中期的なスパンにおいて、資本蓄積を優先する行動をとった者すべてを利し、他の行動を優先しようとした者すべてを害すような方向性をもつ諸制度を具えたシステムであるということである。そのような方向への展開を可能にした一連の諸制度の構築の内容は、地理的には離れた生産活動を互いに結びつけ全体としてのシステムの利潤率を最大化する商品連鎖の伸展や、国家間《インターステイト》システムにおいて結び付けられた近代国家の諸構造体のネットワーク、社会的再生産の基本単位として所得の共同管理を行なう家計世帯《ハウスホールド》の形成などであり、さらに後になると、諸構造に正統性を付与し被搾取階級の不満を封じ込めようとする統一的なジオカルチュアが構築された。

このシステムの内部における社会変動について語ることはできるであろうか。そうだともそうでないともいえる。いかなるシステムの場合でも、社会的過程というものは、不断に揺れつつ進行するものであり、その揺れ方については、説明を加えることが可能である。結果的に言えば、いま論じているシステムには、観察・計測可能な循環《サイクル》的な律動が存在する。そのような律動が定義上、〔上昇と下降という〕二つの局面をつねに伴うものである以上、お望みとあらば、律動を示す波動曲線が、上向きから下向きへ、下向きから上向きへと転ずる点をそれぞれ取り上げて、そこに変化があると主張することはできる。しかし、実際のところ、われわれがここで扱っているのは、そのだいたいのかたちにおいて、本質的に反復的な過程であり、したがって、それはシステムの輪郭を規定するものである。とはいえ、まったく同じものの反復というものはありえないし、さらに重要なこととして、「均衡への回帰」のメカニズムは、システムの諸変数の不断の変動を伴うものであり、その変動をグラフに表してみると、時間の経過とともに、システムには世紀単位の長期趨勢《トレンド》があることがわかるのである。近代世界システムの場合、プロレタリア化の過程がそのような変数の一例であり、五世紀間にわたって、ゆっくりと長期的な上昇趨勢《トレンド》をたどっている。そのような趨勢《トレンド》は、計測可能な、不断の量的増加を示しているが、やはりどの点で、そのような量的増加が、つもりつもって質的変化に転化するのか（古い問いだが）を、問う必要はある。その答えは、間違いなく次のようにならざるをえない。すなわち、システムが同一の基本的規則にしたがって機能しつづけている限り、そのような量から質への転化はおこらない。しかし、もちろんそれは、遅かれ早かれ妥当しなくなり、その時点で、そのような長期趨勢《トレンド》が第三の局面、つまりシステムの死滅の局面を用意したということができるのである。

上に長期趨勢《トレンド》として記述してきたものは、本質的には、システムを、基本的均衡から乖離させる向きに働くヴェクトルである。趨勢《トレンド》を示すあらゆる変数は、たとえば百分率で数量化すると、漸近線に近づいていくかたちで変化する。そして漸近線に接近すると、それ以上は有意な増加が不可能になり、したがって、それによって均衡を回復する機能を満たす過程も、それ以上は不可能になってしまう。システムの均衡からの乖離が進むにつれ、システムの動揺は激しくなり、最終的には分岐《バイファケーション》が起こる。私がここでプリゴジーヌらのモデルを応用していることに、お気づきの方もおいでだろう。そのモデルによると、非累積的で、非決定論的なラディカルな変容は、このような非線形的過程において、説明されるのである。宇宙の諸過程は、決定論的ではない仕方で、説明可能であり、究極的には秩序があるという考え方は、ここ二十〜三十年での自然科学の知的貢献のなかで最も興味深いものである。それは、これまで近代世界に広く普及していた支配的な科学観の根底からの見直しを代表している。さらに言うなら、宇宙における創発性の可能性を——もちろん人間の創発性も含めて——再確認する、最も希望のある主張でもある。

思うに、われわれは、近代世界システムにあって、私がここまで述べてきたような移行期に、ちょうど入ったところである。[(3)] 資本主義世界経済の基本構造を掘り崩すような展開が続いており、したがって、危機の状況がつくりだされていると言ってよかろう。そのような展開の第一は、世界の脱農村化である。通常これが、近代の勝利として喧伝されてきたのは間違いない。われわれは、基本的な生存物資の供給に、それほど多くの人間を必要としなくなった。われわれは、「田園生活の白痴」とマルクスが嘲ったもの——このような価値判断はマルクス主義者に限らず、広く共有されている——を乗り越えることができるようになった。しかし、無限の資本蓄積という観点からすると、このような発展は、これまで無尽蔵と思われた人間の予備がもう尽きてしまうということを意味している。そのような予備の人間は、定期的にその一部が、極限まで低い水準の報酬で市場志向的な生産へと連れてこられる（そうすることで、それ以前に連れてこられた低賃金労働者が組合的な行動によって所得を拡大し、結果として彼らの歴史的賃金を引き上げてしまった分を埋め合わせ、グローバルな利潤水準を回復させるのである）。このように限界的な賃金しか受け取らない底辺労働力のプールをシフトさせることが、過去五世紀間にわたる世界規模での利潤水準の主たる要素だったのである。しかし、個々の労働者集団についていえば、そのようなカテゴリーにそれほど長くとどまり続けたものは皆無であり、労働力のプールは、定期的に更新されなければならなかった。世界の脱農村化は、それを実質的に不可能にしてしまう。これは、趨勢《トレンド》が漸近線に近づいたことを示す好例である。

第二のそのような趨勢《トレンド》は、企業の費用の外部化を認めるための社会的コストが上昇していることである。費用の外部化(すなわち実質的に、全体としての世界社会が、企業の生産費用のうちの相当額を肩代わりしているということ)は、利潤を高水準で維持し、したがって、無限の資本蓄積を確実なものにするための第二の主要要素であった。費用の累積が十分に低いと思われていたうちは、まったく注意が払われてこなかった。しかし突如、その費用は高すぎるものとなり、結果として、世界的にエコロジーへの関心が高まった。実際には、すでに、あまりにも多くの木が伐り倒されてしまっており、生態系の破壊を修復する費用は莫大である。誰がそれを支払うのか。その修復費用を(いかにそれが不公平であるとしても)全ての人間に均等に負担させるとしても、諸国の政府が企業に対して、すべての費用を内部化するように迫らなければ、問題はまたすぐに再発してしまう。しかし、もし政府が実際にそのように迫ったら、利潤の幅は急降下することになろう。

第三の趨勢《トレンド》は、世界システムの民主化の帰結である。それは、それ自体として、システムの政治的な安定化に不可欠の要素として、そのような圧力を正統化するジオカルチュアのしからしめたところである。いまやそれは、それらの大衆的要求が非常に高くつくところにまで来てしまった。現在、人類の大部分が、適切な教育および保健のための財政支出について社会的に期待しているものを満たそうとすると、世界の総剰余価値の過半が食われてしまうところにまでさしかかっているのである。実際のところ、そのような財政支出は、社会的賃金の形態をとり、生産者階級に、剰余価値の相当分を還流させている。これは、だいたいにおいて国家構造を媒介として、社会福祉のプログラムとして行なわれている。今日われわれは、その支出の規模をめぐって、大きな政治的争いが演じられているのを目にしている。支出が削減されるか(しかしそれは、政治的安定と両立するだろうか)、ここでもやはり利潤の幅が削られるか、のいずれかしかない──しかもその削減幅は、決して小さなものではないのである。

最後に、旧左翼、つまり私の言い方で言うと伝統的な反システム運動の崩壊がある。実はこれは、資本主義的世界システムにとってプラスに働くようなものではなく、最大の危険物なのである。というのも事実上、伝統的な反システム運動は、世界の危険な階級に対して、未来はあなたたちのものだ、(あなたがたには間に合わずとも、あなたがたの子供たちには)より平等な世界がもうそこまで来ていると請け合い、そうすることで、これらの運動は、楽観主義と忍耐とをともども正統化してきたという点で、既存のシステムの担保として役立ってきたからである。過去二十年間において、これらの(あらゆる種類の)運動に対する大衆の信認は瓦解した。それは、彼らの怒りにはけ口をつけることができるものが消滅したということである。実際のところ、これらの運動はすべて、国家構造の強化がよいことであると喧伝してきたので、そのような改良主義的国家に対する信認もまた、劇的に下落した。これは、現行のシステムの擁護者が真に忌避していることである。彼らが、口先では、いかに国家に対して批判的であっても、である。事実、資本蓄積の担い手は、経済的独占の保証と、危険な階級の「無政府的」傾向の抑圧の両面において、国家を頼みとしてきた。今日われわれは、世界のいたるところで、国家構造の強度が低下しているのを目にしている。それは、安全性の低下を意味するものであり、結果、その場ごとの防衛構造がたちあがってくることになる。分析的に言えば、これは、封建制への逆行ルートである。

このようなシナリオにおいて、社会変動について、どのようなことが言いうるであろうか。われわれは、五百年から六百年前にヨーロッパの封建制が死滅したのと類比されるような史的システムの死滅に、ふたたび直面していると言うことはできよう。では、何が起こるのであろうか。その答えは、確かにはわからない。われわれは、システムの分岐《バイファケーション》の最中にあり、そこにおいては、あちこちの諸集団の非常に小さな行動が、根本的に異なる方向へ、ヴェクトルの向きと諸制度の形態とを転換してしまう可能性があるからである。構造の問題として、われわれは、根本的な変化の最中にあると言ってよいのであろうか。そういうことさえできない。ただ言いうるのは、現在の史的システムが、それほど長くはもたないであろう（せいぜい五十年程度）ということである。しかし、その後に何が来るのか。それは、またひとつの基本的には同様の構造体でもありうるし、根本的に異なる構造体となる可能性もある。現行と同じ地理的範囲の全域に及ぶ単一の構造体となる可能性もあり、あるいは、地球のさまざまな地域に複数の構造体が現れる可能性もある。分析者としてのわれわれは、それが終わるまでは確たることが言えない。しかし、実世界に参加している者としてのわれわれは、よい社会を達成する上で賢明と思われることであれば、どんなことでもなしうるのは、もちろんである。

以上、ここで私は、近代世界システムの分析によって論点を明らかにし、社会変動の観点から個別のシステムの分析を行なう上で、手がかりとなるべきモデルを提供した。史的システムが、生成ないしは死滅の局面にあるとき（あるシステムの死滅は、常に別のシステムないしは諸システムの生成である）、あるカテゴリーの既存の史的システムが、別の異なるカテゴリーの史的システムに取って代わられたならば、われわれは、それを社会変動と名指すことができる。これは、西欧で封建制が資本主義に取って代わられたときに起こったことである。しかし、同種の史的システムによる置換であれば、それは、社会変動ではない。これは、世界＝帝国としての明朝中国が、満洲族の世界＝帝国に取って代わられたときに起こったことである。両帝国は、多くの点で異なってはいるが、その本質的形態においては同じものである。われわれは今、世界規模の近代世界システムが、そのようなシステム変容を起こしている過程のただなかにあり、それが、根本的な社会変動を伴うものとなるか否かは、まだわからない。

既存のものとは異なるこのような社会変動概念の分析モデルに拠ると、史的システムの機能についての分析を行なう際に、社会変動という言葉を用いることが非常に欺瞞的であるということがわかる。その場合は、細部は変化を続けているが、システムを規定する本質は、同じままだからである。根本的な社会変動に関心があるというなら、長期趨勢《トレンド》と循環《サイクル》的律動とを区別・認識し、長期趨勢《トレンド》が、どの程度の期間、その根底にある均衡を脅かすことなく、量的に累積し続けられるかをはじきだす必要がある。

さらに、個別の史的システムから、地球の人類史全体に関心を移すと、そこに、線形的な趨勢《トレンド》があるという前提を持ち込むべき理由は、まったく何もない。これまでに分かっている範囲での人類の歴史においては、そのような計算のいずれによっても、非常に両義的な結果が出ており、進歩の理論というものは、おしなべて非常に疑わしいというべきである。おそらく視野がさらに深まれば、西暦二万年の社会科学者は、ある一群の史的システムから、別の一群の史的システムへと不断にシフトしているせいで、隠されているように思われた循環《サイクル》的律動を認めつつ、さらにグローバルな長期趨勢《トレンド》がすでに存在していたと論ずることができるようになっているかもしれない。まあ、そうかもしれないという話ではある。しかし、ともかくそれまでの間は、進歩は可能ではあるが決して不可避ではないという知的・道徳的スタンスをとる方が、はるかに安全であるように私には思われる。過去五百年間についての私自身の解釈から導かれる私の考えは、われわれの生きている近代世界システムが相当な道徳的進歩の例などではなく、むしろおそらく道徳的頽廃の例なのではないかということである。だからといって、私は未来について本質的に悲観的になってしまったというわけではない。ただ冷静になったということである。

今日われわれは、これまでの別の史的システムの死滅の際と同様に、歴史的選択のポイントに直面している。そこでは、個人および集団のはたらきかけが、結果において、実体のある違いをもたらすことになる。しかしながら、今日の選択の契機は、過去にあった、そのような諸契機とは、ある点で異なるものである。というのも、われわれの生きている史的システムが、史上初めて全地球に及ぶものとなったために、それは全地球が関わっている最初の歴史的選択となったからである。歴史的選択は道徳的選択であるが、社会科学者による合理的分析は、それに光をあてることができる。つまり、それが、われわれの知的・道義的責任の定義となるのである。われわれが、この難事に立ちあがるであろうということについては、私は控えめながら楽観的に考えている。

注

(1)以下に続く議論は、拙稿 "The West, Capitalism, and the Modern World-System," *Review* 15-4 (fall 1992): pp. 561-619 で、ある程度詳細に行なった説明の縮約である。

(2)それについては、拙著『近代世界システム』既刊三巻(第一巻:岩波書店、一九八一年、第二巻、第三巻:名古屋大学出版会、一九九三年、一九九七年)および、その他多数の著作ですでに論じている。

(3)ここでは、『アフター・リベラリズム』(藤原書店、新版、二〇〇〇年)およびテレンス・K・ホプキンズ+イマニュエル・ウォーラーステイン編著『転移する時代——世界システムの軌道 1945-2025』(藤原書店、一九九九年)に収められた諸論考の要約をおこなっている。

II

知の世界

The World of Knowledge

9

社会科学と現代社会

消滅する合理性の保証

Social Science and Contemporary Society:
The Vanishing Guarantees of Rationality

イタリア社会学会国際コロキアム「大学と社会科学──公共的理性への新たな道」開会講演
一九九五年十月二十六～二十八日、パレルモ

生産的階級にとっての「政治」が、知識人階級にとってのの「合理性」となった。奇妙なのは、「合理性」が「政治」に優越し、イデオロギー的抽象が経済的具体性に優越すると信じているマルクス主義者がいるということだ。

アントニオ・グラムシ『獄中ノート』より

それは、知識人が政治を合理性に転換したからというだけではなく、そのように合理性の美点を主張することが、彼らの楽観主義の表現を構成し、その他のあらゆる人びとの楽観主義を後押ししたからでもある。彼らの信条とは、われわれが、現実の世界について、より真実に近い理解へ向かって進むにつれ、それによって現実世界の統治はより良い方向へ向かい、したがって、人間の潜在的な可能性がより大きく実現する方向へ向かう、というものである。知識構築のひとつの様式としての社会科学は、このような前提の上に建設されたものであるだけでなく、そのような合理性の追求を実現する最も確実な方法として提示されてきた。

このようなあり方は、世の常であったというわけではない。かつては、社会思想が世俗的悲観主義の浸透に支配されていたこともあった。社会的世界は、不平等・不完全であると見え、そして永久にそのままであると信じられていた。われわれはみな、救いがたく原罪の刻印を受けているというアウグスティヌスの酷薄な見方は、キリスト教時代のヨーロッパの歴史の多くを支配するものであった。これが、世界的基準で見て異常に厳しい時間知《クロノソフィー》であるのはたしかであるが、しかしながら、その他の、もっとストア的な見方でも――さらにいえば、もっとデュオニソス的な見方でさえ――未来に対して保証を与えるなどということは、ほとんどないことである。涅槃信仰のある仏教の場合も、そのような境地に至る道は長く困難で、実際にそのような境地に至ったものはごく少数であり、数で言えば、キリスト教において聖人の域に達したものと変わらない程度のものであるように思われる。

近代世界が、かくも長く自らを称え、その世界観《ヴェルタンシャウウング》の「近代性《モダニティ》」を自ら賛美してきたのだとすると、それは、現世的、普遍的、楽観的な時間知《クロノソフィー》を主張しているからである。社会的世界と言うものは、いかにひどいものであっても、より良くしうるものであり、万人にとってより良いものでありうる。社会をより良いものとする可能性に対する信頼が近代性の根底にある。強調すべきなのは、個人が必然的に道徳的に改善されるものであるという主張ではなかったということである。個人がその罪深さを克服すること――それは古来からの宗教的追求である――は、神の裁き（および恩寵）の支配下にとどまり続けていた。そのような評価やその報いは、来世の問題である。近代世界は、徹底して現世的である。それが何を約束するにせよ、その評価は、ここで今――ないしは、やがてすぐに――行なわれるものである。また実際のところ、それが追求しているものは、それが経済的な改善を約束している――究極的には、これもやはり万人に対してそれを約束している――という点で、徹底して物質主義的である。自由という概念に収められた、その非物質的な約束もすべて、究極的には、物質的な利益に翻訳可能なものであり、そのように翻訳ができないような自由なるものは、あやまった自由であるとして非難されるのが普通であった。

最後に、この近代の与えた約束というものが、いかに集団主義的であったかということにも注意をしなければならない。近代世界の哲学者や社会科学者は、この近代世界における個人というものの中心性について、絶えることなく語ってきたので、近代世界こそが真に実行可能な平等主義的社会のヴィジョンを初めて産み出したという点で、それが史上初めて真に集団主義的なジオカルチュアを生み出したということが、いかほどのものであるかということを忘れてしまっているのである。われわれの史的システムにおいては、いつか、万人が適切な――したがって大体において平等な――物質的享楽を享受し、他人が持たないような特権を持つようなものが誰もいないような社会秩序が達成されると、われわれはみな、そのような約束を与えられ続けてきた。もちろん、わたしは、約束について語っているに過ぎないのであって、現実がそうであったなどと言っているのではない。それでもなお、中世ヨーロッパにせよ、唐代の中国にせよ、アッバース朝にせよ、いつかこの地球上から、万人が物質的に豊かになり、特権というものが消滅するなどということを予言した哲学者は一人も存在しなかった。近代以前の哲学はすべて、ヒエラルキーというものは不可避であるという前提に立っており、この事実において、現世における集団主義を拒絶したのである。

したがって、われわれの史的システム、つまり資本主義世界経済の現在のディレンマを理解しようとするならば、そして、なぜ合理性の概念がかくも――私の目にはそう見えるのだが――苦々しいものとなったのかを理解しようとするならば、近代というものが、いかに、それの与える物質主義的・集団主義的な約束に立脚して正当化されてきたのかということを意識するところから始めなければならないと思われる。もちろん、そのわけは、そのような正当化が、全くの自己矛盾であるからである。資本主義世界経済の存在理由、その動力源は、不断の資本蓄積にある。そして不断の資本蓄積は、それが、ある者が他の者から剰余価値を収奪するということに立脚している以上、右に述べたような物質主義的・集団主義的約束とは、全く両立不能である。資本主義は、ある者にとっての物質的利益を代表してはいるが、まさにそうであるために、万人にとっての物質的利益とはなりえないのである。

われわれは、社会科学者として、社会的現実を分析するもっとも実りある道のひとつが、記述の上で現れる変則事例の中心に焦点を当て、なぜそのような変則事例が生じるのか——何がその原因であり、その帰結は何であるのか——を問うことにあるということを知っている。私がここで提起したいのは、そのような分析である。わたしは、なぜ近代世界の思想家たちが、近代世界の住人に対して、このような満たされることのあり得ない約束をしてきたのか、なぜそのような約束が長い間信用されつづけ、それにもかかわらず、今になってもはや信用されなくなったのか、その幻滅の帰結が何であるのか、を論じようと思う。そして最後に、これら全てのことが、社会科学者としての、つまり人間の合理性を支持する（実践しているとは限らないが）者としてのわれわれに対して持っている含意を評価してみようと思う。

近代性《モダニティ》と合理性

社会科学が、資本主義世界経済の勃興と科学・技術の発展との結びつきを観察するのは、ごくありふれたことである。しかしなぜ、歴史的にこの二つは結びついてきたのだろうか。この問いに対して、マルクスとウェーバーは（さらに言えば、その他の大半の論者が）、資本家は、その第一の目的である利潤の最大化を達成しようとすれば、「合理的」でなければならないからであるという解答を出した。資本家がその持てる限りの力を他の何よりもこの目的に集中させる程度に応じて、彼らは生産費用を削減したり、購買者をひきつけるような製品を生産したりするべく、そのなしうることをなすことになる。これは、生産の諸過程だけではなく、その企業の経営管理においても合理的方法が適用されるということを意味している。ゆえに彼ら資本家の目には、あらゆる種類の技術発展が、彼らにとってきわめて有益なものであるということがわかり、その力を貸し与えて、技術発展の基礎となる科学の発展を促そうとするのである。

　これは、たしかにその通りであるが、それが説明している内容は、むしろ乏しいと私には思われる。利潤を追求している企業活動に従事したいと思う人間と科学の発展を可能にする人間などというものは、人間が生きている主だった地域ならばどこでも、少なくとも何千年もの時間にわたって、近代と比較しても大して変わらない比率で存在していたと考えられる。ジョゼフ・ニーダムの記念碑的大集成である『中国の科学と文明』は、中国文化圏において、科学的努力が広範な業績を積み上げていたことを示している。また、中国の経済活動がいかに強力で、商業化が進んでいたかということについても、非常に詳しく知られている。

　もちろん、これは古典的な問題である。つまり「なぜ西洋が」ということである。わたしは、この問いをまた繰り返して論じようなどといっているのではない。多くの論者がすでにそうしてきており、私自身もすでに行なったことである[1]。ここでは端的に次のことを指摘しておきたい。すなわち、私にはきわめて明らかなように思われることなのだが、決定的な差異は、近代世界システムにおいては、技術進歩に明確な利益が存在しており、その差異の原因となっているのは、企業家の態度ではなく——どんな時代においても、企業家というものは、発明家や技術革新の担い手に報酬を与えるべき明白な動機を持っている——むしろ政治的指導者の態度の方であるということである。政治家の持っている動機というものは、常に、企業家よりもはるかに入り組んでおり、近代世界システムの外部にある時代や地域では、彼らは繰り返し技術変革に敵意を示して、十七世紀の西欧で起こったような科学革命の発生を阻害する主要な障害を構成していたのである。

私の出した結論はきわめてはっきりとしており、それは、技術革新を起こすためには先に資本主義が必要であり、その逆ではないということである。このことは、権力関係の現実に迫る手がかりとなるがゆえに重要である。近代科学は、資本主義が産んだものであり、資本主義に依存するものであった。科学者は、現実世界における具体的な改良改善の見通しをもたらしてくれるがゆえに――生産性を向上させ、時間的・空間的に仕方がないと思われた制約を減少させ、万人により大きな快楽を与えるすばらしい機械――社会的に認可され、支持されてきた。科学は役に立つ、というわけである。

このような科学観を中心として、世界観全体が創り出された。科学者は、「利益中立的」であるということになり、そうあれかしと厳かに宣された。科学者は、「実証的」であるということになり、そうあれかしと宣された。科学者は、「普遍的」真理を求めるものであるということになり、そうあれかしと宣された。科学者は、「単純なるもの」を発見する者であるということになり、そうあれかしと宣された。彼らは、複雑な現実を分析し、それを支配する、単純な、最も単純な規定的規則を打ちたてるよう求められた。そして最後に――おそらく、最も重要なこととして――科学者は、物事の究極の原因ではなく、直接の原因を明らかにする者であるということになり、そうあれかしと宣された。さらに、これら全ての叙述と宣言とは、ひとつのパッケージをなしているということになった。それらは、ひとまとまりのものとして受け取られなければならないということである。

科学のエートスなるものが、科学者の実際に行なっていることを完全に真に記述するものであるなどと称するとすれば、そんなものは架空のものでしかないのは論をまたない。十七世紀のロンドン王立協会の資格認定と科学的信頼性の確立において、社会的威信と科学外的権威が、いかに中心的なものであったかということを認識するには、スティーヴン・シェイピンの素敵な著作である『真理の社会史』[2]を挙げればことたりよう。シェイピンが指摘しているように、それは、信用、洗練、名誉、廉直に基礎を置くジェントルマンたる者の持つ信頼性だったのである。それにもかかわらず、科学、実証科学、さらにいえば、ニュートン主義的機械論——そのように理論化された——は、社会的世界の分析者が修正をほどこした上でそれを模倣しようと努めた知的活動のモデルとなった[3]。そして、合理性のありうべき唯一の意味であると近代が強調するようになったものこそ、このようなジェントルマン的な科学のエートスだったのである。そのエートスは、近代の知識人階級のライトモチーフとなり、今もそうありつづけている。

しかしながら、合理性とは何を意味しているのであろうか。この論点についても、大きな論争がある。社会学者には、誰にとってもおなじみのものだ。それは、ウェーバーの『経済と社会[4]』に見られる議論である。ウェーバーは、合理性の定義を二組、持ち出している。一組目は、社会的行為の四類型の分類に見られるものである、四つの類型のうちの二つが、合理的であると考えられていて、「目的合理的」および「価値合理的」類型とされている。第二は、経済的行為についての議論に見られるものである。そこでは彼は、「形式」合理性と「実質」合理性を区別している。二つの二律背反《アンチノミー》は、ほぼ同じものであるが、全く同一というわけではない。少なくとも(私の感ずるところ)その言葉の含みにおいて異なるものである。

この問題を論ずるため、ウェーバーから少々長い引用を行なうことをお許しいただきたい。ウェーバーによる目的合理的な社会的行為の定義は、「外界の事物の行動および他の人間の行動について、ある予想を持ち、この予想を、結果として合理的に追求され考慮される自分の目的のために『条件』や『手段』として利用する」(I:24/三九頁［概念］)ような行為となっている。また価値合理的な社会的行為の定義は、「ある行動の独自の絶対的価値——倫理的、美的、宗教的、その他の——そのものへの、結果を度外視した、意識的な信仰による」(I:24-25/三九頁［概念］)行為となっている。

それから、ウェーバーは、もっと具体的な例を持ち出して、これらの定義をより完璧なものにしようと議論を進めている。

純粋価値合理的に行為する人間というのは、予想される結果を無視し、義務、体面、美、教義、信頼、何によらず、自分に命ぜられているものの意義を信じるがために行為する人間である。いつでも、価値合理的行為というのは、行為者が課せられていると思う命令や要求に従うところの行為である。私は、人間の行為がこういう要求に従っている——といっても、程度はさまざまで、たいていは程度がかなり低いが——限りにおいてのみ、価値合理性ということを問題にしようと思う。なお、ここで行為の類型の完全な分類を行なうつもりはないが、やがて明らかになるように、価値合理性には、これを独立の類型として取り上げるだけの意味はあると思う。

目的合理的に行為する人間というのは、目的、手段、付随的結果に従って自分の行為の方向を定め、目的と手段、付随的結果と目的、さらに諸目的相互まで合理的に比較秤量し、どんな場合にも、感情あるいは伝統の観点から行為することのない人間のことである。競合し衝突する目的や結果に決定を下す場合になると、価値合理的な方向を取ることもあるが、そうなると、その行為は手段だけが目的合理的ということになる。また、行為者が、命令や要求へ価値合理的に従わず、競合し衝突する諸目的をただ主観的な欲望と考え、自分の意識的な評価によって緊急度の諸段階を設け、その順序に従ってできる限りの満足を得ようとすることもある(「限界効用」の原理)。このように、行為の価値合理的方向は、目的合理的方向との間にさまざまな関係を持つことがある。しかし、目的合理性の立場から見ると、価値合理性は、つねに非合理的なものであり、とりわけ、行為の目指す価値が絶対的価値へ高められるにつれて、ますます非合理的になる。なぜなら、その行為の独自の価値（純粋な信念、美、絶対的な善意、絶対的な義務感）だけが心を奪うようになると、価値合理性は、ますます行為の結果を無視するようになるからである。根源的価値と無関係な行為の絶対的目的合理性というものが、本質的にごく限定されたケースに過ぎないことは確かである。（Ⅰ：25-26／四〇～四一頁［概念］）

かわって、ウェーバーのもうひとつの区別の方を見てみよう。これも、長くなるが、そのまま引用する。

経済的行為の形式合理性とここでいうのは、その経済的行為にとって技術的に可能でもありまた、現実に経済的行為に適用されてもいる計算の度合いのことをさすものとしよう。これに対して、実質合理性というのは、経済的指向をもった社会的行為による一定の人間集団（それがいかに限られた範囲のものであっても）のそのときどきの財供給が、一定の価値評価の公準（それが過去のものであれ、現在のものであれ、潜在的なものであれ）という観点から、そのような公準のもとで観察されて、行なわれているまたは行われうる度合いのことをさすものとしよう。この価値評価の公準は高度に多義的である。

一、このような特徴づけ（それは「社会化」とか「貨幣」計算・「実物」計算などについて論ずる場合にくりかえし問題になることがらをはっきりさせたというだけのものであるが）をしておけば、ここでの問題分野で「合理的」という語を用いるさいの用語法を明確なものとすることができるであろう。

二、ひとつの経済的行為は、すべての合理的な経済に固有な「事前の配慮」が、量的に、つまり「計算可能」な熟慮というかたちで表示され、また実際そのように表示される度合いが高ければ高いほど、形式的に「合理的」と呼ばれるべきである（さしあたってこのことは、その計算が技術的にどういうかたちをとるか、見積もりが貨幣量でなされるかそれとも実物量でなされるか、ということとはまったく無関係である）。だからこの概念は（たとえ相対的な問題であるにせよ）、少なくとも貨幣という形態が最大の形式的な計算可能性を示す（もちろん他の条件が同じ限りにおいて）という意味で一義的である。

三、これに対して、実質合理性という概念は、まったく多義的である。それは、ただつぎの公約数的な意味をあらわしているだけである。すなわち、技術的に可能なかぎり適合的な方法を用いることによって目的合理的に計算されている、という事実が純粋に形式的（ただし相対的に）・一義的に確定しうるというだけでは、考察として、じつは必ずしも十分でない。そのほかに、倫理的・政治的・功利主義的・快楽主義的・身分的・平等主義的などなど、その他、なんらかの要求を設定して、経済的行為の結果——たとえ、それが形式的にどれほど「合理的」、つまり計算可能であるにせよ——を、それとの関連において価値合理的ないし実質的に目的合理的な尺度で測定する、ということが必要である。だが、この意味で合理的な価値尺度というのは、原理上無限に多く存在しうる。たとえば、それ自体一義的とはいえない社会主義的および共産主義的な価値尺度には、常になんらかの度合いにおいて倫理的および平等主義的な価値尺度がふくまれている。これなどは多数のなかのほんの一例にすぎない（そのほか、身分的な序列、政治的な権力とくに実際の戦争目的の達成など、そのほか考えうるすべての観点がこの意味で等しく「実質的」である）。他方、経済的行為の結果についてのこのような実質的な批判に対して、さらにもうひとつ十分考慮されねばならないことは、経済的行為における主観的な心情や経済的行為における手段などについての、倫理的・禁欲的・美的な観点からする批判もまたそれ自身として可能であるということである。これらすべてのことがらについては、貨幣計算という「単なる形式的な」行為は副次的な意味しか持ちえないこともありうるし、さらにはそれらの公準がまさに相互に敵対しあうということさえありうる（個々の近代的な計算方法の結果がどうという問題とはまったく別のこととして）。ここでは決定的な結論を出すことはできない。ここでできることはただ、

「形式的」というのはどういうことかということを確定し、それをはっきり限定しておくことだけである。ここで「実質的」といっているのもまた一種の「形式的な」、つまり抽象的なひとつの類概念にすぎないのである。（I：85-86／三三〇～三三二頁［範疇］）

上の二つの区別が、その言葉の含みにおいて、全く同一というわけではないと私が言う際、それが高度に主観的な解釈であるということは認める。私には、ウェーバーが目的合理的な社会的行為を価値合理的な社会的行為から区別する際に、後者に対して相当な留保があると言っているように思われる。彼は「無条件的な要求」というようなことも言っているし、目的合理的な社会的行為の観点からすると、「価値合理性は常に非合理的」であるということを想起させている。ところが、ウェーバーが形式合理性と実質合理性とを区別する際には、彼の論調は逆の方向に傾いているように思われるのである。実質合理的な分析は「技術的に可能なかぎり適合的な方法を用いることによって目的合理的に計算されている、という事実が純粋に形式的（ただし相対的に）・一義的に確定しうるというだけでは、考察として、じつは必ずしも十分でない」のであって、なんらかの価値尺度に対して、測定されるものである。

このような非一貫性をとらえて、近代世界における知識人の役割についてのウェーバーの立場の両価性《アンビヴァレンス》の論点として論ずるというやり方もあろう。だがそれは、ここでの私の関心ではない。上の区別の両価性《アンビヴァレンス》ないしは両義性は、近代世界のジオカルチュアに埋め込まれたものであると私は考えるからである。これは、本論冒頭の題辞に掲げたグラムシからの引用に立ちかえる論点である。知識人階級が、生産的階級にとっての政治的なるものを、合理的なるものと言い換えた、とグラムシが言うときに、彼が指摘しているのは、まさにこの根本的な両義性のことにほかならない。「政治的なもの」を「合理的なもの」と呼ぶことには、実質合理性の問題は背景に押しやられ、形式合理性の問題だけが議論の対象として残るような含みがないだろうか。そうだとするとそれは、形式合理性の問題が、実際には、ある特定の種類の価値合理的な社会的行為に、秘密裏に、それでいてきわめて明白に、関わってしまっているからではないだろうか。その特定の種類の価値合理性とは、ウェーバーの言葉で言えば「所与の主観的欲求として」たがいに矛盾する諸目的をとりあげ、「意識的に評価された相対的な急迫性の尺度に応じて、それらの諸目的を配列する」というものである。ウェーバーも指摘しているように、これは、限界効用学説の論じているところである。しかしながら、何が限界的な効用を有しているのかを決定するには、尺度を設計する必要があり、その尺度を設計するものが、結果を決定するのである。

合理性と危険な階級

合理性を持ち出すことは、政治性すなわち、価値合理的な選択をごまかすことであり、実質合理性の要求に逆って物事をすすめようとすることになる。十六世紀から十八世紀にかけて、知識人階級が合理性の主張を前面に押し出す際に、彼らがその正面にいると思っていた敵は依然として、中世教会的な蒙昧主義であった。彼らのお題目は、「下劣者ををひねりつぶせ」〔“Ecrasez l'infâme.”:ヴォルテールが百科全書派の人びとあての手紙の末尾に記した言葉〕というヴォルテールの明快な叫び声であった。フランス革命は、それが世界文化の論争平面を変容させ、明確化するものであったがゆえに、全てを一変させてしまった。以前に長々と論じたことだが[5]、フランス革命は、フランスに変化を与えたというよりは、世界システムに変化を与えたのである。それは、世界システムの内部において実行可能かつ持続的なジオカルチュアが確立される直接の原因となったのである。その結果のひとつとして、社会科学なるものの制度化がひきおこされたのである。かくして、われわれの議論はその核心にたどりついた。

フランス革命および、それにつづくナポレオン時代は、二つの信念を普及させた。それは世界システムの隅々にまでいきわたり、以来、非常に強力な諸勢力からの激烈な反攻があったにもかかわらず、その心性を支配するようになった。その二つの信念とは、①政治的変化は不断の常態《ノーマル》であり、すなわち規範《ノーム》であるということと、②主権は「人民《ピープル》」に存するということである。これら二つの信念は、いずれも一七八九年以前には普及していなかったものであり、逆に一七八九年以降は、ともに広く普及して、その多くの曖昧な点や災厄にもかかわらず今日にいたるまで続いている。これら二つの信念の問題は、それが議論として万人――権力や権利および／あるいは社会的威信を持つものだけではなく――の手の届くところにあるということであり、実際、これらの信念は、「危険な階級」によって用いられるところとなった。この「危険な階級」とは、まさに十九世紀の初めに、権力も権威も社会的威信も持たず、それにもかかわらず政治的主張を行なう者ないしは集団をあらわすものとして現れたものである。その中身は、西ヨーロッパにおいて増大しつつあった都市プロレタリアート、土地を失った農民、機械生産の拡大によって脅かされていた手工業者、移住先とは異なる文化圏から移ってきた周縁的な移民であった。

そのような集団の社会的適応と、その結果として起こる社会的騒乱の問題は、社会学者や、社会史家にとっておなじみのものである。われわれ社会科学者は長らく、この問題について著述を続けてきた。しかしそれが、合理性という概念に何の関係があるというのか。いや、関係があるどころか、そのものなのだ。周知のように、危険な階級が提起する政治的問題は、ささいな問題ではなかった。資本主義世界経済が、生産性の拡大および大きな時間的・空間的障害の解消によって、資本蓄積の速度を極大化させた（これは、産業「革命」という不正確な――あたかも、このときに突然始まったかのような――名称で呼ばれてきた現象である）まさにそのとき、そして資本主義世界経済が地球の全領域を覆うところまで拡大しつつあった（これは、帝国主義の開幕という誤解を招きやすい——あたかも、この時代に特別の現象であったかのような——名称で呼ばれてきた現象である）そのときに、危険な階級は、世界システムの政治的安定に最も深刻な脅威を与え始めつつあったのである（われわれはもはや、これを階級闘争と呼ぶのを避けるようになっているが、これはたしかに階級闘争であった）。議論の前提として、特権階級というものが、自分たちの利害を護る上で十分に事態を理解する力を持っており、かつ機敏であって、洗練された諸々の道具を手に、反攻勢力の出現に対処しようとするのは通常のことだと考えることはできよう。この時代におけるその「諸々の道具」は三つあった。社会的なイデオロギーと、社会科学、そして社会運動である。それぞれに議論する値打ちのあるものだが、ここでは、二つ目のものに絞って話を進めよう。

政治変化が規範《ノーム》であると考えられており、主権在民が広く信じられているとすると、問題は、どうやってその危険なトラを乗りこなすかということになる。もっと学問的に言えば、いかにして社会的圧力を管理し、騒乱や混乱、さらには変化そのものを最小化するか、ということである。ここでイデオロギーのおでましである。イデオロギーは、変化を管理する政治的プログラムである。十九世紀および二十世紀の主要イテオロギーは、変化を管理し最小化するための三通りのの可能性を代表するものであった。ひとつは、その変化を可能な限り遅くするというものであり、別のひとつは、ちょうど適切な速度での変化を求めるというものであり、もうひとつは、その変化を速めるというものであった。これら三つのプログラムには、さまざまな呼称が発明されてきた。ひとつは、右翼、中道、左翼という呼び方であり、もうひとつ（多少中身のわかる言い方で）言えば、保守主義、自由主義《リベラリズム》、急進主義／社会主義という呼び方である。われわれの良く知るところである。

保守主義的なプログラムは、古来存在する諸制度——家族、共同体、教会、王政——の価値に訴えた。それは、人間の知恵の源泉であり、したがって、個人的な行動の規範体系であると同時に、政治的判断の規準でもあるとしたわけである。どのようなものであれ、これらの「伝統的」諸構造の導くところに従って提起された変化も、例外的な正当化の必要があり、きわめて慎重に進めるべきであるというのが、その主張である。これとは逆に、急進主義者は、政治的判断の源泉として、基本的にルソーの言う一般意志の存在を信じており、主権在民をこの世に実現しようとした。政治的判断は、そのような一般意志を反映するべきであり、可能な限り速やかにそうするべきであるというのが彼らの議論である。両者の中間の道、すなわち自由主義《リベラリズム》は、既存の伝統的諸制度が、永遠の価値を持つということには疑念を持っていたが——それは既存の特権の維持の要請に従属しすぎている——それと同程度に、一般意志の表現の有効性にも疑念を抱いていており——それは多数派の急迫的で短期的な利益の奔流に従属しすぎている——彼らの主張は、そのような疑念に立脚していた。彼らの頼りは、判断を専門家に委ねるということである。専門家は、既存の諸制度の合理性と新しく提起された諸制度の合理性とを注意深く評価し、均斉のとれた適切な改革案、すなわち、ちょうど適当な速度での政治的変化をもたらしてくれるのだというわけである。

私はここで、十九世紀ヨーロッパの政治史や二十世紀の世界政治史をたどり直す気はない。むしろ、この歴史を短い文章に要約しようと思う。中道的自由主義《リベラリズム》が政治的に優勢を得た。そしてその信条が世界システムのジオカルチュアとなった。自由主義《リベラリズム》によって、世界システムの支配的地位にある諸国家の国家構造の形態が定められ、それがその他の諸国がめざさなければならないモデルとなった——実際、今でもモデルでありつづけている。最も重要な帰結は、自由主義《リベラリズム》が、保守主義と急進主義の両方をとりこんでしまい、それらを自由主義《リベラリズム》にとっての対抗イデオロギーではなく、自由主義《リベラリズム》の下位に位置付けられる変種、ないしは自由主義《リベラリズム》の別の形態にすぎぬものへと変じてしまった（少なくとも一八四八年から一九六八年において）ことである。普通選挙権、福祉国家、（外部に向けられた人種主義と結びついた）ナショナルなアイデンティティの創造という、自由主義《リベラリズム》の三重の政治的プログラムを通じて、十九世紀の自由主義者《リベラルズ》は、ヨーロッパにおける危険な階級の脅威に対して、実質的に終止符を打った。二十世紀の自由主義者《リベラルズ》は、第三世界の危険な階級を取り込むべく、同様のプログラムを試み、そこでもことはうまく運んでいるように、長らく思われていた(6)。

政治的イデオロギーとしての自由主義《リベラリズム》の戦略は、変化を管理するということであった。これは、適切な人物による、適切な方法で、行なわれる必要のあるものであった。したがって第一に、自由主義者《リベラルズ》は、この変化の管理が有能な人物の手でしかと行なわれるようにせねばならなかった。彼らは、その有能さが、世襲による選抜によっても（保守主義的偏向）大衆受けによる選抜によっても（急進主義的偏向）保証されうるものではないと考えていたため、唯一残された可能性である実力による選抜に訴えることになった。これはもちろん、知識人階級――少なくとも、そのなかの「実際的」問題に集中する気のある者たち――へと向かうことを意味するものである。第二の要請として、そのような有能な人物は、彼らの持つ偏見ではなく、改革案の帰結として起こりそうなことについての事前の情報に立脚して行動しなければならなかった。そのように行動するためには、社会秩序が実際にはどのように機能しているのかについての知識が必要となる。これは、彼らが、研究と研究者とを必要とするということを意味していた。社会科学は、自由主義《リベラリズム》という企てにとって絶対的に不可欠なものだったのである。

自由主義《リベラリズム》のイデオロギーと社会科学の営みとのつながりは、本質的なものであり、単に偶有的にそうなったというものではない。私は、大半の社会科学者が自由主義《リベラリズム》的改良主義を信奉しているなどといった単純なことを言っているのではない。それもたしかにそうであるが、それはそれほど重要ではない。私が言っているのは、自由主義《リベラリズム》と社会科学とが、同一の前提――科学的（すなわち合理的）に行なわれる限りにおいて、人間は確実に、社会的諸関係を操作する能力に立脚して完全なものに到達しうるという前提――の上に成り立っているということである。両者は単にこの前提を共有しているだけでなく、いずれもこの前提なしではありえないものであり、ともども、その制度的構造に、この前提が埋めこまれて構築されたのである。両者が現象上、同盟者として現れたのは、このような本質的な同一性の当然の帰結だったのである。私は、保守主義的ないしは急進主義的な社会科学者の存在を否定してはいない。それはたしかであり、もちろん、そのような者は多数存在した。しかし、われわれが求めるべきものにとって合理性が鍵となるものであり、合理性自体が、その正当性の源泉であるという右の前提の核心から、あまり遠くまで離れてしまうような者は、ほとんど存在しなかった。

だいたいにおいて言えば、社会科学者は、形式合理性と実質合理性との区別から生じる帰結に正面から取り組むということをなさなかったのであり、したがって、自らの社会的役割についての明確な反省意識と向き合うこともなかったのである。しかしながら、社会的世界が、自由主義《リベラリズム》のイデオロギーの観点から十分納得のいく程度に機能しているうちは――言い換えれば、たとえ不均等であっても着実に現実が進歩しているという楽観が広く受け入れられているうちは――右の問題は、知的世界の周縁に追いやっておくことができたのである。このことは、ファシズムという妖怪があれほどの力を得た暗い時代においてさえもそうであったと私には思われる。ファシズムの強力さは、進歩に対する安易な信頼を揺るがしはしたが、真にそれを掘り崩してしまうようなことは決してなかったのである。

合理性とその不満

私は、この節のタイトルに、ある引喩を選んだ。お分かりのとおり、シグムント・フロイトの重要な著作「文化とその不満」(7)からの引喩である。この著作は、そこでフロイトが提起している説明が、本質的に精神分析理論の観点から述べられているとしても、社会学の所説として重要なものである。根底にある問題は、フロイトが簡潔に述べてくれている。

われわれに課せられている人生はわれわれにとってあまりにも重荷で、われわれにあまりにも多くの苦痛・幻滅・解きがたい課題を押しつけてくる。人生を耐え忍ぶには、鎮痛剤が不可欠である（テオドール・フォンターネも、「補助的なフィクションなしではどうにもならない」と言っている）。この種の鎮痛剤は、おそらく、三種類に大別される。すなわち、われわれに自身の惨めさを軽視させてくれるほど強力な気晴らし、われわれの惨めさを軽減させてくれる代用満足、それに、われわれ自身の惨めさに対して鈍感にしてくれる興奮剤の三つである。なんらかの意味で、こうしたものを欠くことはできない。（25／四三九～四四〇頁）

しかし、人間が幸せになるのは、なぜかくも困難なのだろうか。フロイトは、人間の苦痛の三つの源泉を挙げている。

すなわち、自然の圧倒的な力、われわれ自身の肉体の脆さ、それに家族・国家および社会における人間相互の関係を律する制度の不完全さの三つである。これら三つの源泉の最初の二つについては、われわれの判断があまり長く動揺することはない。われわれは、これら二つの源泉の存在を認め、不可避なものは不可避なものとして、その前に膝を屈するほかはないのである。われわれが自然を完全に支配することはないだろうし、この自然の一片であるわれわれの身体組織は、未来永劫、適応と作業能力の点で一定の制約を持った存在でありつづけることだろう。こうした認識は、われわれの意気を阻喪させるどころか、むしろ反対に、われわれの活動を方向づけてくれる。すべての苦難をとりのぞくことはできないにしても、さまざまの苦難をとりのぞいたり和らげたりすることは可能で、われわれは、幾千年にもわたる経験によってそのことを確信している。ところが、第三の、いわば社会的な苦難の源泉に対しては、われわれはこれとは違った態度を取る。すなわちわれわれは、そもそもこの源泉の存在を認めようとせず、われわれ自身の手になる制度がむしろなぜわれわれのすべてにとって保護と恩恵を意味しえないのかを理解することができない。（43‐44／四四九頁）

このように述べた後、フロイトは歴史的に話を進めていく。一九二〇年代の著作として、彼は、われわれが苦痛の社会的源泉に対してとる態度についての考察を行ない、幻滅という要素が入ってくるということを指摘している。

われわれ人類は、最近の数世代のあいだに、自然科学およびその技術的応用の点で異常な進歩をとげ、自然に対するわれわれの支配権は、以前には想像できなかったほど確固たるものになった。これらの進歩のこまかい点は広く知られているとおりで、いちいちここに列挙するまでもない。われわれ人類はそれらの成果を誇りとしており、それもまた当然である。ところが、われわれの感じとしては、時間および空間を左右する力をこうして新たに獲得したことも、自然力をこのように自分の意のままにすることができるようになったことも、幾千年いだきつづけてきた夢が実現したことも、われわれが人生から期待している満足の量を増大してはくれず、われわれの幸福感を高めはしなかったらしいのである。（46／四五〇頁）

フロイトが述べようとしていることを考えてみよう。人びとは、自分たちの不幸の社会的源泉を取り除こうとする。それは、その社会的源泉が〔どうにもならない他の二つの不幸の源泉とは違って〕一見したところ唯一、真に取り除きうるものであり、これだけは完全に除去してしまえると彼らが信ずるからである。フロイトは、これが正しい認識であるかどうかについては語っていない。ただ、理解しうる認識であると言っているのみである。私は、自由主義《リベラリズム》が危険な階級に対して、最終的には不幸の源泉を除去しうる可能性が出てきたのだという希望を与えるものであったと先に述べた。このような主張が、〔危険な階級から〕あのように色よい反応を引き出せたのは当然だったのであり、保守主義と急進主義とが、自由主義《リベラリズム》を軸として再編成されざるをえなかったのも当然だったのである。さらに、自由主義者《リベラルズ》は、合理性を広めることを通じて、その成功を保証できると主張した。彼らは、自然科学において合理性が、明らかに成功を収めていることを指摘し、社会科学においても同様にうまくいくと断じた。それを保証したのは、ほかならぬわれわれ社会科学者であった。

フロイトは、人間が苦痛からおのれを守る方法に三つあると述べている。すなわち、気晴らし、代用満足、興奮剤の三つである。合理性の保証、進歩は確実なものであるという約束が、実際には、興奮剤の一形態——マルクスは「大衆のアヘン」と断じ、レイモン・アロンは「むしろ知識人階級のアヘン」とやり返した——であったかどうかを、問うてみることは、最低限すべきであろう。おそらく、マルクスもアロンも正しかったということになろう。そして最後にフロイトは、彼の時代において、その緩和剤に対する幻滅が始まったと主張している。ついに興奮剤の効き目が切れたのだ。中毒というものは、同じ効果を得るために、次第に一服一服の量が多くなってしまうものである。そして副作用がひどくなりすぎると、ある者は死にいたり、またある者はその習慣を断つことになる。

フロイトは、彼の時代にそのようなことが起こり始めていると考えたが、私は、一九七〇年代および一九八〇年代において、はるかに大規模に、そのようなことが起こったと考えている。結果として、生き残ったものはその習慣を大々的に断とうとしている。このことを理解するには、権力を手にしている者たちが、危険な階級の反抗に対処する際に用いた道具の問題にたちかえる必要がある。私は、そのような道具には三つのものがあると述べた。社会的イデオロギー、社会科学、そして社会運動である。だが、社会運動については、通常それが権力に抗する構造体を意味しており、権力を維持する基本的構造を完全に転覆することを目指す場合さえあるというのに、それを権力の道具であったなどと私が言っているのは、いったいどういうことかと訝られた向きもあろうかと思う。

社会運動についてのそのような通常の定義は、もちろん基本的には正しい。十九世紀に二つの主要な形態――労働／社会主義運動および民族運動――で登場した反システム運動は、たしかに権力に抗するものであり、多くの場合において、権力を維持する基本的構造を完全に転覆することを目指していた。それにもかかわらず、時がたつにつれ、これらの運動は、実際には権力構造を維持するための主要装置のひとつになってしまった。いかにして、そのような逆説的な結果が生じてしまったのか。陰謀というのが、その答えではない。一般的には、権力は社会運動を利用しようなどという企てを行なうものではないし、それらの運動の首導者を買収してしまうものでもなかった。場合によって、そのような陰謀が企てられることがなかったわけではないのはたしかであるが、それが基本的構造であったわけではないということである。さらにいえば、たいして重要なメカニズムでもなかった。真の説明は――大半の社会学者が、通常あらゆることに対して主張するように――構造的なものである。

世界の歴史を通じてあらゆる場所で、権力に対する大衆の反対は、蜂起という形態をとることを繰り返してきた。暴動があり、ストライキがあり、反乱があった。これらのほとんどすべては、直接にその引きがねとなるなんらかの状況があって起こったものであり、それに先だって組織的な基盤があったわけではないという意味において、散発的なものであった。結果として、そのような蜂起は、直近の状況の改善をもたらすことはあっても、持続的な社会変容をもたらすことは決してなかった。場合によっては、そのような反対が、宗教運動の形態――もっと正確に言うと、宗派、教団、ないしはその他の持続的組織構造の創造を伴ってしまうような反体制的な宗教観という形態――をとることがあった。世界の主要な宗教共同体の長い歴史は、そのような反体制運動が、より大きな宗教共同体の中の周縁的だが安定的な構造的役割に最終的には吸収されてしまい、その結果それが持っていた政治的反対の表現としての活力の大半を失ってしまう方向に流れるという面がある。

特にヨーロッパの十九世紀における、ポスト一七八九年的な雰囲気のなかでは、反体制運動は、もっと世俗的な現れ方をした。一八四八年の世界システムの革命は、ひとつの主要な転換点であった。大衆勢力が被った敗北のなかで、セクト的な謀略というやり方は、あまり実効がなくなってきているということが明らかとなった。引き続いて起こったのは、大きな社会改良であった。反システム的諸勢力は初めて、社会変容がもし生じるとすれば、それが計画によって、したがって組織によって行なわれなければならないという決定を下したのである。マルクス主義者が、社会主義／労働運動の内部で、無政府主義者に対して勝利を収め、さまざまなナショナリズム運動のなかで、政治的ナショナリズムが、文化的ナショナリズムに対して勝利を収めたのは、革命の官僚化――すなわち政治的権力の獲得をさまざまなし方で目指す基盤を準備するような持続的組織の創出――を支持した者が勝利したということにほかならない。

上に私の言う「革命の官僚化」には、それを支持する強力な議論があった。本質的には、それは三つある。第一に、権力は、より悪い可能性を避けるべく、やむをえずそうする場合のみにしか、重要な譲歩は行なわないものだという議論。第二に、社会的・政治的弱者は、その力を規律訓練された組織の内部に集積しない限りは、有効な政治的勢力とはなりえないという議論。第三の議論は、国家構造は日増しに強力となっており、国家構造の性格および人員を変えるという手段による以外には、権力を相当程度に移転させることなどありえないため、鍵となる政治的制度は国家構造にほかならないというものである。これら三つの公準のいずれについても、それに反論するのは、私には困難なように思われる。一八四八年の段階で、反システム運動に、このような革命の官僚化に代わる選択肢があったと考えるのは困難である。

それにもかかわらず、この薬には、致命的な副作用があった。一方で、この薬には効き目があった。その後、一〇〇年から二五〇年ほどの間、これらの諸運動の政治的な力は、着実に強力になり、それに応じて、これらの運動に対して与えられる政治的な譲歩も大きくなっていった。かれらは、その短期的な目標について、その多くを――「大半を」といってもよかろう――獲得した。しかし他方で、この過程の終わり――議論のためにとりあえず一九六八年の段階でとしよう――においては、状況は、大衆勢力の立場から見て、非常に不満足なものと思われるようになった。世界システムにおける諸々の不平等は一掃されたとはとても言いがたく、さらに言えば、それらの多くは、むしろ以前より悪化したようにさえ思われた。政治的意志決定への形式的な参加が、世界人口の大部分にとって、顕著な前進を見せたようである一方で、実際になんらかの力を得たと感じられたのは、そのうちのごく小さな割合のものだけであった。フロイトが言ったように、彼らは幻滅したのである。

なぜこのようなことになってしまったのか。革命の官僚化には裏面があったのである。非常に前のことだが、イタリアの社会科学者であるロベルト・ミケルス Roberto Michels が、その一例を記録している。そこにおいて彼は、革命の官僚化の過程で、いかに運動の首導者が変質し、実質的に腐敗堕落して牙を抜かれてしまったかを明らかにした。この知見は、今日では、ありふれた社会学的真理と見なされている。ミケルスの分析が見落としているのは、革命の官僚化が運動の後衛に与えたインパクトである。私には、むしろこちらの方が重要であるように思われる。

思うに、フロイトの興奮剤の議論がかかわってくるところも、ここなのだ。基本的に、反システム運動は、その成員およびその後衛たる追随者たちを陶酔させた。彼らは組織され、そのエネルギーを動員され、生活を規律訓練され、思考過程を構造化された。その陶酔をもたらした興奮剤とは希望であった。それは、彼らを手招きしている、合理的に考えうる将来における希望であり、それらの運動が権力の座についたときに構築される新しい世界の希望であった。これは、単に単純な希望というだけではなかった。むしろ、不可避の希望であった。歴史――それは神である――は被抑圧者の側にむかって進んでいた――それも、来世にではなく、いまここ、彼らが生き、少なくとも彼らの子供たちが生きることになる世界において。権力の観点に立つと、なぜ社会運動が変化を管理するための道具であると記述されうるのか、その理由がわかる。大衆の怒りが、社会運動によって導かれている限りにおいては、その怒りを制限することが可能なのである。官僚化された諸運動は、特権の擁護者にとって「正当な交渉相手」〔interlocuteurs valables：アルジェリア戦争の際に用いられた表現〕だったのである。これらの諸運動は、実質的に、権力の側からのある種の譲歩――そのなかには、運動の主導者層およびその子弟の社会的流動性も含まれている――が行なわれても、運動の後衛たる追随者にまではその恩恵がいきわたらぬように確実に制限を加えていたのである。二十世紀までには、真の革命を実質的に阻んでいる唯一のものは、革命運動そのものであるといってよいところまできていた。こういったからと言って、それらの運動が重要な改革をもたらさなかったということにはならない。実際、彼らは重要な改革をもたらした。彼らがなさなかったこととは、システム全体を変革することであった。そのような変革を、いつまでも先延ばしにすることで、それら諸運動は、システムの安定性を担保することになったのである。

一九六八年の世界革命は、大衆がその中毒的習慣を断とうとし始めた時に起こった。大衆による反システム運動のメッセージが初めて、世界の主要な反システム運動――西側世界の社会民主主義運動、オーデル川からヤールー川までのブロックにおける共産主義運動、アジアおよびアフリカにおける民族解放運動、ラテン・アメリカにおけるポピュリスト運動――自体の主導者に対して向けられたのである。中毒的習慣を断つのは、容易なことではない。一九六八年革命が一九八九年にその頂点に至り(8)、反システム運動に対する大衆の幻滅が、過去の教義形成によって作り上げられた忠誠のしがらみを克服するまでには、二十年という歳月がかかったが、最終的に、へその緒は断ちきられた。その過程は、一九四五年から一九七〇年の時期の社会の改善はすでに過ぎ去りつつある妄想であり、資本主義世界経済は、中核と周辺との間のいつまでも拡大しつづける格差を克服する普遍的な繁栄をもたらすような現実的展望など決して与えてはくれないという事実の現実性――それは、一九七〇年代および一九八〇年代に明らかとなった――から、力を得て進むことができたのである(9)。

この幻滅の結果が国家への反抗であり、これは、一九九〇年代に、世界的に目に付くようになった。それは、新自由主義《ネオリベラリズム》への転回として、やかましく唱導されている。しかしそれは実際上、自由主義《リベラリズム》、および国家によって実施される社会改良を通じての救済の見通しに対する反対である。またそれは個人主義への回帰としても、やかましく唱導されているが、実際上それは、集団主義の再興である。さらにそれは楽観主義への回帰としても、やかましく唱導されているが、実際のところそれは、深い悲観主義へ向かっている。何が起こったのかを理解する上で、先のフロイトの試論は、再び助けになってくれる。

人類の共同生活は、どんな個人よりも強く、かつどんな個人に対しても共同戦線を張る、複数の人間が集まったときに初めて可能になる。いったんこの種の共同体ができあがると、その力は「法」と呼ばれて、「剝き出しの暴力」として排斥される個々人の力と対置される。個々人の力が共同体の力にとってかわられるというこの現象は、人類の文化史上画期的なものである。この現象の本質は、これまで自分の欲求満足の可能性にいかなる規制も受けていなかったばらばらの人間が、共同体の一員になることによってその点で自身を規制するようになることである。すると、文化の次の段階としては、正義を要求する声――つまりこうしていったんできあがった法秩序が個々人のためにふたたび破られることがないようにという保障を求める声――があがってくる。このような経過でできた法が持つ倫理的価値云々の問題はいまの議論とは無関係である。それはともかくとして、その後の人類文化の発展の目標は、この法が、カースト・階級・民族など、小さな人間集団の意志の表明であり、その集団が他の集団――しかもひょっとするともっと多人数からなる集団――に対してまたしても暴圧的な個人と同じ関係に立つなどということがもはやないようにすることにあるらしい。そして、最終的には、すべての人々――少なくとも、その共同体の正式メンバーの全員――がそれぞれ自分の欲動満足を抑制することによって成立した法――そして、その共同体の正式メンバーの誰をも剝き出しの暴力の犠牲にするようなことのない法――の成立が期待されている。

個々人の自由などは文化財とはいえない。そんな自由は、いかなる文化もまだ存在しなかった時代においてこそ一番大きかったはずである。むろん当時はなんの価値もないことが多かった。なぜなら、そうした自由を守りおおせることなど、個人にはまず不可能だったのだから。この種の自由は文化の発展を通じて各種の制約に服することになり、しかも、そうした制約には共同体の全員が服することが正義の要求するところだった。人間の共同体内部にうごめいている自由への強いあこがれは、既成社会の不正に対する反抗としての意味を持ち、その意味では、文化のその後の発展の一翼を担い、文化と共存関係をつづけてゆくことができる場合もある。けれども、この種のあこがれはまた、文化の規制に服していない原始的人格の残滓から出ていて、文化に対する敵意にその基盤を提供することもある。すなわち、自由に対するあこがれは、文化の一定の形態なり要求なりに叛旗をひるがえすこともあれば、文化一般を敵視する場合もあるのだ。

(59‐60／四五六～四五七頁)

社会科学と実質合理性

今日、かつて合理性が与えてくれると思われた保証――権力に対して、また他方で、被抑圧者に対しても――は、全て消え去ったように思われる。われわれは「自由に対するあこがれ」に直面している。それは、実質的な不合理性を覆い隠す形式合理性への容赦ない屈従からの自由に対するあこがれである。自由に対するあこがれは、非常に強力になってきており、フロイトが述べるように、われわれの本質的選択は、主として文化の特定の要求にのみ叛旗をひるがえすか、もっと根底的に文化一般を敵視するか、というところにある。われわれは暗黒時代に入りつつあり、ボスニアやロサンジェルスの恐怖が、何倍もの規模で、いたるところで起こることになるだろう。われわれは知識人階級として、自分の責任に直面しているのである。そして最も有害であるのは、特定の政治を合理的であるとすることで政治的なるものを否認し、そうすることで、その長所・短所を直接に議論することを拒絶することである。

社会科学は、自由主義《リベラリズム》のイデオロギーの知的付属物として生まれた。もし今日依然としてそうでありつづけているならば、自由主義《リベラリズム》が死滅するのにともなって、社会科学も死滅するだろう。社会科学は、社会的楽観主義の前提の上に立脚しているからである。そんな社会科学が、社会的悲観主義に規定された時代に、言うべきことを見出しうるであろうか。われわれ社会科学者は、全面的に自己の性格を変えなければならないと私は考える。さもなければ、われわれは社会的に無意味なものとなり、なにかどうでもよい学問世界の片隅に追いやられて、忘れられた神への信心を捧げる最後の僧のように無意味な儀式に時間を空費しているとののしられることになるであろう。われわれが生き残るか否かの鍵となる要素は、実質合理性の概念を、われわれの知的関心の中心に取り戻すことにあると私は考える。

科学と哲学との間の乖離が、十八世紀末および十九世紀初めに決定的となった際、社会科学は、哲学ではなく科学たることを主張した。このように知が二つの敵対的な二陣営へと悲しむべき分裂を遂げたことを正当化して、科学はその真理の探求にあって実証的であるとされ、他方、哲学は形而上学的、すなわち思弁的であるといわれた。これは馬鹿げた区別である。というのも、あらゆる実証的知識には、不可避的に形而上学的基礎づけがあり、いかなる形而上学といえども、この世界の現実に訴えて示すことができなければ、つまり実証的標識がなければ、考慮に値しない。強要的、啓示的な真理から逃れようとする努力をするなかで、知識人は、かえって、形式合理性の神秘主義に陥ってしまったのである。われわれはみな、それに手を染めてしまっており、グラムシが想起させてくれたようにマルクス主義者も例外ではなかった。

また今日、それとは逆の方向に陥ってしまう傾向もある。幻滅から、知識批判の喚声が生じている。彼らは、科学の営みの不合理性について、非常に強力な議論を行なっている。彼らの言い分の多くは非常に健全であるが、行き過ぎてしまって、一種の虚無的な独我論にいきついてしまいかねない。そうなれば、われわれに何をもたらすこともなくなり、すぐに、その最も熱心な支持者でさえ、嫌気が差してしまうようになるだろう。それにもかかわらず、そのように彼らの弱点を暴露することで、彼らからの批判を受け流すというわけにはいかない。そのような道をたどるとしたら、われわれはみな、彼らと一緒に崩壊してしまうだろう。そうならぬよう、社会科学は、自己を再創造しなければならない。

科学者が社会的な基盤を持っており、彼らの精神が彼らの肉体からこれ以上脱け出るということもありえない以上、科学が没利害的ではなく、そうありうることもないということは認めなければならない。実証主義が無垢ではなく、常になんらかのア・プリオリな価値関与を前提としていることも認めなければならない。われわれの真理が普遍的真理ではなく、もし普遍的真理があるとすれば、それは複雑で、矛盾を孕み、多元的であるということも認めなければならない。科学は、より単純なるものの探求ではなく、複雑なるものに対して、最も説得的な解釈を追求することであるということも認めなければならない。あるものごとの直接の原因にわれわれが関心を持つのは、それがその最終的な原因を理解する上での里程標となってくれるからこそだということも認めなければならない。そして最後に、合理性というものが、道徳上の政治的選択を伴うものであり、知識人階級の役割は、全体としてのわれわれが持っている歴史的選択の選択肢を明らかに示すことだということが受け入れられなければならない。

われわれは、二百年間にわたって、誤った道をさまよい下ってきた。われわれは、他の者たちを誤った方向に導いたが、なによりも、われわれ自身が誤った方向に進んできたのである。われわれは、人間の自由と集団の福祉の獲得を目指す闘いの現実の場の外にしかいないことを思い知っている最中である。他のあらゆる人びとが（さらにいえば、いかなる人びとでも）世界を変革していく上で力になるという希望を、いやしくも持っているならば、われわれは、自らを変革しなければならない。われわれはなによりもまず、われわれの傲岸な態度を改めなければならない。われわれは、これらすべてのことを行なわなければならない。それは、社会科学には、世界に対して提供すべきものがたしかにあるからなのである。社会科学が提供しなければならないものとは、人間の知性を人間の問題に適用し、そうすることで、人間が潜在的に持っている力を実現する可能性にほかならない。その実現は、完璧というわけにはいかないかもしれないが、人類がこれまでに獲得してきたものよりも確実に多くのものをもたらそう。

注

(1)拙論 "The West, Capitalism, and the Modern World-System," *Review* 15, no. 4 (fall 1992) : pp. 561-619 参照。

(2)Steven Shapin, *A Social History of Truth: Civility and Science in Seventeenth-Century England* (Chicago : University of Chicago Press, 1994).

(3)Richard Olson, *The Emergence of the Social Sciences, 1642-1792* (New York : Twayne Publishers, 1993) 参照。

(4)Max Weber, *Economy and Society* (New York : Bedminster Press, 1968).〔以下、本文中、この著作からの引用は、原著では上記のベッドミンスター・プレス英訳版が用いられている。訳出にあたっては、『社会学の根本概念』(清水幾太郎訳、岩波文庫) および『ウェーバー』(中公バックス「世界の名著」) 所収の「経済行為の社会学的基礎範疇」(富永健一訳) を参照した。引用文の末尾に付されたページ番号は、原著の巻数およびページ数を先に、訳書の該当ページ数を後に記したものである (「概念」は『社会学の根本概念』、「範疇」は『経済行為の社会学的基礎範疇』をそれぞれ指す)。なお文脈に応じて、訳文に若干の補正を施した。〕

(5)拙論「世界史的事件としてのフランス革命」(『脱=社会科学』藤原書店、一九九五年、所収) 参照。

(6)拙著『アフター・リベラリズム』(藤原書店、新版、二〇〇〇年) 所収の「リベラリズムと国民国家の正統化——ひとつの歴史的解釈」および「国民的発展の概念　一九一七～一九八九年——挽歌と鎮魂歌」を参照。

(7)Sigmund Freud, *Civilization and Its Discontents* (London : Hogarth Press 1951).〔以下、本文中、この著作からの引用は、原著では上記のホガース・プレス英訳版が用いられている。訳出にあたっては、『フロイト著作集』第三巻 (人文書院) 所収の「文化への不満」(浜川祥枝訳) を参照した。引用文の末尾に付されたページ番号は、原著のページ数を先に、訳書の該当ページ数を後に記したものである。なお文脈に応じて、訳文に若干の補正を施した。〕

(8)Giovanni Arrighi et al., "1989, Continuation of 1968," *Review* 15, no.2 (spring 1992) : pp. 221-42.

(9)『アフター・リベラリズム』所収の拙論「平和、安定、正統性——一九九〇年から二〇二五／五〇年まで」を参照。

10

社会科学における分化と再構築

Differentiation and Reconstruction
in the Social Sciences

国際社会学会リサーチ・カウンシルでの発表
一九九七年八月六日、モントリオール

分化は、社会学の武器庫に収められた基本的な概念のひとつである。それはひとつの前提として、ある時点では、単一であると考えられていた職務、あるいは単一の個人ないし集団によって行なわれると考えられていた職務が分割されて、多元的な職務ないしは複数の主体によって行なわれるべき職務と考えられるようになる過程を指す言葉である。それは、組織形態論上の概念であり、したがって、いかなる種類の活動についても適用可能なはずの概念である。そして、それは、分業を帰結する過程である。

近代世界のメルクマールとなる特徴のひとつとして、分化の程度を挙げる議論が一方にある。分業は、定義上、効率性を向上させ、ひいては集団全体の生産性の増大をもたらすものであるというわけである。あきらかに、分業の程度が高ければ高いほど、諸主体が果たすべき役割は専門化し、したがって、個性化の余地が増大して、究極的には（世界規模で）多様性が増大するという結果になる。

これに対して、近代世界では、ゲマインシャフトからゲゼルシャフトへの移行が起こるという議論が他方にある。その過程は、共通の概念言語の流通の拡大と、合理的であるはずの、単一の価値体系の作用の拡大をもたらし、あらゆるものの統合が進んで、究極的には（世界規模で）均質性が増大するという結果になる。

このように、近代世界には、二つの過程があると言われており、両者はともに原理的なものでありながら、正反対の方向に向かうものである。また、上の両主張からは、均質性と多様性に、実質的にいかなる価値を置いているのかも、完全に判然とはしない。いずれがより重要な価値であり、それはどのような目的であって、またなぜなのか。多様性と均質性とのいずれかが、内在的に効率的なものであるというようなことは、明らかなことではない。さらに、われわれが、どちらの方向にむかってきているのかということについての実証の点でさえ、われわれの間に合意があるわけではない。近代世界は、ますます統合へ向かうものである（この場合、調和が示唆されている）という論者が多数いる一方で、近代世界は、ますます二極分解が進むものである（この場合、深い矛盾が示唆されている）と主張してやまない論者もある。この論争においては、両陣営はともに、均質性の方を望ましいと主張しているように思われるが、一方がそれが実現しつつあると考えているのに対して、他方は逆だといっているわけである。しかしながら、近代世界は、個人を社会的支配から、かつてないほどに自由にしたという論者がやはり多数いる一方で、社会的支配は（オーウェルの『一九八四年』のようなかたちにせよ、マルクーゼの言う「抑圧的寛容」のようなかたちにせよ）、かつてないほどに強まっていると論ずるものもある。この論争においては、両陣営はともに、均質性ではなく、多様性の方を望ましいと主張しているように思われるが、一方がそれが実現しつつあると考えているのに対して、他方は逆だといっているわけである。

知の構造についての分析を見てみると、世界システムの政治経済についての分析と、それほど変わらない状況があることに気がつく。多様性は拡大しているといわれている。今日、知は、多数の個別科学《ディシプリン》に分割されており、それぞれの個別科学《ディシプリン》の関心領域の細目は、続々と増え続けている。いわゆる専門分化ということである。それにもかかわらず、われわれの知の構造は、多くの時間的・空間的差異を超越するものであるように思われる。すなわち、普遍的な知が存在するという主張――真理を構成するものには、いかなる理論的な変種が存在する可能性も認めないという立場――の優越性は――実際のところ、それは優越どころか知の構造を支配している――近代の知の構造の規定的特徴であった。ここにおいても、均質性と多様性のいずれが望ましい帰結であるのかについて、われわれの間に真の合意を見出すことはできない。それどころか、今日のいわゆる「サイエンス・ウォーズ」や「カルチュラル・ウォーズ」の激烈さを見れば、この問題の評価について、学者世界の内部での分割がいかに深いものであるかが、はっきりとわかるというものである。

国際社会学会を見てみよう。この学会は、それ自体、数世紀間にわたる分化の産物である。マキャヴェリやスピノザ、あるいはモンテスキューでさえも、彼らがその著作をものしたときに、自分のことを社会学者とはよばなかった。それどころか、「社会学者」などというような概念自体が存在しなかったのである。さらに、「哲学者」と「科学者」というような、もっと広いカテゴリー間の区別も、いまだ判然とは存在しなかったのである。この「哲学」と「科学」との区別は、過去二百年間に創られてきた大学システムの根幹をなすものであるが、もともとは、デカルト主義的な人間と自然の二元論に基づいて案出されたものであり、十八世紀の末になって初めて全面的に具体化したものでしかない。社会科学は、科学と哲学の中間の第三の学問領域として――大学的な業界用語で言えば、自然科学諸学部《ファカルティ》と（呼称は言語によるが）人文諸学部《ファカルティ》とのあいだに――後から付け加えられた概念的カテゴリーであり、十九世紀にはじめて現れた。さまざまな社会科学の間に区別を設けた大学の個別の諸学部が登場したのは、やっと一八八〇年代から一九四五年の期間のことであり、世界の多くの地域で完全にその体裁が定まって制度化されたのは、一九五〇年代および一九六〇年代のことでしかない。

一九五〇年代になっても、国ごとの社会学者の学会大会は――国際社会学会と同様に――依然として、知的に統一された少数の学者の行事であった。その働きを進めるべく、国際社会学会は、まず単一の包括的な研究委員会を創り、次いで、特定の名称を持ったいくつかの委員会を設置した。今日、この学会には、五〇のそのような研究委員会があり、さらに多くの候補がひかえている。これは、国ごとの学会の大半でも――少なくとも相対的に大規模な学会では――同様の経過をたどったことである。このような専門化した諸構造を産み出す圧力が、今後も続き、さらに加速さえしかねないと考える根拠は充分にある。また、これらの研究委員会、ないしは、専門化した研究グループが、さらにその内部で細分化を起こしていったとしても、全く驚くべきことではないだろう。これは、健全な分業の証左なのか、それとも癌細胞の増殖のようなものなのか。生物学によると、その二つのモデルの間の区別は微妙であり、医学研究者自身、一方が他方に転化するのを正確に説明することは依然としてできていないのだという。われわれにはできるというのであろうか。

さらに問題はある。細分化が進むにつれ、下位集団がみな、いわば分離主義的になって、孤立していくようになると、知的に矮小化してしまっているという非難を呼ぶような雰囲気が生ずる可能性があるということである。これはすくなくとも組織論的には、全く起こりうることである。だが、実際のところは、まったくそうではない。分割が進めば進むほど、それぞれの下位単位は、侵略主義的になっていくように思われる。かつて経済学、社会学、そして歴史学は、それぞれ別の領域を占有していた。それはそれぞれ、明確に定義された別個の研究対象を――さらにいえば、研究様式を――持つ、全く異なる個別科学《ディシプリン》を構成するものであると考えられていた。しかし今日、経済学者は、家族がいかに機能するかを説明しようとし、社会学者は歴史的変容を説明しようとし、歴史家は、企業家の戦略を説明しようとしている。単純な検証方法をお教えしよう。まず、社会科学のさまざまな学会の国際大会を半ダースほど選んできて、その大会プログラムに挙がっている報告のタイトルを取り出す。そして、そのタイトルを適当に並べ替えて、それらのタイトルから、その報告が行なわれた学会がどれであるかを、社会科学者に問うてみるのである。私は、実際にこれをやってみたことはないが、おそらく、半分も正解すれば、非常に高い正答率ということになるだろう。つまり、いわゆる領域の相互浸透は——それは「学際性《インターディシプリナリティ》」の拡大という装いで飾り立てられる場合もある——信じがたいほどになっているのである。これは、効率性の向上を示しているのであろうか、それともその逆なのであろうか。国際社会学会大会のさまざまな研究委員会での報告を使って同じ検証を行なっても、どの報告がどの委員会で行なわれたかを同定するのは——最初に述べたいわゆる個別科学《ディシプリン》を同定する検証の場合ほど困難であるとは限らないかもしれないが——やはり同様に困難であろうと思う。それでも、一ダースとまではいかずとも、半ダースほどもの異なる研究委員会のいずれで行なわれてもおかしくないようなタイトルの報告は、たしかに存在すると思われる。

　このような多様性のなかの均質性の源泉は何なのであろうか。単純で構造的なひとつの解答は、規模である。今日、世界の研究者の数は、過去五百年間で見れば、もちろん莫大に増大しているし、過去五十年間で見ても、〔算術級数的ではなく〕幾何級数的な増大を示している。このことは、ひるがえって、組織上において、ふたつの現れ方をしている。第一は、依然として、研究者個々人は、自分のオリジナリティを示すよう要求されるということである。したがって、個々の研究者は、自分が占めるべき隙間《ニッチ》、ないしはアプローチ、ないしは確保された領域、ないしはともあれなにか、を探さなければならない。だが、そのようなものは、全員に行きわたるほどあるようには思われない。かくして、生き残り戦略として、密漁が盛んになったのである。しかしながら、密漁はオリジナリティの欠如を示してしまう以上、自分が密漁をしているなどということを認めるわけにはいかない。というわけで、だれもかれもが、自分流のものこそ、他のあらゆるものから、有意に区別されるべきものであると主張してやまなくなるわけである。第二に、研究者の数が増大するにつれ、彼らの集まる場の規模が大きくなり、運営が困難になって、知的な交流もうまくゆかなくなるということがある。そこで、より小さい規模のグループを求める動きが出てくるわけである。さらにこれは、二つの方法で求めることができる。ひとつは、エリート選抜によるものであり、もうひとつは、民主主義的な下位区分を行なうことによるものである。両者は、ともども生じており、たとえば、国際社会学会の研究委員会は、後者の実例たらんとしてきたわけであるが、規模の拡大につれて、エリート選抜を求める新しい圧力が内部から起こって、研究委員会の外部に、相対的に小規模なエリートのグループが形成されることになるかもしれない。

私のここまでの説明では、〔学会の〕下位区分が全般的な知の蓄積によって生じたものであるという点が抜けているということに気づかれた方もおられよう。これは、よくある説明である。知がひとりの個人が扱いうる規模を超えて大きくなり（つまり、以前には、ひとりで扱えたということが前提になっているわけだが）、その結果、専門分化が要請されたのだということである。知識の蓄積の拡大がたしかに起こったというのは言うまでもない。しかしながら、その増大が、多くの論者の言うほどであったかということについては、一定の懐疑を表しておきたい。それは、あまりにも安易で手前勝手な説明であり、自己矛盾を起こしてもいる。たとえばXというある領域における既存の知識が、X_1およびX_2という二つの領域への専門分化を必要とするほど大きいとして、誰がそれを知りうるというのであろうか。これは、Xの全領域を扱いうる者がだれもいないという前提に矛盾している。あるいは仮に、例外的に有能な者がそれを知りえたとして、そのような下位区分は、その例外的に有能な者によって有効と宣されたものとされるべきだと言うことなのだろうか。だが、実態がそうでないのは明白である。人びとは専門分化していき、それから、そのあとになって初めて、現実には何の証拠もなく、全般的な知の成長の結果として、それが必然であったと主張するものなのである。

いわゆる専門分化の多くが薄弱な知的正当性をしか持たないということで、それに対してさまざまな反応があった。ひとつは、防衛的な反応である。すなわち、ある専門分野（それがたとえばひとつの全体としての社会学であるにせよ、その下位区分であるにせよ）の自律性を理論的・方法論的に正当化しようとわずらわしい努力を行なうというものである。第二は、その反対の方向に向かって、「横断的」主題の探求を企てるものである。つまり、たしかに探求の領域にはいろいろと異なるものがある（たとえば、保健、教育、宗教など）と言ってもよいだろうけれども、それらの諸領域を分析する共通の方法というもの（たとえば、合理的選択論や葛藤理論）はあるのだと言う立場があるということである。横断的な主題設定は、普遍化を志向するものであり、したがって均質化を志向するものでもある。しかし組織論上では、下位領域の名称の多様性を縮減するどころか、むしろ専門化された単位の数とそれらの相互浸透を大規模に拡大する傾向を持つ。第三の反応は、横断的な主題設定をさらに越えるものを求める。つまり総合を求めるものである。総合を支持する者は、専門分化の現実および／あるいは重要性を否定することがしばしばであり、それは、特定の個別科学《ディシプリン》の内部においてのみならず、諸社会科学間においても、さらには、知の世界全体においても言われることがある。しかし、横断的な主題設定の場合もそうであったように、その知的な意図がいかなるものであれ、その組織論上の帰結としては、結局またひとつ別の専門分化をひきおこすだけに終わってしまうこともやはりしばしばである。あらゆる専門家の中で最も狭量なのは多芸多才の徒であるということについては、F・スコット・フィッジェラルドが、すでに一九二〇年代において、その著『華麗なるギャツビー』で辛らつに述べているところである。

では、お手上げということなのだろうか。そういうわけにはいかない。組織論上も、知的にもそうするわけにはいかないわけがあるのだ。組織論上では、下位区分の進行が、制御不能になりつつあるということがある。国際社会学会のリサーチ・カウンシルは、他の国際学会や各国学会の同様の機関と同様、新規のグループからの要求につきまとわれているが、それら新規のグループは、既存のグループと「相互浸透」しているように思われることが実に多い。新規のグループは、自分たちが今までになかったものだと常に強調するが、既存のグループはそれに対して、そのような新規の候補グループの関心は、既に存在しているグループの主題がカヴァーしているものだと応ずることがしばしばである。これは、組織論上でいうと、縄張り争いになってしまっているのであって、決定を下す側からすると、その場しのぎの機転と外交手腕という負担が重くのしかかるものである。時間がたてばたつほど、事態は悪化の一途であろう。もちろん、「なすにまかせよ」というところまで撤退することはできる。すなわち、一定の人数をそなえていれば、どのようなグループに対しても、研究委員会の形成を認可し、そのグループは自分たちで任意の名称を選んでもよいことにするということである。あるいは、化学の元素表のような形態論をつくりだして、その表のなかの空白欄を埋めるようなグループのみを認めるという布告を行なうことも不可能ではない。われわれの実情はといえば、右の二つの可能性の中間にある、知的にはあまりきちんとした規定のない根拠に従おうとしているが、そこからもまた、官僚的な恣意性に訴えるやり方が頭をもたげている。不公正であったとしても、そのような訴えが、組織論上の軋轢を生むことになるのである。

しかしながら、根本的な問題は組織論上のものではなく、知的なものである。その知的帰結の可能性ないしは蓋然性の観点からして、正しい組織運営をしているのであろうか。この問題は、教育の概念と同じくらい長い歴史を持っている。われわれのひとりひとりが、知的宇宙のなかのほんの一隅をしか研究していないということに疑いをはさむ者はない。また、われわれのひとりひとりが、自分と同じ一隅を、ないしは自分の隣の一隅を研究する者の著作を読み、および／あるいは、その研究者に語りかけたりすることが有用ではないなどという疑念をいだく者もいはしない。しかしながら、ただちに二つのことに気がつく。ひとつは、研究努力の場として、右でいう「一隅」のそれぞれは、互いに似通っているということである。それは、マクロなものを研究するか、ミクロなものを研究するかで、より困難であったり、より容易であったりするような話ではない。「ビッグバン」から現在までの宇宙を論ずる宇宙論の研究も、一一〇番電話における会話パターンの研究と同様に小さくも大きくもある「一隅」である。言いかえると、マクロ／ミクロの区別は、各人個別の「一隅」をよく研究する上で必要な時間や労力、および研究に先立つ訓練の量に、一切なんの影響もないということである。研究のプロジェクトとして、マクロがミクロよりも大きいということは全くない。それはただ、研究の対象となっている「一隅」の時空を定義づける境界が大きいということにすぎない。第二は、知的宇宙の「一隅」をどのように切り取ってくればよいのかということについて、それを規定する単純な図式というものは存在しないということである。あるいは、むしろ、そのような図式は無数に存在しているのだが、他の図式に対する明白な知的ヘゲモニーを獲得したものが存在しないということである。

しかし、第三に気がつくこととして——おそらく最も重要なことに——それらの図式は、それが知的な論点を切り開くのとちょうど同じ分だけ、閉じてしまうものでもあるということである。悪い図式もあれば、良い図式もあるというのではない。ある意味で、あらゆる学問の営みは、図式を確立する過程であり、そうすることによって、その他の可能性を閉め出してしまうことが、あらゆる知の目的であると考えることもできる。われわれが示そうとしているのは、物事はこうなのであって、ああではないということであり、このように知を獲得することが、あのようにするよりも望ましいのだということなのである。これは、誰しもがそうしていることだ。そして、それが相対的・一時的に成功していると認められると、「パラダイムが成長してきた」ということになるのである。

競合する複数のパラダイムの渦中にあって、より強力なパラダイムの支持者は、それが唯一の可能性だと論ずる傾向があり、より弱体なパラダイムの支持者は、自分たちが抑圧されていると主張するものである。後者の立場に立つ者には、諸パラダイム間の相対主義の議論——あらゆるパラダイムには平等に価値がある——を利用することがしばしばである。これが、弱さに起因する議論であるという事実を別にしても、これはやはり、誰も真に受けてはいない議論であり、実のところ、そのような議論をする者こそが、最もそんな議論を信じてはいないのである。ポストモダニストたちは、実証主義を無限にある諸パースペクティヴの世界のなかの、またひとつ別の視点に過ぎないなどと、本当に信じているのだろうか。もしそうなら、彼らはずいぶんと曖昧な物言いをしかしていないことになる。

私としては、パラダイムの可能性は複数あると考えているが、あるものの方が他のものよりも有効である、ないしは有用であると考えている。しかし、所与のパラダイムの有効性および有用性は、永久不変のものではなく、したがって、支配的パラダイムも決して、過去の栄光に安住することはできない。そのような支配的パラダイムは常に、知的挑戦とまじめに対峙するべきであり、まじめな批判の光に照らして、その基本的前提の再検討に時間を費やさねばならない。もちろん、ここで鍵となっている言葉は、「まじめ」ということである。現状維持を望む者の大半は、批判がまじめなものではないと主張するものであるが、多くの場合に顕著なことに、批判がまじめなものではないということの方が、むしろまじめではないのである。このことは、過去の学問の歴史を見るだけでわかることである。幅広く受け入れられていた叡智が、結局のところ放擲されてしまって、でたらめな誤謬であると見なされるというようなことは、あまりにもしばしば起こってきたことであって、ほとんど実例を挙げる必要もない。それにもかかわらず、受け入れられていた一群の真理が放擲された一群の誤謬へと転ずる直前に書かれた著作をひもとくと、実は崩壊の淵にあるその真理を知的に擁護しようと、熱烈な信念を奉じているのを見るのがほとんどの常である。実際のところ、それは熱烈であるというような生易しいものではなく、暴力的で、深く不寛容なものである。この歴史はわれわれを躊躇させる。

すると、決して消滅することのないそのような問題の観点に立った場合に、競合する諸パラダイムが知の構造を反映するとして、われわれの前にある問題は、現在という契機になにか特別なところがあるのか否かということになる。「ある」と私は考えている。われわれが、自分たちの下位領域のみならず、社会学をも、さらには社会科学をも越える方向に向かいさえすれば、何が特別なのかはわかると私は考えている。われわれは、われわれの大学システム全体を支えており、したがってわれわれの専門分化組織の支えともなっているデカルト主義的な図式が、十八世紀の末以来初めて、まじめな挑戦を受けている、そのような契機に生きていると私は考えている。この挑戦は実際、これからの五十年間において、相当な制度の再構築を引き起こしていくであろうと私は考えている。そして、われわれ全員が論争の対象たる基本的な認識論《エピステモロジー》的問題を検討することは、相対的に緊急のことであると私は考えている――すなわち、われわれのそれぞれの専門的関心から顔をあげて、全ての学者が共有する右の関心を直視すべきときなのだ。通常われわれは、そのような認識論《エピステモロジー》的問題を単にまた別の専門家の職域であるとみなして、自分はそのようなことに時間を費やしたくないと思っているのはたしかである。しかし、それはたいした議論もなく、われわれがいわば通常の働きをしているときにしか、言い得ないことである。しかるに、今日、論争の外に置かれてきた諸前提についての議論は先鋭かつ重要になっており、その意味で、われわれは通常期にあるのではないのである。

大半の社会学者の――そしてまちがいなく、大半の他の社会科学者も（さらに言えば、全ての学者の）――仕事の背後にある基本的な文化に対する最も根底的で根源に迫る挑戦は、概して社会学者によって無視されてきた、ないしはせいぜい、思考の前提として受け入れられているものに対する、あまり重要でない周縁的な見なおしであるかのように扱われてきたようなものである。それは、科学の構成要件についてのベーコン主義＝ニュートン主義的な考え方の有効性に対する挑戦である。少なくとも十七世紀以来、ニュートン主義のモデルは、科学のモデルとして神聖な地位を保ってきており、それは少なくとも一九七〇年代まで続いた。このモデルに対する挑戦は、そのときに初めて、科学者の共同体の内部で、それを科学の内部における問題として問いに開くに十分な組織力を獲得するに至ったのである。

科学社会学の諸問題――現在の時点で、そのような挑戦がどのように提起されているのか――は、しばらく措くことにする。また、プロジェクトとしての科学の有効性に対するさまざまな挑戦についても、ここでは措くことにする。というのも、私の見方では、それらは、なんら新しいものを代表してはいないからである。それらは、いわゆる科学と哲学との分離に引き続いて起こった「ロマン主義的」な科学批判の延長であり、個別性および主体性の肯定を主張するものである。それは、これらの挑戦が、その現在の形態において、強力でないとか、まして有意味でないなどということではなく、それらは内部からすでに崩れ始めているモデルを攻撃しているにすぎないということである。知の構造のなかで、科学に与えられるべき場所を再検討するとするならば、まず、自然科学がどの方向にむかっているのかに意識をしっかりと向ける必要がある。

われわれはみな、ニュートン主義のモデルには親しんでいる。だがそれでもやはり、その基本要素をおさらいしておこう。ニュートン主義モデルは、実在の物質的存在として宇宙があると主張する。また、その宇宙に存在するものはすべて、普遍的な自然法則に支配されており、科学とは、その普遍的な自然法則が何であるかを明らかにする営みである。それらの法則を知りうべき唯一確実な、ないしは有用な方法は、実証的調査によるものであり、特に、実証的に証明されていないにもかかわらず、なんらかの権威（聖俗いずれにせよ）が知であると主張するものは、知としての資格を欠くものである。実証的調査は、計測を伴うものであり、計測が精確になればなるほど、データの質は向上する。計測機器は工夫して創り出されるものであり、つねに改良されるものである。したがって、その精確さにおいて擬似的に完璧であるような計測に達するようなことは原理的にありえないなどと考える理由は存在しない――ニュートン主義モデルの主張とは以上のようなものである。

だが、これで全てというわけでもない。ニュートン主義モデルによれば、自然法則の最も適切な表記法は、最も単純にして、かつ最も多数の自然現象を対象として含むような表記である。ニュートン主義モデルによれば、究極的には、単一の方程式で、全ての知識を表記できるようになるはずである。ニュートン主義モデルによれば、大半の自然現象が描く軌道は線形的であり、そのような軌道はつねに均衡に復そうとする傾向がある。そしてニュートン主義モデルによれば（反証が挙がらない限り真と見なすにしても、最も理解しがたいのは、この点なのだが）全ての法則は数学的に「可逆的」である。つまり、自然の諸過程を理解する上で、時間は無関係だということである。したがって、われわれがある法則を知っており、いわゆる初期条件なるものを知っていれば、いかなる過程についても、その未来（ないしは過去）の位置と量とを予め（ないしは遡って）言い当てることができるということになるのである。最終的に、ニュートン主義的モデルの主張では、一見そのように均衡へ向かわないような振舞いをする、いかなる過程も、実際にはそうではなく、やはり均衡へ向かうことになる。（均衡に向かわぬように見えてしまうのは、）われわれの観察が、実在のその過程の作用を見逃したことに起因するのであって、よりよい計測機器が創り出されれば、右の教条と適合する過程を知りうるようになるというわけである。

さて、右のニュートン主義モデルの諸前提にかわって、複雑性研究と呼ばれることもある別のモデルの諸前提を、ごく最近、イリヤ・プリコジーヌが要約してくれているので、それを見てみることにしよう[1]。彼は、基本的なことを二つ主張している。科学は、複雑性に基礎を置く新しい形態の合理性への移行のさなかにある。その移行の目指す先は、決定論の合理性の彼方、したがって既に決定された未来の合理性の彼方である。そして、未来が所与ではないという事実は、基本的な希望の源泉である。

古典科学のヴィジョンであった反復、安定性、そして均衡の遍在にかわって、複雑性研究は、不安定性、進化、そしてゆらぎを――社会的領域のみならず、自然的領域の最も根源的な諸過程において――いたるところに見る。プリゴジーヌは、このような移行を、「幾何学的宇宙から物語的《ナラティヴ》宇宙へ」と呼んでいる。そこでは、時間の問題が中心的問題となる。自然と人間とは別のものではなくなり、たがいに疎遠なものでもなくなる。しかしながらこれは、人間が、古典科学が描くような自然のように機能しているからではなく、まさにその逆であって、自然の方が、通常の人間像のように作用しているからなのである。

　プリゴジーヌはここから、科学の否定ではなく、科学がより普遍的なメッセージを発する必要を引き出している。均衡は存在しないのではなく、例外的かつ一時的現象なのである。あらゆる構造は、時間の経過とともに均衡から離れていく。「主体はあらゆるものから生じる一方で、そのあらゆるものの一部でもある」(68)。時の矢は、宇宙に共通の要素なのである。時間は、あらゆるものを同じ方向に成長させている一方で、あらゆるものを分化させてもいる。進化は多元的である。確率は、真理の劣位形態でなく、われわれが無知なるがゆえの便法である。確率は、動態的均衡につねに新しい統計的な解が存在するという事実から派生するものである。システム内の相互作用は連続的なものであり、その連続性が過程の不可逆性を構成して、相関関係をますます増大させていく。人間のみならず、物質も記憶を持っているのだ。

　したがって、反復の経験の一方で、人間は第二の経験、すなわち創発性の経験を持つ。これら二つの経験は、両立不可能なものではなく、選択の問題でもない。われわれは、ふたつながらに、それらの経験を持つのであり、それらは、ふたつながらに現実の一部である。より普遍的な形態の科学は、決定性と恣意性のあいだの「狭い通路」を探求しなければならないのである。

　思うに、社会科学に対する含意は明白である。法則定立的《ノモセティック》な認識論《エピステモロジー》と個性記述的《イディオグラフィック》な認識論《エピステモロジー》とのあいだの区別、すなわち、かの一大論争たる「方法論争《メトーデンストライト》」は、消えうせる。あるいはむしろ、このような科学の読みは、法則定立的《ノモセティック》な見方を不可能にする（法則定立的《ノモセティック》な見方がニュートン主義的前提に立脚している以上、そうなってもおかしくはない）が、同時に、個性記述的《イディオグラフィック》な見方の方も不可能になってしまうということである。なぜなら、個性記述的《イディオグラフィック》な認識論《エピステモロジー》がその正当性の根拠としている特徴自体が、いまや科学の営みのなかに存しており、それは〔古典〕科学の聖地とも言うべき物理学にも入り込んでいるからである。複雑性研究の含意からは、われわれが秩序と呼んでいるもの、つまり合理性についての問いが提起されるが、われわれが無秩序で無意味な世界を生きているという主張を伴うものではない。またそれは、〔データの〕精確性という目的そのものに対して、また〔データの〕精確性と有効性（ないしは信頼性）とのあいだの相関関係の前提に対しての疑義を提起する。そしてそれは、意思疎通がたしかに存在し、したがって言表のなかには、より有効なものとそうでないものとがあるという原則を保持しつつ、価値中立的なものがありうるのか、あるいはありえたのかについての問いを提起する。

それはあたかも、われわれみなが今日まで四百年間ほども住み続けてきた建造物を破壊し、全く同時に、われわれの頭上を覆うなんらかの天蓋を――比喩的に言えば、その天蓋は、かつてよりも多くの光を通すものとなろう――支えるべき新しい支柱をうち建てようとしているかのごとくである。科学はまさにその始まりにあるとプリゴジーヌが論じているのもむべなるかなである。社会科学は、最も複雑なシステムを研究する努力であり、ゆえに諸科学の女王たるのみならず、諸科学のなかで最も困難なものとなる。しかしながら同時に、社会科学は、科学（自然科学までも含めて）にとっての真理の認識論《エピステモロジー》が、引き出されるべき領域となるのである。

われわれに、そのような中心的役割を果たす覚悟はできているのだろうか。ほど遠いというべきだろう。われわれの多くは、外に向かって突き進むのではなく、内側へと掘り進むばかりであるからである。新規の専門分野へと細分化がどこまでも続いていき、他の横断的諸専門分野との相互浸透がますます進んでいくという「危機」は、機能や活力の消失の徴候ではなく、むしろ、ニュートン主義科学の時代の終焉を真に認識する覚悟ができていないために、延命的に構築してきた理論的負荷の重みにたえかねて、古い構造が崩れ落ちようとしていることの徴候であるかもしれない。われわれもまた、社会科学の古い構造を破壊しつつ、同時になんらかの新しい天蓋を支える新しい支柱を構築することができるだろうか。しかして、その天蓋は、社会科学のみを覆うに過ぎないものになるのだろうか、それとも、再統一された単一の知の世界――人間と自然との区別もなく、哲学と科学との分離もなく、真の追求と善の追求の乖離もない知の世界――を覆うことになるのだろうか。われわれは、知の構造を再構築しつつ、社会科学を脱思考《アンスィンク》することができるのであろうか。

私にはわからない。実際のところ、複雑性研究に拠れば、それを知りうるものはいないのである。しかし、それを実際に目指すことはできる。われわれがそのような知的課題を自らに課すとするならば、われわれの組織構造に対しては、どのようなことが示唆されるであろうか。最低限のこととして、われわれの組織および人事上の境界の解釈について、きわめて柔軟に対応すべきこと、そしてあらゆる場において、知的な協同作業を促進すべきことは言いうるであろう。おそらくいつの日か、われわれが十分に開かれ、知の世界の再構築が十分進んだとき、われわれは再び、当面の間、閉じる方向にむかって、「個別科学《ディシプリン》」や専門分化について語ることもできよう。しかしそれは、契機として存在するものではない。個人としておよび全体として、われわれ社会科学者を開くこと。それは、選択肢として存在するものではない。それは、知がその生命を保ち、意義を失わないために必要な、千年紀単位の戦略なのである。

注

（1）これらの記述はすべて、イリヤ・プリゴジーヌ Ilya Prigogineの“La fin de la certitude,” *Représentation et complexité*, ed. E. R. Larreta (Rio de Janeiro : Educan／UNESCO／ISSC, 1997), pp. 61-84 からのものである。本文中、以下の引用も上記同論文からの引用である。プリゴジーヌのこの論文は、国際社会科学カウンシル上級評議会が主催したコロキアムに提出されたものであり、あわせて提出された他の論文とともに、社会科学に対するプリゴジーヌの著作の含意を論ずるために書かれたものである。

11

ヨーロッパ中心主義とその化身

社会科学のディレンマ

Eurocentrism and Its Avatars:
The Dilemmas of Social Science

国際社会学会東アジア地域コロキアム「東アジアにおける社会学の未来」における基調講演
一九九六年十一月二十二〜二十三日、韓国・ソウル

社会科学は、その制度としての歴史を通じて――すなわち、大学システムの内部に、社会科学を講ずる学部が現れて以来ずっと――ヨーロッパ中心的であった。これは、まったく驚くには値しないことである。社会科学は、近代世界システムの産物であり、ヨーロッパ中心主義は、近代世界のジオカルチュアの枢要な構成部分である。さらに、制度的構造として、社会科学は、概してヨーロッパに起源を持つものである。ここで「ヨーロッパ」というのは、地図上の表現というよりは、文化的な対象のことを指している。その意味では、過去二世紀間についての議論において「ヨーロッパ」と言えば、概して西ヨーロッパおよび北アメリカを一体のものとして指すものとする。事実、社会科学の諸学科《ディシプリン》のある場所といえば、少なくとも一九四五年にいたるまで、圧倒的に次の五カ国であった。すなわち、フランス、イギリス、ドイツ、イタリア、そしてアメリカ合衆国である。今日においてさえ、活動としての社会科学はグローバルに普及しているにもかかわらず、世界の社会科学者の大多数は、依然としてヨーロッパ人である。社会科学は、ヨーロッパが世界システム全体を支配していた頃の歴史上のある時点において、ヨーロッパの諸問題に応えるべくして現れた。その研究の主題内容、その理論構成、その方法論、

そしてその認識論《エピステモロジー》の選択が、なにからなにまで、それを定式化した場の制約を反映しているのは、ほとんど不可避といってよいことであった。

しかしながら、一九四五年以降の時期に、アジアおよびアフリカの脱植民地化が起こり、くわえて、非ヨーロッパ世界のいたるところで、先鋭化した政治意識が湧きあがってくると、世界システムの政治と同様に、知の世界にも影響が出てきた。今日から見て——実際のところは、少なくとももう三十年ほど前からそうなのであるが——そのような影響のうちの重要なもののひとつが、社会科学の「ヨーロッパ中心主義」に対する攻撃——厳しい攻撃——である。もちろんこの攻撃は本質的に正当なものである。社会科学が二十一世紀になんらかの進歩をとげるとするならば、現代の世界の諸問題に対する分析を歪め、それに対処する能力を損ねているヨーロッパ中心主義の残滓は、克服されなければならない。それは疑いをいれぬところである。しかしながら、そうするとしても、ヨーロッパ中心主義を構成するものが何なのかを注意深く検討する必要がある。というのも、以下に見るように、ヨーロッパ中心主義は、ヒドラのようにいくつも頭を持った怪物のごときものであって、いくつもの化身があるからである。その怪物は、なかなか一刀両断というわけにはいかないのである。実際、注意を怠ると、その怪物と闘っているつもりが、実はヨーロッパ中心主義的前提を用いてヨーロッパ中心主義を批判しており、そのため、学者の共同体にかかったその怪物の手を、さらに強めてしまうことにもなりかねないのである。

社会科学がヨーロッパ中心的であると言われる際には、少なくとも五通りの言い方がある。その五通りは、互いに曖昧に重なり合っているので、論理的に隙のないカテゴリーの集合を構成しているわけではない。しかしながら、それら五通りそれぞれの立場からの言い分をひととおり確認しておくのは、無駄なことでもないであろう。社会科学のヨーロッパ中心主義性は、以下の五つの点に現れてきたと論じられている。①歴史記述《ヒストリオグラフィ》、②その普遍主義の偏狭性、③（西洋）文明についての諸前提、④オリエンタリズム、⑤進歩の理論の押しつけ――以上の五つである。

歴史記述《ヒストリオグラフィ》

これは、ヨーロッパが近代世界を支配したのを、特にヨーロッパが史的に成し遂げたことの賜物であるとして説明することである。このような歴史記述《ヒストリオグラフィ》は、おそらく他の説明をする場合にも根源的な重要性を持っていようが、同時に、最も明白に素朴な形態のものであり、最も容易にその有効性が疑問に付されうるものである。過去二世紀間において、ヨーロッパ人が世界のトップの座にあったことは、疑問の余地がない。全体として、ヨーロッパ人は、最も富裕で、最も軍事的に強力な国々を支配していた。ヨーロッパ人は、最も進んだ技術を有し、そのような先進技術を創り出していたのも、主としてヨーロッパ人であった。これらの事実はだいたいにおいて異論のないところであり、実際、説得的な形で異論をさしはさむのは困難である。問題は、このように権力および生活水準の点で、ヨーロッパと世界のその他の地域とで差が生じたのはなぜかということである。ある種の答え方として、ヨーロッパ人は、なにかしら素晴らしく、世界の他の地域の人びととは異なることをなしたのだというものがある。これは、「ヨーロッパの奇跡」[1]を語る学者のいわんとするところにほかならない。ヨーロッパ人は産業革命を起こした。あるいは、持続的成長を成し遂げた。あるいは、近代性《モダニティ》を、資本主義を、官僚化を、個人の自由を、というわけである。もちろん、その場合、それらの用語をかなり慎重に定義して、それらの新しい企てのいずれのことであるにせよ、本当にヨーロッパ人がそれを起こしたのか、あるいは、そうであるとして、それがいつのことであったのかをはっきりさせる必要がある。

しかし、たとえ定義や時期について合意が得られ、したがっていわば現象の現実について共通の了解が得られたとしても、実際には、ほとんどなにも説明したことにはならない。というのも、さらにわれわれは、その特定の現象を起こしたのがヨーロッパ人であって、他の人びとではなかったのはなぜなのか、そして、なぜヨーロッパ人が、歴史のその時点においてそれをなしたのかを説明する必要があるからである。そのような説明を追求する際、大半の学者の本能は、歴史を遡って、それに先行すると考えられているものに向かう。十八世紀にせよ、十六世紀にせよ、ヨーロッパ人がXということをなしたとすると、おそらくそれは、十一世紀における彼らの先祖（ないしは、先祖ということになっている者——先祖といっても生物学的にそうというよりは、文化的にそうということであるかもしれないし、実際明示的にそう主張される場合もあるからである）が、Yをなしたからだとか、Yであったからだとかいうことになる。しかもその先祖は、紀元前十五世紀や、さらにそれ以前に求められることさえあるのである。十六世紀から十九世紀に起こったなんらかの現象がいったん立証されると（あるいは少なくとも、そのような現象があったと主張されると）そこから、本当の決定変数を求めて、それ以前のさまざまな時点のヨーロッパの祖先にさかのぼって考えていくような説明は、われわれのだれもが、いくつも思いつくところであろう。

　ここには、別に隠されてもいないにもかかわらず、長い間議論されてこなかった前提がある。その前提とは、十六世紀から十九世紀のヨーロッパに責任が帰される新案物がなんであるにせよ、その新案物は良いものであり、ヨーロッパが誇るべきもののひとつであり、世界のその他が羨むべき——少なくとも感謝すべき——もののひとつであるというものである。この新案物はひとつの功績であると認識されており、無数の著作の表題を見るだけで、この種の評価の存在が裏付けられるものである。

　世界の社会科学が実際に歴史を書く際の歴史記述《ヒストリオグラフィ》が、かなりな程度、そのような現実認識を表明するものであるということは、私には、ほとんど疑う余地のないことのように思われる。このような認識が、さまざまな立場から疑義に付されうることはいうまでもなく、実際ここ数十年間に、そのような疑義の声は高まってきている。ひとつの疑義の提起のしかたとして、十六世紀から十九世紀の、ヨーロッパ内部、および世界において起こったことの描き方として、それが正確であるかを問う方法がある。また、その時期に起こったことの文化的前提とされているものが説得的であるかということを問うことができるのもたしかである。また、十六世紀から十九世紀の歴史を、もっと長い持続のなかに――数世紀から数万年――埋めこんでみることもできる。そうすれば、十六世紀から十九世紀のヨーロッパによる「功績」は、それほど顕著なものではなく、むしろ循環《サイクル》的にやってくる事態のひとつであり、ヨーロッパに第一の勲功が認められるような功績というわけではないというような議論になるのが通常である。また最後に、新案物自体はたしかにあったと認めつつ、しかしそれはプラスの成果というよりは、マイナスの成果をもたらすものであったと論ずることもできる。

この種の見直し主義《リヴィジョニスト》的な歴史記述《ヒストリオグラフィ》は、その細部において説得力のあるものであることがしばしばであり、その成果が積み重なってきているのはたしかである。あるところまで達すると、〔ヨーロッパ中心主義の〕正体の暴露ないしは脱構築が浸透するということになる可能性はあり、そうなればおそらく、対抗理論がそれにとってかわることになろう。このようなことは、たとえば、フランス革命の歴史記述《ヒストリオグラフィ》に起こりつつある（ないしは既に起こった）ことであるように思われる。そこでは、少なくとも一世紀半にわたって、フランス革命に関する文献を支配していた、いわゆる社会解釈派の歴史記述《ヒストリオグラフィ》が、ここ三十年間で、挑戦を受けるようになり、ある程度まで倒されつつある。おそらくわれわれは現在、近代の基本的な歴史記述《ヒストリオグラフィ》において、そのような、いわゆるパラダイム・シフトに突入しつつあるのであろう。

しかしながら、そのようなシフトが起こる際には必ず、われわれは慎重になって、一歩ひいたところから、古い仮説にかわる新しい仮説が、実際のところ、古いものより説得的なのか、そしてなにより、かつて支配的であった仮説の背後にある枢要な前提から本当に切断されているのかを評価するべきである。それこそが、近代世界におけるヨーロッパの「功績」を前提とするような歴史記述《ヒストリオグラフィ》との関連で私が提起したい問いである。それは攻撃を受けている。そこで代替物として提起されているのは何なのか。そしてその代替物は、どの点で、これまでとは異なっているのか。しかしながら、この大きな問題に取り組む前に、ヨーロッパ中心主義に対するその他の批判についても、見ておかなくてはならない。

普遍主義

普遍主義は、あらゆる時間と空間とを越えて有効な科学的真理が存在するという見方のことである。過去数世紀間のヨーロッパ思想は、だいたいにおいて、強力に普遍主義的であった。それは、知識活動としての科学が文化的勝利を収めた時代であった。科学は、特権的な知の様式および社会的言説の全権者としての哲学を、その地位から追い落とした。ここで言う科学とは、デカルト＝ニュートン主義の科学である。その前提は、世界が、線形的な均衡の過程という形態をとる決定論的な諸法則によって支配されており、普遍的で可逆的な均衡として、そのような諸法則を記述することによって、あとは、一定の初期条件群についての知識さえ得られれば、未来および過去のいかなる時点のシステムの状態についても、これを予測することができるというものである。

このことが社会的知識に対して持つ意味合いは、明らかなように思われる。すなわち、社会科学者は、人間行動を説明する普遍的な諸過程を発見するものであり、彼らが立証できる仮説がどのようなものであれ、それは時空をこえて成り立つものと考えられ、あるいは、時空をこえて成り立つものとして述べられるべきということである。また、学者は価値中立的な分析者として働いている以上、その学者の個性などは関係のないことである。さらに、諸過程は一定不変であると考えられている以上、データが正しく取扱われていれば、実証がなされる場も本質的には無視しうることになる。しかしながら、背後に歴史的発展のモデルの存在を仮定している限りにおいて、〔法則定立的《ノモセティック》な科学の立場というよりはむしろ〕歴史的・個性記述的《イディオグラフィック》なアプローチを取る学者の場合でも、結果はそれほどかわらない。あらゆる段階論は（いくらでもいる中からごくわずかを挙げるとして、コントやスペンサーのものにせよ、マルクスのものにせよ）、いわゆるホイッグ史観――現在がこれまでで最良の時代であり、過去は不可避的に現在に至るものであったという臆見――の理論化に端を発している。そして、きわめて実証主義的な歴史の著作でさえ――それが、どれほど理論化の傾向に対する嫌悪を表明していても――それにもかかわらず、無意識に段階論を下敷きにしてしまいがちなのである。

法則定立的《ノモセティック》社会科学の没歴史的・時間可逆的形態と、歴史家の通時的段階論の形態とを問わず、十六世紀から十九世紀のヨーロッパで起こったことがなんであれ、それはあらゆる地域に適用可能なパターンを代表していると主張する――それが、人類の不可逆的な進歩の歩みであるからであるにせよ、人間の基本的必要の充足を、その実現に対する人工的な障害を取り除くことを通じて成し遂げるという過程を代表しているからであるにせよ――という点で、ヨーロッパの社会科学は、断固として普遍主義的であった。あなたが今日のヨーロッパで目にしているものは、単に望ましいものであるだけではなく、あらゆる地域の未来の姿でもあるのだ、というわけである。

普遍化的な理論は、特定の時間および場所における個別の状況が、あきらかにそのモデルに適合しないということを根拠に批判されるのが常である。また、普遍的一般化は、本質的に不可能なことであると主張する学者がいなくなったこともない。しかし、過去三十年間に、近代社会科学の普遍化的な理論に対する第三の攻撃が行なわれるようになってきた。その主張は、普遍的であると称する諸理論は、実際には普遍的ではなく、むしろ西洋の歴史のパターンがあたかも普遍的であるかのような呈示のしかたをしているに過ぎないというものである。ジヨゼフ・ニーダムは、すでにかなり前に、「ヨーロッパ中心主義の根本的過誤とは……近代の科学・技術が、実際にはルネサンスのヨーロッパに起源を持つものであるにもかかわらず、普遍的なものであり、したがってあらゆるヨーロッパ的なものが普遍的であると暗黙に仮定していることである」(2)と指摘している。

このように、社会科学は、それが実は個別主義的であるということで、そのヨーロッパ中心性が非難されてきた。それは単にヨーロッパ中心的なのではなく、きわめて偏狭であるということである。近代社会科学は、とりわけそのような偏狭さを乗り越えるものであることを自負するものであったので、この批判は骨髄に徹するものであった。このような非難が妥当である限りにおいて、それは、単に普遍的命題があらゆるケースを説明しうるような形では定式化されてこなかったと主張するよりも、はるかに有効だったのである。

文明

文明とは、未開や野蛮と対照を成す社会的性格のまとまりを指す言葉である。近代ヨーロッパは、自らを単に多くの「文明」のなかのひとつではなく、それ以上のなにかであると考えていた。ヨーロッパは(ただひとり、あるいは少なくともとりわけて)「文明化」した存在であることを自認していたのである。この「文明化」した状態を規定するものが何であるかについては、ヨーロッパ人の間においてさえ、明白な合意があるところではなかった。あるものにとっては、文明とは「近代性《モダニティ》」に包含されるもの、すなわち、技術の発達、生産性の向上、ならびに歴史的発展および進歩の存在を信奉する文化であった。またあるものにとっては、文明とは、家族、共同体、国家、宗教制度など、他の全ての社会的主体に対する個人の自律性の増大を意味していた。またあるものにとっては、文明とは、日常生活における粗暴ではない振舞い、最も広い意味における社会的マナーを意味していたし、さらにまたあるものにとっては、文明とは、正当な暴力の範囲が縮小し、残虐行為の定義が拡大することを意味していた。そしてもちろん、多くの者にとって、文明は、以上の諸特徴を複数ないしは全てあわせもつことを伴うものであった。

十九世紀におけるフランスの植民者たちが、「文明化の使命」を語っていたとき、その意味するところは、植民地征服という手段によって、フランスが(ないしは、もっと一般的にヨーロッパが)、非ヨーロッパ人たちに、右の文明の諸定義に含まれる価値や規範をおしつけるということであった。一九九〇年代において、西洋諸国のさまざまな集団が、世界のさまざまな地域の——もっとも、それは常に非西洋地域なのだが——政治状況に「干渉する権利」を語る時、彼らは、まさにそのような文明の諸価値の名のもとに、そのような権利を主張しているのである。

文明的諸価値、世俗的・人道的諸価値、近代的諸価値など、それをどう指示しようとも同じことであるが、社会学というものが、それらの価値をヒエラルキーの頂点におしあげたのと同じ史的システムの産物である以上、このような価値群が社会学に浸透してしまっているのは予期できるとおりである。社会科学者は、彼らが探求に値すると思う諸問題(社会的問題、知的問題)の定義に、そのような諸価値を取り込んだ。彼らは、それらの問題の分析に用いるべく案出した概念に、それらの諸価値を取り込み、それらの概念を測るべく利用した指標にも、それらの諸価値を取り込んだ。概して社会科学者が、自分たちの社会政治的選好のゆえに、意図的にデータを誤読したり歪曲したりすることはないと主張している以上、彼らが「われわれは価値自由たらんとしているのだ」と強く主張してやまないのは当然である。しかし、そのような意味で価値自由であることは、観察された諸現象の史的重要性についての決定という意味で、価値判断が不在であるということを意味するものではいささかもない。これはいうまでもなく、ハインリッヒ・リッケルトが、彼のいわゆる「文化科学」(3)の論理的特殊性について論じた際の議論の中心にほかならない。社会的重要性を評価するという意味での「価値」を無視することは不可能なのである。

たしかに、「文明」についての西洋的および社会科学的前提は、「文明」の多元性という概念と完全に相反するわけではない。文明的諸価値の起源についての問い、たとえば近代西洋世界において、それらの諸価値が、もともとどのように現れてきたのか(あるいは、現れてきたと言われているのか)というような問いをたててみれば必ず、その答えとして、それが、過去の西洋世界に長く続いた独特の諸傾向の産物であるということになるのは――古典古代および/あるいはキリスト教中世やヘブライ世界の遺産だとか、両者の組合せの遺産だとか(この組合せは、ユダヤ＝キリスト教的遺産と改称・再定義されることもある)、いろいろ言い方はあるが――ほとんど避けられない。

これら一連の仮定群に対しては、いくらでも反論を提起することができる。近代世界ないしは近代ヨーロッパ世界は、その語がヨーロッパ内で通用するような意味合いで、本当に「文明化」していたのか、ということに対しても疑義が提起されている。それについては、マハトマ・ガンジーの有名な警句がある。「ガンジーさん、西洋文明について、あなたはどのようにお考えですか」と問われたガンジーは、「結構な考えだと思っているがね」と答えたのである。くわえて、古代ギリシア＝ローマあるいは古代イスラエルの諸価値が、その他の古代諸文明の諸価値よりも、いわゆる近代的諸価値の基礎を成す上で、より強いつながりがあったという主張も反論を招いている。そして、近代ヨーロッパが一方でギリシア＝ローマを、他方で古代イスラエルを、その文明の前提であると主張することが説得的でありうるかどうかということも、自明というにはほど遠い。実際、文化的起源として、ギリシアを考える者と、イスラエルを考える者との間には長らく論争があったのである。この論争の両陣営は、それぞれ相手の主張の説得性を否定した。この論争自体が、そもそもある文明が別の文明から派生したというような発想の説得性に疑いを投げかけるものである。

いずれにせよ、仏教の起源の地がそこだからというような根拠で、日本が――日本の文化史上、仏教は中心的な位置を占めるようにはなったが――自らの文明的先駆者としてインド文明を挙げるような主張をするなどというものがあろうか。今日のアメリカ合衆国と古代ギリシア＝ローマやイスラエルとの間の文化的距離は、日本とインド文明との文化的距離よりも近いというのだろうか。つまるところ、キリスト教は、連続性を示しているどころか、ギリシア＝ローマやイスラエルからの決定的切断を画しているということを立証してしまう。じっさい、キリスト教徒たちは、ルネサンス期にいたるまで、まさにそのような主張をしていたのである。古代からの離脱という考え方は、今日でも、キリスト教会の教義の一部ではないであろうか。

しかしながら今日、諸価値に関する議論が前景化している場は、政治的領野である。マレーシアのマハティール首相は、アジア諸国がヨーロッパ文明の諸価値の一部あるいは全部を拒否しても、「近代化」は可能であり、またそうすべきであるという主張を行なっている点で、きわめてはっきりとした立場に立っている。また彼の見解は、他のアジア諸国の政治的指導者たちにも、広く影響を与えている。また、「価値」論争は、当のヨーロッパ諸国の内部においても――特に（といっても、唯一ではないが）アメリカ合衆国において――「多文化主義《マルチカルチュラリズム》」についての論争として、中心的問題となっている。実際、そのような装いをまとった現在の論争は、社会科学の諸制度に大きなインパクトを与えており、文明なるものの単一性を前提とすることを否定する学者たちが集まって、大学の内部に、いろいろな新しい組織が誕生するようになってきている。

オリエンタリズム

オリエンタリズムとは、非西洋諸文明の諸特徴についての様式化・抽象化された言表のことを指している。それは「文明」概念の裏面に相当するものであり、アヌワル・アブデル＝マレクとエドワード・サイードの著作[4]を嚆矢として、公の議論の大きなテーマとなった。オリエンタリズムは、それほど昔ではないころまで、名誉ある称号であった[5]。オリエンタリズムとは、ヨーロッパ中世に端を発すると称する知の様式である。ヨーロッパ中世において、キリスト教の学僧のなかに、非キリスト教の諸宗教を、その文献の言語を学び、注意深く読解することで、よりよく理解するという課題を自らに課する者が出たのである。もちろん、彼らはキリスト教の信仰を真理とし、異教徒は改宗するのが望ましいことであるという前提に立っていたわけであるが、それにもかかわらず、彼らは、それら異教の文献を、それらがいかに倒錯的であっても人間文化の表現として、まじめに受け取ったわけである。

オリエンタリズムが、十九世紀に世俗化したときも、その活動形態は、あまり変化しなかった。東洋学者《オリエンタリスト》たちは、言語を学び、文献の読解を続けた。その過程で、彼らは二元的な社会的世界観に立脚し続けた。キリスト教徒／異教徒の区別にかわって、西洋／東洋ないしは近代／非近代という区別が立てられた。社会科学においては周知の二項的な考え方が、続々と現れた。軍事社会と産業社会、ゲマインシャフトとゲゼルシャフト、機械的連帯と有機的連帯、伝統的正統性と合理的＝法的正統性、静態と動態などなどである。これらの二項対立は、通常、オリエンタリズムの文献に直接関係するものではないが、最も初期に現れた、このような二項的な考え方のひとつに、ヘンリー・メインのいう身分と契約があり、それが明示的に、ヒンドゥーとイギリスの法システムの比較から引き出されたものであったということを忘れるべきではない。

東洋学者《オリエンタリスト》たちは、非西洋文明の文化を理解（ドイツ語で言う verstehen）するために、その文献の浩瀚な研究に自らの人生を捧げることで、自分たちはその文明に共感的な理解を熱心に示す者であると自認していた。そのようにして彼らが理解した文化が、その文化とは別の文化的背景を持つものが構成した社会的構成物であることは言うまでもない。攻撃の対象となっているのは、そのような構成物の有効性である。攻撃は、以下の三つの水準で行なわれている。第一、その概念が実証的現実に適合しない。第二、抽象化が過度で、そのため実証的多様性が抹消されている。第三、ヨーロッパ的偏見を外挿するものである。

しかしながら、オリエンタリズムに対する攻撃は、学問的に質が悪いということへの攻撃にはとどまらないものであった。それはまた、そのような社会科学的概念が招く政治的帰結に対する批判でもあったのである。オリエンタリズムは、支配勢力としてのヨーロッパの地位を正統化する、さらに言えば、近代世界システムの枠組のなかでのヨーロッパの帝国的役割を守るイデオロギー的仮面として、主たる役割を果たすものであったということである。オリエンタリズムに対する攻撃は、実体化に対する一般的な攻撃とむすびつけられるようになり、社会科学の語り《ナラティヴ》を脱構築しようとするさまざまな努力と連合するようになった。さらに言えば、「オクシデンタリズム」という対抗言説を創り出そうとする非西洋の側からの試みも、例えば「五四運動から一九八九年の天安門事件の学生デモに至るまで、近代中国における反伝統主義的なあらゆるエリート言説も、ともに広範にオリエンタリズム化されており(6)」、そこでは、オリエンタリズムが崩されるというよりは、むしろ支えられていたのである。

進歩

進歩、その現実、その不可避性は、ヨーロッパ啓蒙主義の基本的主題であった。西洋哲学の全歴史に、その痕跡を跡付けようとするものもある(7)。いずれにせよ、それは、十九世紀ヨーロッパではコンセンサスとなっていた見方であった（さらに言えば、二十世紀の大半においてもそのままであった）。社会科学は、進歩の理論を深くすり込まれたものとして、構築された。

進歩は、世界史の背後にある原因を説明するものとなり、またほとんどあらゆる段階論の根拠となった。そればかりか、あらゆる応用社会科学の原動力となった。われわれは、社会的世界をより良く理解するために社会科学を学ぶのだと言われたが、それは、そうすれば、どこにおいても、より賢明なし方で、より確実に進歩を加速できるからであった（あるいは少なくとも、その途上にある障害を取り除く助けになるからであった）。進化ないしは発展の比喩は、単に事実がこうであると描写しようというだけのものではなかった。それは、事態にこうするべきだと指示を出す誘因となったのである。社会科学は、ベンサムのパノプティコンから、社会政策協会(Verein für Sozialpolitik)、ベバリッジ・リポート、その他の無数にある政府委員会、そして戦後刊行されたユネスコの人種主義に関するシリーズ、さらには、アメリカの教育システムに関するジェームズ・コールマンの一連の研究にいたるまで、政策決定者の助言者（婢《はしため》?）となってきた。第二次大戦後、「低開発国の開発」は、社会科学者が、非西洋世界の社会的・政治的再編成において、政治的な口出しをする際に必ず引き合いに出された正当化のためのお題目であった。

進歩は、単に前提とされたのでも、単に分析の対象となったのでもない。それは、押しつけられたものでもある。その態度はおそらく、先の「文明」の項で論じたのと、それほど変わらないものであろう。ここで特に強調しておかねばならないのは、文明という概念が無垢なカテゴリーではなくなってしまい、疑いの目を向けられるようになり始めた時（主として、一九四五年以降のことであるが）に、カテゴリーとしての進歩は生き残り、文明にかわって用いるのにちょうど良いどころか、それ以上のものとなって、どことなくかつてよりも良い感じをただよわせるようになった。進歩の観念は、ヨーロッパ中心主義の最後の砦、頼みの綱として役立ったように思われる。

進歩の観念が、保守的な批判者から常に攻撃されてきたのは言うまでもないが、それら保守的な立場からの抵抗の活力は、一八五〇年から一九五〇年の時期に劇的に衰えたということはできよう。しかし、少なくとも一九六八年以来、保守主義に再び活力が戻り、左翼には新たな信条が見出されて、進歩の観念に対する批判が新たに突発してきた。しかしながら、進歩の観念を批判する方法には、いくつもの異なるやり方が存在した。ひとつには、これまで進歩と呼ばれてきたものは偽の進歩であったが、真の進歩というものは存在し、ヨーロッパ版の進歩は詐欺ないしは詐欺未遂であったと論ずるやり方がある。またひとつには、人間には「原罪」ないしは、永遠に続くサイクルというものがあるがゆえに、進歩などというものは存在しないと論ずるやり方がある。さらにまた、エコロジー運動の立場に立つ非西洋の批判者の一部が論じているように、ヨーロッパはたしかに進歩を知ったが、いまやその果実を世界の他の人びとの手の届かぬところにとどめておこうとしていると主張することもできる。

しかしながら、明らかなのは、多くの者にとって、進歩の観念がヨーロッパ的観念であるというラベルを貼られているということであり、したがって、ヨーロッパ中心主義に対して攻撃が加えられているということである。しかしそのような攻撃は、非西洋の他の人びとのなかに、非西洋世界のある一部ないしは全部に進歩をもたらそうとする努力をしている者もあることと全く矛盾する。そのような者たちは、ヨーロッパを追い出そうとはしているが、進歩まで追い出そうとはしていないからである。

以上のヨーロッパ中心主義のさまざまな形態およびヨーロッパ中心主義批判のさまざまな形態は、必ずしも首尾一貫した像を構成するものではない。われわれが試みてみてもよさそうなことは、中心的な論争を評価することである。制度化された社会科学は、ヨーロッパでひとつの営みとして始められたということは既に指摘した。それは、ヨーロッパの歴史的役割、特にその近代世界における歴史的役割を誤読し、大きく誇張し、そして／あるいは歪曲することによって、社会的現実について誤った像を描いてきたと非難されてきた。

しかしながら、批判者たちは、本質的に三つの異なる（そしていくぶん矛盾した）種類の主張をおこなっている。第一は、ヨーロッパがなしたことが何であれ、他の諸文明もまた、それをなす過程にあったのであり、ヨーロッパがそのジオポリティクス上の力を使って、世界の他の地域におけるそのような過程を中断させるまで、それは続いていたのであるという主張である。第二は、ヨーロッパがなしたことが何であれ、それは他の諸文明が既に長らくなしてきたことの延長にあるものに過ぎず、ヨーロッパ人は、一時的にその先頭に立っただけであるという主張である。第三は、ヨーロッパがなしたことが何であれ、それは、これまで不正確にしか分析されておらず、不適切な議論の押しつけに従属していて、科学に対しても、政治的世界に対しても、危険な帰結をもたらしていたという主張である。三つのうち最初の二つは、広範に提起されているものだが、私に言わせれば「反ヨーロッパ中心主義的ヨーロッパ中心主義」に陥っているように思われる。第三の議論は、疑いなく正しいものであり、きちんとした関心を払うべきものであると私には思われる。それにしても、「反ヨーロッパ中心主義」とは、いったいどのような奇怪な生き物なのだろうか。以下、上の三つの議論を順にそれぞれ検討しよう。

たとえば、中国とかインドとかアラブとかムスリムといった「文明」の枠組のなかで、完全な近代資本主義の登場につながるような文化的基礎と社会政治的発展パターンは存在したとか、それらは実際、そのような方向に向かう過程にあったというような主張をする者は、二十世紀を通じて存在した。日本の場合には、そのような議論はさらに強力で、近代資本主義は確かにそこで成長しており、それはヨーロッパにおける成長と別個にかつ同時代的に生じたものであると主張される。このような議論の大半のものの核心には、発展段階論（マルクス主義的なものであることが多い）があり、そこから論理的に当然導かれることとして、世界のさまざまな地域は全て、近代《モダニティ》なり資本主義なりへ向かう平行な道をたどっているということになるのである。このような形態の議論は、一方で世界のさまざまな文明地域の特殊性と社会的自律性を、また他方でそれら全てを覆う共通のパターンへの従属を、ともども前提としている。

この種の議論のほとんどあらゆるものが、所与の文化圏およびその歴史的展開に特化したものである以上、議論の対象となっている文化圏のそれぞれのケースについて、その歴史としての説得力を検討しようとすると、膨大な作業となってしまう。私はここではそのようなことをしようとは思わない。私が指摘したいのは、この線に沿った議論には、それがどの地域を対象としていようが、ひとつの論理的限界および知的帰結というものがあるということである。その論理的限界はまったく明白である。世界の他のさまざまな地域が、近代《モダニティ》／資本主義へ向かう道をたしかにたどっているのだとしても――しかもおそらく、ずいぶん長い道のりをすでに進んできているのだとしても――最初にその近代《モダニティ》／資本主義にたどり着き、結果として「世界を征服」したのが、西洋ないしヨーロッパであったという事実を説明するという問題は、依然として残されているからである。この点では、問題はふりだしに戻ってしまう――なぜ、西洋に近代《モダニティ》／資本主義が現れたのか。

もちろん今日では、抵抗というものが常に存在したということを根拠にして、深い意味でヨーロッパは世界を征服してはいないと主張する者も現れてきている。しかし、これは私には、無理をした現実の読解であるように思われる。結局のところ、地球の大部分を覆う植民地征服は現実であった。能動的なものにせよ、受動的なものにせよ、さまざまな形態の抵抗がつねに存在したのはたしかだが、本当にそれらの抵抗がそれほどすさまじいものであったのなら、今日われわれが論ずるべきことなど何もないことになる。非ヨーロッパ的主体を主題とすることにこだわりすぎると、ヨーロッパの犯した罪をすべて――少なくともその大半を――洗い流してしまうことになってしまう。これは、それらの批判者たちが意図するところではないように思われる。

いずれにせよ、ヨーロッパの支配がいかに一時的なものとなる運命にあったとしても、やはりそれを説明する必要はある。この線に沿った議論を追求している批判者の大半は、ヨーロッパが、いかに世界のそれぞれの地域で内発的におこっていた過程を中断させたかを説明することに、より大きな関心を払っており、なぜヨーロッパにそのようなことが可能であったのかということを説明することには、それほど関心がない。もっと的確に言えば、そのような行ない――功績であるとされているそのような行ない――に対するヨーロッパの勲功を貶めようとすることで、それが功績であるということ自体は逆に確認してしまっている。すなわち、その理論は、ヨーロッパを「悪の英雄」にしてしまっているのである。ヨーロッパは確かに悪であるが、同時にまちがいなく、その語の劇的な意味において「英雄《ヒーロー》」なのである。というのも、競争において最後のスパートをかけ、最初にゴールラインを切ったのはヨーロッパだったからである。そしてさらに悪いことに、それほど深読みするまでもなく、この議論には、中国やインドやアラブにも、同じことをなしえるチャンスがなかったわけではなく、そればかりか、そうするつもりでもあったというような含意がある。つまり、彼らとて近代《モダニティ》／資本主義に乗り出し、世界を征服し、資源と人民とを搾取し、むしろ彼らこそが「悪の英雄」の役回りを演じたいと思っていたのだということになってしまう。

このような近代史観は、その反ヨーロッパ中心主義のなかに、きわめてヨーロッパ中心主義的なところがあるように思われる。なぜなら、それは、ヨーロッパの「功績」の重要性（つまり価値）を、まさにヨーロッパの定義したかたちで認め、その上で単に、その他の者たちも、そうなしえる機会はあったし、実際それを目指していたのだと主張しているにすぎないからである。ただなんらかの偶然的理由によって、ヨーロッパが一時的に他に抜きん出る機会を捉え、他の者の発展に無理矢理干渉したのだということである。「われわれもヨーロッパ人になりえたのだ」という主張は、ヨーロッパ中心主義に反対する方法としては、ひどく説得力を欠くものであるように思われる。実際のところ、それは、ヨーロッパ中心主義的な思想が、社会的知識に対してもたらした最悪の帰結を確認するものとなってしまっている。

ヨーロッパ中心主義的分析に対する異論の第二の系統は、ヨーロッパのなしたことに真に新しいことなど何もないというものである。この線に沿った議論は、中世末期の時点で、さらには、それよりずっと前の時代において、西欧は、ユーラシア大陸の周縁的（周辺的《ペリフェリー》）でしかなかったということを指摘するところから説き起こす。そこでの西欧の歴史的役割および文化的功績は、世界の他のさまざまな地域（たとえばアラブ世界や中国）の水準を下回るものでしかなかった。これは、少なくとも第一次的な一般化としては、疑いなく正しい。しかしそのように言う批判者は、そこから性急に飛躍して、ヨーロッパを、数千年の生成過程にある「世界《エキュメーネ》」ないしは世界構造の構成のなかに埋め込んでしまう。[8] これは説得力のない話ではないが、私の見るところ、この「世界《エキュメーネ》」のシステムとしての有意味性は立証され尽くしたものではない。それから、彼らの議論の流れの三つめの要素に入る。すなわち、それ以前からの西欧の周縁性と千年単位で構築されてきたユーラシア「世界《エキュメーネ》」から考えるに、西欧で起こったことが何であれ、それは特別なものではなく、単一のシステムの史的構成においていくつもあった例のひとつでであるに過ぎないというわけである。

この最後の議論は、私には、考え方としても歴史の叙述としても、非常に誤ったものであると思われる。しかしながら、その立証をここでやり直す気はない。[9] ここでは単に、これがいかに反ヨーロッパ中心主義的ヨーロッパ中心主義に陥っているかを強調するだけにしたい。論理的に言って、それは、資本主義がなんら新しいものではないという議論をすることを必要とする。実際、ユーラシア「世界《エキュメーネ》」の発展の連続性を主張する者のなかには、そのような立場をとるものもいる。ヨーロッパ以外の所与の文明も、ヨーロッパが干渉してきた際には、発展の過程の途上にあったと論ずる者たちの〔先の第一の〕立場とは違って、ここでの議論は、われわれ人類は、みなで一緒に、その過程を進んできたのであり、したがって、ある意味では、全世界（少なくとも全ユーラシア

「世界《エキュメーネ》」）が数千年にわたって、すでに資本主義的であったわけであるから、特に近代に資本主義へ向かう発展があったというわけにはいかないと言っていることになる。

まず指摘させていただきたいのは、これが、自由主義的経済学の古典的立場そのものであるということである。それは、アダム・スミスが「人間にはある物を他の物と取引し、交易し、交換しようとする〔人間本性上の〕性向」があると論じているのと、実質的に同じことを述べている。それは、異なる史的システムの間の本質的差異を消し去ってしまっている。中国人とエジプト人と西欧人とがみな、歴史的に同じことをしているのだとすれば、それらが異なる文明、異なる史的システムであるというのは、いったいいかなる意味においてであるというのだろうか。[11] ヨーロッパに与えられた勲功を消し去ったあとに、ほかに与えるべき勲功はまだあるのだろうか。全人類に与えるよりほかにはあるまい。

しかし、繰り返しになるが、最も問題なのは、近代ヨーロッパがなしたことを、ユーラシア「世界《エキュメーネ》」の帳簿上につけてしまうことによって、ヨーロッパ中心主義の本質を成すイデオロギー的主張——近代《モダニティ》（ないしは資本主義）は、奇跡的かつ素晴らしいものであるが、同時に、なんらかのかたちで万人がつねに行なってきたことの単なる延長に過ぎないものでもあるという主張——をうけいれることになってしまうことである。つまり、ヨーロッパの勲功を否定することによって、ヨーロッパの罪科も否定しているわけである。もしヨーロッパによる「世界の征服」が、「世界《エキュメーネ》」がずっと続けてきた行進の最近の一部にすぎないというのであれば、それのどこが恐ろしいというのか。これは、ヨーロッパに対して批判的な議論であるどころか、かつて「世界《エキュメーネ》」の「周縁」にあったにもかかわらず、ついに他の（先覚の）叡智を学んで、これを成功裏に応用したものとして、むしろヨーロッパを喝采する含意を持つ議論である。

そして、その後に無言の殺し文句が続く。ユーラシア「世界《エキュメーネ》」が何千年も続く一本の道筋をたどってきたのであって、資本主義的世界システムがなんら新しいものではないのだとしたら、その道筋が永遠には続かない、あるいは少なくとも無限に長い期間続くものではないということを示す議論には、どのようなものがありうるというのだろうか。資本主義が十六世紀（ないしは十八世紀）に始まったのではないとしたら、それが二十一世紀に終わるなどということは、たしかにありそうにないことである。個人的には、私はそうではないと考えており、最近のいくつかの著作のなかで、それを示そうとしてきた。[12] しかしながら、ここで私が主たる眼目としたいのは、この線に沿った議論が、いかなる点でも反ヨーロッパ中心主義的ではないということである。なぜなら、それは、ヨーロッパが、その世界支配の時代に推し進めてきた基本的価値群を受け入れるものであり、そうすることで実際には、世界の他の地域の過去および現在の尊厳たる、それと競合する価値体系を否定および／あるいは毀損するものであるからである。

思うに、われわれは、社会科学におけるヨーロッパ中心主義に対抗する拠点として、より健全な基礎、および、より健全にその目的を追求する様式を見つけ出す必要がある。先の第三の形態の批判――ヨーロッパがなしたことが何であれ、それは、これまで不正確にしか分析されておらず、不適切な議論の押しつけに従属していて、科学に対しても、政治的世界に対しても、危険な帰結をもたらしていたという主張――は、たしかに正しい。われわれは、ヨーロッパのなしたことはプラスの功績であるという前提を疑ってみるところから始めなければならない。われわれは、資本主義文明が、その歴史的生命において成したものについて慎重にプラスとマイナスの対照表を書いてみて、実際に、プラスの方がマイナスよりも大きいのかどうかを評価する作業にとりかからねばならない。これは、わたしもやってみたことのあることであるが、他の人びとにも、同じことをやってご覧になられるよう勧めたい。[13] 私が書いてみた対照表では、全体としてマイナスとなった。したがって、私は資本主義システムが人間の進歩を示すものであるとはみなさない。むしろ私はそれを、このような特定のタイプの搾取システムに対する歴史的防御機構が破綻した結果であると考えている。中国、インド、およびアラブ世界、ないしその他の地域が、資本主義へと向かわなかったという事実は、それら地域の方が、いわば毒性に対する免疫が強かったことを示すものであると考えている。これは彼らの歴史的功績なのだ。その功績を、なにやら余計なものとして説明しさってしまわねばならないものへと変じてしまうのが、ヨーロッパ中心主義の典型的形態であるというのが私の見解である。

はっきりと言わせていただこう。あわゆる主要な史的システム（文明）には、つねに、ある程度の商品化があり、したがって商業化があった。結果、市場において利潤を追求する人びとは、常に存在した。しかし、「資本主義的」な企業家や商人もいるという史的システムと、資本主義的なエートスと実践とが支配的になっている史的システムとでは、まるで世界が違うのである。近代世界システム以前の、それらその他の史的システムのそれぞれに起こったのは、資本主義階層が過度に富裕になったり、過度な成功を収めたり、既存の諸制度の中で過度にでしゃばってきたりすると必ず、他の制度的集団（文化的、宗教的、軍事的、政治的）が、その実体的権力と、利潤志向的階層を抑圧・封圧する必要を主張するような価値体系との両方を利用して、資本家層を攻撃するというものであった。結果として、自分たちのやり方を、その史的システムにおいて優先されるものとして認めさせようとする、資本主義的諸階層の欲求は満足させられることがなかったのである。彼らは、蓄積した資本を、露骨かつ暴力的に奪われることもしばしばであり、いずれにせよ、彼らの存在を抑制する価値や実践に従わざるをえなかった。私が、ウイルスを封じ込める抗毒素という言い方で言いたいのは、このようなことである。

西洋世界で起こったのは、ひとつの契機として生じた（つまり、複合状況的・偶発的に生じた）一群の特定の理由によって、その抗毒素が十分に手に入らなかったか、十分な効き目をもたなかったかして、ウイルスが急速に広まり、その後からでは、もはやその効果を逆転させようとしても、それまでのような脆弱性は失せてしまっているということが明らかになったということである。十六世紀のヨーロッパ世界経済は、資本主義化し、もはや後戻りはできなくなった。ひとたび資本主義が、この史的システムにおいて凝集し、このシステムが不断の資本蓄積の優先によって支配されるようになると、そのシステムは、他の史的システムに対して、ある種の強さを獲得し、全地球をその範囲に物理的に吸収するまで地理的に拡大することが可能になった。そのような全面的な拡大を成し遂げた史的システムは、これが初めてである。

しかしながら、資本主義がこのようにヨーロッパという場から離脱し、そうして全地球を覆うところまで拡大したという事実は、これが不可避であるということも意味しないし、望ましいものであるということを意味するものでもないし、いかなる意味でも進歩であるということにはならない。そして、反ヨーロッパ中心主義史観は、この点を断固主張するところから説き起こさねばならない。

したがって私は、この史的システム、すなわち資本主義的近代世界システムから現れた普遍主義的教義において普遍主義的ならざるものを再検討したいのである。近代世界システムは、それ以前のものとは有意な差異を持つ知の構造を発展させてきた。その差異とは、科学的思考の発展であると言われることが多いが、実はそうではないということは、いかに近代科学の進歩が素晴らしいものであろうとも、明白であるように思われる。科学的思考自体は、近代世界のはるか以前にさかのぼるものであり、あらゆる主要な文明圏に存在するものである。中国については、ジョゼフ・ニーダムが行なっている大編纂事業において見事に示されている。(14)

近代世界システムの知の構造に固有のものは、むしろ、「二つの文化」という考え方にある。科学と哲学／人文学との間の根源的な乖離――私としては、「真の探求と善および美の探求との分離」と規定したいところだが――を制度化した史的システムは、他には存在しない。実際、そのような乖離を、神聖なものとして近代世界システムのジオカルチュアに安置するのは、それほど容易なことではなかった。分離が制度化されるまでには、実に三世紀という時間がかかったのである。しかしながら、今日それは、ジオカルチュアの根本となっており、われわれの大学制度の基礎を成している。

このような概念的分離によって、近代世界は、価値中立的な専門家というめちゃくちゃな考え方を展開することができるようになった。そのような専門家たちが行なう客観的な現実の評価が、単に意思決定（その語の最も広い意味において）の設計のみならず、社会政治的選択の基礎を成したのである。科学者たちは、集団的な評価から防護され、実質的に専門官僚《テクノクラート》の一部に吸収されたおかげで、知的な現実的妥当性をもはや持ってはいないような権威の手からは解放された。しかし同時に、その背後でわれわれが過去五百年間行なってきた主要な社会的決定は、実質的な（「実質的」とは「専門的」の反対語である）科学論争から取り除かれてしまった。科学と社会政治的決定とを、それぞれ対岸にあって無関係なものとする発想はヨーロッパ中心主義を維持する上で核となる考え方である。なぜなら、ヨーロッパ中心主義的な命題以外の命題は、普遍主義的命題としては、受け入れられなくなってしまうからである。つまり、右のような二つの文化の分離を強化するような議論は、いかなるものであっても、ヨーロッパ中心主義を支えるものとなってしまうのである。近代世界の特殊性を否定するならば、知の構造の再構築を促す説得的な議論をする道はひとつもなくなってしまい、したがって、既存の世界システムに代わる、理解可能かつ実質的に合理的な可能性に至る道もひとつもなくなってしまう。

過去約二十年ほどの間に、このような二つの文化の分離の正当性は、初めて、有意な挑戦を受けた。例えばエコロジー運動の意義もそこにある。またこれはヨーロッパ中心主義に対する公的な攻撃の背後の中心にある問題である。それらの挑戦は、いわゆるサイエンス・ウォーズやカルチュラル・ウォーズという結果を生んでいるが、それらもまた、しばしば蒙昧主義的で議論の混乱を招いている。再統一され、したがって非ヨーロッパ中心主義的な知の構造の登場に、われわれが立ち会おうというのであれば、この中心的問題を回避するようなわき道へそれないということが絶対的に肝要である。今日嘆かわしい危機にある世界システムに代わる新しい世界システムを構築しようというのであれば、われわれは、真の問題と善の問題を同時に、かつ不可分のものとして扱わなければならない。

そして、右のようにしようというのであれば、われわれは、十六世紀から十八世紀のヨーロッパが、たしかに特別なことを成し、たしかに世界を変革したということを認めなければならない。ただし、その変革の方向はマイナスであり、その帰結が、今日のわれわれにのしかかっているということなのだ。ヨーロッパの特殊性を認めないことで、ヨーロッパに不当に与えられている勲功を否定することになるという欺瞞的前提に基づいて、ヨーロッパの特殊性を否定することはやめなければならない。まったく逆なのだ。むしろわれわれは、ヨーロッパが行なった世界の再構築の固有性を全面的に認めなければならない。なぜならば、そうすることによって初めて、それを乗り越えることができるようになり、望むべくは、人類の可能性について、より包括的な普遍性のヴィジョンにたどりつきうる可能性が生まれるからである。そのヴィジョンは、真と善とをふたつながらに追求するという、困難で複雑な問題をひとつ残らずひきうけるものとなろう。

注

(1) E. J. Jones, *The European Miracle : Environment, Economics, and Geopolitics in the History of Europe and Asia* (Cambridge : Cambridge University Press, 1981).

(2) Anouar Abdel-Malek, *La dialectique sociale* (Paris : Seuil, 1972), p. 89 ;〔英訳は、*Social Dialectics* (London: Macmillan, 1981)〕から重引。

(3) Heinrich Rickert, *The Limits of Concept Formation in the Physical Sciences* (Cambridge : Cambridge University Press, 1986〔1913〕).

(4) Anouar Abdel-Malek, *Social Dialectics* (London : Macmillan, 1981)、およびE・W・サイード『オリエンタリズム』平凡社ライブラリー版（平凡社、一九九三年）。

(5) Wilfred Cantwell Smith, "The Place of Oriental Studies in a University," *Diogenes* 16 (1956) : pp. 106-11. 参照。

(6) Xiaomei Chen, "Occidentalism as Counterdiscourse : 'He Shang' in Post-Mao China," *Critical Inquiry* 18, no. 4 (summer 1992) : p. 687.

(7) J. B. Bury, *The Idea of Progress* (London : Macmillan, 1920) および Robert A. Nisbet, *History of the Idea of Progress* (New York : Basic Books, 1980) 参照。

(8) Stephen K. Sanderson, ed., *Civilizations and World Systems : Studying World-Historical Change* (Walnut Creek, Califrnia : Altamira, 1995) 所収の諸論文を参照。

(9) 拙論 "The West, Capitalism, and the Modern World-System," *Review* 15, no. 4 (fall 1992) : pp. 561-619 参照。

(10) Adam Smith, *Inquiry into the Nature and Causes of the Wealth of Nations* (New York : Modern Library, 1937 [1776]), p. 13.

(11) これに反対する議論として、Samir Amin, "The Ancient World-Systems versus the Modern Capitalist World-System," *Review* 14, no. 3 (summer 1991) : pp. 349-85 参照。

(12) 拙著『アフター・リベラリズム』（藤原書店、新版、二〇〇〇年）および、テレンス・K・ホプキンズ＋イマニュエル・ウォーラーステイン編著『転移する時代――世界システムの軌道　1945 - 2025』（藤原書店、一九九八年）参照。

(13) 拙論 "Capitalist Civilization," *Chinese University Bulletin* 23 (1992) 参照。*Historical Capitalism, with Capitalist Civilization* (London : Verso, 1995) に再録〔『史的システムとしての資本主義』（岩波書店、新版、一九九七年）〕。

(14) Joseph Needham, *Science and Civilization in China* (Cambridge : Cambridge University Press, 1954-) 参照。続刊中。

12

知の構造、あるいは、
われわれには何通りの知がありえるのか

The Structures of Knowledge,
or How Many Ways May We Know?

コンファランス「明日のために、いかなる科学を——グルベンキアン報告書『社会科学をひらく』についての対話」における発表
一九九六年六月二〜三日、スタンフォード大学（カリフォルニア州パロ・アルト）

「社会科学の再構築のためのグルベンキアン委員会」の報告書は、『社会科学をひらく』(1)というタイトルを冠することとなった。このタイトルは、社会科学がこれまで閉じており——あるいは、自ら閉じてしまっており——社会的現実を十全に理解するということから遠ざかっていて、そのような理解を追求するために社会科学が歴史的に発展させてきた方法も、まさにそのような理解にとって、いまや障害となってしまっているのではないか、という同委員会の認識を示すものである。ここでは、まず過去二百年間について、同報告書が何を言っているのかについて概略を述べ、次いで話を転じ、そのことから、われわれが今何をなすべきなのかについて、どのようなことが示唆されるのかを述べたい。

委員会は、社会科学の営みをひとつの史的構築物であるとみなしており、主として一八五〇年から一九四五年の時期に制度化されたものと考えている。すると、社会科学という営みが構築されたのは、かなり最近のことということになり、その社会科学の構築のされ方も、不可避なものでも変え得ないものでもないということになるということを、われわれ委員会は強調している。委員会は、十九世紀の世界のいかなる要素に導かれて、この建

造物を構築した者たちは、一連の名称を与えられた諸「個別科学《ディシプリン》」の間につくりだされた区別に関して、そのような決定を下したのか、を説明しようとした。委員会は、多数の個別科学《ディシプリン》が、さまざまな認識論《エピステモロジー》を採用したのはなぜか、またそのそれぞれが特定の方法論を選好したのはなぜか、を説明しようとした。また委員会は、なぜポスト一九四五年期の世界が、このような論理を制約であるとして、個別科学《ディシプリン》間の区別を掘り崩すような効果を持つ一連の変革を学界にもたらそうとしたのかをも説明しようとした。

社会科学の歴史から、われわれ委員会が引き出した図式は、U字状のカーヴを描いている。その最初の時期、一七五〇年から一八五〇年にかけては、状況はきわめて混乱していた。さまざまな原基的個別科学《プロトディシプリン》に対する名称として、非常に多くの名辞が用いられていたが、明らかに広範な支持をとりつけているものは皆無、ないしはほとんど皆無であった。それから、一八五〇年から一九四五年の時期においては、このような名辞の乱立状態はおさまって、互いに明確な区別を持つ少数の標準的なグループへとまとまった。われわれの見方では、そのような当時の学問の世界全体に広範に受け入れられていた名辞は、六つしかない。しかし、さらにその後、一九四五年以降には、学問領域の正統的名称の数は再び拡大し、これからも増えつづける気配がきわめて濃厚である。さらに一九四五年には、それぞれの個別科学《ディシプリン》を互いに区別する境界線は明瞭であったのに対して、その後、それらの区別は着実に侵食され、その結果、今日、事実上の相互浸透や混同は相当なものとなっている。要するに、ある意味で、一七五〇～一八五〇年期の状況――諸々のカテゴリーが無用に多く、分類の役に立たない状況――に舞い戻ってきたわけである。

しかし、そのような相互浸透や混同は、問題としては、一番どうでもよいものである。社会科学の諸カテゴリーを定義する過程が、社会科学の枠を越えて、知の世界全体に意味を持つような、もっと大きな混乱の文脈のなかで生じつつある。われわれは、哲学と科学とが別々の、さらにいえばほとんど対立的な知の形態であると考えられているような知の編成構造に、これまでですでに二百年間生きてきている。歴史上のいつでも、知の編成とはそのようなものであったわけではないということを想起しておくのは健全なことであろう。このようないわゆる「二つの文化」の分離もまた、かなり最近の社会的構築物であり、社会科学が、特化したそれぞれの「個別科学《ディシプリン》」に分化する、ほんのわずかばかり前の出来事であったにすぎない。実際のところ、十八世紀の中葉以前にあっては、世界のどこにも、そのようなことは起こっていなかったのである。

社会の世俗化は、近代世界システムの発展の持続的特徴のひとつであるが、知の世界においては、二段階の過程を踏んで顕在化してきた。第一段階は、特権的ないしは支配的でさえあった知の様式としての神学を拒絶することである。哲学が神学を追い落とした。すなわち、知の源泉として、人間が神にとってかわったのである。これは、知の有効無効を宣告する実際上の権威の場の転換を意味するものであった。神の言葉になんらかの特別なアクセスを持つ僧侶のかわりに、自然（諸）法則に対する、なんらかの特別な洞察を持つ合理的人間に、その名誉が与えられたのである。が、この転換を十分とはしない者もあった。哲学など単に神学の別形態に過ぎぬと主張する者があったのだ。神学も哲学も、権威によって布告されたものとして知を宣していることにかわりはなく、ただ一方は僧侶が、他方は哲学者がそれを行なっているだけであるというわけである。このような批判は、経験的現実の研究から引き出された立証の必要性を強調した。そのような立証こそが、彼らが「科学」と呼ぶ、神学とも哲学とも異なる知識形態の基礎だということである。十八世紀までには、このような科学の支持者は、哲学を、演繹的思弁に過ぎないとして、公然と拒否するようになり、科学こそが、唯一の合理的な知識の形態であると主張するようになった。

一方で、このような哲学の拒否は、権威の拒否を主張しているように思われた。その意味では「民主主義」的であったわけである。科学者は、正しい方法を用いるならば、誰でも知識を確立することができると言っているように思われた。そして、いかなる科学者が主張する、いかなる知識の有効性も、単純にその実証的観察とデータの操作を再現することで、他のいかなる者によっても検証しうる。このように知識を主張する方法は、実際上の発明・工夫をも生み出す能力があるように思われたので、それは、格別に強力な知識生産の様式であるという主張がなされた。したがって、知識生産のヒエラルキーのなかで、科学が支配的地位を獲得したのも、それほど過去のことではないのである。

しかしながら、このような哲学と科学の「分離」には、ひとつ大きな問題があった。神学と哲学とは、ともに、二種類のことを知りうるものであると伝統的に主張していた。すなわち、真と善の二つである。実証科学には、善なるものを判別する道具立てがないように思われた。それは真なるものをのみ判別するのである。科学者は、すまし顔にこの困難を粉飾して済まそうとした。彼らは、単純にも「われわれは真なるものを確かめようとしているだけであって、善なるものの探求は哲学者（ないしは神学者）の手に残されている」と答えたのである。かれらは、自己防衛のため、多少の侮蔑をこめて、故意にそうしたのである。彼らは、真なるものを知ることのほうが重要であると主張した。最終的に、善なるものを知るのは不可能であり、知り得るのは真なるもののみであると断じる者もあった。このような真と善との分離は、「二つの文化」を背後から規定する論理を構成した。哲学（より広く言えば、人文学）は、善（および美）の探求に追いやられた。真の探求については科学は自らに独占権があると強く主張した。

さらに、第二の問題がある。実証科学が歩んだ道は、実際には、それが一見主張していたよりも、はるかに民主主義的ではなかったのである。あることが真であるという科学的主張が競合する場合に、それらの主張の間で決裁をする権限を持つのが誰であるのかという問題が、急速にもちあがってきた。科学者たちが出した答えは、科学者の共同体のみが、それをなしうるというものであった。しかし、科学的知識は不可避的にますます専門化していた以上、その共同体は、科学者全体ではなく、その下位集団である科学者の一部（それぞれの専門に属する者たち）のみを、科学的真理の有効無効を判定する権限を有する構成員とするということになる。実際的に考えると、そのような集団は、かつて自然（諸）法則についての互いの洞察を判定する能力を持つと主張していた哲学者の集団と、その人数・規模の点でかわるところがないのである。

この分離には、第三の問題がある。大半の人びとは、真の探求と善の探求を本当に分離してしまうことには躊躇があった。学者たちが、いかに熱心に、二つの営みに厳密な区別を確立しようと努力しても、それは心理的に抵抗感のあることとである。研究対象が社会的現実であれば、なおさらのことである。二つの探求を一つに再統合することは、一方で科学者も哲学者も、それを望ましいものではなく可能でさえないと主張するのに躍起になっていたにもかかわらず、科学者の著作にも哲学者の著作にも、そのような欲求は暗暗裏に回帰していたのである。しかし、再統合が暗暗裏に進んだために、われわれが全体として、それを評価し、批判し、改善する能力は損なわれてしまった。

以上三つの問題はすべて、二百年の間、食い止められてきたものである。しかし、二十世紀の最後の三分の一に至って、それらの問題が再びわれわれにつきまとい始めたのである。それらの問題の解決は、今日のわれわれの知的責務の中心を成している。

自然科学、人文学、社会科学という知の三分法に対する攻撃は、主に二つのものがあった。いずれも、社会科学から提起されたものではない。それらの攻撃は、それぞれ「複雑性研究」（自然科学において）および「カルチュラル・スタディーズ」（人文学において）と呼ばれるようになっている。現実には、全く異なる立場から出発したにもかかわらず、これら二つの運動はともに、その攻撃対象として、同一のものを選んでいた。すなわち、十七世紀以来の自然科学の支配的様式である、ニュートン力学に立脚する科学の形態であった。

たしかに、二十世紀の初期に、ニュートン物理学は、量子物理学の挑戦を受けた。しかし、量子物理学は、依然として、物理的現実は決定論的であり、時間は対称性を持っていて、したがって諸過程は線形的であり、ゆらぎはつねに均衡に回帰するというニュートン物理学の根本的前提を共有している。この見方では、自然は受動的なものであり、科学者は、永久不変の法則という観点から、その作用を記述することができた。その法則は、究極的には、単純な方程式の形態で述べうるはずであった。知の様式として、科学が十九世紀に支配的となったと言うときに、われわれが意味しているのは、右のような一群の前提のことである。この一群の諸前提に適合しえないもの――たとえばエントロピー（時間の経過に伴う物体の必然的変容を記述する）――は、過去も現在も、科学の無知の例として解釈され、究極的には克服されうるはずであるし、実際そうなるだろうとされた。エントロピーは、否定的現象、物質現象の死のようなものとして理解された。

十九世紀末以来、しかし特にここ二十年に、ある大きな自然科学者の集団が、このような前提に挑戦するようになってきた。彼らは、未来を、内在的に非決定論的なものと見る。彼らは、均衡を例外的なものと考え、物質現象を均衡から不断に遠ざかっていくものと見る。彼らは、エントロピーが混沌《カオス》から新しい（ただし予測不可能な）秩序をもたらす分岐《バイファケーション》を導くものであり、したがって、その過程は、死の過程ではなく、創造の過程であると捉えている。彼らは、自己組織性を、すべての物質の根本的過程であると捉えている。そして彼らは、以上のことを、ふたつの基本的な標語に要約している。すなわち、「時間の対称性ではなく、時の矢を」、「科学の究極の所産として、単純性ではなく、むしろ複雑性の説明を」と。

複雑性研究が何であって、何ではないか、ということを理解するのは重要なことである。それは、知の様式としての科学の拒絶ではない。それは、受動的で、全ての真理がすでに宇宙の構造に書き込まれているような自然に立脚する科学の拒否である。むしろそれは、「可能性は、現実よりも『豊か』である」[2]という考えに近い。それは、全ての物質には歴史があると主張するものであり、まさにその曲折ある歴史のゆえに、物質現象は、その存在を通じてその度に「選択」が行なわれる選択肢の連続として呈示されるのである。それは、知の不可能性、つまり、現実の世界がどのように作用しているかを理解することはできないという信念ではない。それは、この理解の過程が、科学が伝統的に主張してきたよりも、はるかに複雑だと主張するものなのである。

　カルチュラル・スタディーズは、複雑性研究によって攻撃の対象にされているのと同一の決定論および普遍主義を攻撃している。しかし、概して、そのような見方を展開している者たちは、ニュートン主義科学と複雑性研究との区別を怠っており、あるいは、多くの場合において、後者の存在に意識が届いていない。カルチュラル・スタディーズは、普遍主義を攻撃するが、その根拠は、普遍主義の名においてなされた社会的現実についての主張が、実際には普遍的でないということに置かれている。それは、世界システムの支配層の見方に対する攻撃を代表している。支配層は、自分たちにとっての現実を一般化して、普遍的な人類の現実であるとし、そうすることで、その所説の実体においてのみならず、まさに研究の認識論《エピステモロジー》においてまで、人類の全体を「忘却」しているというわけである。

　同時に、カルチュラル・スタディーズは、伝統的な様式の人文学的学術に対する攻撃を代表している。それは、善と美（いわゆる正典《カノン》）の領域における普遍的価値を断定するものであり、そのような普遍的理解の具体化として、テクストの内的読解・分析をおこなってきたというわけである。カルチュラル・スタディーズは、テクストは社会的現象であり、特定の文脈で創造され、特定の文脈で読解ないし理解されるものであるということを強調する。

　古典物理学は、一見したところ変則に見えるものが、実際には、背後にある普遍的法則について、われわれが未だ無知であるという事実を反映するものであるにすぎないということを根拠に、特定の「真理」を排除しようとしてきた。古典的人文学は、一見したところ見解の相違と思われるものが、実際には、そのような見解を抱く者たちが未だ良識を獲得していないという事実を反映するものであるにすぎないということを根拠に、「善および美」についての特定の理解を排除しようとしてきた、自然科学および人文学における、このような伝統的見方に反対して、二つの運動——複雑性研究とカルチュラル・スタディーズ——は、ともに、知の領域を、科学と哲学との分離によって十九世紀に閉じられてしまった新しい可能性へと「ひらく」ことをめざすものだったのである。

では、社会科学は、この図式のどこに収まるのか。十九世紀において、社会科学は、「二つの文化」に直面し、その闘争は「方法論争《メトーデンストライト》」として内部化された。一方には、人文学側に傾斜して、いわゆる個性記述的《イディオグラフィック》な認識論《エピステモロジー》を活用した者たちがあった。彼らは、あらゆる社会現象の個別固有性を強調し、あらゆる一般化の効用に対して限界を指摘し、感情移入的な了解の必要を説いた。また他方には、自然科学側に傾斜して、法則定立的《ノモセティック》な認識論《エピステモロジー》を活用した者たちがあった。彼らは、人間的諸過程と、その他の物質の諸過程との間の論理的平行性を強調した。彼らは、時空を超えて有効な普遍的で単純な法則を求めて、物理学に合流しようとした。社会科学は、正反対の方向に向かう二頭の馬につながれた者のようであった。社会科学は、固有の認識論《エピステモロジー》的立場を持たず、自然科学と人文学という二つの巨像の間の闘争によって引き裂かれていたのである。

今日、われわれの置かれている状況は全く異なっている。一方で、複雑性研究が、時の矢——それは、社会科学にとってつねに中心的主題である——を強調している。それは、複雑性を強調し、人間の社会システムがあらゆるシステムのなかで最も複雑なシステムであることを認めている。そしてそれは、自然に創発性があることを強調しており、したがって、これまでホモ・サピエンスに固有の特徴であると考えられてきたものを、全自然に拡張するものである。

カルチュラル・スタディーズは、あらゆるテクスト、あらゆるコミュニケーションが、うみだされ、受け取られる社会的文脈を強調している。つまり、それは社会科学にとってつねに中心的であった主題を活用しているということである。それは、社会的現実の非斉一性および、他者に合理性を認めることの必要性を強調している。

これらふたつの運動は、社会科学に、その派生的で分裂的な性格を克服し、あらゆる物質的現実の研究を統合する見方のなかに社会的現実についての研究を位置づける、信じがたいほどの機会を提供するものである。社会科学は、正反対の方向に向かう二頭の馬に引き裂かれるどころか、複雑性研究とカルチュラル・スタディーズがともに向かっている方向に置かれているのだと、私は考えている。ある意味では、われわれの目の前で起こっていることは、あらゆる知識の「社会科学化」なのである。

もちろん、機会というものがすべてそうであるように、その機会を捉えたところで、手に入るのは運《フォルトゥーナ》であるに過ぎない。今可能なことは、社会的現実についての研究を、合理的に再構築することである。それは、時の矢が創造の可能性を与えてくれるということを理解するようなものとなりうるはずである。それは、人間の行動パターンの多元性こそが、われわれの研究のフィールドにほかならないということを、そして普遍的なるものについてのわれわれの諸前提を脱し去ったときに初めて、何が可能であるかについての理解に接近することができるということを理解するようなものとなりうるはずである。

ついに、われわれは、真なるものについての知と善なるものについての知の再統合の可能性を与えられているのである。われわれの未来に起こることの確率は、われわれを制約している現在の諸構造の枠組の内部で構成される。長い目で見れば、善は真と通ずる。真とは、われわれの目の前にある選択肢のなかで、極大的・実質的に合理的なものを選ぶことであるからである。二つの文化があるという考え方、とりわけ、二つの文化が互いに矛盾するという考え方は、巨大なごまかしである。知の三分法的編成は、より十全に世界を理解する上での障害でである。われわれの眼前にある責務は、知全体を前進させる機会を最大化するように、われわれの持つ諸制度を再構築することである。これは、制度的権威に内在している保守性や、世界の資源や権力の不平等な配分の恩恵を被っている人びとに対して、そのような再構築がつきつける危険といったことを考えると、莫大な仕事である。しかし、莫大な仕事であるということは、それが実行不可能であるということを意味しない。われわれは、知の構造における分岐《バイファケーション》に突入した。その現れ方は、多くの点で、混沌としている。しかしもちろん、その混沌から、新しい秩序が現れるのである。その秩序は、決定されたものではなく、われわれが決定していくことのできるものだ。ただし、われわれが手にしうるのは、ただ運《フォルトゥーナ》のみである。

注

(1)I・ウォーラーステイン＋グルベンキアン委員会『社会科学をひらく』(藤原書店、一九九六年)。
(2)Ilya Prigogine, *La fin des certitudes* (Paris: Odile Jacob, 1996), 67.

13

世界システム分析の勃興と将来における死滅

The Rise and Future Demise of World-Systems Analysis

アメリカ社会学会第九十一回年次大会
一九九六年八月十六日、ニューヨーク

社会科学における明示的なパースペクティヴとしての世界システム分析は、それ以前に長い歴史を持つものの見方を反映し、はるかに先立つ努力の上に立脚するものであることはもちろんであるとはいえ、一九七〇年代に始まったものである。それは決して、社会学の一部門として、あるいは社会科学の一部門として、展開されたものではない。また、都市社会学や小集団の社会学、政治社会学などと並んで「世界についての社会学」であると自らみなすものでもなかった。むしろそれは、既存の社会科学の諸前提の多くに対する批判として、私の言い方では「社会科学の脱思考《アンスィンキング》」のひとつの様式として、現れてきたものである。

まさに上のような理由によって、私は、個人としては、「世界システム理論」という語——この言い方は、特に世界システム分析に携わっていない人によって、ここで論じている対象（世界システム分析）を記述する際によく用いられる——を用いることには常に抵抗してきており、われわれの努力は「世界システム分析」と呼ぶべきであると主張してきた。いかなる意味においても、本気でそれを理論化するのは時期尚早に過ぎるし、その時期が来たときに、われわれが理論化すべきものは、世界システムではなく、社会科学であるはずだからである。過去二十年間および今後数年間の努力は、社会科学にとって、より有益な枠組を構築することができるようにするための地ならしの作業であると、私は考えている。

世界システム分析が一九七〇年代に形成されたのだとすると、それは、世界システムのなかで、そのようなものが現れるべき状況が熟したからである。その状況がどのようなものであったかを簡単にふりかえっておこう。最も主要な要因は、一九六八年の世界革命として――その事件自体と、そのような事件を引き起こした背後の状況との両方の意味で――要約されうる。一九五〇年代および一九六〇年代のアメリカおよび世界の社会科学の形成のことを想起しておこう。一九四五年以降の二十五年間における世界の社会科学が経験した、最も大きな変化は、第三世界という同時代的現実の発見であった。このジオポリティクス上の発見は、一方でヨーロッパ／北アメリカの研究のための理論や学科、他方で世界のその他の地域の研究のための理論や学科を、別個のものとしてつくりだしてきた十九世紀的な社会科学の構成を掘り崩す効果を持つものであった。一九四五年以降、社会科学は、いわば地理的に統合された――統合されざるをえなかった――のである。かくして、社会学者、歴史学者、政治学者などと呼ばれる人びとが、アフリカやアジア、ラテン・アメリカの研究を行なうことは――そのときだけだったのだが――正統なことになった。(1)

これは、地域研究《エリア・スタディーズ》の時代であった。地域研究《エリア・スタディーズ》は、まずアメリカ合衆国で、次いで世界のその他の大半の地域で、社会科学の社会的編成を変えた。(2) 地域研究《エリア・スタディーズ》なるものを知的に正当化しようとする際に、その主唱者たちは、根本的な認識論的《エピステモロジー》ディレンマに直面した。彼らが主張したかったのは、社会科学の諸理論は、ヨーロッパ／北アメリカだけではなく、世界のあらゆる地域に適用可能であるということであった。それまで、法則定立的《ノモセティック》社会科学の諸理論は、事実上、近代的な「文明」世界と考えられているものにのみ適用されており、そのような世界に属していると考えられていたのは、ヨーロッパ／北アメリカだけであった。このような意味で、地域研究《エリア・スタディーズ》は、「普遍主義の普遍化」を提起したわけである。しかしながら同時に、地域研究《エリア・スタディーズ》の支持者はまた、これまでにヨーロッパ／北アメリカについて展開されてきた一般化を第三世界に単純に適用することによっては、そのような「普遍主義の普遍化」を行なうことはできないとも論じたかった。彼らの言うには、第三世界の状況は全く異なるものなのである。なるほど、突き詰めて考えた場合に、第三世界の状況になんら異なるところがないとしたら、どうして地域研究《エリア・スタディーズ》など必要であろうか。

「状況は同じである」と論じると同時に、「状況は異なる」と論ずるのは、まったく容易ならざることである。しかしながら、地域研究《エリア・スタディーズ》の研究者たちは、この明らかなディレンマに対して、巧妙で説得力のある解決を拵え出した。彼らは、社会科学者の間にすでに広く普及しているある考え方の上に、自分たちの研究を基礎付けたのである。すなわち、社会が（したがって諸社会が）たどるべき段階というものが存在し、それらの段階が、その社会の進歩の進展を表しているという考え方である。この理論は、第三世界に適用されて、「近代化論」という洗礼名を授けられた。すなわち開発主義《ディヴェロップメンタリズム》である。近代化論は、実に単純に、以下のように主張した。すなわち、あらゆる社会は、最終的に近代にいたる一連の定められた過程を経て進む、というわけである。社会の操作的定義は、当時現在の国家間《インターステイト》システムにおいて主権を有する成員として、ないしは将来主権を有するようになるはずの植民地として存在する国家であった。そのような段階のそれぞれにつけられた名称は、理論家によってさまざまであったが、一般的な観念自体はかわらなかった。そのような理論化を行なうことの核心は、国家がひとつの段階から次の段階へと移行する様態を理解し、所与の国家が現在どの段階にあるのかを示しうるようにし、全ての国家が近代《モダニティ》に達する役にたつことにあった。

この理論の認識論《エピステモロジー》上のメリットは大きかった。同一の理由から同一の段階を経て進んでいくという限りにおいて、全ての国家は同じであるが、同時に、そのそれぞれが現在異なる段階にあり、ある段階から次の段階への移行のタイミングは個別的であるという点では、異なるものである。この理論は、その政治的メリットも大きかった。この理論のおかげで、だれもかもが、その諸段階をのぼっていく過程を速めるにはどのような行動をとるのが一番かを政府に助言して、実際の状況に理論を適用することにたずさわることができるようになったのである。またこの理論は、社会科学——特に「開発」に携わっていると主張するもの——に割当てられた、政府の資金の相当な増大（多かれ少なかれ、どこにおいてもそうであった）を正当化するものでもあった。

この理論の限界もまた、容易に見きわめうるものである。近代化論は、独立した事例の体系的な比較に立脚すると称していたが、それは、各国が自律的に動いており、国境の外の諸要因の影響を実質的には受けていないという、いい加減で、全く証明されていない前提を仮定していた。さらに近代化論は、社会発展（いわゆる段階）の一般法則、さらには進歩に向かうはずであるとされる過程をも前提としていたが、いずれの議論も論証などされていない。そして右の仮定・前提にしたがって、近代化論は、現在低い発展段階にある諸国家も、何であれ本質的に、最も「進んだ」国家ないし諸国家のモデルと彼ら理論家たちがみなしているものの複製《クローン》になるという帰結にたどりつきうるし、たどりつくであろうし、たどりつくべきであると予言したのである。

政治的には、その含意は明らかであった。いわゆる低い段階にある国家が、いわゆる先進国と、経済的繁栄と国内の政治状態の点で同じようになりたいと考えるならば、先進国のパターンを模倣するのが一番であるということになり、したがって暗黙に、そのような先進国の助言に従うのが一番良いということになる。冷戦の言葉遣いで定義された世界においては、これは、諸国家に対して、アメリカ合衆国のモデルに従うべきであると強く勧めるものと、ソ連のモデルに従うべきであると強く勧めるものとが存在するということを意味した。非同盟主義は、客観的な科学的分析によって、十分な意味をもたないものとされた。

いうまでもなく、このような政治的含意は、一九六八年の革命によって激烈に拒否された。革命の立場に立つ者にとっては（そうでない者にとっても）、近代化論の認識論《エピステモロジー》上の諸前提を否定することなど、たやすいひと跳びであった。その結果、世界システム分析が代表する抗議の声を受け入れるような雰囲気が生じてきた。それ以後の事態の推移の方向を理解するのならば、このような世界システム分析のもともとの意図――近代化論に対する抗議――を想起することが重要である。私は、世界システム分析が全体としてなした仕事には、四つの主要な論点があったと考えている。そのいずれも、世界システム分析自体にかかわる諸個人の著作にしかないようなものではないが、それぞれの論点について、世界システム分析にたずさわった者は、その論点を追求し、定義する上で、重要な役割を果たしている。

第一の論点は、グローバル性である。これは、周知の関心である分析単位の問題――社会／国家ではなく、世界システムを――からできたものである。たしかに、近代化論は、あらゆる国家を体系的に比較することを主張した点で、国際《インターナショナル》的な理論ではあったが、決してグローバルではなかった。なぜなら、世界システムの創発的性格については、なにも提起していないからであり、さらに言えば、世界システムについてはまったく何も語っていないからである。世界システム分析は、ひとつの「世界」の部分として――つまり、分離したものとしては、理解することも、分析することもできないような部分として――世界システムのあらゆる諸地域を見るべきであると主張した。ある時点T_2における任意の国家の性格は、時点T_1におけるなんらかの「原初」的性格の帰結ではなく、システムの諸過程のしからしめるところであるということである。これは、グンダー・フランクの有名な定式である「低開発の発展」“development of underdevelopment”の意味である。

第二の論点は、歴史性である。これは、第一の論点から当然に出てくるものである。諸過程がシステム的であるならば、（個別バラバラに、比較されるべきものとしてとられた下位単位の歴史に対して）システムの歴史は――全歴史は――システムの現在の状態を理解する上で、必須の要素である。たしかに、この目的のためには、システムの諸過程の時間的境界を決定する必要があり、実際、それは異論の多い論争の主題となっている。しかしながら、全体として、この論点によって、分析は、現代のみにかかわるようなデータから――十九・二十世紀のみをカヴァーするようなデータからさえも――脱して、ブローデルのいう「長期持続《ロング・デュレ》」の方向に向かった。

第三の論点は、学の単一性 *unidisciplinarity* である。これは、第二の論点から当然に出てくるものである。世界システムに、歴史的に現れ、歴史的に展開する過程があるのであれば、その過程が、個別の（矛盾さえする）論理に従う区別可能で分離した複数の流れに分割されうるという前提は、どこから導かれるのか。疑いなく、この点の挙証責任は、経済、政治、および社会文化の各領域の個別性を主張する者の側にある。世界システム分析は、「全体性《トータリティ》」を理解することを強調する方をとる。

したがって、第四の論点は全体論《ホーリズム》である。この論点は、歴史の認識論《エピステモロジー》にかかわるものであり、先に述べた全ての論点から出てくるものである。世界システム分析の主張に従えば、その支持者は、一八五〇年から一九四五年の時期に歴史的に構築されたような社会科学の内部の境界について、疑義を、さらに言えば異議を抱くことになる。それらの境界は、整合性を欠くように思われ、そうして、知の再構築を語る声が上がってくるようになった。実際、全体論《ホーリズム》は、歴史的構築物でありながら、今や神聖視されている科学と人文学との大分割の再考をも引き起こしており、おそらく、その脱思考《アンスィンキング》にもいたるであろう。

これら四つの論点を、一見同様に見える用語を用いていながら、いかなる意味でも、支配的な社会科学の様式に対する抗議の意図がないような諸思潮から区別することが重要である。

グローバル性は、「グローバリゼーション」ではない。ここ十年ほどの間にきわめて多くの人びとが用いているように、「グローバリゼーション」とは、国家がもはや意思決定の第一の単位ではなくなって、いまや（今初めて）、「世界市場」といういくぶん神秘的で間違いなく実体化されたものがルールを決めるような構造のなかにあるという、新しい、つまり時間的に見て最近の過程と称されているもののことを指すものでしかない。

歴史性は、「社会科学的歴史」ではない。ここ二十五年ほどの間にきわめて多くの人びとが用いているように、「社会科学的歴史」とは、過去のデータを扱う人びと（いわゆる歴史家）が、そのデータを、現代のデータの分析から引き出された社会学的一般化の検証のために用いなければならないということを指している。社会科学的歴史は、多くの点で、没歴史的過程であり、（特に過去についての）実証研究を、いわゆる理論研究に対して、ヒエラルキー上の下位に追いやってしまうものである。社会科学的歴史は、グローバリゼーションとは両立するが、グローバル性とは両立しない。

学の単一性は、多学科協働性《マルチディシプリナリティ》ではない。多学科協働性《マルチディシプリナリティ》は、社会科学諸学科間の境界を正当なものとして受け入れ、その上で補足的に、さまざまな社会科学者に対して、お互いの知見を参照し、引用しあうよう求めるものである。それは「船頭は多ければ多いほどよい」とでもいったような信念である。それは、分析および検証可能な命題のかたちで、データを特定するのが困難で、したがって、曖昧で反証不可能な推論を促してしまうから、という根拠によって、全体性《トータリティ》についての研究に抵抗するものである。

そして最後に、全体論《ホーリズム》は、「一般教養」の焼きなおしではない。一般教育は、近代における三つの大領域——自然科学、人文学、そして（いわゆる「二つの文化」の中間に）社会科学——への知の分割という基本的前提を受け入れている。一般教育は、あらゆる学者（さらに言えば、教育を受けたあらゆる人びと）が、それらの大領域のそれぞれの背後にある諸前提に対する感受性を具えているべきことを弁じているにすぎない。全体論《ホーリズム》は、それらの大領域が、本当に種類の異なる知であるのかどうか、あるいは、そのように考えるべきものであるのかどうか、を問うものである。この論争は、真の追求と善の追求との関係という決定的に重要な問いに直接かかわるものである。

世界システム分析の論点が何であったかということだけではなく、何ではなかったかということをも強調したのはなぜかといえば、われわれが成功の危険へとひた走っているからである。世界システム分析の用語法が、別の――実際のところ反対の――目的のために、横領されつつあるのは、世界システム分析の強さのゆえであって、弱さのせいではない。これは、一般の学問人・教養人に、深刻な混乱を引き起こしうる事態であり、なお悪いことに、われわれ世界システム分析を行なう者の側にまで、混乱を引き起こしかねないことである。そうなると、われわれが自ら設定した課題を追求する能力が損なわれてしまう。

本章のタイトルには、「世界システム分析の勃興と将来における死滅」というフレーズを用いた。ここまで、私は「勃興」についてしか語っていない。では、どこに「死滅」を見出しているのか。運動の死滅――世界システム分析は、本質的に、現代の社会科学のなかにおける運動だった――は、それ自体の矛盾、およびその有用性の最終的摩滅から生じる。われわれは、まだそこまでは至っていないが、あきらかに、そのような死滅――あるいは、私の臆見を許していただけるなら、「分　岐《バイファケーション》」――の方向に向かっている。世界システム分析の矛盾とはなんであろうか。

第一は、世界システム分析が、まさに理論でも理論化の様式でもなく、パースペクティヴであり、他のパースペクティヴの批判であるということである。それは、非常に強力な批判であるが、私は個人的には、その批判は、社会科学の多くが現在立脚している多数の諸前提に対して破壊的なものであると考えている。批判とは破壊的なものである。それが、批判の狙いである。批判は破壊を行なうが、批判そのものが何かを構築することはない。先に私は、これを地ならしと呼んだ。しかしながら、地ならしを終えただけでは、そこにあるのは、更地だけであって、新しい建物がそこにあるわけではない。あるのは、新しい建物の可能性だけである。

古い理論が死んでしまうことはない。また、ただ姿を消してしまうだけでもないのが普通である。古い理論はまず隠れ、そして変異体となってまた現れる。すると、古い理論の批判の作業も、おわることがないように思われる。危険なのは、その批判の責務に凝り固まりすぎて、自分を見失い、われわれ自身が進んでいくために必要なリスクを拒否するようになりかねないということである。そのようなリスクを負うことに失敗するのに応じて、われわれは余計者となり、現実との接点を失っていく。その時に、変異体となった古い理論が、かつてない強さで逆襲してくるのである。一九九〇年代に、近代化論の再正統化が試みられるようになったのは――今のところ、それほど強力ではないが――この一例である。生物医学用語の比喩を続けさせてもらうならば、世界システム分析の今日的問題は、抗生物質の過剰投与の問題のアナロジーで捉えられる。その解決法は、投薬療法から、予防医学へ進むことである。

批判には、第二の問題がある。それは特に、当初の衝撃と活力の契機を過ぎた批判にとっての問題である。批判が、擬似的な連帯を獲得するのは、それほど難しいことではない。すでに私は、世界システム分析の用語法、ないしは、それに近似する諸用語が、いかに、われわれが念頭に置いているのとは異なる目的で使われているかを指摘した。それは、われわれ自身が行なっていることを腐敗堕落させる効果を持ちうるものである。したがって、これは「自分の治療をする医者」の問題なのである。しかし私は、「つねに自己批判的であれ」というような一般的な訓戒を述べているにすぎないのではない。私が言わんとしているのは、われわれに後続しようとしているように見える者たちを歓呼して迎えているうちに、われわれのもともとの批判的立場が忘れられてしまうという傾向があるということであり、その傾向が、われわれの批判の責務に対しても、これからあるはずの再構築の責務に対しても、深甚な危険をもたらすものとなるということである。[3] その道の果てには、多くの知的運動に埋没してしまう危険がある。名目が殻となって出られなくなってしまうのだ。

第三の問題は、何年もの時間の経過にともなって、われわれが、現代の世界経済の周辺地帯の状況を分析する方法を批判することから、近代世界の歴史の書かれ方に対する批判へ、さらに近代世界システムを説明するということになっている諸理論に対する批判へ、さらに歴史的社会科学において用いられる方法論に対する批判へ、そしてさらに知の制度の構築のされ方に対する批判へと、重心を移してきたことである。われわれは、われわれの批判が導く道筋、および逆にわれわれの仕事に対する批判を行なう者への応答が導く道筋をたどってきたのであるが、それはあたかも、ひとつドアをぬけると、その後ろにまた別のドアがあるといった具合に、不断に後ろへ向かって進んでいるかのようである。問題は、われわれが想像していたよりも深いところにあったのかもしれない。

おそらく問題は、資本主義的世界システムの思考システム全体にあるのであろう。このことがいわゆるポストモダニストによって主張されてきたことであるのはたしかである。私は彼らの批判の多くに共感を持っている（しかしながら、その大半は、世界システム分析が、より明晰に、さらに言えば、ずっと以前から言ってきたことである）。しかしながら、全体として言うと、彼らは、十分に「ポスト」モダンでもないし、その再構築の力も不十分であると思う。当然ながら、彼らは、われわれに代わってわれわれの仕事をしてくれているわけではない。

社会科学の内部における運動であるということには、ある明確な利点があったし、今もある。そのおかげで、われわれは、勢力をまとめ、批判を明晰化し、時として敵対的な環境におかれた場合にも互いに支え合うことができた。全体として私は、われわれ自身の実績については、好成績を残したと思っている。一方で、われわれは多元的な見方の共存を許してきたし、そうすることで、セクト化することを回避した。他方でわれわれは批判の鋭さを失うほどにまで、われわれの研究プログラムを緩めることはなかった。だがもし仮に、われわれが、「開発社会学」や「政治経済学」、ないしは「グローバル社会学」などといった名称に改称（したがって混交）したらどうかという提案の繰り返しに屈して、それに従っていたとしたら、われわれの批判は、その鋭さを失っていたであろう。

それにもかかわらず、ひとつの運動であることには、ある明確な不利益もあった。私は、明らかにわれわれが書いてきたものをほとんど何一つ読んでいもしない人物が書いた本のなかに、われわれのパースペクティヴが二行ほどの文章に要約されているのを見て、愕然とさせられることがしばしばである。同様に、われわれの研究の知見を、参照表記がないばかりか、さらに重要なことに、そのような知見をもたらす背後にあったわれわれの研究アプローチを統合することさえせず、勝手に引用（および誤用）する、彼らの気楽さ加減にも、私はぞっとする思いである。だがこれは、ある程度は、不可避のことである。なぜなら、運動は彼らに語りかけるべく行なわれているのであり、結果、時間の経過とともに、そのインパクトは、劇的に制約されることになるからである。

ひとつの知的運動であることの限界を克服するべく、われわれが取りうる別の道の選択肢も、もちろんある。その道は、運動としてではなく、合意《コンセンサス》の上の前提として、社会科学の核心に入り込んでいく道である。どうすればよいのか。われわれは（ないしは、われわれの誰かが）大学一年生向けの社会科学の一般教科書を書くべきだという答えも、冗談としては言えようが、まじめに答えるとしたら、世界システム分析に携わっている人間が、なんらかのきわめて根本的な問いを提起する、しかも緊急に提起するべきであるということになろう。私の見方では、そのような問いは、十九世紀的な社会科学および知の構造を脱思考《アンスィンク》し、世界システム分析から得られる教訓を残らず吸収し尽くした者にして初めて、十分に提起できるものである。

そのような根本的な問いを、いくつか列挙させていただこう。

・社会科学とわれわれが呼びうるような知の個別領域が、あるとすれば、その本質は何か。その目安となる変数およびその社会的役割は、どのように定義されるか。とりわけ問うべきこととして、そのような領域は、一方で人文学、他方で自然科学から――区別がありうるとして――どのように区別されるか。

・社会科学と社会運動との関係は、理論的にどのようなものか。また、社会科学と権力構造との関係はどうか。

・社会システム（わたしは、史的システムと呼ぶほうを好むが）の種類は多元的か。もしそうなら、それらを区別する規定的特徴は何か。

・そのような史的システムは、自然史を有するか否か。有するならば、その歴史は、進化史と呼びうるか。

・時空の社会的構成とはいかなるものであるか。それは、社会科学の活動の背後にある考え方に、いかなる影響を与えているか。

・ひとつの史的システムから別の史的システムへの移行の過程とはどのようなものであるか。どのような比喩が説得的か。自己組織性か、創発性か、混沌からの秩序か。

・真理の追求と正しい社会の追求との間の理論的関係はいかなるものか。

・われわれの既存の史的システム（世界システム）は、いかにして認識されうるか。また、他の問いに対する答えに照らして、その勃興、その構造、その将来における死滅についてどのようなことが言えるか。

ご覧の通り、最後の問いは、われわれの出発点にあった問いである。その他のいくつかの問いは、世界システム分析にたずさわる学者のネットワークに属すると自認するさまざまな人びとを悩ませている問題である。さらに、過去および現在の他の多くの学者たちも、これらの問題について——少なくともその一部については——知恵をしぼってきているのは言うまでもない。しかしながら、重要なのは、これらの問いが相互に連関しており、したがって実質的には、相互の関係においてのみ、すなわち世界システムのパースペクティヴにおいてのみ、答えうるものであるということを理解することである。

もう一点重要なことは、世界システム分析を行なう者は、全体としてみた場合に、これらの問いを、相互に連関したひとまとまりの問いとして扱う上で、今日の大半の社会科学者よりも、訓練がいきとどいているということである。このようにして、われわれが、実際にそれらの問いに取り組みはじめれば、そのときにはもはや、われわれは、社会科学のなかでの運動を第一義として行動することはなくなっているであろう。むしろわれわれは、この企ての中心となる問いを定式化することを主張することになるであろう。これは傲慢であろうか。そうでもない。世界システム分析を行なう者として、われわれは、知的活動とは、単に知性の問題でも意志の問題でもなく、世界システムの観点から見た社会的な時宜の問題であるということを知っている。実質的に合理的な社会構築を可能ならしめるような形で、これらの問いと取り組む機会が存在するのは、われわれの生きる史的システムが末期的な危機にあるからにほかならない。これは、いかに洞察力に富み、熟達した知性であっても、十九世紀の学者の手にはなかった可能性である。資本主義世界経済にとって根源的なヒエラルキー——階級、人種、ジェンダーのヒエラルキー——の正統性が、(政治的にも知的にも)根本的に挑戦を受けるようになったからこそ、より包括的で、相対的により客観的な社会科学を構築する可能性があると初めて言いうるようになったのである。

十九世紀の巨人の肩に乗り、なにかしら向こうを見わたすことが――やはり初めて――可能となるときが来た。あとは、われわれのエネルギーと意志次第である。意気阻喪することなく、あのダントンの熱弁に応じうる時が来た――「勇気を、さらに勇気を、つねに勇気を」〔フランス革命直後、ヴェルダン包囲に直面して、国民軍に結集を呼びかけたダントンの演説の一節〕。これは、われわれの時代である。そしてそれは、われわれが生きていくことになる世界規模での社会的変容に対して雄弁に語る社会科学を、社会科学者たちが構築しうるかいなかが証明されるときなのである。

注

(1) I・ウォーラーステイン＋グルベンキアン委員会『社会科学をひらく』(藤原書店、一九九六年) 参照。

(2) 拙論 "The Unintended Consequences of Cold War Area Studies," in N. Chomsky et al., *The Cold War and the University : Toward an Intellectual History of the Postwar Years* (New York : New Press, 1997), pp. 195-231. 参照。

(3) 私は、そのような危険の性格について、拙論 "Hold the Tiller Firm : On Method and the Unit of Analysis," in *Civilizaions and World Systems : Studying World-Historical Change,* ed. Stephen K. Sanderson (Walnut Creek, California : Altamira Press, 1995), pp. 239-47 で論じた。

14

社会科学と正しい社会の追求

Social Science and the Quest for a Just Society

SISWO (Netherlands Universities Institute for Coordination of Research in Social Sciences. 社会科学研究のコーディネートのためのオランダ大学協会）一九九六年社会科学研究の日、開会講演
一九九六年四月十一日、アムステルダム

マクロとミクロというのは、社会科学を通じて、さらに言えば自然科学をも通じて、長らく広範に用いられている二項対立を構成している。また、ここ二十年間に、グローバル／ローカルの二項対立も、社会科学において幅広く流通するようになった。さらに一組、構造／主体という用語も、広範に採用されており、最近のカルチュラル・スタディーズの文献において中心的に用いられている。以上三つの二項対立は、同一のものというわけではないが、多くの学者の頭の中では、きわめて密に重なり合っており、簡潔に話をすませる場合には、しばしば互いに交換可能なものとして用いられる。

マクロ／ミクロは、単に好みの問題であるかのような響きがある。ある者はマクロな現象の研究を好み、またある者はミクロな現象へ向かう。しかし、グローバル／ローカル、および構造／主体ということになればなおさら、どちらを選ぶかということについては、どちらでもいいというわけにはいかない感じがしてくる。多くの人びとは、分析枠組として、グローバルのみ、ないしはローカルのみにしか意味がないと感じている。構造／主体を取り巻く緊張関係は――そんな緊張関係があるとすればだが――いっそう強力なものである。これらの用語は、

道徳的な立場表明として用いられることもしばしばである。というのも、それが学問的努力の唯一の正当な根拠を示しているというのが、多くの者の感覚だからである。

いったい、このような論争に、なぜ、そのような緊張があるのだろうか。それを見きわめるのは困難ではない。われわれは全体として、思想家たちが何千年にもわたって論じてきたディレンマに直面しているからである。これらの二項対立の外皮をめくってみると、そこには、決定論対自由意志の論争がある。それは、神学に、哲学に、科学に、無数の化身となって現れている。したがって、それはどうでもよい問題ではなく、さらに何千年にもわたって真の合意《コンセンサス》にたどり着いたことのない問題である。この対立を越える道を見つけられないことが、来るべき百年および千年において完全に変容する（と私が予期している）世界のために適切な知の形態を創造する、われわれ全体の能力に対して、大きな障害となっていると私は考えている。したがって私は、この積年の論争が、われわれの共同体、すなわちきわめて最近の構築物である「社会科学」の枠組のなかで、どのように行なわれてきたかを検討してみることを提起したい。私は、問題のこれまでの提起のされ方が、その解決を不可能にしてきたと主張するつもりである。また私は、今日われわれが、この問題について、建設的かつ集合的に前進することができるようなかたちで、十九世紀的な社会的構築物を克服することができる可能性のあるところにあるということも主張するつもりである。

まず、神学の言説における決定論と自由意志から始めよう。万物が決定されているという考え方は、万能の神という考え方から、全く直接に引き出されてくるものであるように思われる。万能の神という考え方は、少なくとも一神教的宗教においては、あらゆる宗教において中心的な考え方である。一方で、万能の神が存在するならば、万物は神の意志によって決定されているということになり、そうではないと主張することは冒瀆的であるように思われる。他方で、世界の教会は、道徳的行動の取り決めを行なう仕事を行なっている。そして決定論は、罪人に安易な言い訳を与える。神は実際、われわれに罪を犯すように決定なされたのか。もしそうなら、われわれは神の意志に立ち向かおうとすべきなのか。これは、当初から神学者を悩ませてきた難問である。ひとつの解決が、神がわれわれに自由意志――つまり罪を犯すか犯さぬかという選択肢――を授けられたというものであった。しかしながら、それはあまりに安易な解決であった。なにゆえ、神にはそのようなことをされる必要があったのか、あるいは、なにゆえ神はそのようなことをお望みになられたのか。それでは、まるでわれわれは神に弄ばれているかに思われる。さらに、論理的にも整合性を欠く議論であった。もし神がわれわれに自由意志を授けられたのだとすると、われわれは、それを予測不可能な形で行使しうるのであろうか。もしそうなら、神は万能といえるのだろうか。もし違うなら、われわれには自由意志があるなどと本当に言えるのだろうか。

　このディレンマを解決しようとしたカルヴァンの抜け目なさに、私がいつも、どれほど舌を巻いているか、繰り返して述べさせていただきたい。カルヴァン派の議論は、きわめて単純である。われわれの運命は実際には、予め決定されてはいない。それは、神が万物を決定できないからではなく、もし万物が決定されていると人間が主張するようになれば、それは、神が万物を決定する力を制限するものとなるからである。カルヴァンは実質的に、われわれはわれわれの心を変えることはできないかもしれないが、神にはそれが可能であり、さもなくば神は万能ではないということになると言っているわけである。しかしながら、良く知られているように、カルヴァン派の人びとは、非道徳的な行ないに対して、それを黙認するような人びとではない。では、いかにして、人間は、カルヴァン派の人びとが守るべきだと信じている規範に従って行動すべく、必要な努力を行なうよう導かれうるのか。想起していただきたいのだが、カルヴァンは、宗教改革の一翼を担っており、善行が神によって報われるというカトリック教会の教義（派生的に、免罪符の販売を正当化するような見解）に反駁しようとしていた。窮地を切りぬけるため、カルヴァン派の人びとは、負の恩寵という概念に訴えた。それは、実際のところ、われわれになじみのある、非常に近代的な科学の考案物、すなわち反証の概念となっている。誰が救われるのかということについてわれわれが予め知ることは、それが神の決定を制限することになってしまう以上、不可能であるが、その一方で、誰は救われないかということは予め知りうることである。神は、教会が罪深い行ないとはなにかを決めているように、人間の罪深い行ないに対する断罪の見とおしを示されているのであると、彼らは論じた。罪を犯したものが救われないのは確実である。なぜなら神は、そのように振舞う者が救われることを許し給わぬからである。

カルヴァン派の解決は、非常に巧妙であり、そのあとに続いた者たちの表現にも、引き続き採用された。すなわち、十九世紀および二十世紀の革命運動である。類同的な議論が次のようになされた。誰が革命を推進するのかについては、確かには知り得ない。しかし、それを推進していないのは誰かということは知りうる。それは、罪深い行ない、すなわち革命組織の決定に反するような行ないをなす者である。あらゆる構成員が、潜在的に罪人であり、たとえその戦闘員がかつては適切な行動をとっていたとしても、それにかわりはない。かくして構成員は、神の意志、すなわち革命組織の意志に反しようとしているか否かについて、不断に、革命当局の判断のもとに置かれることになったのである。

カルヴァン的解決を採用したのは、革命組織だけではない。本質的には、近代科学もまた、それを採用した。科学者が真理に到達したかどうかを、確実性をもって知ることはありえないが、科学者が罪を犯したときに、それを知ることはできる。それは、その科学者が、科学者の共同体が定義するような適切な科学的方法という規範に従わなかったときであり、したがって、「合理的」であることをやめてしまったとき、すなわち科学者が、政治、俗受け、あるいは詩やその他のそのような不埒な営みに屈したときである、というわけである。

カルヴァン的解決は巧妙ではあるが、ひとつ巨大な欠点がある。それは、他の人間主体が負の恩寵の徴候を示しているか否かを解釈する人間――教会権威、革命権威、科学の権威――に対して、法外な権力を与えてしまうのである。守護者を守護するのは誰なのか。では、この欠点に対する策はあるのか。聖なる処方として、人間の自由という徳を主張することがある。良きカルヴァン教徒であったジョン・ミルトンは、この処方を激賞する、素晴らしい詩を書いている。『失楽園』である。神に対するミルトンの表向きの弁明の背後にあって、彼が真に英雄視しているのは魔王《ルーキフェル》であり、魔王《ルーキフェル》の反乱が不可視にして不可知の神の意志という制約に反して立ちあがる人間の企てを表しているという読解は、多くの読者のなすところである。しかしこの処方は、病気そのものと同然である。われわれは魔王《ルーキフェル》を賛美すべきなのか。結局のところ、魔王《ルーキフェル》は誰の利益のために行動していたのか。

私はシーザーを葬りに来たのであって、賛美しに来たわけではない。

啓蒙主義を考えてみよう。その説くところはいかなるものであったか。私には、そのメッセージの本質は、反教権主義であったと思われる。人間には合理的判断を行なう能力があり、したがって、彼ら自身が最善の努力を行なうことを通じて、直接に真および善に到達する能力を有している。啓蒙主義は、真と善のいずれについても、その判断権者として、宗教的権威を認めることを、断固拒否する立場を代表したわけである。しかし、その代わりを務めるのは誰なのか。哲学者であるといわざるをえないと考えられる向きもあるのではないだろうか。カントは、神学者から、真および善の判断を行なう権利を奪い去ってしまいたいと切実に考えていた。彼は、真については、それが不可能なほど困難ではないが、善については、それよりも困難であるということに気がついた。あたかも物理学の法則であるかのような道徳法則を立証することはできないと結論づけた上で、彼は、善については、神学者に譲り渡すということもできたであろう。しかし彼はそうはしなかった。カントはここでも、哲学者が答えを提供しうるという主張を堅持し、それを定言命法という概念のなかに位置付けた。

しかしながら、知の世俗化の過程で、哲学者は懐疑を奉ずることになった。そしてこれは、続いて彼ら自身をもとの木阿弥にしてしまったのである。というのも、それにそって科学者が現れ、哲学者は意匠をかえた神学者にすぎないと主張したからである。科学者は、神学者が真理を宣する権利と同時に、哲学者が真理を宣する権利に対しても挑戦し、きわめて声高に、科学者は哲学者ではないと断言した。哲学者の思弁や推論を正当化するものなどなにがあるか、それが真であると言うことができる根拠はあるのか、と科学者は問うた。科学者は、自分たちこそ、哲学者とは逆に、検証可能かつ検証済みの仮説、科学的定理という名の暫定的一般概念を導く実証的調査という、真理を得るための確固たる基礎を有しているのだと主張した。しかしながら科学者は、カントとは違って、（カントより賢明であったか、あるいはおそらくカントほど勇気がなかったか）道徳法則については、何をなすことも欲しなかった。したがって、彼らは、哲学者が神学者から受け継いだ仕事のうちの半分だけを要求したのである。科学者は、真理のみを追求する。善については、彼らは、その追求に興味をひかれないと主張し、善は科学が定義するような知の対象にはなりえないと断定したのである。

科学は真理の所在をつきとめる唯一の方途を代表しているという科学者の主張は、広範な文化的支持を得た。そして彼らは、十八世紀後半から十九世紀前半にかけて、卓越した知の構築者となった。しかしながら、まさにそのとき、フランス革命という小さな出来事が起こった。革命の支持者は、自分たちが善を推進するべく行動しているのだと主張した。それ以来、フランス革命は、少なくとも科学が文化的に卓越した地位にのぼったのと同じくらいに強力な信念体系の源泉として作用するようになった。結果として、以後これまで二百年間を費やして、われわれは、真の追求と善の追求を再統一しようと努めることになったわけである。社会科学は、十九世紀に確立されたものとなったが、まさにこの二つの追求をともに受け継ぐものとなり、両者の和解の基盤として現れる面もあった。しかしながら、社会科学が、その方向の努力においてはあまり成功したとはいえないということは、私も認めざるをえない。なぜならそれは、真と善の追求を再統一するというよりは、むしろ社会科学の方が、両者の不一致に引き裂かれていたからである。

「二つの文化」(今ではそう呼ばれている)の遠心的圧力の強さは、顕著なものであった。それは、知についての公的言説がさまざまな言辞を弄する中心的な主題を提供した。それは、十九世紀に大学が再建され、再活性化される過程で、その諸構造を決定した。私が最初に触れた二項対立に、きわめて激しい感情がついてまわったのも、その強力さが持続したことが原因である。それは、社会科学が知の領域として真の自律性を獲得できないままであり、社会科学が自ら目指し、それに値すると考えているような程度には、公的尊敬や公的支持も得られないままでいることの原因でもある。

「二つの文化」の間の溝は、デカルト゠ニュートン主義科学の意図的な構築物である。科学は、この「二つの文化」の間の闘争において、非常なる自信を持っていた。これは、マルキ・ド・ラプラスの有名な言明を二つ挙げれば、実によくわかることである。ひとつは、ナポレオンがラプラスの物理学に神が不在であることについて問うた際に、答えて言った彼の名言である――「閣下、私はその仮説の必要を全く認めておりません」(1)。いまひとつは、その背景として、科学がどの程度のことを知り得るかについての彼の言明である。

自然の体系の現在の状態は、その直前の状態の帰結であることは明白である。したがって、所与の瞬間について、全宇宙のあらゆる存在の諸関係を把握するような知を想像してみると、それは、過去ないしは未来の任意の瞬間について、個別の位置、運動、および一般的に、その作用を決定することができるだろう(2)。

勝ち誇った科学は、いかなる疑いを認める気もなかったし、他の誰とも同じ舞台にあがるつもりもなかった。

哲学、および、より一般的に言うと十九世紀に人文学と呼ばれるようになったものは、公的な尊敬を失い、防衛的な姿勢にひきこもるようになった。物理的世界を説明する科学の能力を否定することはできなかったので、彼らは、その領域を完全に放棄した。そのかわり彼らは、それとは全く別の領域――人間の、精神の、道徳の領域――がひとつ存在し、それは、科学の領域よりも重要であるとは言わぬまでも、科学の領域と同様に重要なものであると主張したのである。このゆえに、少なくとも英語では、彼らは人文学《ヒューマニティ》という名称を採ったわけである。この人間的領域から、彼らは科学を排除しようとした。あるいは少なくとも、それをきわめて副次的な役割へと追いやろうとした。人文学が形而上学ないしは文学に携わっている限りにおいては、科学は、そのようなものは非科学的問題であるという根拠を弁解にして、排除されるがままにされることにやぶさかではなかった。しかし、主題内容が社会的現実の記述・分析となると、両陣営間に合意は――暗黙のものさえ――なかった。二つの文化は、ともども、この領域を要求したのである。

　社会的現実の研究についての職業的専門家層は、ゆっくりと、言わば不安定に現れてきた。多くの点で最も興味深いのは、歴史学のケースである。われわれが今日社会科学と呼ぶあらゆる領野のなかで、歴史学は最も長い系譜を持っている。それは、十九世紀のはるか前からある概念であり、用語である。しかし、近代的な個別科学《ディシプリン》としての歴史学の基礎は、われわれがレオポルト・フォン・ランケと結び付けている歴史記述上の革命にある。そのような近代版の歴史学――ランケはそれを Historie ではなく Geschichte と呼んだが――は、その根本的前提において、異常なほどに科学主義的であった。そのような歴史学を実践しようとした者たちは、社会的現実は、可知的であると主張した。そして、そのような知は客観的――すなわち、過去についての正しい記述と正しくない記述があるということ――でありうるものであり、歴史家は、歴史を、「それが実際に起こったがままに」書く義務があると主張した。そのような歴史に、彼らは、Geschichte という名を与えたのである。学者はデータの分析およびその解釈に自分の偏見を挿入するようなことがあってはならないと、彼らは主張した。そこで彼らは、学者は、自分の記述に対する証拠——実証研究に立脚し、学者共同体による制御と検定に服するような証拠——を提出する必要があると主張した。さらに彼らは、どのような種類のデータが、証拠として受け入れられうるかの定義（文書館にある一次文献）さえ行なった。これらすべてのことを通じて、彼らは、「個別科学《ディシプリン》」としての実践の範囲を確定し、歴史学から、「哲学的」なもの、すなわち思弁的、演繹的、神話的なものを一切排除しようとしたのである。私は、このような態度を「科学を追い求める歴史」(3)と呼んだことがある。しかし実践上、歴史家は臆病な科学者でしかなかった。彼らは、そのデータにどこまでもしがみついて、因果関係についての記述を、直接的な前後関係——直接的な個別的因果関係——の記述に限定しようとした。彼らは、一般化に対して尻ごみし、それを個別の諸例からの行動パターンの帰納とか、時間的・空間的に直接的なつながりが希薄な二つの変数間の因果連関の主張などと呼んだ。好意的な目で見れば、これは、十九世紀において、実証データの集積が、健全な帰納を行なう上で貧弱な基礎をしか提供できないことに対して、彼らが敏感であったからであると言えなくもない。いずれにせよ彼らは、一般化とは哲学化であり、すなわち反科学化であるという恐れにつきまとわれていたのである。そうして彼らは、個別的なるもの、個性記述的《イディオグラフィック》なるもの、さらには唯一的なるものを偶像化し、結果、概して社会科学というラベルを遠ざけるようになった。実は、彼らは「科学を追い求めて」いたにもかかわらず、である。

　社会的現実の研究に携わるその他の人びとは、もっと勇敢であった。経済学、社会学、政治学といった新興の諸個別科学《ディシプリン》は、だいたいにおいて、「社会科学」の外套《マントル》をまとい、お題目《マントラ》を唱えて、勝ち誇っていた科学の方法と尊厳とをわがものにしようとした（留意すべきことに、これはしばしば、自然科学者の軽蔑および／あるいは失望を招いた）。これらの社会科学諸学科《ディシプリン》は、法則定立的《ノモセティック》、すなわち普遍的法則の追求を行なうものであると自認しており、意識的に物理学を（できるかぎり、それに近づこうと）模範にした。もちろん彼らは、彼らのデータおよび彼らの定理の説得性／有効性の質が、物理科学における同僚の獲得した水準をはるかに下回っていることは認めざるをえなかったが、彼らは、自らの科学的能力が将来きっと進歩するという楽観的見方を傲然と断言した。

このような個性記述的《イディオグラフィック》歴史と法則定立的《ノモセティック》「真の」社会科学三学科との間の大「方法論争《メトーデンストライト》」——そう呼ばれた——は多くの点で空騒ぎであったということを強調しておきたい。なぜなら、この個別学科《ディシプリン》間の方法論的論争の両陣営はともに、科学の哲学に対する優越を、全面的に認めていたからである。実際、むしろもし自然科学者たちが、きちんとした資格のあるメンバーたるその兄弟として遇して欲しいという社会科学者の願いを聞き届けるのを拒否するほど高慢でなかったならば、科学は、社会科学の魂の争奪戦にわけなく勝利を収めていたであろうと考えられる。

歴史学および法則定立的《ノモセティック》三学科は、一九四五年までは、すぐれて、文明世界の、文明世界による、文明世界についての社会科学であった。当時のいわゆる未開の人びとが住む植民地世界を扱うものとしては、別個の社会科学の学科《ディシプリン》であり、別個の方法群と伝統とを持つ人類学が構成されていた。世界の残り半分、すなわち非西洋の、いわゆる「高度文明」——中国、インド、アラブ＝イスラム世界、その他——は、「東洋学」という名のものに従事する特別な人びとの手にあずけられた。「東洋学」は、その人文学的性格を強調し、社会科学の一部と見られることを拒否した。文明世界についての、文明世界のための社会科学と、世界の残りの地域についての、世界の残りの地域のための第二の社会科学との間の溝が、十九世紀の学者たちの目に、なにゆえあれほど自然に見えたのか、そして、なにゆえ今日かくも馬鹿げて見えるのかは、今日となっては明白である。この点については、くどくどと論じるのはよそう。[4] ここでは単に、人類学者と東洋学者がともに、他者／非近代世界／野蛮人についての社会科学に従事しているという論理の名のもとに、かの「方法論争」における個性記述的《イディオグラフィック》立場のほうがはるかに安住しやすいものであると感じていたということを指摘したい。それは、法則定立的《ノモセティック》な社会科学の普遍主義的含意には、彼らが言おうとしていたことを〔彼らの研究対象が固有のものであるということを〕容れる余地がなかったからである。

十九世紀において、個性記述《イディオグラフィック》論者と法則定立《ノモセティック》論者は、その研究において、どちらの方がより客観的でありうるかという点について激しく競合し、それは、ミクロ／マクロの対立という奇妙な帰結に至った。それら新興の諸学科《ディシプリン》のそれぞれの初期の著作や主要人物を一瞥すれば、それらが、たとえば普遍歴史や文明の諸段階といったような、きわめて大きな主題を論じていることに気がつく。著作のタイトルも、全てを包括するようなものとなる傾向がある。このことは、近代思潮が同世紀に経験していた転回、すなわち本源的比喩としての進化論的転回に、きわめてよく適合するものである。右に挙げたような著作は、その主題内容の広がりにおいて、きわめて「マクロ」であるが、彼らはそうして、人類の進化を描いていたわけである。それには個性記述的《イディオグラフィック》なところがほとんどない。しかし、このような研究のマクロ的性質は、あまり長続きするようには思われなかった。

組織体としての構造をつくりだすという関心から、社会科学のさまざまの学科《ディシプリン》は、その仲間に入ろうとする者たちの訓練と経歴《キャリア》パターンを調整しようとした。彼らは、独創性と客観性の両方を強調し、そのことが、マクロな学問に逆風となった。独創性は、次々と現れる学者のそれぞれに、なにかしら新しいことを言うように要求したが、それにこたえる最も簡便なやり方は、主題内容を、考察の対象となる時間、空間、さまざまな変数について、どんどん細かい範囲に分割していくことであった。そのような下位区分の過程は、以前の学者の業績を繰り返さずにすむ可能性を無限に開くものであった。また範囲を明確に制限することによって、諸学科《ディシプリン》は、学者たちがデータの収集と分析に際して、より注意を払うことができるようになると考えた。それは顕微鏡《マイクロスコープ》的メンタリティであり、学者たちは、ますます強力な顕微鏡を使うよう、圧力を受けるようになった。それは還元主義的エートスによく適合するものである。

このような社会科学の顕微鏡《マイクロスコープ》化は、個性記述的《イディオグラフィック》社会科学と法則定立的《ノモセティック》社会科学との間の溝を深めてしまった。二つの陣営は、等しく客観性を追求していたが、それを獲得すべくとった方途は、対極的なものであった。なぜなら両者は、主観性の危険のうち、それぞれ両極にあるものを取り出したからである。個性記述的《イディオグラフィック》社会科学の陣営が第一に恐れていたのは、二つのことである。彼らは、主観性の危険性は、一方で、それが不適切な文脈における理解を行なうことから、他方で、それが自己利益を不当に押しつけることから生じていると考えていた。一次文献に依拠している限りにおいて、研究者は、その文献を正確に読む義務があり、時代錯誤的な読解や異文化のレンズを通して読むようなことがあってはならない。このことは、文脈についての相当な知識を要求する。すなわち、経験的詳細、境界の定義、当該言語の使用（しかも多くの場合、肉筆文書である）、文書中のその文化内でしか通用しない間接的言及についての知識などである。かくして、学者たちは、解釈学的になろうと、すなわち自分とはかけ離れたところにある人間や人間集団の心性に分け入ろうとし、研究対象となっている人間が見ていたのと同じように世界を見ようとする。これは、観察の対象たる言語および文化への長期にわたる没入を必要とするものである。したがって歴史家にとっては、自分の民族／文化を研究するのが——既に没入しているわけであるから——最も容易であるように思われた。人類学者は、定義上その道をとるわけにはいかなかったので、「他者」なる特定の人間集団の研究に十分な知識を得るためには、極めて大きな投資が必要となり、そのような人びとを対象とする研究に、一生の仕事を捧げるのも、無理からぬことであるように思われた。そして東洋学者にとっても、文献学的実践に熟達するには、困難な言語学的技術を一生かけて磨いていかなくてはならなかった。このように、各分野には、学者に自分の研究の範囲を狭めさせ、自分に匹敵する技術的特性を持った人間は、世界にせいぜい数人しかいないような専門化の水準を獲得するように導く客観的圧力が存在したのである。

利害関係への無関与性という問題もまた、個性記述的《イディオグラフィック》な学者にとっては深刻な問題であった。歴史家は、まず、歴史は現在については書かれえないと主張し、次いで、相対的に現在から離れた時点で「過去」を終わらせることによって、その問題を解決した。われわれはみな、現在においては、不可避的に政治的なかかわり合いを持っているが、時間軸に沿って過去にさかのぼるほどに、そのようなかかわり合いの感覚が薄くなっていくというのが、その主張である。このことは、歴史家が文書館に頼っており、その文書館に資料を供給している国家が、現在起こっていることについての文書を入手可能とすることには——理由は明らかだが——反対であった（現代でもそうである）という事実によって強化された。東洋学者は、自分が研究対象としている文明との実際の交流を避けることで、中立性を確保した。東洋学は、まずもって文献学的学科《ディシプリン》であったので、彼らは、テクストの読解に没頭していたのである。その仕事は、彼らの書斎でなしうることであるし、概して実際そうしていたのである。人類学者については、その学科《ディシプリン》最大の恐怖は、同僚の中に「現地人になって」しまい、そのため、科学的観察者の役割を果たすことを続けられなくなる者があることであった。主として用いられた制御法は、人類学者が、「フィールド」に長く滞在しすぎないように保証することであった。これらの解決はすべて、偏見を制御するメカニズムとして遠隔性を強調するものであった。他方、その知見の有効性は、注意深く訓練された学者の持つ解釈の技術によって担保されていた。

法則定立的《ノモセティック》三学科である経済学、政治学、社会学は、これらの技術を逆転させた。彼らは、遠隔性ではなく近接性を、偏見を避ける方途として強調した。ただし、その近接性とは、きわめて特殊な近接性である。客観的データとは、反復可能なデータと定義された。つまりまさに「解釈」の結果ではないようなデータだというわけである。データが定量的であればあるほど、その反復は容易になる。しかし、過去のデータや、世界の遠く離れ土地からのデータは、その最低限の質を保証する基盤、つまり「信頼性」が欠けていた。だから、全く逆になるのである。つまり、最良のデータとは最新のデータであり、データの記録のための基盤が最もととのっているような国々で集められたデータなのである。より古く、より遠いところからのデータは、必然的に、不完全であり、概略的であり、曖昧なものでしかない場合さえあるかもしれない。それでも新聞雑誌や旅行記といったような目的には十分かもしれないが、科学の場合はそうはいかない。さらに、時間の経過が、特に二地域以上で集められたデータの比較可能性の観点からして、データ収集の質をますます高めているために、新しく集められたデータも、急速に時代遅れになってしまうのである。かくして、法則定立的《ノモセティック》三学科は、現在へ、それもごく直近の現在へと引きこもったのである。

さらに、定量的なデータに洗練された操作を行なうことが望まれている以上、変数の数を減らし、良質な信頼性の高いデータが集められた指標を用いることが最善である。かくして、信頼性という圧力によって、社会科学者たちは、その分析の時間的・空間的範囲を不断に狭め、注意深く限定された命題についてしか検証を行なわなくなった。すると、その結果の有効性に疑念を持つものもあるかもしれないが、認識論《エピステモロジー》上の前提によって、この問題は解決された。人間行動の普遍的法則なるものが存在するということが信じられている限りにおいて、研究の場というものは、無関係となったのである。研究者は、入手可能なデータの質に基づいてデータ収集の場を選ぶのであって、あるデータの有意味性のゆえによるのではないのである。

ここから結論を引き出すと、社会科学の歴史的構築をよく示す方法論上の大論争が、実は見せかけの論争であったということになる。そのみせかけの論争のおかげで、哲学と科学との「分離」が、いかに効果的に知の領域から善の追求を排除し、さまざまな意匠の微視的な実証主義の形態に真の探求が囲い込まれていったかということから、われわれの注意はそらされてしまっていたのである。近代の哲人王にもならんという、社会科学者たちが当初抱いていた望みは、まったく虚しいものということが明らかとなり、社会科学者たちは、政府の改良主義の婢《はしため》におちついたのである。彼らが公然とそうする際には、それは、応用社会科学と呼ばれた。しかし、だいたいにおいて、彼らはそうすることに、決まりの悪さを感じており、彼らの役割は、単に調査を行なうことでしかなく、その調査から引き出されると思われる結論を、その調査から引き出すことは、自分たち以外の人びと、つまり政治家に一任されていると主張したのである。要するに、学者の中立性は、知恵の木の実を食べてしまった彼らの恥部を隠すイチジクの葉のようなものとなったのである。

近代世界が、技術の勝利に終わる長いサクセス・ストーリーであると思われている限り、そのシステムのなんらかの均衡を維持するに必要な政治的基礎は存在し続けている。その成功の真ん中に鎮座して、科学の世界は、あたかもその成功がひとえに科学のおかげであったのように、このシステムのなかの最高位を占めつづけていた。そして社会科学は、この傾向に呑み込まれてしまった。知の根本的前提をまじめに問おうなどというものは、誰も現れなかった。システムの多くの病弊は——世界の二極分解の拡大を明らかに示すものとして、人種主義から、性差別主義まで、さらには植民地主義にいたるまで、そして民主主義を抑圧する様式のさまざまな選択肢として、ファシズム運動から、社会主義的強制収容所まで、さらには自由主義的形式主義にいたるまで——すべて、過渡期的問題であると定義された。なぜなら、それらはみな、諸変数の軌道が線形的に上昇する均衡曲線に落ちつくような世界においては、規範からの多くの混乱した逸脱が実際そうであったように、最終的には制御されうるようになると考えられていたからである。あらゆる立場の政治家が、良い世界が現れつつあると確約した。それは、真を追求する不断の進歩によって保証されるという前提に基づく見とおしだったのである。

しかし、それは幻想であった。二つの文化の分離と実体化によって育まれた幻想であった。さらに言えば、二つの文化の分離は、均衡からほど遠い軌道を押し進める主要因のひとつであった。実際、知とは単一の営みであり、その知を自然においていかに追求するかということと、人間においていかに追求するかということとの間には、根本的には矛盾は存在しない。というのも、両者はともに、単一の宇宙の不可分な一部だからである。また知は、創発性、冒険、あるいは、良い社会の追求とも別個のものではない。たしかに、知は、つねに追求にとどまるものであって、決して到達点ではない。しかしながら、まさにそれが事実であるがゆえに、われわれは、マクロとミクロ、グローバルとローカル、そしてなかんずく構造と主体が、克服不可能な二項対立ではなく、むしろ〔タオ的な〕陰陽関係にあることを理解することができるのである。

過去二十年間において、全く新しい潮流を構成し、世界がこの二つの文化を克服する過程にいまや入ったのではないかというような徴候を示す、顕著な知的展開が二つある。その二つの潮流において、社会科学者の働きは、ごく周縁的なものでしかないが、社会科学の未来にとっては、素晴らしく心強いものである。私が言っているのは、自然科学における、いわゆる複雑性研究と、人文学における、いわゆるカルチュラル・スタディーズである。これら二つの領域のそれぞれにおいて、いまや膨大となった文献を概観することは、ここではしないが、かわりに、それが知に対してもつ認識論《エピステモロジー》上の含意と、社会科学に対するその含意という観点から、それぞれを位置付けてみようと思う。

複雑性研究は、なぜそう呼ばれているのか。それは、近代科学の企ての最も基本的な前提のひとつを拒否しているからである。ニュートン主義科学は、万物を説明する単一の定式が諸現象の背後に存在するということを前提とするものであった。アインシュタインは、$e=mc^2$〔という彼の相対性理論の定式〕が宇宙の半分をしか説明していないことに不満であった。彼は、同様に単一的な方程式で万物を説明するような統一場理論を追求していた。複雑性研究は、そのような定式は全て、せいぜいのところ部分的なものであり、最大限のところ過去についてしか説明するものでしかなく、未来については決して説明できないものだと主張した。（もちろんわれわれは、真理は単純であるという曖昧な信念と「概念節減の原理《オッカムのかみそり》」〔無用な複雑化を避け、最も簡潔な説明をとるべきだという論理哲学上の原則〕を健全な認識論《エピステモロジー》として挿入することとの間の区別には慎重にならねばならない。すなわちわれわれは、推論から論理的な飾り立てを排除し、明晰な記述に必要な関係のみを定式のなかにいれるよう常に努力すべきだということである。）

なぜ真理は複雑なのか。それは現実が複雑だからだ。そして現実が複雑である原因は本質的にひとつである。すなわち、時の矢である。万物は万物に影響を与えている。そして時間の経過につれて、その万物なるものは、容赦なく拡大する。多くのものが衰え、曖昧になっていくにもかかわらず、ある意味では、なにものも消去されることはない。宇宙は——それには生《ライフ》がある——秩序だった無秩序、ないしは無秩序な秩序に沿って展開していく。もちろん、暫定的な秩序を持つパターンは存在し、それは自己確立的で、事物の一体性を支え、表面的な統一を創り出しはする。しかし、完璧な秩序というものは当然、死であるがゆえに、そのようなパターンに完璧なものなど一切なく、いずれにせよ、永続的な秩序など存在したためしはなかったのである。完璧な秩序とは、神という語の意味として可能なものかもしれないが、それは定義上、可知的な宇宙を超えたものである。したがって、原子も、銀河も、生物相も、その進路——お望みなら「進化」と言ってもよいが——を進んでいき、その構造の内的矛盾によって、何であれそれらが享受している一時的な均衡から、加速度的に離れていってしまうまでしか、それは続かないのである。そのような進化する構造は、もはや均衡が回復しえない点に、すなわち分岐《バイファケーション》の点に繰り返し到達する。そしてその時に新しい進路が現れ、新しい秩序が確立される。だが、われわれは、前もってそのような新しい秩序がどのようなものとなるかを知ることはできない。

このようなモデルから引き出される宇宙像は、本質的に、非決定論的である。なぜなら、われわれが、その宇宙の運動を予測しようとしても、偶然に依存する組合せがあまりにも多く、小さな決定の数が多すぎるからである。しかし、だからといって、この宇宙がどんな方向にも向かいうるということにはならない。それは、それ自身の過去の産物であり、その過去の産み出した制約範囲のなかで、新しい進路が選ばれるのである。もちろん、われわれの現在進んできている軌道についての記述は可能であり、それは注意深く、いいかえれば定量的に行なわれうる。しかし、データの精確性を高める努力が限界を超えると、演算の結果は不安定になるというのが数学的結論である。(5)

いまや物理科学者や数学者たちの方が、彼らの領域において、真理は複雑であり、非決定論的であり、時の矢に従属するものであると言い始めているのだとすると、それは、社会科学者にとってはどういう意味があるのだろうか。というのも、宇宙のあらゆるシステムのなかで、人間の社会システムが、存在する構造としては最も複雑であるということは明らかだからである。人間の社会システムは、安定的な均衡がきわめて短く、考慮に入れられるべき外部の変数の数がもっとも多く、最も研究が困難なシステムである。

われわれは自然科学者にできることしかできない。われわれが求めうる解釈パターンは、二種類である。ひとつは、いわば形式的解釈パターンが考えられる。すなわちたとえば、あらゆる人間の社会システムは史的社会システムであると述べるような解釈である。それは単に歴史的軌道というものがあるという意味においてではなく、ある特定の理由によってある特定の時間と場所に誕生ないし出現し、ある特定の理由によってある特定の規則群にしたがって機能し、ある特定の諸理由からその矛盾にもはや対処し切れなくなるために、ある特定の時間と場所において閉塞ないし死滅ないし解体するようになるという意味において見出されるパターンである。このような形式的解釈パターンの妥当性が、ある限界に服していることはいうまでもない。現在においては遠い先のことのように見えるかもしれないが、いつか、所与の特定の形式的パターンがもはや機能しなくなる可能性があるからである。

しかしながら、われわれは、特定の史的社会システムの諸規則を記述するというような、いわば実質的解釈パターンを求めることもできる。たとえば、私が近代世界システムは資本主義世界経済であると名指す際には、私は、特定の実質的パターンの存在を主張していることになる。それが論争的な主張であるのは言うまでもなく、実際、多くの論争にさらされてきた。さらに、入れ子状になったたくさんの箱のように、実質的パターンも入れ子状に存在している。たとえば、われわれの生きている世界が資本主義世界経済であるということにわれわれ全員が合意したとしても、それが判別可能な諸段階を持っているかどうかということについて、不等価交換はその常態であるかどうかということについて、その他の資本主義世界経済の機能の無数のさまざまな側面について、見解の相違が生じうるということである。

複雑性研究について指摘しておくべき決定的な点は、それがいかなる意味でも科学的分析を拒否するものではないということである。それが拒否しているのは、単にニュートン主義的な決定論のみである。しかし、いくつかの前提を覆したことで——とりわけ、可逆性という概念を拒否して、時の矢という概念をとったことで——自然科学は、社会科学の伝統的圏域であった方向へ、すなわち構築物としての現実の説明という方向へ、巨大な一歩をふみだしたことになる。

さてカルチュラル・スタディーズに目を転ずるとして、同じ問いから始めてみよう。なぜカルチュラル・スタディーズはそう呼ばれるのか。〔カルチュラル・スタディーズにたずさわっている〕学者たちは、言語学的分析に大変熱心であるのに、私の知る限り、彼らの側から、この問いが提起されたことはない。私の目に最初に留まることは、カルチュラル・スタディーズが、実際には文化そのものの研究ではなく、文化的生産物についての研究であるということである。これは、カルチュラル・スタディーズが、人文学に深く根ざしていることの帰結であり、ひるがえって、彼らが人文学に深く惹き付けられていることの理由でもある。というのも、二つの文化の分割において、人文学は、特に文化的生産物の領域を割当てられたからである。

彼らは、善の領域も割当てられていはいたのだが、それと正面から取り組むことには非常に消極的であった。それは、政治的で、非文化的で、ふわふわと基礎のしっかりとしない、永続的な持続性の欠如したものであるように思われたのである。フランス革命の詩人から、詩の詩人へと向かったワーズワースの個人的足取りは、芸術家や学者が、文化的生産物から「芸術のための芸術」という、より確実な基礎へと繰り返し逃避したこと、つまり審美的な内向化の傾向を、鮮やかに示すものである。彼らは、キーツの「ギリシア古瓶の賦」にある詩句を慰めとした。「[…]《美は　真であり／真は　美である》と。――これこそは　きみたちが／この地上で知り、また知るべきすべてのものなのだ。」

文化的生産物は文化の産物であり、それはシステムの構造という観点から説明されうるものであると主張する者が常に存在していたのはたしかである。実際、今日われわれが知るところであるようなカルチュラル・スタディーズは、一九五〇年代にイギリスで、この伝統ある主題を論じていた人びとに淵源を持っている。想起していただきたいのだが、そのような論者たちは、労働者の文化を探求していたのである。しかしその後、カルチュラル・スタディーズは、いわゆる言語論的転回ないしは解釈学的転回を遂げた。もっとも私はこれを「一九六八年的転回」であると考えている。一九六八年革命は、自由主義《リベラリズム》的中道に対する反対であり、その主張は、旧左翼がその自由主義《リベラリズム》的中道の一部になってしまっているばかりか、そもそもこの自由主義《リベラリズム》的中道なるものが、真正の保守主義に匹敵するほど危険な（それ以上に危険であるとは言わぬとしても）ものであるとまで押し進められた。

文化的生産物についての研究という観点からすると、それは、単に保守的・伝統的規範（いわゆる正典《カノン》）に従って文化的生産物の研究を行なう者ばかりではなく、政治経済の説明において前提とされているものの観点に立って文化的生産物を分析する者（旧左翼）までもが、敵となったということを意味する。結果として、ある種の爆発が生じ、あらゆるものが脱構築されることになった。しかし、その脱構築という実践とは何なのであろうか。私には、その核心は絶対的美学の不在を主張し、特定の文化的生産物が産み出された際に、どのようにして産み出されたか、なぜその形式で産み出されたか、ということを説明する必要があると力説し、その上で、どのように、そしていかなる理由によって、それらの文化的生産物が他の人びとに受け入れられたか、そして現在受け入れられているかという問いへ進むことにあると思われる。

ここで、われわれが非常に複雑な活動にかかわってしまっているのは明らかである。そこにおいては、均衡（正典《カノン》）は、せいぜいのところ過渡的なものでしかなく、偶有的な要素があまりにも莫大なため、確定的な未来もありえない。その過程において、文化的生産物の研究は、人文学の伝統的圏域から脱し、社会科学の圏域、すなわち構築されたものとしての現実の説明の圏域に下り立っている。だからこそ、多くの社会科学者が、カルチュラル・スタディーズを受け入れようという姿勢を見せているのであるということは言うまでもない。

自然科学者が社会科学へ向かう動き（複雑性研究）と人文学者が社会科学へ向かう動き（カルチュラル・スタディーズ）は、自然科学および人文学の内部での反対を伴わなかったわけでは決してない。むしろ実際、反対は猛烈であったのだが、私の目には、そのような反対は、概して延命工作的なものでしかないように思われる。また複雑性研究の支持者も、カルチュラル・スタディーズの支持者も、自分たちが、社会科学の陣営に加わりつつあるとは考えていない。さらに、全ての社会科学者がこのような状況分析をしているわけでもない（というより、大半は、そのようには考えていない）。

しかし、われわれはみな、ありのままを率直に言うべき時に来ている。われわれは、知の社会科学化を通じて

「二つの文化」を乗り越える過程にある。それは、現実が構築された現実であること、科学／哲学的活動の目的が、有用性と説得性を具えた現実の解釈——不可避的に過渡的であるが、それにもかかわらず正確な、つまりその時代にあってはその他の解釈の可能性よりも相対的に正確であるような解釈——に達することであるということを承認することによって行なわれる。しかし、現実が構築された現実であるとしても、それを構築しているのは、現実世界における主体であり、学者ではない。学者の役割は、現実を構築することでなく、現実がいかに構築されてきたかを割り出すことであり、多元的に存在する現実の社会的構築について、そのそれぞれをそれぞれにつき合わせて検証することである。ある意味では、これは、どこまでも続く合わせ鏡遊びのようなものである。われわれは、われわれが構築した現実に立脚して、現実を発見しようとする。そして、それを発見すると、ひるがえってわれわれは、その背後にある現実がいかに社会的に構築されているかということを理解しようとするのである。しかしながら、鏡のなかをこのように導かれていく際に、相対的に正確な学問的分析と、相対的に不正確な学問的分析がある。相対的に正確な学問的分析は、世界が実質的により合理的な現実を構築する助けになるという点で、社会的により有用である。したがって、真の追求と善の追求とは、互いに不可分に結びついているのである。われわれはみな、その二つの追求の両方に、同時に、かかわっているのである。

イリヤ・プリゴジーヌは、最近の著作のなかで、二つのことを大変簡潔に述べている。すなわち「可能性は、現実性より豊かである。自然はわれわれに対して、実質的に、創造、予見不可能性、新奇さのイメージを呈示するものである」ということと「科学は自然との対話である」(6) ということの二つである。私は、結論を述べるにあたって、この二つの主題を基礎としたいと思う。

可能性は、現実性より豊かである。社会科学者よりも、このことをよく知っている者がほかにあろうか。なにゆえわれわれは、可能性を論じ、可能性を分析し、可能性を探査することを、かくも恐れているのか。われわれは、ユートピアではなく、ユートピスティクスを社会科学の中心へと進めなければならない。ユートピスティクスは、ユートピアの可能性、その限界、その可能性を実現する際の制約の分析である。それは、現在における現実的な史的選択肢を分析的に研究することである。それは、真の追求と善の追求の和合である。

ユートピスティクスは、社会科学者の不断の責任を表現している。しかし選択の幅が最大になっているときには、それは特に喫緊の責務を代表するものとなる。それは、どのようなときか。まさしく、われわれが属する史的社会システムが均衡から最も離れたときであり、揺らぎが最大となったときであり、分岐《バイファケーション》が近づいたときであり、小さなインプットが大きなアウトプットを生むようなときである。これは、われわれが今生きており、今後二十五年から五十年ほどの間生きていくであろう契機である。(7)

ユートピスティクスにまじめに取り組むつもりであれば、われわれは、似非論点をめぐって争うことは止めなければならない。そのような似非論点の筆頭は、決定論対自由意志、構造対主体、グローバル対ローカル、マクロ対ミクロといった論点である。いまやわれわれの目には明らかなこととして、これらの二項対立は正確性の問題ではなく、選好の問題でさえなく、時間設定《タイミング》やパースペクティヴの深さの問題であると、私には思われるのである。きわめて長い時間の広がりや、きわめて短い時間の広がりにおいて、そして、きわめて深いパースペクティヴや、きわめて浅いパースペクティヴからは、事物は決定論的に見えるものであるが、広大な広がりをもつそれらの中間の領域においては、事物は自由意志の問題であるように見えるものなのである。われわれは、決定論にせよ、自由意志にせよ、自分が望む証拠を得るために、つねに視角をシフトさせることができてしまう。

しかし、なにかが決定されているというときに、それはどういうことを意味しているのであろうか。神学の領域でなら、私にも理解できる。それは、万能の神が存在し、その神が万物を決定しているということをわれわれが信じているという意味である。しかし、すでに述べたように、その場合でも、すぐに問題に行き当たってしまう。だが、アリストテレスが言ったように、少なくともわれわれは、動因を扱ってはいる。ところが、もし私が今後十年間のヨーロッパにおいて失業が減少する可能性は決定されていると言ったとしたら、それを決定しているのは、誰ないしは何だと言うのか。そして、私はどこまでさかのぼってそれを跡付ければよいのか。仮にあなたが私に説いて、こういうことに何らかの分析的な意味があるということを納得させてくれたとしても（それは困難だろうが）、そう言うことになにか実際的な妥当性があるのだろうか。しかし、だからといって、それは単に自由意志の問題であるということになるのだろうか。オランダの、ドイツの、フランスの、政治家や企業家や労働組合の指導者やその他の誰かが、なにか特定のことをなすとすれば、私はあなたに、実際に失業は減少すると請合うことができるということになるのであろうか。また仮に、彼らないしは私が、その「特定のこと」が何であるかを知っているか、知っていると思い込んでいるとしても、過去にそれをやっていないというのに、いったいどのような動機があって、今ならばそれをするつもりになるというのだろうか。そしてもし、この問いかけに答えがあるとしたら、それは、われわれの自由意志が、なにかそれに先行するものに決定されているという意味になるのか。もしそうなら、それは何なのか。これは、際限がなく、要領も得ない問いの連鎖である。自由意志から出発すれば、決定論に行きつき、決定論から出発すれば自由意志に行きつく。

　これにアプローチする別の方法はありえないのだろうか。われわれが複雑性を理解しようとしており、それを有益かつ説得的に「解釈」しようとしているということには合意しよう。そうすれば、われわれは表面に現れている規則性を定位するという単純な仕事から始めることができる。またわれわれは暫定的に、個人および集団の行動にかかっている、さまざまな制約の相対的な強度を評価してみることもできる。この仕事を、長期持続《ロング・デュレ》の構造の定位と呼んでもよいであろう。私はこれを「単純な仕事」と言ったが、もちろん、簡単な仕事では全くない。

それが単純だというのは、むしろ、それではまだほとんどなにも説明していないという意味であり、また、先行的な、つまり他のもっと複雑な仕事の前段にあたる仕事であるという意味でもある。構造というものが、われわれの念頭に明晰に存していなければ、それよりも複雑なものの分析――たとえば、いわゆるミクロ歴史やテクストや投票パターンのようなものの分析――に進むことは、全くできない。

構造を分析することは、どのようなものであれそこに存在する主体を制限するものではない。それどころか、構造を把握《マスター》して初めて――そう、説得的にして妥当であり、暫定的に有効な「母型となる物語《マスター・ナラティヴ》」を創り出して初めて――主体という概念が含意するような判断力を行使することができるようになるのである。さもなくば、われわれの、いわゆる主体性は盲目である。そして盲目であるならば、それは――直接にでなくとも間接的に――操作の対象となる。われわれは、プラトンの洞窟の住人を見ているわけだ。そして、かれらに作用を及ぼすことができると考えているのである。

これは、プリゴジーヌの第二の警句――「科学は自然との対話である」――にわたしを立ちかえらせるものである。対話には互いに相手が必要である。この場合の相手とは誰なのだろうか。右の警句の「科学」に相当するのは、科学者なのか、それとも科学者の共同体なのか、なんらかの特定の科学組織なのか、それとも思考する存在である限りにおいて全ての人間なのだろうか。そして、「自然」に相当するのは、生命体なのか、なんらかの種類の汎神論的な神なのか、それとも万能の神なのだろうか。私は、この対話を行なっているのが誰であるのかは、たしかには分からないと考えている。対話の相手を求めることは、対話自体の一部なのである。われわれが常に失ってはならないことは、より多くを知り、より良いことをなす可能性である。これは、どこまでいっても可能性でしかないが、手の届かないものではない。そして、そのような可能性を実現する最初の一歩は、より実りある道からわれわれを外れさせてしまうべく打ち建てられた、過去についての偽りの論点をめぐる論争をやめることである。科学はまさにその最初の契機にある。あらゆる知は科学的知である。そして、社会科学は知の自己反省の場たることを主張する。その主張は、哲学に反対するものでもなければ、自然科学に反対するものでもない。その両者とともにあることをめざすものである。

私は、今後二十五年から五十年間は、人間の社会関係の観点からして、ひどい時代――既存の史的社会システムの解体とそれに代わる不確実な代替システムへの移行の時代――となると考えているが、同時に、今後の二十五年から五十年は、知の世界において、例外的に刺激的な時代となるだろうとも思っている。システムの危機は、社会的反省を余儀なくするだろう。私は、科学と哲学との分離に完全に終止符が打たれる可能性はあると思っており、すでに述べたように、社会科学は不可避的に、そのように再統一された知の世界の基盤となると考えている。われわれは、それが何を生み出すかを知ることはできない。しかし私は、ワーズワースがその詩『序曲』でフランス革命について考えたようにしか考えられない――「あの歴史の黎明期に生まれあわせたということは、幸運だった。が、その時にあたって、しかも年若かったのは、じつに願ってもないことだった」と。

注

(1)Alexander Koyré, *From the Closed World to the Infinite Universe* (Baltimore: Johns Hopkins University Press, 1957), p. 276. より重引。
(2)Roger Hahn, *Laplace as a Newtonian Scientist* (一九六七年四月八日クラーク・ライブラリーで開催された「ニュートンの影響」についてのセミナーで配布された論文) (University of California, Los Angels: William Andrews Clark Memorial Library, 1967), p. 15. より重引。
(3)Immanuel Wallerstein, "History in Search of Science," *Review* 19, no. 1 (winter 1996): pp. 11-22.
(4)イマニュエル・ウォーラーステイン＋グルベンキアン委員会『社会科学をひらく』(藤原書店、一九九六年)。
(5)「水晶は粉々になってしまう。」とはイヴァール・エクランドの弁である。彼は、以下のように述べている

「定性的アプローチは、定量的方法の単なるピンチヒッターなどではない。それは流体動学におけるように、大きな理論的前進を導きうるものである。またそれは、定量的方法すなわち安定性に対して、有意味な長所も持っている。」(Ivar Ekeland, *Mathematics and the Unexpected* [Chicago: University of Chicago Press, 1988], p. 73)

(6) Ilya Prigogine, *La fin des certitudes* (Paris: Olide Jacob, 1996), p. 83, 177.

(7) ここで、この点を論ずる余裕はないが、拙論「平和、安定性、正統性　一九九〇年～二〇二五／二〇五〇年」(『アフター・リベラリズム』藤原書店、新版、二〇〇〇年、所収)において、すでに詳細に説明しておいた。

＊訳注――本文中、キーツの詩からの引用は『キーツ全詩集』第二巻(出口保夫訳、白鳳社、一九七四年)を、ワーズワースの詩からの引用は『ワーズワス・序曲』(岡三郎訳、国文社、一九六八年)を、それぞれ参照した。

15

社会学の遺産、
社会科学の将来性

The Heritage of Sociology, the Promise of Social Science

第十四回世界社会学大会における会長講演
一九九八年六月二十六日、モントリオール

ここでは、社会についての知とその遺産、挑戦、展望という主題を論じようと思う。私は、社会学の遺産が「社会学の文化」と私が呼ぶつもりにしているものであると論じ、それがどのようなものであると私が考えているのかを定義するよう努めるつもりである。さらに私は、今や数十年間にわたって、まさにその〔社会学の〕文化に対する重大な挑戦が行なわれてきたと論ずることになろう。その挑戦は、本質的に、「社会学の文化」の脱思考《アンスィンク》の呼びかけを構成するものである。社会学の文化に固執して再肯定する動きとそれに対する挑戦の強度の両方があるとして、私は最後に、新しい開かれた文化を創り出すこと以外に説得的かつ価値のある展望は存在しないと、納得のいく形で主張することになろう。その新しい文化は、今度は「社会学の文化」ではなく、「社会科学の文化」となり、（最も重要なことに）認識論《エピステモロジー》の上で再統一された知の世界に位置付けられるものということになろう。

われわれは、三つの異なる方法を用いて、知を分割したり、束ね合わせたりしている。知的な次元で個別科学《ディシプリン》として、機構の次元で組織構造として、文化の次元で特定の基本的前提を共有する学者共同体として、という三つの方法である。個別科学《ディシプリン》は、知的な構築物、つまり一種の解釈道具であると考えることができる。それは、固有の領域、適切な方法、それらの帰結として境界を持つ、いわゆる研究の「フィールド」を要求する様式である。それは、知性を規律訓練《ディシプリン》しようとするという意味でも「ディシプリン」である。個別科学《ディシプリン》は、何について考えるべきか、それについていかに考えるべきかということだけではなく、何がその視野の外にあるのかということまでも定義する。所与の主題が個別科学《ディシプリン》であると言うことは、それが何であるかだけではなく、それが何でないかを言うことでもある。したがって、社会学が個別科学《ディシプリン》であると主張するのは、なにをおいてもまず、それが経済学でも、歴史学でも、人類学でもないという主張なのである。そして社会学がそのような別の名称のものではないと言われるのは、それが別の研究のフィールドを持っており、別の方法群を持っており、社会的知識への別のアプローチを持っていると見なされているからである。

個別科学《ディシプリン》としての社会学は、社会科学とわれわれが総称しているその他の個別科学《ディシプリン》と並んで、十九世紀後半の創造物である。個別科学《ディシプリン》としての社会学は、多かれ少なかれ、一八八〇年から一九四五年の時期に完成していった。この時期における、その分野の指導的人物はみな、個別科学《ディシプリン》としての社会学を定義すると称する著作を、少なくとも一冊は書いている。おそらく、そのような伝統に属するもののうちで、最後の主要な作品は、タルコット・パーソンズが一九三七年に書いた『社会的行為の構造』(1)であろう。それは、われわれ社会学者の手にある遺産のうちで、大きな重要性を持つ作品であり、彼の果たした役割については、あとで立ちかえって論じようと思う。二十世紀の前半において、社会科学のさまざまな部門が確立され、個別科学《ディシプリン》として認知されるようになったことは、間違いなくそのとおりである。それらはそれぞれ、自らが近接の諸個別科学《ディシプリン》といかに異なっているかを明確に強調するようなかたちで定義された。結果として、所与の著作ないしは論文があるひとつの個別科学《ディシプリン》の枠組のなかで書かれているのか、それともまた別のひとつの個別科学《ディシプリン》の枠組のなかで書かれているのではないかというようなことを疑ってみるようなことは、ほとんどありえなくなった。それは、「あれは社会学じゃないよ。経済史か政治学だね。」といったような物言いに意味があるような時代だったのである。

私はここでは、その時代に確立された〔個別科学《ディシプリン》間の〕境界の論理を概観するつもりはない。それらは、研究の対象における三つの溝を反映するものであった。その溝は、当時の学者たちにとって自明なことと思われ、決定的な重要性を持つこととして強力にその妥当性が主張され、擁護されていたものである。第一に、過去／現在を分ける溝があり、それによって、個性記述的《イディオグラフィック》歴史学が、経済学、政治学、社会学という法則定立的《ノモセティック》三学科から分けられた。第二に、文明／他者、ないしはヨーロッパ／非ヨーロッパを分ける溝があり、それによって、右の四学科全て（それらは、本質的に汎ヨーロッパ世界を研究対象としている）が、人類学と東洋学から分離された。そして第三に――これは近代の文明世界にしか妥当しないと考えられていたのだが――市場、国家、市民社会を分ける溝があり、それによって、それぞれ経済学、政治学、社会学の領域が構成された。[2] これらの境界群の知的問題は、一九四五年以降の世界システムの変容が――合衆国の世界へゲモニーへの上昇、非西洋世界の政治的復活、世界経済の拡大とそれに伴って相関的に起こった世界の大学システムの拡大――すべてあいまって、右の三つの溝の論理を掘り崩してしまうものであったことであり、[3] 結果、一九七〇年代までには、実際上、境界が深刻な曖昧化を起こし始めるようになった。そのような曖昧化は、非常に広範に生じ、多くの人びとの目にとって――私の目にとっても――それらの学科名称や境界群を維持するのは、知的な道具立てとしてもはや不可能であり、あまり有用でさえないように見えたほどであった。結果として、社会科学のさまざまな学科は、個別科学《ディシプリン》であることをやめてしまった。なぜなら、それらはもはや、別個の方法を有する明らかに異なるフィールドを代表するものではなくなっており、したがって堅固で明確な境界を持つものでもなくなってしまっているからである。

しかしながら、学科の名称は、そのためになくなってしまったりはしなかった。とんでもない！　というのも、さまざまな個別科学《ディシプリン》は、それ以来ずっと、大学の学部、教育プログラム、学位、学術論文、各国学会・国際学会、図書館の分類法にいたるまでの形態をとって、組織体として制度化されてきたからである。個別科学《ディシプリン》の制度化は、その実践を保護し、再生産するひとつの方法である。それは、そこに属する者とそうでない者との境界を有するような実体的な人的ネットワークの形成となって現れる。そのようなネットワークは組織体の形態をとっており、それには参入条件や規範があって、キャリアの階段として認められる。学者組織は、知性ではなく実践を規律訓練《ディシプリン》しようとするものである。そのような組織は、知的構築物としての個別科学《ディシプリン》によって創り出される境界より、はるかに堅固な境界を形成して、その組織の限界を理論的に正当化することができなくなってもまだ生き残ることが可能になるのである。実際、それは既に起こっていることである。知の世界における組織としての社会学の分析は、知的な個別科学《ディシプリン》としての社会学の分析とは、根本的に異なるものである。ミシェル・フーコーは『知の考古学』において、学問的個別科学《ディシプリン》が、いかに定義され、創造され、再定義されたかを分析しようとしたのだといいうるとすれば、ピエール・ブルデューの『ホモ・アカデミクス』は、学問組織が、知の制度化のなかで、いかに形成され、持続化し、再形成されたかの分析であるということになろう(4)。

私は今は、どちらの分析のあとをたどるつもりもない。すでに述べたように、社会学はもはや個別科学《ディシプリン》ではなくなってしまっていると私は考えている（その他の社会科学諸学科も同様である）。だが、私は、それら全てが組織としては依然として非常に強力であると考えている。そして、そこから言えることとして、われわれはみな、非常に変則的な状況に置かれていると考えている。つまり、ある意味で、もはや神話でしかない過去の持続という状況である。それは、なかなかに怪しげなことと言ってよいだろう。しかしながら、私としてはむしろ、文化としての社会学すなわち、特定の諸前提を共有する学者共同体としての社会学に注意を向けたい。というのは、われわれの未来が構築されているのは、まさにこの領域における論争においてであると考えるからである。私は、社会学の文化は、まだ日が浅く、活力もあるが、同時に脆弱でもあって、変容を経ない限り、これから栄えつづけることはできないだろうと論ずることになるであろう。

遺産

社会学の文化という言葉によって、われわれはいったい何を意味しているのであろうか。二つの注釈を提起するところから始めよう。第一に、われわれが通常「文化」という言葉によって意味しているのは、一群の共有された前提や実践である。共有と言うとき、それが共同体の成員全員によってつねに共有されているわけでないのはたしかだが、大半の成員が、大半の場合において共有している。また明示的に共有されているものもあるが、それよりもさらに重要なことに、無意識的に共有されているものもあり、結果として、めったに議論の対象とならないような前提もある。そのような一群の諸前提は、必然的に、非常に単純であり、陳腐なものでさえあるにちがいない。〔逆に〕その内容が洗練されており、微妙で、教養あるものであればあるほど、あまり多くの人びとに共有されている可能性は小さくなり、したがって、それが世界規模での学者共同体を形成しうる可能性も小さくなる。私が主張したいのは、まさにそのように単純で、大半の社会学者によって共有されていながら、歴史学者ないしは経済学者と称する人びとの間でも共有される必然性はまったくないような諸前提が存在するということである。

第二に、私は、そのように共有された前提は、まさにある学を築いた思想家とわれわれがみなしているような人物によって明らかにされた——明らかにされたのであって、定義されたのではない——ものであると考えている。最近の時代における世界の社会学者にとって、その標準的なリストは、デュルケーム、マルクス、ウェーバーである。このリストを見て最初に気がつくのは、歴史学、経済学、人類学、地理学においてその学を築いた思想家は誰かという問いをたてたとしたら、その答えは、まちがいなく右のリストとは異なるものになるだろうということである。社会学者のリストには、ジュール・ミシュレもエドワード・ギボンも入っていないし、アダム・スミスもジョン・メイナード・ケインズも入っていないし、ジョン・スチュアート・ミルもマキャヴェリも入っていないし、カントもヘーゲルも入っていないし、ブロニスラフ・マリノフスキーもフランツ・ボアズも入っていない。

では、この社会学者のリストは何に由来するものなのか、という問いが出てくる。デュルケームが自ら社会学者を名乗ったというのは良いとしても、つまるところ、ウェーバーは、最晩年にはじめてそうしたに過ぎないし、そのときでさえ、その口ぶりは曖昧であった[5]。またマルクスが社会学者を名乗ったことがないということは言うまでもない。さらに私は、デュルケーム主義者を名乗る社会学者にも、またマルクス主義者を名乗る社会学者にも、ウェーバー主義者を名乗る社会学者にも会ったことがあるが、自分がデュルケーム＝マルクス＝ウェーバー主義者だと言うような社会学者には、今まで一度もお目にかかったことがない。とすると、これら三人が社会学というフィールドを基礎付けた人物であるといわれるのは、いったいどのような意味においてありうることなのであろうか。〔あり得ないように思われるのだが〕それにもかかわらず、どの本を開いてみても——とりわけ、どの教科書を開いてみても——そのように書いてあるのである[6]。

常にこうだったというわけではない。実際、この三人をまとめたのは、大体において、タルコット・パーソンズの仕業であり、彼が社会学の文化を築いた著作である『社会的行為の構造』のなしたことである。もちろん、パーソンズの意図したことは、社会学者がデュルケームとウェーバーとヴィルフレード・パレートの三人を、その正典《カノン》にするということであった。どういうわけか、パーソンズは、パレートの重要性を他の社会学者に納得させることができず、パレートは概して無視されたままとなった。そして、パーソンズがそれだけは避けようと努力を尽くしたのにもかかわらず、マルクスがリストに加えられた。このような曲折はあるにせよ、私は、このリストを創ったのはパーソンズであると考える。すると当然ながら、このリストは、きわめて新しいものであるということになる。それは基本的に一九四五年以降の創造物なのである。

一九三七年にパーソンズが同書を書いた時には、フランスの社会科学におけるデュルケームは、その二十年前ほどの中心的地位を持ってはいなかったし、一九四五年以降に再び獲得した地位と比べても同様であった。(7)また彼は、その他の主要国の社会学者の共同体において、準拠となる人物ではなかった。この点で、『社会学的方法の規準』の英語初版に、ジョージ・E・C・キャトリンが書いた序文を見ておくのは興味深いことである。一九三八年に、アメリカの読者に向けて、キャトリンは、デュルケームは、チャールズ・ブース、フレックスナー、W・I・トマスらと同じ陣営に分類されるとして、デュルケームの重要性を弁じ、デュルケームの発想は、ヴントやエスピナス、テンニエス、ジンメルらによって予期されていたものではあるが、それにもかかわらずやはり重要なものであると述べている。(8)これは、今日のデュルケームの受け取られ方と重なるものであるとは言いがたい。一九三七年にあっては、ウェーバーはドイツの大学では教えられていなかったし、公正を期するために言えば、一九三二年においてさえ、彼は今日のドイツ社会学においてほどの指導的地位にある人物ではなかった。またウェーバーの著作は、まだ英語にもフランス語にも翻訳されていなかった。マルクスについて言えば、彼は、尊敬されるべき学者の社会の大半において、ほとんど言及されることさえなかった。

R・W・コンネルは、彼の最近の研究で、私が長年そうではないかと思ってきたことを示してくれた。それは、一九四五年以前の教科書には右の三人は言及があったとしても、その他大勢いる長いリストのなかに入っているだけであったということである。コンネルはこれを「新興科学に対して、その担い手たちは、正典《カノン》としての参照というよりは、百科辞典的博覧の目を向けた」(9)と表現している。文化を定義するのは正典《カノン》であり、その正典《カノン》は、一九四五年から一九七〇年の時期に、その絶頂期を迎えた。それは非常に特別な――アメリカの社会学者が支配的となり、構造機能主義が社会学者の共同体のなかで、図抜けて指導的なパースペクティヴとなった――時代であった。その正典《カノン》は、デュルケームから始められる必要があった。デュルケームは、三人の中でもっとも自覚的に「社会学的」であり、『社会学年報』という雑誌の創刊者であった。一九九八年という年は、国際社会学会の五十周年記念と並んで、同誌の百周年記念として、われわれの祝すところとなった。デュルケームは、社会的現実について実証的な仕事をして研究しようとする者ならば誰でも抱く疑問のうち、最初にして最も明白なものに応えた。諸個人がある特定の価値群を保持し、他の諸個人がそうしないということは、いかにして起こっているのか。そして、「同様の背景」を持つ諸個人が、背景を一にしない諸個人よりも、同じ価値群を保持する傾向が強いということは、どのようにして起こっているのか。われわれは、このような問いに対する答えを、このようなことがもはや、われわれにとっては疑問ではないように感ぜられるくらいによく知っている。

それでもやはり、デュルケームの答えを振り返っておこう。彼は、一九〇一年に書かれた『社会学的方法の規準』の第二版の序文において、自分の基本的議論を非常に明確に再度主張している。それには、初版に対する批判への応答の意図がこめられていた。自分が誤解されていると感じていた彼は、そこにおいて、自分が何を言っているのかを明晰化しようとしたのである。彼は三つの命題を宣した。第一の命題は、「社会的事実は、ものののように扱われなければならない」というものである。この言明は、「われわれの方法のまさしく根底をなしている」と彼が強調したものである。彼は、自分が社会的現実をそのように言うことで、なんらかの物理的基体に還元しようとしているのではなく、単に、社会的世界が、物理的世界に対して「万人が認めているのと、少なくとも同等の現実性」があるということを主張しているのであると述べている。「外面から認識されるものが内面から認識されるものに対立するように、ものは観念に対立する」[10]。第二の命題は、「社会的現象は、諸個人にとって外在的である」[11]というものである。そして最後にデュルケームは、社会的制約は、それが内在的なものではなく、外部から押しつけられるものであるがゆえに、物理的制約とは同じではないと強調している。[12]デュルケームは、さらに注意して、社会的事実が存在するためには、「集合体によって制定された信念や行為様式」を結果として伴うような、個人間の相互関係がなければならならず、「その場合、社会学は、諸制度およびその発生と機能に関する科学と定義されることになる」[13]と述べている。かくして、われわれが社会的に構築された社会的現実について語っているのは明らかであり、社会学者が研究すべきなのは、このような社会的に構築された現実――制度に関する科学――なのである。デュルケームは、われわれが現在抱いている主体についての関心さえ予期している。というのも、まさにその点で、彼は註を挿入し、「許容される多様性」の範囲について論じているからである。[14]

これら三つの命題を総合して考えると、デュルケームの「基本的原理、すなわち社会的事実の客観的実在性という原理」を主張する議論が構成され、「……すべては結局、この原理にかかっており、この原理に帰着している」ということになる。[15]

私はここでは、デュルケームのこのような定式化についての私自身の見解を論ずるつもりはない。私が主張したいのは、社会学の領域――彼の言う「社会的事実」の領域、生物学の領域からも物理学の領域からも区別された領域――を開拓しようとする彼の努力が、実際のところ、社会学の文化の基本的前提となっているということである。すると、社会心理学者、ないしは象徴的相互行為論者、ないしは方法論的個人主義者、ないしは現象学者、あるいはさらにポストモダニストと称する人びとが、われわれ社会学者のなかにいますよと、私に言う人があるとしたら、私は、そのような人びとがそれにもかかわらず、自分の学問的努力を、心理学や生物学や哲学ではなく、社会学という名目のもとに追求するということではないかと答えたい。それには、なにか知的な根拠があったに違いない。そして私は、いかに彼らがデュルケームの提起したものとは全く異なる仕方でその原理を操作化したがっているとしても、その根拠となっているのは、社会的事実の実在性についてのデュルケーム的原理の暗黙の受容であると主張しているのである。

初版の序文でデュルケームは、彼は自分がどう呼ばれたいかを論じている。曰く、正しい呼び方は「唯物論者」でも「観念論者」でもなく、「合理主義者」であった。[16] この「合理主義者」という用語は、逆に、何世紀にもわたる哲学的な論争と不協和音の主題となってきたものである一方で、デュルケームの時代から、少なくとも一九七〇年までのほとんど全ての社会学者が喜んでうけるような呼ばれ方であることは間違いない。[17] したがって、私はデュルケームの議論を言い直して、「社会学の文化の第一公理」としたい。すなわち、「説明可能な合理的構造を持つ社会的集団は存在する」。このように単純なかたちに定式化すれば、その有効性を拒否する社会学者はほとんどいないと思われる。

私の言う第一公理の問題は、そのような集団が存在するのかということではなく、そのような集団が内的一体性を欠いているということである。ここでマルクスの登場である。彼はこの問題に対する答えを求めていた。一体性を持つはずの社会的集団（結局のところ、それが「集団」という言葉の意味である）が、実際には内部闘争をしているというのは、いったいどういうことなのか。彼の出した答えについては、われわれみなが知っていることである。それは、『共産党宣言』の第一部冒頭の一文にある。すなわち「これまでの全ての社会の歴史は、階級闘争の歴史である」[18]。もちろん、マルクスは、あからさまな紛争のレトリック――紛争の理由の説明――が必ずしも、額面通り受け取られなければならないと決めてかかったり、そのようなレトリックがいかなる意味でも正確――分析者の視点から見て――であると思い込んだりするほど素朴ではなかった。[19] マルクスのその他の全作品は、階級闘争の歴史記述、資本主義的システムの機能のメカニズムの分析、そのような分析枠組から引き出すべき政治的結論の彫琢によって構成されている。これがすべてひとつになってマルクス主義が構成されている。きちんといえば、それはもちろん、社会学者の共同体の内部においても外部においても、大きな論争の対象となってきた学説ないし分析視角たるマルクス主義のことである。

私は、マルクス主義の長所を論じるつもりも、その反対者の主張の長所を論じるつもりもない。私は単に、なにゆえに、パーソンズが彼の図式からマルクスを除外しようとした努力が、冷戦や、さらに言えば世界の社会学者の過半の政治的選好にもかかわらず、かくも甲斐なく失敗したのかということを問いたいのである。私の目には、マルクスが、社会生活にとって明らかに中心的なものを論じているがゆえに、端的にそれを無視することができなかったのだと見える。すなわち、社会的紛争を無視することはできなかったのである。

マルクスはたしかに、社会的紛争に対して特殊な説明をした。すなわち、人びとが生産手段に対して異なる関係――生産手段を持つものと持たないもの、その使用を支配しているものと支配していないもの――を持っている事実を中心とする説明である。マルクスがこの点で間違っていたと論ずるのが、少しの間、大変流行したことがあった。階級闘争は、社会的紛争の唯一の源泉どころか、第一の源泉でさえないというわけである。その代わりとしてさまざまなものが提起された――身分集団、政治的類縁団体、ジェンダー、人種。リストはまだ続く。ここでもまた、私は、階級に代わるこれらのものの有効性を直接に論ずることはせず、「階級」の代わりとなる、それらの代替物がみな、闘争の中心性を前提としており、〔その源泉の〕候補のリストの順番をとっかえひっかえしているだけにすぎないということを確認するにとどめたい。マルクスに対して、社会的紛争など存在しないのだから、そんな議論は全くナンセンスだという反論をしたものなどあったろうか。

世論調査のような、社会学者の実践にとって非常に中心的な活動をとりあげてみよう。それは、何をするものなのか。われわれは通常、いわゆる標本サンプルを構成し、そのサンプルに対して、なにかについての一連の質問を行なう。どのような幅の回答が出てくるかということについて、予めはっきりとしたことはわからないかもしれないが、通常われわれは、それらの質問に対して、一定の幅の回答が得られるものと前提している。もし、全員が同一の回答をすると考えているとしたら、そのような調査をする意味はほとんどないということになってしまう。それらの質問に回答が得られると、次に何をすることになるか。われわれは、回答を、基本的な諸変数群、たとえば、社会経済的地位、職業、性別、年齢、学歴、などと相関づけようとする。なぜ、そんなことをするのか。それは、われわれがしばしば――通常といってもよかろうが――それぞれの変数が、ある特定の次元上における人間の分布を含んでおり、ブルーカラーとホワイトカラー、男性と女性、若年者と高齢者などが、ひとつの問いに対して異なった回答をする傾向があるということを前提としているからである。社会的な多様性というものが前提とされていないならば（その多様性は社会経済的地位における多様性を特にとりあげることが、実際には一番多い）、われわれはそのような企てを起こしたりはしないであろう。多様性から紛争への道のりは、長くはない。一般的に言って、多様性が紛争に結びつくということを否定しようとする人びとは、純粋にイデオロギー的な理由によって、明らかな現実を無視しようとしている疑いがあるものである。

　というわけで、かくの如しである。われわれはみなマルクス主義者なのだ。ただし、次のように薄められた形で。それを「社会学の文化の第二公理」と名づけよう。すなわち、「あらゆる社会的集団は、ヒエラルキー上に位置付けられ、互いに紛争状態にある下位集団を含んでいる」。これはマルクス主義の希釈版なのだろうか。疑いなくそうだ。実際大変な薄められようだ。しかしながら、これは大半の社会学者が前提としていることではなかろうか。それもやはり、疑いなくそうなのだ。

　ここで終わりということにしてよいであろうか。そうはいかない。社会的集団が実在のものであり、その作用の様式は説明しうる（第一公理）と決定し、その内部では紛争が繰り返されている（第二公理）と決定した以上、明白な疑問に突き当たってしまうからである。ではなぜ、全ての社会は、単に破裂してしまったり、分裂してしまったり、自滅してしまったりといったようなことにならないのだろうか、という疑問である。そのような爆発的事態が、時として実際に起こっているのはたしかであるが、大半のケースでは、そういうことは起こっていないように思われるのは明らかと見える。右の第二公理にもかかわらず、たしかに社会生活には、「秩序」の外観があるように思われるのである。ここでウェーバーの登場である。というのも、ウェーバーは、紛争の存在にもかかわらず秩序があることを説明しているからである。

われわれは通常、ウェーバーを反マルクスとして同定している。経済的説明に対置されるものとして文化的説明を強調し、近代世界の中心的な原動力としての蓄積に対置して官僚化を強調するウェーバーというわけである。しかし、マルクスのインパクトに制約をかける——あるいは少なくとも、それに重大な修正を加える——上で鍵となるウェーバーの概念は、正統性の概念である。ウェーバーは、正統性について何を言っているのであろうか。ウェーバーは、権威の基礎に関心を持った。なぜ被支配者は支配者に服するのか、と問うたわけである。明らかな理由はさまざま存在する。習慣や物質的な利害の計算などである。しかしウェーバーは、それでは、服従の一般性を説明するのに十分ではないと言う。彼は、さらにひとつ決定的な要因を付け加えた。「正統性の信仰」である。[20]この点について、ウェーバーは、権威ないし支配の正統性の三つの理念型を画定している。すなわち、合理的根拠に基づく正統性、伝統的根拠に基づく正統性、そしてカリスマ的根拠に基づく正統性である。しかし、ウェーバーにとって、伝統的権威は過去の構造であって近代のものではなく、またカリスマは、いかにそれが歴史的現実およびウェーバー的分析において重要な役割を果たしているとはいっても、本質的に過渡的で、つねに最終的には「慣習化」される現象である以上、「近代に特有な行政の種類」としては、「合理的＝法的権威」が残ることになる。[21]

ウェーバーがわれわれに提起するイメージは、権威が、職員、官僚、すなわち「利害中立的なる者」――臣民に対しても、国家に対しても、先入観がないという意味で――によって執行されるというものである。官僚は「公平」であると言われている。すなわち、法にしたがって決定を行なうということであり、ウェーバーがこの種の権威を「合理的＝法的」と呼ぶのもそのためである。たしかにウェーバーは、実際には状況はもう少し複雑であると認めている。[22] さりながら、ここではウェーバーを単純化すると、国家が通常は秩序を保っているという事実、すなわち多かれ少なかれある程度までは、通常、権威は受け入れられ、服従されているという事実に対して、納得のいく説明が与えられる。これを「第三公理」と呼ぼう。それは、以下のように述べることができる。「集団／国家が紛争を封じ込めている範囲内においては、それは概して、ヒエラルキーの低位にある下位集団が、その全体の集団が生き残りうるためにという根拠で、かつその全体の集団の生き残りが長期的に見て利益になるという見地から、全体の集団の権威構造に正統性を認めているからである」。

以上私が主張しようとしてきたことは、社会学の文化が――それは、われわれみなが今も共有しているが、最も強力であったのは一九四五年から一九七〇年の時期であった――三つの単純な命題を含んでおり――社会的事実の実在性、社会紛争の永続性、紛争を封じ込める正統化のメカニズムの存在――それら三つがあわさって、社会的現実の研究のための、ひとつの一貫した最低限の規準線をなしているということである。私は、三つの命題が、社会学を築いた三人の思想家（デュルケーム、マルクス、ウェーバー）のうちのひとりから、それぞれ、どのように引き出されたかを示そうとし、この三人が「古典的社会学」を代表しているというお題目が繰り返されるのも、そのような理由があればこそなのだと主張したわけである。それは出発点である。われわれの大半はそれを内面化しており、そして概してそれは、論争の的になるというよりは、あらかじめ思い込まれてしまっていて、疑問に付されることのない前提の水準で作用している。それが私のいわゆる「社会学の文化」であり、私の見方では、これこそがわれわれの遺産の本質なのである。しかし、再び繰り返して言うが、それは遺産といっても、最近の構築物であり、活力があるといっても、同時に脆弱でもあるのである。

挑戦

さて、ここでは、私が「社会学の文化」と呼んでいる公理群について、きわめて重大な疑問を提起すると思われる六つの挑戦を呈示しよう。私は、それらが社会学——および、より一般的に社会科学——の世界にインパクトを持つようになり始めた順番で、それを呈示する。場合によっては、書かれた時期よりも、インパクトの生じた時期の方がずっとあとということもある。最初に強調しておきたいのだが、それらは挑戦である。真理ではない。挑戦というものは、それが学者たちに対して諸前提を再検討すべしという要請を信頼できるかたちで推進する場合には、まともなものである。ひとたび、その挑戦がまともなものとして受け取られたならば、それは、われわれが挑戦に対する脆弱さが下がるように諸前提を再定式化するような刺激となる可能性もある。ないしは、その前提を放棄せざるをえなくなってしまう、あるいは少なくとも、根本的にそれを書き改める必要が生じる可能性もある。このように、挑戦というものは過程の一部であり、過程の始まりではあっても、終わりではない。

私が呈示する第一の挑戦は、シグムント・フロイトと結びついている。これは、驚くべきことのように思われる向きもあるかもしれない。ひとつに、フロイトは本質的に、デュルケームおよびウェーバーの同時代人であって、それほどあとの時代の人間ではないということがある。第二に、〔われわれの〕フロイト〔理解〕は、実際には社会学の文化にすっかりとり込まれていた。フロイトによる精神の位相学《トポロジー》——エス、自我、超自我——は、デュルケームの言う「個人の意識の内部に内面化された社会的事実」がいかなるものであるかを説明する媒介変数を提供する目的で、長らくわれわれが使用してきたものである。われわれはみな、フロイトの正確な語法を用いているわけではないが、基本的な考え方がそこにはある。ある意味で、フロイトの精神医学は、われわれ社会学者の集団的前提の一部となっているのである。

しかしながら、私が今、関心を持っているのは、フロイトの精神医学ではなく、フロイトの社会学である。そのように限定すると、われわれは、『文化への不満[23]』のような若干の重要な著作を主として論じがちであるが、彼の診断や治療のあり方についての社会学的含意については無視しがちである。だが、私としては、まさに合理性という概念に対するフロイトの黙示的挑戦であると私には思われるものについて論じたいのである。デュルケームは、自らを合理主義者と称した。ウェーバーは、合理的＝法的正統性を、彼の権威分析の要に置いた。そしてマルクスは、彼のいわゆる科学的（すなわち合理的）社会主義の追求に献身した。ウェーバーの場合のように、人びとが行く末に陰鬱な疑問を持ち始めたころにあってさえ、これら社会学を築いた思想家たちはみな、啓蒙主義の申し子だったのである。（しかし、第一次世界大戦は、ヨーロッパの知識人の大部分から大いに希望を奪った。）

フロイトは、このような伝統と無縁の者であったというわけではまったくない。実際のところ、彼は何者だったのだろうか。彼らは世界に向けて、特に医学の世界に向けて、われわれにとって奇妙で不合理と見える行動も、個人の精神の多くは、フロイトが無意識と呼んだ水準で作用しているということを理解すれば、実際には、相当に説明可能であるということを語った。無意識は、定義上、当人にとってさえ、見ることも聞くこともできない。しかし、無意識において何が起こっているかを間接的に知る方法はあると、フロイトは言う。彼の主要著作の最初のものである『夢判断[24]』は、まさにこの点にかかわるものである。夢は、自我が無意識へと抑圧したものを開示するものであるとフロイトは述べている。[25] また夢はわれわれが自由に用いることのできる唯一の分析道具であるというわけでもない。分析者と被分析者の双方が、無意識において起こっていることに気がつくようになる助けとなるような一連の実践のなかから、精神分析療法の全体、いわゆる談話療法が発展を遂げた。[26] その方法は典型的に、啓蒙主義的信念からひきだされたものである。それは、意識の向上が、意志決定の改善、すなわち、より合理的な行動につながりうるという見方を反映している。しかし、そのようなより合理的な行動へ至る道は、いわゆる神経症行動も、ひとたびその行動によるその個人の意図を理解すれば、したがって、なぜそれが起こっているのかを理解すれば、実際には「合理的」であるというような認識を伴うものである。その行動は、分析者の視点からすると、次善の行動ということになるかもしれないが、だからといって、非合理的ということにはならないのである。

精神分析の実践の歴史において、フロイトおよび初期の分析者たちは、成人の神経症患者のみを、あるいは少なくとも主として成人の神経症患者を扱ってきた。しかし、組織の拡大の論理にしたがって、それ以降の分析者たちは、未成年者や会話もできないような年齢の幼児まで、分析の対象としようとしていた。そしてさらに、精神異常者、つまり全く合理的な議論に入る能力がないとされている人びとを扱う方法をさがそうとする者も出てきた。フロイト自身は、重症の神経症患者および精神異常者について、興味深い発言をしている。フロイトのいわゆる「抑圧のメタ心理学」についての議論のなかで、彼は、さまざまな抑圧の形態、つまりさまざまな転移神経症があることを指摘している。たとえば、不安ヒステリーにおいては、衝動からの後退があり、ついで代理表象への逃避、つまり置換がおこりうる。しかしそこから、人間は、「代理から発する不安の発展を……抑制する」必要を感ずることがある。フロイトは、次いで以下のように記している。「欲動興奮が高まるときは、いつも代理表象を囲む防御の壁は、すこしばかり外側へうつされなければならない[27]」。この点において、恐怖症はさらに複雑化し、さらなる逃避へ向かうようになる。[28]

ここで描写されているのは、興味深い社会的過程である。なにかが不安を引き起こす。その個人は、負の感情およびその帰結を、抑圧的な手段によって回避しようとする。これは、不安を緩和するが、代償が生じる。フロイトは、その代償は重すぎる（重すぎる場合もあるということなのか）と主張している。精神分析家がなそうとしているとされていることは、その個人が不安の原因に直面する助けを行なって、より低い代償で苦痛を緩和することができるようにすることである。つまり、その個人は合理的に苦痛の軽減を目指しているわけである。そして、精神分析家は、患者が苦痛の軽減のためのより良い（より合理的な？）方法がありうることを認識するよう合理的に導くことを目指しているのである。

分析者は正しいのか。この新しい方法は、苦痛を軽減する、より合理的な方法なのか。フロイトは、無意識についての右の議論を、さらに困難な状況に目を転ずることで終えている。フロイトはわれわれに対して、「この逃避の試み、この自我の逃避が自己愛的神経症の場合には何倍か深刻に、また根本的に行なわれること」[29]を理解するように、強く説いている。しかしここにおいてさえ、フロイトは、自分が深刻な重症とみなしているものの場合でも、やはり同じ目標——つまり苦痛の軽減を合理的に目指すという同じ目標——へ向かって進むべきものと認識しているのである。

フロイトは、分析者の役割の限界についても非常に意識的であった。『自我とエス』において、彼は実に明確に、「予言者、魂の救済者、救世主」の役割を果たそうという誘惑に抗すべきことを警告している。[30] フロイトは、『文化への不満』においても、同様の制約の感覚を表明している。彼は、われわれが幸福になろうとする不可避的な努力が実現することはありえないと論じている。曰く「全ての人間に役立ついい知恵などというものはないから、われわれめいめい、幸福になるための自分独特の方式を自力で発見しなければならない」。くわえて彼は、極端に流れた選択が、危険と神経症への逃避を招くとして、次のように結論付けている。「後年におよんで、幸福獲得のために自分のしたことがすべて無駄だったと悟った人間は、慢性中毒による快感獲得の中になお慰めを見出すか、それとも精神病という絶望的な形での反抗を試みるのである」(31)。

私にとっては、これらのフロイトの叙述にあるいくつかのことは衝撃的である。彼が患者に観察している病理は、危険からの逃避として描かれている。再度強調するが、危険からの逃避であるとは、なんという合理的なことであろうか。実際、一見したところ最も非合理的な逃避と思われるもの、つまり精神病でさえ、「絶望的な形での反抗」として、あたかもその個人にほかの選択肢がほとんどないかのように描かれているのである。絶望のなかで、ひとは精神病になろうとする。そして結局のところ、分析者になしうることとは、そこまででしかないのである。それは、分析者が予言者ではない——ないしは、ない場合がある——からではない。「われわれめいめい、幸福になるための自分独特の方式を自力で発見しなければならない」からなのである。

われわれは精神分析家大会に来ているわけではない。私が右のような論点を提起したのは、精神の機能を論ずるつもりからでも精神病治療の様相を論ずるつもりからでもない。私がフロイトからのこれらの叙述を持ち出してきたのは、われわれ社会学者の背後にある合理性の前提に、それが光を投げかけてくれるからである。一方に非合理的と記述されうるものがあればこそ、他方で、合理的と記述されうるものがありうる。フロイトは、社会的には非合理的なものとして受け入れられているものの領域、つまり神経症的行動の領域に分け入っていったのである。彼のアプローチは、この表面上非合理的な行動の背後にある合理性を明らかにするというものであった。彼は続いて、さらに非合理的なもの、精神異常の領域に進み、そこでも、合理的と呼びうる説明があることに気がついた。やはり、危険からの逃避であったのである。もちろん、精神分析は、危険について、よりよい対処法と、相対的に良くない対処法があるという前提に立脚している。フロイトの経済学的比喩を用いれば、個人が異なる対応をすれば、それにかかる対価も異なるということである。

しかしながら、一見非合理的なものを合理的に説明しようとするという論理を押し進めて、フロイトは、論理的結論として、行為者の観点からすると非合理的なものはなにもないということになるところまで、われわれを導いてきてしまっている。すると、自分の方が正しくて、患者の方が間違っているという外部者とは、いったい何者なのだろうか。フロイトは、分析者が自分の優劣判断を患者に押しつける際に、それをどの程度まで行なうべきなのかについて、慎重になっている。「われわれめいめい、幸福になるための自分独特の方式を自力で発見しなければならない」のである。しかし、その者の観点からして、非合理的なものがなにもないのであれば、近代《モダニティ》に対して、文明に対して、そして合理性に対してあげられた賛美の叫びはどこから来たのであろうか。これは、非常に根源的な挑戦であって、私としては、われわれはまだそれに直面し始めてさえいないものであると主張したいところである。われわれが引き出しうる唯一の一貫性ある結論は、形式的合理性などというものは存在しないということである。あるいは、そういうより、なにが形式的に合理的であるかを決定するためには、複雑性および特殊性の究極的な内容に立ち入って、意図されている目的を明らかにすることが必然的に必要になるということである。その場合、あらゆるものは、主体の視点および関心のバランスによって左右されることになる。この意味で、ポストモダニズムは、そのきわめて独我論的なかたちにおいて、このフロイト的前提をつきつめ尽くすものである。ただ、指摘しておくべきことに、彼らはそのような主張をする際に、フロイトの功績には全く触れることがない。これは彼らが、自分たちの主張の文化的起源に気がついていないためであろう。しかし、いわずもがな、そのようなポストモダニストは、フロイトの挑戦を挑戦として受け止めてはおらず、永遠の普遍的真理の類、大きな物語の中でもひときわ大きなものと受け止めている。このような自己矛盾によって、彼らの極端な立場は、自己破壊的になってしまうのである。

フロイトの挑戦を眼前につきつけらると、浮かれきってお手上げとなり、独我論に陥る者もあれば、合理性のお題目を繰り返すことに引きこもってしまう者もある。われわれは、そのどちらに陥るわけにもいかない。形式的合理性の概念の操作性そのものに対する、フロイトの挑戦は、われわれをして、ウェーバーの体系に付随する実質合理性の概念を、まじめに受けとめ、ウェーバー自身がそうするつもりであったよりも深いところで、それを分析することを余儀なくするものである。フロイトの挑戦、つまり、実際のところおそらくフロイトが破壊してしまったものは、形式合理性という考え方の有用性である。抽象的な形式合理性などというものがありうるのであろうか。形式合理性は、つねに誰かにとっての形式合理性である。では、普遍的な形式合理性というものはありうるのであろうか。形式合理性は、目的に対して最も有効な手段の利用として呈示されるのが普通である。しかし、目的を定義するのは、それほど容易ではない。それは、ギアーツ流の「分厚い記述」を引き寄せてしまう。そしてそこでもやはり、フロイトは、万人が形式的には合理的であると示唆している。実質合理性とは、まさにそのような還元不可能な主観性と折り合いをつけようとし、それにもかかわらず、知的かつ有意味な選択を、社会的選択をしうると主張することである。この主題には、あとで立ちかえって論じよう。

　私が論じたい第二の挑戦は、ヨーロッパ中心主義への挑戦である。これは、今日きわめて広範に広まっているが、三十年前には、めったに触れられることもなかった。この論点を表立って提起した最初の社会学者のひとりに、アヌワル・アブデル＝マレクがいる。彼による「オリエンタリズム」への非難（一九六三年刊）は、エドワード・サイードのそれよりも、十年以上前になされたものであり、彼の生涯の仕事は、彼のいう「オルタナティヴな文明の企て[32]」を主張することに捧げられた。私は、特に『社会の弁証法』（一九八一年刊）における彼の主張について論じたい。私が彼の著作を選んだのは、アブデル＝マレクが西洋の不埒に対する単なる非難を越えて、それにかわるものを探求しているからである。アブデル＝マレクは、ジオポリティクス上の現実の変容にあって、

「これまで前提とされてきた普遍主義は、処方として端的に役に立たない」[33]という前提から議論を始めている。アブデル＝マレクは、彼が「意味のある社会理論」（四三頁）と認識しているものに到達するために、非還元主義的な比較主義を用いることを提案しており、彼の目に、互いに織り合わさった三つの圏——文明、文化的地域、民族《ネーション》（「民族形成」）——からなる世界と見えたものを比較した。彼にとって、「文明」は二つしかない。インド＝アーリア文明と中国文明である。それぞれは、多数の文化的地域を含んでいる。インド＝アーリア文明には、古代エジプト、古代ギリシア＝ローマ、ヨーロッパ、北アメリカ、サハラ以南のアフリカ、アラブ＝イスラム、ペルシア＝イスラムの各地域が、中国文明には、中国そのもの、日本、中央アジア、東南アジア、インド亜大陸、オセアニア、アジア＝イスラムの各地域が含まれる。

　アブデル＝マレクにとっての鍵となる要因が「文明」であるとすると、鍵となる概念は「特殊性」であり、このことは、彼の言葉で言うと「地理学の脈絡」を「歴史学」に加えることを必要とする（九七頁）。しかし彼は、そのように述べてから、一般理論および認識論《エピステモロジー》の中心的問題は、「時間の概念と人間社会の領域における時間の密度に特に関わる諸概念の配置構成との間の関係を深め、かつ定義する」ことであると付け加えている（二五六頁）。生産、再生産、社会的権力といった観点からも文明を比較しうるが、決定的な差異は、時間＝次元との関係である。「顕在的で、明示的な特殊性の密度」が最も大きく現れるのは、その点だと彼は言う。「というのも、ここにおいて、われわれは文化と思想のまさに核心に立つからである」。彼は「時間＝次元は、あらゆるものに浸透し、中心的かつ構成的な影響を与えて、歴史の場の深さとなっている」と述べている（一七一～一七二頁）。

　このように、地理学的挑戦は、時間の概念のオルタナティヴとして現れる。アブデル＝マレクにとって、彼の語法における「文明」は二つしか存在しないということを想起していただきたい。ということは、時間＝次元に対する関係も二つしか存在しないということである。一方には、西洋的な時間のヴィジョンである、「操作的見方」がある。これは、アリストテレスにさかのぼり、「形式論理の勃興、分析的思考のヘゲモニー」、「歴史的持続における人間の場所という概念ではなく、行動の道具」としての時間を見る見方である（一七九頁）。そして「その対岸に」、非分析的概念がある。その概念においては「時間は主人」であり、したがって「商品のようには捉え」られない。[34] 彼は「われわれの双方が接しているこの川の二つの岸の間で、非敵対的でありながら矛盾した弁証法的な相互作用」を持つことを呼びかけて議論を結んでいる（一八五頁）。[35] これは、われわれをどこに置いていくものなのか。それは、われわれを一本の川を挟んだ両岸に置いていく――デュルケーム、マルクス、そしてウェーバーのヴィジョンとはまるで異なるものである。それは、われわれに、還元不可能でありながら、それにもかかわらず理論化可能な特殊性を残していく。それは、われわれに、時間の性質についての文明論的挑戦、古典的な社会学の文化において問題でさえなかったような問題を残していく。そして、ここから直接に、われわれは第三の挑戦に立ち至ることになる。

第三の挑戦もまた、時間にかかわるものである。ただし、時間の二つの見方にかかわるものではなく、時間の多元的実在、時間の社会的構築にかかわるものである。時間は主人となることもありうる。しかしそうだとすると、ブローデルにとっては、それは、われわれ自身が構築した主人でありながら、同時に、われわれには抵抗しがたい主人であるということになる。ブローデルは、社会的時間には、実際には四つの種類があるが、十九世紀、および二十世紀の大半において、社会科学者の圧倒的多数は、そのうち二つしか認識しなかったと主張している。一方に、時間は、本質的に出来事の連鎖で構成されていると考えるものがあった。ポール・ラコンブが「事件史」histoire événementielle と呼んだものであり、英語で最も適切に表現すれば「挿話的歴史」episodic history ということになろう。この見方では、時間は、ユークリッド幾何学における直線――無限個の点の集合としての直線――に相当するものである。直線を構成する点が「事件」であり、それが通時的な連続のなかに位置付けられる。もちろんこれは、あらゆるものが、一瞬ごとに不断に変化しており、説明はその連鎖をたどるというかたちでなされるべきものであり、経験というものは反復不可能であるという古くからの考え方と一致するものである。つまりそれは、いわゆる個性記述的《イディオグラフィック》歴史記述の基礎にあるわけであるが、同時にそれは、没理論的経験主義の基礎でもある。両者はともに、近代社会科学に広範に広がっているものである。

もうひとつの広範に普及した時間観は、社会的過程は、時間と空間を超えて適用される規則ないしは定理が――今現在においては、それらの規則がすべて明らかにされえないとしても――出来事を説明するという意味で、無時間的であるというものである。十九世紀においては、このような見方は、「社会物理学」として名指されることもあった。それは、この種の分析のモデルを提供したニュートン力学をほのめかす言い方であった。ブローデルは、このような時間概念を「非常に長い持続」la très longue durée として名指している（「長期持続《ロング・デュレ》」la longue durée と混同せぬこと）。ここでは永続的時間と呼んでも良いだろう。ブローデルは、このアプローチの主要な例としてクロード・レヴィ＝ストロースを論じているが、もちろん、このような考え方は、他の論者についても、広く用いられてきたものである。実際、このような時間観は、社会学の文化のなかでひろく行なわれている慣行を構成するものであり、通常「実証主義」といえば、われわれはこのことを指している。ブローデル自身も、この種の社会的時間について次のような言を残している。曰く「もしそれが存在するなら、それは、聖賢の時間でしかありえないだろう[36]」。

ブローデルは、これら二つの時間概念に基本的に反対しており、両者はともに、時間をないがしろにしていると主張している。ブローデルは、永続的時間は神話であり、挿話的時間（出来事の時間）は――彼の名文句であるが――「塵」であると考えている。彼は、社会的現実は、実際には、これまで、個性記述的《イディオグラフィック》歴史家にも法則定立的《ノモセティック》社会科学者にも概して無視されてきた、それら二つ以外のもう二つの時間において主として起こっていると主張した。彼は、それら二つの時間を、「長期持続《ロング・デュレ》」の時間および「変動局面《コンジョンクチュール》」の時間と呼んだ。すなわち構造的時間――長期だが永続的ではない――と循環的《サイクル》・中期的時間すなわち構造のなかの循環《サイクル》の時間ということである。これら二つの時間はともに、分析者の構築物であるが、同時に、行為者を制約する社会的実在でもある。おそらくみなさんは、デュルケーム、マルクスそしてウェーバーも、このようなブローデル的構築物にまったく反対というわけではないだろうと思われるかもしれない。ある程度まで、それはその通りである。彼らは三人ながらに、洗練された鋭い思想家であり、われわれが今日危険なことに無視してしまっていることも、たくさん言っている。しかしながら、私が「社会学の文化」と呼んでいるものに、この三人はとり込まれてしまったので、社会的に構築された時間なるものを容れる余地はまったくなかった。ゆえに、ブローデルは、社会学の文化に対する、ひとつの根本的挑戦を代表するものなのである。ヨーロッパ中心主義に対する挑戦によって、われわれは、より複雑な地理学へむかわざるをえなくなったが、それと同様に、社会的時間の無視に対する抗議は、われわれをして、われわれの慣れ親しんだよりもはるかに長期の――ただし、念の為に言うが、無限よりもはるかに短い――時間パースペクティヴに向かわしめるものである。一九七〇年代に、今ではわれわれが歴史社会学と呼んでいるものが興ってきたのも、少なくともそのひとつの側面として、このブローデル的挑戦に対する応答であったことはたしかである。もっとも、それはその後、社会学の一専門分野として吸収されてしまい、背後にあった、より大きな認識論的《エピステモロジカル》再形象化を求めるブローデル的要請に対する抵抗が起こっている。

第四の挑戦は、社会科学の外部から生じたものである。それは、自然科学および今日では「複雑性研究」として知られている数学における知識運動の登場から起こってきた。この運動には、多くの重要な人物がいるが、ここでは、私の見たところ、この挑戦を最も根底的に述べてきた人物であるイリヤ・プリゴジーヌに話をしぼって論じよう。『ネイチャー』誌の前編集長であったジョン・マドックス卿は、プリゴジーヌの並ぶものなき重要性に注意を払い、研究者共同体は、「彼が、非均衡と複雑性の問題に、四十年間以上も、ほとんど一心に専念してきたこと」に対して負うところ甚大であると主張している。[37] プリゴジーヌは、周知のように、いわゆる散逸構造に関する研究についてノーベル化学賞を受賞している。しかし、彼のパースペクティヴを要約する二つの鍵となる概念は、「時の矢」と「(諸)確実性の終焉」[38]である。

二つの概念はともに、ニュートン力学の最も根本的な前提に反駁している。プリゴジーヌの考えでは、その前提は、量子力学や相対性理論によって求められた見なおしを経てもなお生き残っているものである。[39] たしかにエントロピーおよび確率という非ニュートン的概念は、最近になって生まれたものではない。それらは化学が十九世紀に発達する際にその基礎にあり、さらにいえば、ある意味で物理学と化学との間の区別を正当化するものであった。しかし、物理学者の観点からすると、そのような概念に訴えるのは化学の知的劣等性を示すものであった。まさに、その決定論性が不十分であるがゆえに、化学は不完全だといわれたわけである。プリゴジーヌは、それらの概念が低く見られるのを受け入れることを拒絶したばかりでなく、さらに先へと議論を進めた。彼は、物理学の方こそが、それらの概念に立脚しなければならないと論じようとしたのである。彼は、不可逆性というものが、攪乱的であるどころか「秩序の源泉」であり、「自然において根本的な構成的役割を果たしている」(26-27/二一~二二頁)と主張して、余念なく、本丸で敵を一突きにしようとしている。[40] プリゴジーヌは、自分がニュートン物理学の有効性を否定しようとしているわけではないことは、全く明確に述べている。それは、可積分システムを扱うものであり、その「有効性の領域」の内部でなら有効なものである(29/二四頁)。しかしながら、その領域は限られたものでしかない。なぜなら、「可積分システムは例外だからである」[41](108/九一頁)。大半のシステムは「決定論的過程(分岐《バイファケーション》と分岐《バイファケーション》の間において)と確率的過程(分枝の選択において)の両方を伴う」(69/五九頁)ものであり、二つの過程はあわさって、継起的な選択の連続を記録する歴史の次元を生み出すのである。

われわれは精神分析家の大会に来ているわけではなかったが、同様に、物理学者の大会に来ているわけでもない。ここで私が、社会学者にむかってこの挑戦を提起したというのは、概して言えば、ニュートン力学がわれわれの模倣すべき認識論《エピステモロジー》的モデルを代表するという前提に、われわれがあまりにも慣れきってしまっているからである。その認識論《エピステモロジー》的モデルは、まさにそれを生み出した文化の内部において厳しい挑戦を受けているということを認識することは重要なことである。しかし、さらに重要なこととして、私がこの挑戦をとりあげたのは、このような動力学の再定式化が、自然科学に対する社会科学の関係を全く逆転させるものであるからである。プリゴジーヌは、人類は、その自負に対して、継起的に三つの傷を負わされてきたというフロイトの主張を、われわれに想起させている。第一は、地球が惑星系の中心ではないということをコペルニクスが示したとき、第二は、人間が動物のひとつの種であることをダーウィンが示したとき、そして第三は、われわれの意識的行動が無意識によって支配されているということをフロイト自身が示したときである。プリゴジーヌは、これにくわえて次のように述べている。曰く、「今や、われわれは、このパースペクティヴを逆転させることができる。すなわち、人間の創発性と革新性は、物理学および化学にすでに存在している自然法則の拡充として理解することができるということがわかる」(71／六〇頁)。彼がこう言うことで何を行なったのかに注意しよう。プリゴジーヌは、社会科学と自然科学とを再統合したのである。それは、人間活動がその他の物理的活動の単なるひとつの変種であるとみなしうるという十九世紀的前提に立つものではなく、逆に物理的活動が創発性と革新性の過程であるとみなしうるという基礎に立つものである。これが社会学の文化に対する挑戦であるのは——その実践に照らして——疑いがない。さらに、プリゴジーヌは、われわれが提起した合理性の問題についても述べている。彼は「決定論への回帰」ではないような「実在論への回帰」を呼びかけている(131／一一一頁)[42]。現実的な合理性とは、まさにウェーバーが「実質的」と呼んだ合理性にほかならない。すなわち、現実的な選択の帰結としての合理性である。[43]

第五に論じたい挑戦は、フェミニズムの挑戦である。フェミニズムは、知の世界に対して、それが複数の点でこれまで偏見に基づいていたと述べるものである。それは、人間の運命の主体として女性を無視してきた。それは、社会的現実を研究する者として女性を排除してきた。それは、現実的な研究に立脚しないジェンダーの差異について、ア・プリオリな前提を用いてきた。それは、女性の立場を無視してきた[44]。これらの抗議は全て、歴史の記録に照らして正当であると、私には思われる。これらの問題が問題ではなくなるまでには依然道のりは遠いとはいえ、ここ数十年の間にフェミニズム運動は、社会学およびより大きな社会的知の世界の領域の中で、これらの偏見を正す上で一定のインパクトを与えてきた[45]。しかしながら、フェミニズムの研究のこのような側面のどこにおいても、社会学の文化に対する挑戦は行なわれてこなかった。むしろそれらは、社会学の文化を利用するものであり、単に、大半の社会学者（より広くには、大半の社会科学者）は、社会科学の実践のために自ら立てた規則を尊重してこなかったと述べるのみであった。

こうしたことも、なされるべきこととして非常に重要であったことは疑いない。しかしながら私の考えとしては、それにもまして重要なことがやはりあり、その点におけるフェミニストの「社会学の文化」への挑戦は非常に限定的なものであったと思われるのである。それは、社会についての知識の領域（こちらは、いわば理論的に予想されうる）においてのみならず、自然についての知識の領域（こちらは、理論的にはあるはずがないことになっている）においても、男性主義的偏見が存在しているという主張である。この主張において、古典的な社会学の文化の中心となる主張である客観性を求める主張の正当性を、その至聖の聖域において攻撃するものである。プリゴジーヌが、化学を物理学の決定論に対する例外とさせておくことを不満としたのとまったく同様に、フェミニストは、社会についての知を、社会的偏見が（望ましいとはいわぬまでも）予期されるものであるような領域とすることを不満としたわけである。フェミニストたちは、これが自然現象に関する知に対しても、同様に適用されるべきだと主張している。ここでは、自然科学出身で（つまり、自然科学で最初の訓練を受けた）、したがってこの論点を論ずるに必要な自然科学の専門的な知識と訓練の経験があり、自然科学に対して共感を持っているフェミニストを数人とりあげて論ずることで、この問題と取り組みたい。

私が選んだのは、数理生物物理学者として訓練されたイヴリン・フォックス・ケラー、ヒト科生物学者として訓練されたダナ・J・ハラウェイ、そして理論物理学者として訓練されたヴァンダナ・シヴァの三人である。ケラーは、それまで彼女にとって明らかに馬鹿げた問題だと思われていたものが、一九七〇年代の半ばに突然、彼女の知的関心のヒエラルキーの上位にあると気がついたという話をしている。「科学の性格がいかに、男性主義的な考え方に縛られていることか。そして、もしそうでなかったら、それは科学に対してどのような意味を持つだろうか」。そして彼女は、この問いに如何に答えるかを示している。「私の主題は……男性および女性のなりたちが、いかに科学のなりたちに影響しているかということである」。ここまでは、知識社会学ないしは科学社会学がやってきたこととかかわるものではない。そしてケラーは全く正しくも、単にこのように問題を提起するだけでは、自然科学の文化に、せいぜい「周縁的」なインパクトを与えて終わるだけにすぎないと述べている。示されねばならないことは、ジェンダーが「科学理論の生産」に影響しているということなのである。[46]

そんなことが可能なのだろうか。ケラーは、科学者の心という媒介変数を検討した。彼女は、「個人内的な『理論選択』の動態」について語っている。[47] ケラーは、ベーコン主義科学の創始者たちが、いかにかれらの著作に、自然に対する男性的な統御と支配の観念を伴う男性主義的な比喩を紛れ込ませているか、そして、科学者のみが主観性の投影を避けているという基礎にたって科学者と自然哲学者とは異なるという主張は、端的に分析検証にたえないものであるということを、まったく苦もなく示している。[48] このように、ケラーは、科学における「男性中心主義《アンドロセントリズム》」を観察しているが、そこから、科学そのものを否定するという結論を引き出すことも、いわゆるラディカルに異なる科学の創造を呼びかけることも拒否して、むしろ次のように述べている。

私の科学観――およびイデオロギーと経験的事実とを、少なくとも部分的には、ふるいわけうるという可能性――は、相対的に楽観的である。それにしたがって、これらの試論の目的は、相対的に厳しいものである。すなわちその目的とは、科学の内部から、男性主義的企てではなく、人間的企てとして科学を復権させることであり、感情的労働と知的労働との間の分割――それが、科学を男性の占有物にとどめている――を破棄することである。[49]

ダナ・ハラウェイの関心は、ヒト科生物学者として始まっており、R・M・ヤーキーズおよびE・O・ウィルソンによる――両者で若干異なる――「性を持つ生物個体についての科学から、再生産を行なう遺伝的集団についての科学へ[50]」の生物学の転換の試みを攻撃している。二つの理論の対象はともに人間工学であり、両者は時間的に前後して異なる形で登場したものであるが、その差異は単にそのまわりの社会的世界の変容を反映しているに過ぎないものである、というのが彼女の主張である。彼女は二つの議論に対して問いをなげかけている。人間工学とは、一体誰の利害のためにあるものなのか。彼女は自分の著作を「自然が発明され、また再発明される過程――この地球という惑星に、われわれの時代に棲息するものたちにとっては、おそらく、希望、抑圧、論争が渦巻く中心であるような場――にかかわる」（1／一三頁）本であると言っている。彼女は、自分があるがままの自然そのものについて述べているわけではなく、われわれが自然と経験について語り聞かされている物語――生物学者はその語りにおいて鍵となる役割を演じている――について述べているのだと強調している。

私はここで、彼女の議論を再現するつもりはない。ただ、彼女がこのような批判から引き出そうとしている結論には注意を向けたい。ケラーと同様に、彼女は、「生物学決定論」に対する自分の批判から、排他的に「社会構成主義」的な見方を引き出すことを拒否している（135‐135／二五五〜二五六頁）。むしろ彼女は、二十世紀の社会発展は、われわれをみな、「キメラ、すなわち機械と生物体のハイブリッドという理論化され製造された」ものにしてしまったと考えており、彼女はそれをサイボーグと呼んでいるわけである。彼女は自分の議論が「境界を曖昧にする快楽と、境界を構築する責任とについての議論」であると述べている（150／二八八頁）。そこで彼女が見ている境界の崩壊は、人間と動物の間の境界、ないしは人間プラス動物（すなわち有機体）と機械の間の境界であり、物理的なものと非物理的なものとの間の境界である。

彼女は「普遍的で全体化作用をもつような理論」に反対しており、それを「現実の大半をとりにがしてしまう大きな誤り」と呼んでいる。しかし同時に彼女は、「科学や技術の社会的関係に対して責任を持つことは、反科学的形而上学――技術を悪魔的存在として語ること――を拒否することを意味する」とも主張している（181／三四七頁）[51]。責任という主題が、この挑戦の中心にある。彼女は、「全体化作用を持つヴィジョン」の名においてではなく、「可能性としての関係の網の目――政治では連帯と称され、認識論では共有された会話と称されるような関係性――を持続させるような、部分的で、位置を確定することができ、批判的な知」の名において、相対主義を拒否している（191／三六六〜三六七頁）[52]。

ヴァンダナ・シヴァの批判は、科学的方法そのものに対してというよりは、文化のヒエラルキーにおける科学の地位から引き出される政治的含意の方に向けられている。彼女は、「南」の世界の女性として語っており、したがって、彼女の批判は、アブデル＝マレクの批判に再合流するものである[53]。

彼女は、「自然を支配する人間《マン》＝男性の帝国」という考え方に反対している。彼女の考え方は、「あらゆる生命の民主主義」というものであり、それは、彼女によれば、「大半の非西洋文化」の基礎にあるものである[54]。シヴアは、生物多様性の保全と人間の文化的多様性の保全とが、密接に連関したものであると考えており、したがって特に、今日のバイオテクノロジー革命の帰結を憂慮している[55]。

私にとってつよい印象を与えるのは、ケラー、ハラウェイ、シヴァによって定式化された挑戦に、ふたつの一貫するものがあることである。ひとつは、これまで実践されてきたような自然科学に対する批判が、決して知の営みとしての科学の否定へと翻訳されることがなく、むしろ科学の知識と実践の科学的分析へと翻訳されているということである。そしてもうひとつは、これまで実践されてきたような自然科学に対する批判が、責任ある社会的判断を求める要請へとつながっていることである。自然科学にジェンダーに基づく偏見があることについての立論は証明されていないのではないかと思われる向きもあるかもしれないが、その点では、私はサンドラ・ハーディングが適切な応答をしていると思う。曰く「「ニュートンないしアインシュタインの自然法則が、ジェンダー的象徴化に関与している可能性があることを示そうとしても」本当とは思われないことのように聞こえるかもしれないが、原理的にそんなことはありえない、と考える根拠もないのである[56]」。鍵になっているのは、「原理的に」という言葉である。フェミニズムによる科学への挑戦が立脚しているのは、あらゆる主張を経験的実証に送り出すという科学の最も基本的な実践に訴えるべく用いられる、この「原理的に」という言葉である。ジェンダーは科学の実践には無関係であるというア・プリオリな前提を一切疑ってかかることによって、フェミニズムは、社会学の文化に根本的な挑戦を提起している。自然科学の文化——考慮には入っている——に対しても同様に挑戦を提起するものであるのか否かについては、まだこれから検討されるべきことである[57]。

最後に私が取り組む第六の挑戦は、おそらく、六つのなかで最もおどろくべきものでありながら、最も議論されることが少ないものである。それは、近代《モダニティ》——われわれ社会学者の仕事の中心対象——が、本当にはいまだかつて存在したことがないというものである。このテーゼは、ブルーノ・ラトゥールによって、最も明晰に展開されている。彼の著書のタイトルがまさにメッセージになっている。その名も『われわれは近代的《モダン》になったことがない』（"We have never been modern"）。ラトゥールは、現実を構成しているのは不純な混淆物であるというハラウェイと同様の議論で、同書を始めている。彼は、ハラウェイが「サイボーグ」と呼んでいたものを「ハイブリッド」〔「雑種」〕と呼んで、その増殖について語っている。両者にとって、ハイブリッドは中心的な現象であって、時とともに拡大しておりながら、十分に分析されておらず、実は全く恐れるべきものではないものである。ラトゥールにとって決定的に重要なことは、学問や社会が現実を自然と政治と言説という三つのカテゴリーに区分けしてしまうのを克服することである。彼にとっては、現実のネットワークは、「自然のように実在的で、かつ同時に言説のように語られたもので、かつ同時に社会のように集合的(58)」であるのである。

ラトゥールは、ポストモダニストの一変種であると、しばしば誤解されているが、注意深く読めば、実際のところ、いったいどうやってそんな誤読が可能なのか理解しがたい。なぜなら彼は、彼の言う反モダニズム、彼の言うモダニズム、そして彼の言うポストモダニズムのそれぞれを等しく強烈に攻撃しているからである。彼にとっては、右の三つのグループはすべて、過去数世紀間われわれが生きてきており、今も生きている世界を、それら三つのグループすべてが共有している定義――「時間軸上において、それ以前の時代の安定的であった過去［とは対照的な］加速化、断絶、革命」（一〇頁）――にしたがって「近代《モダン》」とする前提に立つものなのである。

ラトゥールは、「近代《モダン》」という言葉が、二つの全く異なる実践を隠蔽するものであると主張している。ひとつは、「翻訳」による自然と文化との新しいハイブリッドの不断の生成であり、もうひとつは、「純化」の過程、すなわち人間と非人間という二つの存在論的圏域を分離することである。彼の主張によると、二つの過程はバラバラのものではなく、個別に分析することは不可能である。というのも、逆説的なことに、ハイブリッドを生み出すことが可能なのは、まさにハイブリッドが禁止（純化）されているからであり、逆にわれわれがハイブリッドの増殖を制限するのも、ハイブリッドが生まれてしまうという事実があるためだからである。(59) いわゆる近代世界を整理して考えるために、ラトゥールは、「人類学」を勧めている。彼によれば、それは「一度に全てととりくむこと」を意味している。(60)

ラトゥールは、われわれの生きる世界を、彼が「憲法」と呼んでいるものに立脚するものとして把握している。その「憲法」は、自然は超越的であり、人間の構築を越えているが、社会は超越的ではなく、したがって人間は完全に自由であると宣することで、近代《モダン》を「無敵」にしているという。(61) ラトゥールは、敢えて言えば、その逆の方が正しいと考えている。(62) 近代《モダン》という考え方は、まるごと間違っているのである。

> いまだかつて、近代《モダン》であったものなどいない。近代《モダン》は始まったこともない。近代《モダン》世界など存在したことはない。私がここで現在完了時制(63)〔「いままで〜したことがない」という言い方〕を使っているのは重要な意味があることである。というのも、それは、過去を振り返る志向性、つまり歴史を再読することの問題だからである。私は、われわれが新しい時代に入りつつあると言っているのではない。まったく逆であって、われわれは、もはや、前のめりになってポスト・ポスト・ポストモダニストであり続ける必要はないのである。われわれはもはや、前衛《アヴァンギャルド》の前衛《アヴァンギャルド》であることにこだわる必要もない。われわれはもはや、もっと賢くなろう、もっと批判的になろう、もっと「懐疑の時代」に深く入っていこうなどとはしない。そうだ。そのかわりに、われわれは、われわれが近代《モダン》に入り始めたことなどないということを発見する。ポストモダン思想家につねについてまわる馬鹿げた雰囲気は、ここに発している。彼らは、はじまってもいない時代の後がやってきたと主張しているのだ！（四七頁）

しかしながら、ここには新しいものがある。それは、われわれが飽和点に達したということである。(64) こうしてラトゥールは、時間の問題に到達する。もはやお分かりかもしれないが、それは、大半の挑戦の中心にある問題である。

> もし私が、革命が過去を廃棄しようとしながら、そうできないということを説明するとすれば、私はここでも、反動と受け取られるリスクをとる。これは、近代《モダン》にとって――その反近代《モダン》的敵対者およびポストモダニズム的な似非の敵対者にとってと同様に――時の矢は一定であるからである。すなわち、人は前に進むことはできるが、そのときには、過去と断絶しなければならず、後ろに戻ることを選ぶこともできるが、そのときは、近代化を担う前衛《アヴァンギャルド》――彼らは自身の過去から根底的に断絶している――と断絶しなければならない。……われわれに実行できないことがひとつあるとすれば――もはやお分かりだろうが――それは革命である。科学においてであれ、技術においてであれ、政治においてであれ、哲学においてであれ。しかし、この事実を失望と解釈するなら、われわれは依然として近代《モダン》にとらわれているということになる。（六九頁）

ラトゥールは言う。われわれはみな「非近代《アモダン》」（九〇頁）であることをやめたことはない。「自然」など存在しないのとまったく同様に、「文化」など存在しない。あるのはただ、「自然＝文化」のみである（一〇三～一〇四頁）。「（大文字の）自然と（大文字の）社会とは、二つの際立った極をなしているが、集合体としての社会＝自然という連続的状態の産物としては、同じひとつのものである」（一三九頁）。このことを認め、それをわれわれの世界分析の中心としてこそ、われわれは前に進むことができる。

　数々の挑戦の朗誦も終わりにきた。忘れないでいただきたいのだが、私にとって、挑戦とは真理ではなく、基本的前提についての反省を命ずるものである。みなさんは、これらの挑戦のそれぞれに、なんらかの疑念をもたれたであろうか。おそらくそうであろうと思われる。私もそうである。しかし同時に、これらの挑戦は、社会学の文化に対する容赦ない攻撃を成しており、われわれは、それに無関心ではいられないのである。形式合理性などというものがありえるのだろうか。西洋／近代的な世界観に対して、われわれがまじめに受け止めるべき文明論的挑戦はあるのであろうか。多元的な社会的時間の実在性は、われわれの理論化の仕方とわれわれの認識論《エピステモロジー》の再構築を要請するだろうか。複雑性研究と確実性の終焉は、どのような点で、科学的方法の再発明をわれわれに要請するだろうか。ジェンダーは、あらゆるところへ、数学的な概念化のような信じがたいほどかけ離れた圏域にまでも侵入する構造化的な変数であるということはありうるであろうか。そして、近代は、まずもって社会学者をだましてしまう欺瞞――幻滅ではなく欺瞞――なのであろうか。

私がデュルケーム／マルクス／ウェーバーから引き出して提起し、私の言う社会学の文化を構成する三つの公理は、右の問いに適切に取り組むことができるであろうか。そして、もしできないなら、それがゆえに、社会学の文化は崩壊してしまうのであろうか。そして、もし崩壊してしまうとするなら、何を以て、それに代えればよいのか。

展望

私は、二十一世紀に向けて、可能かつ望ましいと私には思われる三つの展望の観点から、社会科学の将来性について考えてみたい。その三つの展望とは、いわゆる「二つの文化」すなわち科学と人文学との認識論的《エピステモロジー》再統合、社会科学諸学科の組織上の再統一と再分割、そして社会科学が知の世界の中心に就くことである。

社会学の文化およびそれが直面している挑戦についての私の分析から引き出しうる結論は、どのようなものであろうか。第一に、全く単純な話だが、社会学――実際のところその他全ての社会科学――が被っている超専門分化は、不可避的であると同時に自己破壊的である[65]。それにもかかわらず、知の深さと広さの間、顕微鏡《マイクロスコープ》的ヴィジョンと総合的ヴィジョンの間に、妥当なバランスが生み出される希望を掲げて、われわれはそれに抗して闘う必要がある。第二に、ニール・スメルサーが最近じつにうまく言い表しているように、「社会学的に素朴な主体[66]」などというものは存在しないのである。しかし、社会学的に見識の高い主体は存在するのだろうか。つまり、全ての主体は合理的なのだろうか。そして、社会学の主体はどのような世界を知っているというのだろうか。

われわれが扱っている社会的事実は、二つの意味で社会的であると私には思われる。まずそれは、現実についての共有された認識である。それは、多かれ少なかれ、なんらかの中規模ないし大規模な集団によって共有されているが、全ての個々人の見方によって、それぞれ異なる陰影をもった認識である。そして、それは社会的に構築された認識である。しかし、明晰にしよう。分析者による世界の社会的構築は関心の対象ではない。行為の蓄積によって社会的現実を創り出しているのは、諸主体の集合体の社会的構築である。世界がかくあるのは、この瞬間までに起こったすべてのことの帰結である。分析者が識別しようとしているのは、いかにして諸主体の集合体が世界を構築しているかということであるが、そのときもちろん、その分析者は、社会的に構築されたみずからのヴィジョンを用いているのである。

このように、時の矢は不可避的なものであるが、同時に予測不可能なものでもある。なぜなら、われわれの前には、つねに分岐《バイファケーション》があり、その帰結は本質的に不確定だからである。さらに、時の矢はひとつしかないとしても、時間は多元的である。われわれが分析している史的システムの構造的「長期持続《ロング・デュレ》」と循環《サイクル》的律動はともに無視することのできないものである。時間は、時間測定《クロノメトリー》および年代記述《クロノロジー》をはるかに越えるものである。時間は、持続でもあり、循環《サイクル》でもあり、離断でもある。

一方で、実在の世界は、たしかに存在する。これは疑う余地がない。それ〔実在の世界〕が存在しないなら、われわれは存在しない。それは馬鹿げている。このことを信じないというのであれば、社会的世界の研究を仕事にすべきではないであろう。独我論者は、自分に話しかけることもできない。なぜなら、われわれはみな、一瞬ごとに変化しており、したがって、独我論の立場をとると、昨日の自分の見方が、他者の見方と同様に、今日生み出された自分の見方には妥当しないということになるからである。独我論は、あらゆる形態の傲慢のなかで最大のものであり、客観主義と比べてさえ、そうである。それは、われわれの推論がわれわれの知覚を生み出し、それによってわれわれは自分が生み出した存在を知覚するという信念である。

しかし他方で、われわれは、世界について、自分の世界に対するヴィジョンを通してしか知ることができないということもまた真実である。そのヴィジョンは、集合的な社会的ヴィジョンであるが、それにもかかわらず、人間的ヴィジョンである。これは、社会的世界についてのわれわれのヴィジョンがそうであるのと同様に、物理的世界についてのわれわれのヴィジョンについても明らかに言えることである。その意味では、われわれは、このような認識に用いられているメガネに依存していることになる。そのメガネは、ウィリアム・マクニールが「神話＝歴史」(mythistory)[67] と呼ぶ根幹的神話（そう、「大きな物語」である）であるが、それなしでは、われわれはどうすることもできず、何も言うことができないのである。これらの制約から言えることとして、複数形でないような概念は存在しないことになる。あらゆる普遍 universals は部分的であり、普遍 universals の複数性こそが存在するのである。また同時に言えることとして、われわれが用いるあらゆる動詞は、過去形で書かれなければならない。現在は、われわれがそれを口に出す前に終わっており、あらゆる言明は、歴史的文脈に位置付けられる必要があるからである。法則定立《ノモセティック》の誘惑は、個性記述《イディオグラフィック》の誘惑と逐一対応して同様に危険なものであり、社会学の文化が、さらに、あまりにも多くの社会学者を引き込む罠となっている。

そう、われわれは、確実性の終焉に立っている。しかし、実際上、それは何を意味しているのか。思想の歴史において、われわれは不断に、確実性を提供されてきた。神学者は、予言者や僧、聖典に見られるものとして、われわれに確実性を提供してきた。哲学者は、彼らが合理的に演繹、帰納、直感したものとして、われわれに確実性を提供してきた。そして近代の科学者たちは、彼らが発明した規準を用いて彼らによって真であると実証的に証明されたものとして、われわれに確実性を提供してきた。みながみな、自らの真理が、実在の世界において、目に見えて正しいものと認められたと主張してきたが、それらの目に見える証明は、より深いところに隠された真理が、単に限定的に外側に表れたものであるにすぎず、その秘密と発見の媒介者に任じられているのが、まさに自分たちなのであるとも主張してきた。

右のように提供されてきた確実性はそれぞれ、一定の場所で、一定の期間、普及したが、そのいずれも、あらゆる場所にいきわたることはなかったし、永続的となることもなかった。このように相矛盾する諸々の真理がずらりと並んでいるのを指摘する懐疑主義者やニヒリストが登場した。懐疑から発して、それは、いかなる真理の主張も、他のいかなる真理の主張と同様に無効であるという命題を撒き散らした。しかし宇宙が実際に、内在的に不確実であるとしても、だからといって、神学、哲学、および科学の企てになんの得るところもないということにはならないし、そのいずれについても、それが単に巨大な欺瞞を表象するものでしかないということにはならないのもたしかである。むしろ、宇宙が内在的に不確実であるということから言えることは、この不確実性を、不幸や一時的な盲目性と考えるのでも、越えがたい知の障害と考えるのでもなく、想像力、創発性、探求の信じがたいほどの機会であると考えて、恒久的な不確実性という光に照らして、われわれの探求を定式化する賢慮をもとうということである。[68] この点で、多元主義は、弱さと無知に甘んずるものではなく、よりよい宇宙の豊穣な可能性となる。[69]

一九九八年に、物理学者を中心として構成されたグループが、『無知の辞典』*Dictionaire de l'ignorance* という本を刊行した。その主張は、科学が、知の領域をつくりだすことにおいてではなく、無知の領域をつくりだすことにおいて、より大きな役割を果たしているというものである。同書の帯書きを引用しよう。

科学が、われわれの知のフィールドを拡大する過程において、逆説的にも、われわれは無知も拡大しているという意識をもつようになった。問題を解決するたびに、新しい謎が現れることになり、結果、研究と発見の過程は不断に更新されることになる。知のフロンティアは、たえず広がっているように見え、かつては疑われることのなかった問いを生んでいる。しかし、それらの新しい問題は健全である。それらの問題は、科学に対する新しい挑戦を生み出すことで、科学を前に進ませ、永久運動を続けさせているのである。さもなくば、おそらく、科学の光はたちどころに消えてしまうであろう。[70]

新しい無知を作り出すことの問題のひとつは、それらの無知が、それを発見した狭い領域のみにおいて、その領域のみによって、もっとも良く取り組まれうるという前提にたつべき、説得的な根拠がないということである。たとえば、物理学者が新しい無知を発見したとして、その解決には、それまで生物学や哲学に割当てられていた関心が必要となることもありうるからである。そして、お分かりのように、このことは、社会学者が発見する新しい無知についても、まちがいなく言いうることなのである。新しい無知に直面しても縄張りの防衛にまわるのは、学者の犯す最悪の罪であり、明晰さを阻害する可能性が最も大きなものである。

社会科学の組織上の問題の背後にあるのは、このような縄張りという問題である。バラ色の輝きを放つ

「学際性《インターディシプリナリティ》」の前にあれだけ平身低頭しているにもかかわらず、社会科学諸学科の名目上の分割の制度化は、今日、きわめて強力である。実際私としては、学際性《インターディシプリナリティ》そのものが疑似餌であり、それぞれの学科《ディシプリン》がなんらかの特別な知識を持っており、なんらかの実際的問題を解決する上で、それらと別のなんらかの特別の知識とを組み合わせることが有用であるという含意を示すことで、現行の学科《ディシプリン》のリストに対する最大限の支持を代表するものであると主張したい。

実際のところ、十九世紀の社会科学の三大分割線である、過去／現在、文明／他者、国家／市場／市民社会の分割は今日、三つとも、知的指標として弁護できるものではない。歴史的ではない、いわゆる社会学、経済学、政治学のフィールドにおいて、なにかしら意味のあることを言うことは不可能であり、社会科学で用いられているいわゆる一般化を利用することなしに歴史的分析を企てることにも、全く意味がない。だとすれば、なにゆえ、われわれは異なる仕事に携わっているふりを続けているのであろうか。

文明／他者の分割線について言えば、文明は文明ではなく、他者は他者ではない。特殊性というものがあるのはもちろんであるが、それは無数にあるものであり、近代世界を人種主義的に単純化することは、単に不健全であるだけではなく、知的な能力を奪うものである。われわれは、決して消滅しない共生的対語として普遍と個別をいかに扱うかを学ばねばならず、そしてその知見はわれわれの分析のすべてに伝えられなくてはならない。

そして最後に、国家／市場／市民社会の区別は、実在の世界の実在の行為者であれば、誰でもわかるように、全く端的に説得性のないものである。市場は、国家と市民社会とによって、構築され、制約されている。国家は、市場と市民社会の双方の反映である。そして市民社会は、国家と市場に定義されている。これら、行為者の利害、選好、アイデンティティ、意志の三つの表現の様式を、「他の条件が一定ならば」という科学的言辞を弄する異なるさまざまの集団の個別隔離された領域へと分離してしまうことは不可能である。

しかしながら、心理学と社会科学が二つの別々の企てであり、むしろ心理学は生物学に近い——おそらく内在的にその一部である——というデュルケーム的前提は、私も共有しつづけている。大半の心理学者は、行動主義者からフロイト主義者にいたるまで、この見方を共有しているようだということを指摘しておこう。この分離に最も抵抗している集団は、実は、社会学の内部に見られるものである。

では、今日の社会科学をバラバラの知の組織へ分割する、これまでの様式に意味がないとすると、われわれはどうしたらよいのであろうか。一方で、いわゆる組織の社会学を研究している者たちは、押しつけられた変化に対して組織がいかに抵抗するか、またその組織の指導者が、公言はしないが、権力を持っている者にとっては非常に現実的に思われる、彼らの権益を守るために、いかに激しくかつ狡猾に行動するかということを、再三にわたって示している。変容の歩調を強制するのは困難である。おそらく、そんなことを試みることさえ、ドン・キホーテ的なことであろう。他方で、組織のそれぞれには、なんら意図的な改革の過程が押しつけられることもなく、境界を破壊する内的な過程が存在している。個々の学者は、自分の研究に必要な小集団やネットワークをつくりだす仲間を求めている。そして、そのようなネットワークは、なんであれ学科《ディシプリン》のラベルなど、次第に気にしなくなっていく。

さらに、専門分化が拡大すると、財政の財布の紐を握っている者たちは、とりわけ世界的に高等教育への支出が増加ではなく削減の圧力にさらされている現状に鑑みて、不合理に見える〔学科《ディシプリン》間の〕重なりあいには、ますます尻ごみするようになるだろう。歩調を強いることができるのは会計官なのであり、それは知的に最善ではないかたちでおこなわれる可能性がきわめて高いのである。したがって、いかなる種類の組織調整がもっともうまく作用するのかを見きわめるために、学者たちは、広範な実験を許容し、互いの努力に対してきわめて寛容になって、組織の探査を行なうことが急務なのである。ミクロ／マクロ対立は、学者集団を組織立てるひとつの様式として制度化されるべきであるかもしれない。それは、私にはよくわからない。現時点では、すでにそれは、自然科学では用いられており、実際上では（理論上ではちがうが）社会科学もそれを用いている。あるいは、対象としている変化の時間性――短期、中期、長期――によって分割をするべきであるかもしれない。現時点では、右の分割線のいずれについても、私は固定的な見解を持っていない。実際にやってみて判断すべきであろうと思われる。

私が非常にはっきりと言えることは、われわれが、集団として開かれたものとなり、われわれの目を覆っているものを認識しなければならないということである。われわれは、今よりもはるかに広い範囲の書物を読まなければならないし、自分の学生にもそうするよう、強く勧めなければならない。われわれは、今よりもはるかに広い範囲から学生を集めてくるべきであり、どの点で、われわれが彼らの役に立てるのかを決定する上で、彼ら自身が大きな役割を果たすようにしてやらなければならない。そして、われわれが複数の言語を学ぶことが決定的に重要である。三言語から五言語の主要な学術言語を読むことができない学者は、たいへんなハンディキャップを負っていることになる。英語が決定的に重要なのは疑いないが、英語だけでは、書かれているもののうち、せいぜい五〇パーセントにアクセスするのがやっとということになる。これから何十年かたっていけば、学者の数が最も増えている地域では、書かれたものの生産が、どんどん英語以外の言語になっていくであろうから、この割合は低下するであろう。読解できる言語の知識が増えると、まったく一致するものではないとはいえ、学者集団の国際化もそれにともなって進展する。

私はどのような再構築が起こるかについてはわからない。しかし、既存の国際的な社会科学の学会が、少なくとも同じ名称で、百周年記念を迎えるということについては、懐疑的である。

最後に、私が最も魅惑的な――そしておそらく最も重要な――展望であると考えているものについて述べさせてもらおう。十八世紀の末に完成した、いわゆる哲学と科学の乖離以来ずっと、社会科学は、哀れな立場に置かれてきた――海のものとも山のものともつかず、「二つの文化」の闘いの両陣営からともども軽蔑されてきた。そして、社会科学者は、このような自己像を内面化し、科学側につくか、人文学側につくかのいずれかしかないという運命にあると思ってきた。今日、状況は根底的に変化した。物理科学においては、複雑性研究という、強力で成長しつつある知識運動が起こっている。それは、時の矢や不確実性について語り、人間社会のシステムをあらゆるシステムのなかで最も複雑なシステムであると考えている。そして、人文学においては、カルチュラル・スタディーズという、強力で成長しつつある知識運動が起こっている。それは、美の本質的を示す正典《カノン》というものは存在せず、文化的生産物は、その社会的起源、社会的受容、社会的歪曲に根ざしていると考えている。

複雑性研究とカルチュラル・スタディーズは、自然科学と人文学をそれぞれ、社会科学の領野に移転させるものであるということは、私には明白であるように思われる。知の世界に働く遠心力であったものが求心力となって、社会科学はいまや、知の中心にあるのである。われわれは、「二つの文化」を克服し、真・善・美の探求を単一の領域に再統合しようとしている過程にある。これは、喜ばしいことではあるが、きわめて困難な仕事となるであろう。

不確実性に直面して、知は選択――あらゆる物質による選択、およびもちろん社会的主体、なかんずく学者による選択――を伴うことになる。そして選択は、実質的に合理的なものを決定するということを伴う。われわれはもはや、学者が中立的である、すなわち社会的現実から脱した存在であるなどということを装うことすら不可能である。しかしこのことは決して、「なんでもあり」ということを意味するわけではない。それが意味しているのは、われわれが全ての要因を、全ての領域で注意深く考量し、最適な決定を目指さなければならないということである。そして、それはさらに、われわれが互いに意見を交換しなければならないということ、そしてそれは対等な立場で行なわれなければならないということを意味している。そう、われわれのなかには、特定の関心領域の特定の知識について、他の者よりもよく知るものはいるが、相対的に限定された領域においてさえ、その領域の外部の者の知識を考慮に入れずに、実質的に合理的な決定を行なう上で必要な知識を全て持っている者や集団は存在しない。そう、もし脳外科手術が必要であれば、私は当然、最も有能な脳外科医を求めるだろう。しかし、難しい脳外科手術は、同時に法的、倫理的、哲学的、心理学的、社会学的であるようななんらかの判断を伴うものである。病院のような制度は、それらの知恵をまとめあげて実質的に合理的な見解へともっていかなければならない。さらに、患者の見解も無関係ではない。社会学者や詩人と同様に、他の誰にもまして、このようなことを知らなくてはならないのは、その脳外科医である。技術が雲散霧消してしまうなどということはないが、技術はつねに部分的であり、他の部分的な技術と統合される必要があるのである。近代世界においては、このようなことは、ほとんど行なわれてこなかった。しかしひとたび機能的合理性なるものが存在しないということを悟れば、そのときには——そのときに初めて——われわれは実質合理性を獲得し始めることが可能となる。

これは、私の信ずるところでは、イリヤ・プリゴジーヌとイザベル・スタンジェールが、「世界の再魔術化」(71)を語る際に意味していることにほかならない。それは、「脱魔術化」という重要な仕事を否定するものではなく、ばらばらになった部分をもう一度、組み合わせていかねばならないということを強調しているのである。われわれが最終原因を捨て去ったのは、あまりにも早過ぎた。アリストテレスは、それほど愚かではなかったのである。たしかに、われわれは、直接の原因というものを見なければならないが、同時に最終原因も見なければならない。科学者は、神学的・哲学的な支配システムから身を振り解く上で有用であった戦術を一般化し、方法論的命法とした。これが［われわれを］無力にしてきたのだ。

最後に、知の世界は平等主義的な世界である。これは、科学の大きな功績のひとつである。真理についての既存の言明の真理性に対する挑戦は、その反対言明になんらかの実証的証拠があり、集団的評価に供すべく万人に提起されていさえすれば、誰にでも認められる。しかし、科学者は社会科学者になることは拒否した。そのおかげで彼らは、科学における平等主義を強調するこのような高潔さは不平等な社会的世界においては可能ではない――信頼もできない――ということを見て取ることを怠ってきたのである。いや、それに気がつきもしなかったのだ。たしかに、政治というものは学者に恐怖を感じさせるものである。学者は、ひとりこもって安全を求めるものである。学者は、強力な少数者、権力にある少数者を恐れる。また学者は、強力な多数者、権力に就くかもしれない多数者を恐れる。今よりさらに平等な世界を創り出すことは容易ではないだろう。それにもかかわらず、自然科学が世界に遺した目標を達成するためには、われわれの現在の条件よりも、はるかに平等な社会的条件が必要である。科学および社会における平等主義を求める闘いは、二つバラバラの闘いではない。両者は一つの同じ闘いである。そしてそれもやはり、真・善・美の探求を分離することが不可能であることを指し示しているのである。

人間の傲慢さは、人間が自らに課する最大の限界である。思うに、これはエデンの園のアダムの物語のメッセージそのものである。われわれは傲慢にも、神の啓示を受け、それを理解し、神の意図を知っていると主張した。われわれはさらに傲慢にも、人間理性を――かくも誤りやすい道具を――用いることで、永遠の真理に到達する能力があると断言した。そして、われわれはその傲慢さを棄てることなく、完璧な社会の主観的イメージを、非常なる暴力と残忍さでたがいに押しつけあおうとした。

このような傲慢さのすべてにおいて、われわれは、まずもって自分を裏切ることになり、われわれがもつ潜在的な可能性、われわれが持っていたかもしれない美徳の可能性、われわれが育みえたかもしれない想像力の可能性、われわれが達成しえたかもしれない認識の可能性を閉ざしてしまった。われわれは、不確実な宇宙《コスモス》に生きている。その不確実性の永続性こそが、この宇宙《コスモス》の唯一にして最大の長所である。なぜなら、創発性――宇宙《コスモス》の創発性、そして、もちろんそれに伴う人間の創発性――を可能にしているのは、この不確実性だからである。われわれは不完全な世界に生きている。その世界は、常に不完全であり、したがって、常に不正義を宿してしまうだろう。しかし、われわれは、この現実を前にして、決して手も足も出ないのではない。われわれがこの世界を、より不正の少ないものにすることは可能であり、われわれがこの世界を、より美しくすることも可能であり、われわれがこの世界について、より多くの認識を持つことも可能である。われわれは、ただそれを構築するのみであり、その構築のためには、われわれは、ただ協力して理性を働かせ、それぞれにつかむことのできた特定の知識が、相互に手に入るように努めるのみである。われわれは仕事場に出て汗を流し、それが実を結ぶ。ともかくやってみることで、それは可能となる。

私の親しい協力者であったテレンス・K・ホプキンズは、一九八〇年に、私にあるメモを渡してくれた。それを結論にしたい。「上へ、上へ、そして上へと向かっていくよりほかに、僕らに場は残されていない。それは知的水準を高く、もっと高く、さらに高くするという意味だ。優美。精確。節度。公正。忍耐。以上。」

注

(1) Talcott Parsons, *The Structure of Social Action*, 2d ed. (Glencoe, Illinois: Free Press, 1949 [1937]).
(2) I・ウォーラーステイン＋グルベンキアン委員会『社会科学をひらく』(藤原書店、一九九六年) 第一章。
(3) 前掲書第二章。
(4) Michel Foucault, *The Archaeology of Knowledge* (New York: Pantheon, 1972); Pierre Bourdieu, *Homo Academicus* (Stanford, California: Stanford University Press, 1988).
(5) ウェーバー最晩年の論考のひとつである『職業としての学問』(これは一九一八年に行なわれた講演である)

を見ると、ウェーバーが冒頭から二番目の文で、自分のことを特に「経済学者《ポリティカル・エコノミスト》」と同定している。実際には、ドイツ語原文で彼が自分を言い表すために用いている語はNatiönalokonomという語であり、〔英語の〕political economist に意味は近いが、全く同じというわけではない。しかしながら、同書のあとの方では、彼らは「社会学者が必ず引きうけなければならない」仕事に言及している。こちらの文の方では、社会学者という語で、どの程度、自分のことを指しているのか、はっきりしない。(Max Weber, "Science as a Vocation," in *From Max Weber: Essays in Sociology*, ed. H. H. Gerth and C. Wright Mills [New York: Oxfor University Press, 1946 (1919)], p. 129, 134).

(6)最近の例をひとつ挙げるとカナダの社会学者のケン・モリソンが書いた『マルクス、デュルケーム、ウェーバー——近代社会思想の形成』(Ken Morrison, *Marx, Durkheim, Weber: Formation of Modern Social Thought* [London: Sage, 1995]) がある。その帯書きには、「社会学理論の古典的伝統の基礎として、大学の授業では、マルクス、デュルケーム、ウェーバーに焦点が当てられる」との言葉が見える。

(7)デュルケームの地位、特にその『社会学年報』の地位の相対的衰退については、Terry N. Clark, "The Structure and Functions of a Research Institute: *The Année Sociologique*," *European Journal of Sociology* 9 (1968): pp. 89-91. 参照。

(8)George E. C. Catlin, introduction to Emile Durkheim, *The Rules of Sociological Method*, trans. Sarah A. Solovay and John H. Mueller, 8th ed. (Glencoe, Illinois: Free Press, 1964 [1938], pp. xi-xii).

(9)R. W. Connel, "Why Is Classical Theory Classical?" *American Journal of Sociology* 102, no. 6 (May 1967): p. 1514.

(10)Emile Durkheim, *The Rules of Sociological Method*, trans. W. D. Halls (Glencoe, Illinois: Free Press, 1982 [1938]), pp. 35-36.

(11)個人の意識という基体に社会が立脚しているという見方に対して、デュルケームは以下のように応答している。「しかし、社会的事実については、そう容易には認められないと人びとの判断することがらが、自然の他の諸領域では普通に認められている。なんらかの諸要素が互いに結合し、その結合の事実から新しい諸現象が生じるときにはつねに、これらの現象は諸要素のうちにではなく、諸要素の結合によって形成された全体のうちに位置付けられる、ということをよく理解しなければならない。……以上の原理を、社会学にも適用してみよう。人びとがその点でわれわれに同意しているように、もしもあらゆる社会を構成しているこの一種独特の総合が、孤立的な諸意識のうちに生じるそれとは異なる新しい現象を生み出すならば、この独特の事実が社会の諸部分、すなわちその成員のうちにではなく、それを生み出した社会それ自体のうちにやどっていることをはっきりと認めなければならない。」(Durkheim, *Rules* [1982], pp. 38-40)

(12)「社会的制約のまったく特殊な性格は、ある種の分子の配列の厳密さにではなく、ある種の表象に与えられている威信にこそあるのだ。たしかに、個人的もしくは遺伝的な習性といったものは、ある程度まで右と同じような属性を帯びている。これらの習性は、われわれを支配し、さまざまな信念や慣行を押しつける。ただし、それは、われわれを内側から支配する。というのは、それらはすべて、われわれ各人のうちに存在しているからである。それに反して、社会的な信念や慣行になると、それらは外側からわれわれに作用する。それゆえ、これによって行使される影響力と個人的習慣によるそれとは、根本において非常に異なっている。」(ibid., p. 44)

(13) Ibid., p. 45.

(14)「社会的な信念や慣行がこのように外部からわれわれの内に入り込んでくるからといって、われわれがそれらを受動的に、なんの変容もくわえずに受け入れるというわけではない。われわれは、集合的諸制度について思考をめぐらし、みずからのうちに同化することによって、これを個人化し、多かれ少なかれわれわれの個人的な刻印を与える。ちょうど、可感的世界について思考することによって、われわれ各人がそれぞれの流儀でこれを着色し、さまざまな主体が各様におなじ物理的環境に適応していくように。われわれ各人がある程度まで自分固有の道徳や宗教や技術を形成するのは、以上のような理由による。事実、社会への同調性といっても、およそさまざまな程度における個人的な色調を容れないものはない。とはいえ、許容される多様性の範囲には限界がないわけではない。その多様化が犯罪となりやすい宗教的・道徳的現象の圏内においては、許容範囲はゼロであるか、きわめて小さいのであるが、こと経済生活に関しては、より広いものとなっている。それでも後者においても、人はいずれ越えることのできない限界にぶつかる。」(ibid., 47, n. 6)

(15) Ibid., p. 45.

(16) Ibid., pp. 32-33.

(17) ウィリアム・J・グードは、その合理的選択理論についての最近の論考の中で次のように指摘している。「通常、社会学者は、目的および目標が十分に明確な行為から始め、どの変数が、最も多様なものを説明するかを見つけ出そうとする。しかしながら、そのような変数が適切な予測をなしえない場合、たとえば、人びとが、自分の物質的、道徳的、ないしは審美的目的であると主張しているものを獲得する可能性を下げるような仕方で、一貫して行動しているような場合も、われわれは、そのような人びとが非合理的であると主張することはない。そうではなく、われわれは、彼らが真に求めているものの『背後にある合理性』を定位しようと、さらに詳しく彼らの行動を観察するのである。」(William J. Goode, "Rational Choice Theory," *American Sociologist*, 28, no. 2 [summer 1997] : p. 29)

(18) Karl Marx and Friedrich Engels, *The Communist Manifesto* (New York : International Publishers 1948 [1848]), p. 9. エンゲルスによって書き加えられた一八八八年版の序文では、彼は、次のように言い直している。「[『宣言』の] 中核をなす根本思想は……あらゆる歴史時代において、経済的生産および交換の支配的様式と、それから必然的に生じる社会構造が基礎をかたちづくり、そのうえに、その時代の政治的および知的歴史が築かれ、そしてその基礎によってのみ、それらは解明することができる。したがって人類の全歴史は（土地を共有していた原始氏族社会の解体以来）、階級闘争の歴史、すなわち搾取する階級と搾取される階級、支配する階級と支配される階級との闘争の歴史であった。そして、この階級闘争の歴史は進化の序列をあらわし、現在そのひとつの段階に到達している。この段階では、搾取され、抑圧される階級——プロレタリアート——が、搾取し、支配する階級——ブルジョアジー——のくびきから解放されるためには、それと同時に、また永久に、すべての搾取、抑圧から、すなわちすべての階級差別と階級闘争から、全社会を解放する以外に道がない。」(ibid., p. 6)

(19) フランスにおいて、一八四八年から一八五一年に起こったことを論ずる際に、マルクスは次のように言っている。「私生活では、ある人間が自分で自分のことをどう考え、どう言うかということと、その人間が実際にどういう人間で、何をするかということとは区別されるが、歴史上の闘争ではなおさらのこと、諸党のことばや空想と、その実際の構造、その実際の利害とを区別し、その観念とその現実とを区別しなければならない。」(Karl Marx, *The 18th Brumaire of Louis Napoleon* [New York : International Publishers, 1963 (1852)], p. 47)

(20) 「[習慣と物質的利得は、] 所与の支配にとっての十分信頼に足る基盤を形成するものではない。通常くわえて、さらなる要因、すなわち正統性の信仰が存在する。経験的にわかることとして、支配が、自らの持続のための基礎として、自発的に、物質的、感情的、ないし理想的動機の範囲におさまるようになるというような例は全くない。くわえて、そのようなシステムはすべて、その正統性に対する信仰を育成しようとする。しかし、そこで要求されている正統性の種類によって、服従の種類、その正統性を保証すべく構成される行政職員の種類、権威の行使の様式は全て、根本的に異なったものとなる。」(Max Weber, *Economy and Society*, ed. Guenther Roth and Claus Wittich [New York : Bedminster Press, 1968], p. 213)

(21) Ibid., p. 217.

(22)「一般的に、あらゆる権威の基礎、そしてそれに対応して、あらゆる服従の意志の基礎は信仰、権威を行使している人間に威信を貸与するところの信仰であるということは明確に心に留めておくべきである。このような信仰の構成がまったく単純なものであるということは、ほとんどない。『法的権威』の場合、それが純粋に法的であることは決してない。合法性への信仰は、確立されていき、慣習的なものとなるようになる。これ自体、それが部分的には伝統的であることを意味している。伝統の侵犯は、それにとって致命的となる可能性があるのである。さらに、そこには、少なくとも、成功がみられないということが、いつまでも衝撃の大きなかたちで続くと、それが政府を破滅させたり、その威信を掘り崩したり、カリスマ的な革命への道を準備したりするに十分なものとなる可能性があるという否定的な意味においてカリスマ的な要素もあるのである。」(ibid., p. 263)

(23) Sigmund Freud, *Civilization and Its Discontents* (New York : W. W. Norton, 1961 [1930]).

(24) Sigmund Freud, *The Interpretation of Creams* (New York : Basic Books, 1955 [1900]).

(25)「われわれは精神分析の経験から、抑圧の過程の本質は、欲動を代表する表象を棄てさったり、絶滅したりする点にあるのではなく、そういう表象を意識しないでおく点にあることを知った。」(Sigmund Freud, "The Unconscious," in *Standard Edition* [1957 (1915)], 14 : p. 166)

(26)「なにか有効な意味と関連を捉えるということは、われわれが直接的な経験の範囲外にふみだすための動機として、正当なものである。……カントは、われわれの知覚の主観的な制約をみのがさないように、またわれわれの知覚を認識されない知覚対象と同一視しないように警告したが、精神分析もまた、意識の知覚をその対象であるところの意識されない心理的過程と置き換えないようにいましめる。物理的なものと同じように、心理的なものも、現実には、われわれにみえるようなものである必要はない。」(ibid., 14 : p. 167, 171)

(27) Ibid., 14 : 182.

(28)「自我は、不安が発展する危険が欲動からくるのではなく、外界の知覚からせまってくるかのようにふるまい、そしてこの外部の危険に対して恐怖症的な回避という一種の逃避で応ずることができる。この抑圧の過程によって、不安の表出をいくらか制限するのに成功するのだが、しかしただ、個人の自由をひどく犠牲にしたうえでのことである。欲動の要求からのがれようとする試みは、一般に無益であり、恐怖症的な逃避の結果は満足すべきものにはいたらない。」(ibid., 14 : p. 184)

(29) Ibid., 14 : p. 203.

(30)「無意識的罪悪感の妨害に対する闘いは、分析者にとって容易ではない。直接それを扱うことはできないのであって、無意識に抑圧された原因を徐々にとりのぞき、しだいに意識的な罪悪感にかわるように、間接的に扱うよりほかにないのである。……治療の成果は何よりも罪悪感の強さにかかっているが、それにたいして、治療は時によって対等の力をもって臨めない場合がある。そのほかにも、おそらく患者がその自我理想の位置に分析者を置くことを、分析者の人柄がゆるすかどうかということによってその治療結果は左右される。患者にたいして予言者、魂の救済者、救世主の役割を演ずる試みは、このことに関係しているからである。分析の規則は医者の人格がこのように利用されることにはっきり反対しているから、ここで分析の効果に新たな制限があたえられることを正直に認めなければならない。つまり、その制限とは、分析の効果は病的反応を不可能にすることよりも、むしろ患者の自我に決定の自由をあたえることにおかれるべきである、ということである。」(Sigmund Freud, *The Ego and the Id* [New York : W. W. Norton, 1960 (1923)], pp. 50-51)

(31) Freud, *Civilization*, 34, pp. 35-36.

(32) Anouar Abdel-Malek, *Civilizations and Social Theory*, vol. 1 of *Social Dialectics* (London : Macmillan, 1981 [1972], p. vii. 以下、本文中に表記されている同書の引用頁番号は、ここからのものである。

(33)「最初の着想は……現代の世界の変容にふかく根ざしており、依然としてそうあり続けている。その変容とは、東洋《オリエント》——アジア、アフリカ、およびラテン・アメリカ——の同時代性への上昇である。……ヤルタ時代、西洋のヘゲモニーの絶頂にあって、社会理論が直面している中心的困難は、非西洋文明の型に属していて、これまで周縁化されてきた社会や文化に取り組む方法と手段とをどのようにつくりだすかということである。これまで前提とされてきた普遍主義は、処方として端的に役に立たない。それは、そこで作用している特殊性を、内部から解釈することもできないし、民族学派的な思想や行動の内部の主要な潮流も受け入れられうるものではない。……非時間的社会理論は、実在の具体的世界から、所与の歴史の時代や場所における人間社会の客観的弁証法から、そして氷山の水面下の部分で深く作用している地理＝歴史的形成の影響から乖離した、職業イデオロギー論者による主観的認識論の産物のなかでしか通用しない。」(ibid., p. xi, xiii)

(34)「川の対岸において、東洋《オリエント》という考え方は、全く異なる環境において実現した異なる過程を通して構造化された。東洋《オリエント》――中国を中心とするアジア、アフロアジアにおけるイスラム地域――の民族や社会の歴史＝地理的構成を研究すれば、人類の歴史における社会経済形成のなかで、最も古い定住的・安定的社会が、われわれ以前に、存在していたことは、たちどころに明らかとなる。海洋に面して河口を広げた大河川の周辺に、一群の社会が確立され、そのことによって、牧畜民は、より安定化へ、農業＝定住的な生産および社会存在の様式へ向かいうるようになった。……ここでは、これらの客観的基本要素に対して、何百年、何千年という期間にわたる『持続性』、『社会的維持管理』が問題となってくるということを考えることが決定的に重要である。……時間が主人なのだ。したがって、時間の概念は、非分析的ヴィジョンとして、つまり、一体的かつ共生的で、統一化された概念であると同時にさらなる統一化へ進むような概念として発展してきたと言いうるのである。人間はもはや、時間を『持つ』ことも『欠く』こともできない。それは、存在の主人であり、商品として把握することはできない。逆に人間が、時間によって決定され、支配されるのである。」(ibid., pp. 180-181)

(35)アブデル＝マレクは、西洋近代を拒絶しているのではない。実際、かれは、西洋と対峙する際に、東洋《オリエント》に対して、次のような警告を付け加えている。「東洋《オリエント》は、自らの運命の主人たらんと欲するならば、『故きを温ねて、新しきを知らば、以て師と為るべし』という日本の武道にある古言をよくよく考えてみられよう。」〔「温故知新」は、いうまでもなく、論語の言葉であるが、引用原文にしたがった〕(ibid., p. 185)

(36)Fernand Braudel, "History and the Social Sciences: The Longue Durée," in *Economy and Society in Early Modern Europe*, ed. P. Burke (London: Routledge and Kegan Paul, 1972), p. 35.

(37)Sir John Maddox, Ilya Prigogine, *The End of Certainty* (New York: Free Press, 1997) の表紙推薦文。

(38)一九九七年に刊行されたプリゴジーヌの『確実性の終焉』の英訳版のタイトルは、The End of Certainty〔「確実性」certaintyは単数形〕であるが、フランス語原書のタイトルは、La fin des certitudes (Paris: Odile Jacob, 1996)〔「確実性」certitudesは複数形〕である。私としては、複数形の方が、プリゴジーヌの議論に、より合致していると思う。

(39)「よく知られているように、［力と加速度についての］ニュートンの法則は、二十世紀になって量子力学と相対性理論にとって代わられた。それでも、ニュートンの法則の基本的性格――決定論と時間対称性――はそのままに残った。……このような［シュレーディンガー方程式のような］方程式を通じて、自然法則は確実性をもたらした。初期条件が与えられさえすれば、すべては決まってしまう。自然は、少なくとも原理的には、制御可能な自動機械であり、新しさ、選択、あるいは自発的行為が実在すると言えるのは、われわれ人間の観点から見たときだけだということになる。……決定論的で時間的に可逆的な法則に従属する受身の自然という概念は、きわめて西洋世界に特徴的なものである。中国や日本では、自然とは『自ずからそうなったもの』を意味している。」(Prigogine, *The End of Certainty*, pp. 11-12.〔同書からの引用文の訳出に際しては、『確実性の終焉』(みすず書房、安孫子・谷口訳)を参照した。以下、本文中に表記されている同書の引用ページ番号は、原著のページ数を先に、訳書の該当ページを後に記したものである。ただし訳文は、文脈に応じて適宜変更した。〕

(40)「経済学であれ、遺伝学であれ、ほとんどの科学において確率は本質的な役割を演じている。にもかかわらず、確率が心の状態を表現しているとする考えは、今日まで生き残ってきた。いまや、一歩前へと進み、古典物理学であれ、量子物理学であれ。物理学の基本法則のうちに確率がどのように入ってくるかをしめさなければならない。……［エントロピーが無知の程度を示すものであるという議論は］支持し得ない。それらが意味するのは、［熱力学の］第二法則を導くのはわれわれの無知あるいは『粗視化』である。そしてラプラスが想像した『魔物』のように『十分な情報を与えられた』観測者にとっては、世界は時間的に可逆であるように見える。すなわち、われわれは時間や進化発展の父なのであって子ではない。……われわれの見解では、伝統的な手法で定式化された物理法則は、われわれが住む不安定で進化発展していく世界とは全く別の、理想化された静的世界を記述しているのである。われわれが不可逆性を『陳腐化する』ことを破棄する主要な理由は、時の矢を無秩序の増大とだけ結びつけることがもはや不可能となった、という点にある。非平衡物理学と化学における最近の進歩は、それとは逆の方向を指し示している。すなわち、それらは疑う余地もなく、時の矢は秩序の源泉であることを示しているのである。このような不可逆性の建設的役割は、平衡から遠く隔たった状況においてとりわけ顕著となり、そのとき非平衡状態は新しい形のコヒーレンスをもたらす。」(ibid., pp. 16-17, 25-26)

(41)「われわれの見解は、古典力学はエントロピーの増大を伴う不可逆過程を含んでいないので不完全である、というものである。不可逆過程を古典力学のうちに含ませるためには、古典力学の定式化の中に不安定性と不可積分性を組み入れなければならない。可積分システムは例外でしかない。三体問題を初めとしてほとんど動力学系は不可積分なのである。」(ibid., p. 108)

(42)「われわれのアプローチは、実在論への回帰に対応しているが、それは決して決定論への回帰を意味するものではない。……偶然性や確率は、もはや無知と結び付けられるのではなく、新しい拡張された形の合理性と結び付けられるのである。……未来は決定されてはいない、ということを受け入れることによって、われわれは確実性の終焉を迎えたのだ。これは人間精神の敗北なのだろうか？　決してそうではない！　私はむしろその逆ですらあると思っている。……時間と実在とは不可分に結びついている。時間を否定することは、慰めかもしれないし、人間理性の勝利と見えるかもしれない。しかしそれは、常に実在の否定を意味するのである。……われわれが見出したのは、どちらも人間疎外へと通じている二つの概念の間のどこかに位置する細い道にほかならない。その二つの概念とは、法則によって支配され新しさの入り込む余地のない世界という概念と、サイコロ遊びをする神に象徴され理解可能なものがなにもない不条理で非因果的な世界という概念である。」(ibid., pp. 131, 155, 183, 187-188) 最後の文の「細い道」という言葉に留意されたい。

(43)この点で、ブローデルに立ちかえって、プリゴジーヌに先立つこと三十年ほど前に、プリゴジーヌに酷似した言葉遣いで書かれた彼の定式がどのようなものかを見ておくことは興味深いことである。彼は、「社会科学における統一性と多様性」の配合の試みを書こうとして「複雑性の研究」をしているというポーランド人の同僚から言葉を借りてきたと言っている。(Fernand Braudel, "Unity and Diversity in the Human Sciences," in *On History* [Chicago: University of Chicago Press, 1980 (1960)], p. 61). 彼は、「事件史」histoire événementielle——彼が「塵」だとみなした歴史——を、「線形型《リニア》」歴史であると記したのである。(Fernand Braudel, "History and Sociology," in *On History*, p. 67) そして彼は、われわれがジョルジュ・

ギュルヴィッチのグローバル社会という見方を、分岐《バイファケーション》を想起するモデルとして理解するべきだと述べている。「[ギュルヴィッチは] 複数の、すべて根本的に異なる運命の間での躊躇として、[西洋中世と現代社会との] 双方の未来を捉えている。これは、生そのものの多様性の評価として妥当なものであると私には思われる。未来は、単一の道をたどるわけではないのだ。したがって、われわれは線形的なるものを破棄しなければならない。」(Fernand Braudel, "The History of Civilizations : The Past Explains the Present," in *On History*, p. 200)

(44) 私は、フェミニストの研究がどのようなものであるかについて、二つの要約的記述を引用したい。ひとつはコンスタンス・ジョルダン (Constance Jordan, *Renaissance Feminism : Literary Texts and Political Models* [Ithaca, N. Y. : Cornell University Press, 1990], p. 1) から。「フェミニスト的研究は、女性が男性とは異なった生を経験しており、その差異が研究の対象となるに値するという前提に立脚するものであるといわれる」。もうひとつはジョアン・ケリー (Joan Kelly, *Women, History, and Theory : The Essays of Joan Kelly* [Chicago : University of Chicago Press, 1984], p. 1) から。「女性史は、二重の目的を持っている。女性を歴史に回復させること、そして、歴史を女性に回復させることである」。

(45) ジョアン・ケリーの前掲書 (ibid., p. 1) をもう一度見てみよう。「歴史的知識の根幹に、女性を加えようという女性史の努力によって理論が再活性化した。というのも、それは、歴史研究の考え方を揺るがすものであったからである。そのような再活性化は、歴史思想の三つの基本的関心が問題化されたことで生じた。すなわち、①時代区分、②社会的分析のカテゴリー、③社会変容の理論の三つである。」

(46) Evelyn Fox Keller, *Reflections on Gender and Science* (New Haven : Yale University Press, 1985), pp. 3-5.

(47) Ibid., p. 10. ケラーは次のように書いている。「[自然法則に個人的満足を読むこむと明らかになるのは] 没個人性において科学者がなしている個人的投機である。彼らが生産している概念の匿名性は、それ自体が一種の署名であることがわかる。……個人内的な『理論選択』の動態に注目すると、科学におけるイデオロギーの現出に用いられる――表面上、その科学者が最大限の善意を払っていても――巧妙な手段のいくつかが明らかになる。……しかしながら、ボイルの法則が誤りではないという事実は、忘れられてはならない。……科学に対する有効な批判は、いかなるものであっても、科学の成功が否定しえないものであること、およびそのような成功を可能にした価値関与について、しかるべき考慮を払わなければならない。……ボイルの法則は、たしかに信頼しうる記述をわれわれに提供している……それは反復実験による検証にたえ、論理的一貫性を持った記述である。しかし、それが、特定の現象群についての記述であり、特定の利害に応えるべく組み立てられ、信頼性および有用性の両点について、ある合意された規準に沿うように記述された記述であるということを認識することは決定的に重要である。どの現象が研究に値するのか、どのようなデータが有意味であるのか――もちろん、それらの現象の記述（ないしは理論）として、どれが適切で、満足で、有用で、さらに信頼しうるのか――についての判断は、当該の判断がなされる社会的、言語的、科学的実践に、決定的に左右されている……。あらゆる個別学科《ディシプリン》の科学者は、一定であるかに感じられるが……実際には、変化しうるものであり、正しい刺激を与えれば変化に服するような前提とともに生きて研究している。このような偏狭性は……差異のレンズを通して、すなわち共同体の外部に踏み出すことによってしか認識されえない。」(ibid., pp. 10-12)

(48)「近代科学のイデオロギーは、その否定し得ない成功と並んで、その内部に、固有の形態の投影、すなわち利害中立性、自律性、心情の疎隔といったものの投影を宿しているというのが、本書のテーゼである。私の主張は、完全に客観的な科学という夢は原理的に実現不可能であるというにとどまらず、それがまさに自ら拒絶しているものを含んでしまっているということ、すなわち自己イメージの反映の鮮明な痕跡に及ぶものである。」(ibid., p. 70)

(49)Ibid., p. 178.

(50)Donna J. Haraway, *Simians, Cyborgs, and Women : The Reinvention of Nature* (New York : Routledge, 1991), p. 45.〔同書からの引用文の訳出に際しては、『猿と女とサイボーグ』（青土社、高橋さきの訳）を参照した。以下、本文中に表記されている同書の引用ページ番号は、原著のページ数を先に、訳書の該当ページ数を後に記したものである。ただし訳文は、文脈に応じて若干の補正を施した。〕

(51)ハラウェイにとって、これは「日常で遭遇するさまざまな境界を構築しなおすという熟練を要する作業を大切にし、そうした作業を他者との部分的な関係性を保ちつつ、しかもわれわれを構成する各種の部分《パーツ》のすべてとコミュニケーションをとりながら行なっていくことを意味する。……これは、共通言語を夢みることではなく、力に満ちた不信心な言語混淆状態《ヘテログロッシア》を夢みることである。」(ibid., p. 181)

(52)彼女は次のように結論付けている。「知の対象としての身体も、物質＝記号を生成する結節点である。身体が有する各種の境界は、社会での相互作用の過程で具体的な存在となる。境界は、さまざまなマッピングの実践によって描き出されるのであって、『対象』がそれ自体であらかじめ存在しているわけではない。対象とは、境界をめぐる企図《プロジェクト》なのである。しかし、境界は、その内部から移動する——境界は、このうえなくトリッキーなのである。境界が暫定的に内包しているものから、生成は起こりつづけ、またさまざまな意味や身体が生産されつづける。境界を特定の位置に定位し、境界に照準を合わせる作業は、リスクをはらんだ実践である。客観性とは、非−相互関与状態にかかわるものではなく、『われわれ』が恒久的に、有限の生を持つ存在であり、すなわち『最終的』管理のもとに置かれた存在などではないような世界において、『われわれ』が相互にかつ通常不均等に構造の形成を行なうこと、そしてリスクを背負っていくことにかかわるものである。」(ibid., pp. 200–201)

(53)「『白人の重荷』は、地球にとって、そして特に『南』にとって、ますます重くのしかかってきている。過去五百年間の歴史は、『北』世界の外で『北』と自然と人民との間に植民地化の関係が打ち建てられるたびに、植民地化する側の人間と社会が、自分たちが優越的地位にあり、したがって、地球の未来や他の人民および文化に対する責任を持っていると思い込むようになった。このような優越性の思い込みから、白人が自然、女性、他者に対して押しつける重荷という現実が流れ出てきた。ゆえに、『南』の脱植民地化は、『北』の脱植民地化の問題と密接にかかわりあっている。」(Vandana Shiva, in Maria Mies and Vandana Shiva, *Ecofeminism* [New Delhi : Kali for Woman, 1993], p. 264)

(54)Ibid., p. 265.

(55)「科学自体は社会の諸力の産物であり、科学的生産を動員しうる者が決定した社会的課題を有している一方で、現代では、科学の活動は、社会的・政治的に中立的である特権的な認識論的立場を割当てられている。かくして、科学は二重の性格を帯びる。それは、社会的・政治的問題に技術的解決を提供するものであるが、それがうみだす新しい社会的・政治的問題については、自己免罪して、かかわりを断ってしまう。……科学技術と社会の間の隠されたつながりを可視化し、隠蔽されて語られることのない問題に光をあて声を与えるという論点は、『北』と『南』の関係に結びついている。科学・技術構造に社会的な説明責任《アカウンタビリティ》が得られ、それがその必要に応えるようなシステムが創り出されなければ、そのようなときが来なければ、『北』と『南』

の関係における均衡も説明責任《アカウンタビリティ》もありえない。……科学・技術がエコロジー問題を解決する能力が万能であるのかということを疑問に付すことは、『北』の脱植民地化のうえで、重要な一歩である。」(ibid., pp. 272-73)

(56) Sandra Harding, *The Science Question in Feminism* (Ithaca, N. Y.: Cornell University Press, 1986), p. 47. ハーディングは次のように書いている。「社会的な問いにおいては、われわれは……一見非合理的だが文化的な広がりを持った人間の信念や行動のパターンについて、その起源、形態、広がりを説明しようとする。……科学が社会生活から分析的に分離されているということをどうしても主張し通さなければ、非合理的な社会的信念や行動を説明することが物理学の説明する世界の理解に資することなど原理的にありえなかったというような虚構は維持されえないのである。……モノを数え上げ、分割線を引くということは、ありふれた社会的実践であり、そのような実践は、数学的な探求の対象についての思考法にも、矛盾をもたらしうる。数学における特定の概念の受容に、いかなるジェンダー的な実践が影響を与えているのかなどということは想像しがたいかもしれないが、そのような場合でも、数学の知的、論理的内容があらゆる社会的影響を免れているという主張によって、ア・プリオリに、その可能性を排除することはできないということは明らかである。」(ibid., p. 47, 51).

(57) ジェンセンは、これらの問いに関する五冊の本を書評して次のように述べている。「霊長類学を除いて、主流派の科学は、自然を名づけなおし、科学を再構築しようとするフェミニズムの試みを、ほとんど無視している。男性的原基型と比べて、ヒエラルキー的ではなく、風通しがよく、反省的なモデルや分類を提案することをさらに越えて、ということになると……フェミニズムによる科学の見なおしと再構築が何をもたらしうるのかは、明らかではない。フェミニストの実践は、世界における存在の新しいあり方を生み出すかもしれないし……それによって、世界を知り、それを記述する新しい方法が生み出されるかもしれない。あるいは、新しい認識論の究極的達成として、言語と知識の限界がマッピングされることになるかもしれない。その場合は、(ジェンダー化された) 権力関係の構造に知がどのように埋め込まれているのかが示されることになろう。」(Sue Curry Jensen, "Is Science a Man? New Feminist Epistemologies and Reconstructions of Knowledge," *Theory and Practice* 19, no. 2 [April 1990] : p. 246)

(58) Bruno Latour, *We Have Never Been Modern* (Cambridge, Massachusetts: Harvard University Press,

1993), p. 6. 以下、本文中に表記されている同書の引用頁番号は、ここからのものである。

(59)「翻訳ないしは媒介の作用と純化の作用との間には、いかなる結びつきがあるのであろうか。これが、私が光を当てたい問題である。私の仮説は――あまりにも荒削りなままであるが――純化が、翻訳／媒介を可能にしているというものである。すなわち、雑種《ハイブリッド》を生むことを禁止すればするほど、混血の可能性は高まってしまう――近代の逆接とはそのようなものである。……第二の問題は、前近代《プレモダン》および非西洋の諸文化にかかわっている。私の仮説は――やはり単純すぎるのだが――雑種《ハイブリッド》を生むことに献身することで、非西洋の諸文化は、逆にその繁殖を排除してきたというものである。『われわれ』――西洋人――と『彼ら』――他の全ての文化――とを分ける大分水嶺を説明し、相対主義という解決不可能な問題を最終的に解決可能にするのは、この非対称性にほかならない。第三の問題は、現在の危機にかかわっている。もし近代《モダン》が、分離と繁殖という二重の仕事をかくも効率的になしとげているならば、なにゆえ近代《モダン》は、今日、われわれが真に近代的《モダン》となるのを妨げることによって、かえって自ら弱ってしまうようなことになるのだろうか。そしてここで、最後の、かつ最も困難な問題である。もしわれわれが近代的《モダン》であることを止めてしまったら、もし、これ以上増殖の作用と、純化の作用とを分離することができなくなってしまったら、われわれはどうなってしまうのだろうか。私の仮説は――これまでと同様、あまりにも粗雑なのだが――われわれは、あの雑種《ハイブリッド》という怪物の存在に公式の代表権を与えて、その怪物の増殖を減速し、方向づけをやりなおし、規制することになるだろう。」(ibid., p. 12)

(60)「近代世界の人類学なるものがあるとすれば、その課題は、自然および自然科学《ハード・サイエンス》含めて、われわれの政府の全部局の組織のされ方を、等しく同じように記述し、それらの部局をまとめている多元的な設定を説明するとともに、それらが多様化していく様態と原因とを説明することで成り立っていることになろう。」(ibid., pp. 14-15) 同書のフランス語原著には「対称性の人類学試論」Essai d'anthropologie symétriqueという副題がついているが英訳版では落とされている (Bruno Latour, *Nous n'avons jamais été modernes : Essai d'anthropologie symétrique* [Paris : La Découverte, 1991] 参照)。

(61)「人間と非人間との完全な分離の存在を信じており、かつ同時に、この分離を無効化するものであるがゆえに、この『憲法』は、近代《モダン》を無敵なものとする。もしあなたが、自然は人間の手で構築された世界だと言って、これを批判すれば、自然は超越的であり、科学は（大文字の）自然へのアクセスを可能にする単なる媒介でしかなく、人間の手は入っていないという答えが示されることになろう。もしあなたが、（大文字の）社会は超越的であり、その法則は無限にわれわれの手の届かないところにあると言えば、われわれは自由であり、われわれの運命はわれわれ自身の手にあるという答えが返ってくるだろう。そしてもしあなたが、それでは二枚舌ではないかと異議を唱えれば、自然法則と予言不可能な人間の自由とは混同されてはならないという答えが示されるだろう。」(Latour, *We Have Never Been Modern*, p. 37) ただし上の引用では、フランス語原著 (Bruno Latour, *Nous n'avons jamais été modernes*, p. 57) に拠って、英訳版の傑作な誤訳を訂正してある。誤訳では、右の第三番目の文が以下のように全く間違っていた。「もしあなたが、われわれは自由であり、われわれの運命はわれわれ自身の手にあると言えば、（大文字の）社会は超越的であり、その法則は無限にわれわれの手の届かないところにあるという答えが返ってくるだろう」。

(62)ラトゥールはさらに、知の世界におけるその表現を検討することで、この逆説を明晰にしている。曰く「社会科学者は、長きにわたって、一般人の信条体系に対して、公然とそれが虚偽であるといってはばからなかった。彼らは、それを『自然化』と呼んでいる。一般人は、神の力を、貨幣の客観性を、流行の魅力を、芸術の美を存在するものだと思っており、諸物の自然に本性的に具わっている客観的属性からそれらが生じていると思っている。幸いにも、社会科学者は、より優れた知識を持っており、彼らは、実際には話が逆であること、つまり社会から事物へむかっていることを示してくれる。少なくとも、エミール・デュルケーム以来、社会学を職業とするには、これだけのことはしなければならなかった。しかしながら問題は、このような形態の非難を、またひとつ別に、右とちょうど逆になっている話とを和解させるかということである。単なる社会的主体に過ぎない平均的市民としての一般人は、自分は自由であり、自分の欲望、動機、合理的戦略を自分の意志のままに修正できると信じている。……しかし、幸いなことに、社会科学者が守ってくれる。彼らは、人間主体と社会の自由についての、このような素朴な信念を非難し、その虚偽を暴き立て、馬鹿にするのである。ここでは、社会科学者は、事物の自然――争う余地なき科学の成果――を活用して、それが哀れな人間の軟弱な意志を、いかに決定し、それに入れ知恵をし、鋳型にはめてしまうかを示すのである。」
(Latour, *We Have Never Been Modern*, pp. 51-53)

(63)ここにも誤訳があった。英訳版には「過去完了時制」とあるが、これは誤訳である。フランス語原文には「複合過去」とある。

(64)「近代《モダン》は、その成功の犠牲となってきた……。近代《モダン》の『憲法』は、ある程度の反例、ある程度の例外、を吸収することはできた——実際のところ、その上に立って成功した。しかし、例外が増殖し、事物の第三階級および『第三世界』が一緒になって、なだれをうって、その『憲法』を定めた議場を襲ってくれば、ひとたまりもない。……雑種《ハイブリッド》の増殖は、近代《モダン》の本質的／立憲的《コンスティテューショナル》枠組を飽和させてしまったのである。」(Latour, *We Have Never Been Modern*, pp. 49–51)

(65)Deborah T. Gold (introduction to "Cross-Fertilization of the Life Course and Other Theoretical Paradigms," section 3 of *The Gerontologist* 36, no. 2 [April 1996] : p. 224) 参照。そこには、「過去数十年間において、社会学は、超専門分化したディシプリンとなった。社会学者が、大学院生たちに広範な社会学教育を与えようと思っている場合もあるかもしれないが、実際のところは、例えば、われわれは、学生に専門領域を狭めるように勧めている。不幸なことに、このような偏狭性は、多くの社会学者は自分の専門以外の場所で今何が起こっているのかについての意識がないということを意味している。社会学がこのようなアプローチを取りつづければ、もっと広いパースペクティヴを持つ二十一世紀のタルコット・パーソンズやロバート・マートンを生み出す刺激はほとんど期待できないということになるだろう。そのかわり、未来の社会学者は、さらに狭い専門領域を形成していくことになるだろう」とある。このような熱弁が、*The Gerontologist*（『老人学』）のような、きわめて専門的な雑誌に掲載されているということは、注目に値する。

(66)「われわれは、社会学的に素朴な主体のモデル——合理的選択理論やゲーム理論のモデルにおいてのように——は、ほとんどすべての場合において、誤った方向に導くものであるとさえ言いうる。われわれの類型化および説明は、制度化された期待、認知、解釈、感情、歪曲、行動の不断の相互作用を伴わざるをえないからである。」(Neil Smelser, *Problematics of Sociology* [Berkeley : University of California Press, 1997], p. 27)

(67)William McNeill, *Mythistory and Other Essays* (Chicago University of Chicago Press, 1986).

(68)"Historian, the one who knows? No, the one who searches" (Lucien Febvre, "Par maniere d'introduction," in G. Friedmann, *Humanisme du travail et humanités*, Cahiers des Annales 5 [Paris : A. Colin, 1950], p. v).

(69)不確実性は、ニール・スメルサーが一九九七年のアメリカ社会学会でおこなった会長講演の本質的論点であったと私には思われる。その際、彼は、マートンから借りてきた言葉として「アンビヴァレンス」について論じ、その議論は、第一に、物理的世界の構造的な条件よりもむしろ、行為者の動機の観点からする心理的条件としてなされていた。しかしながら、彼は、私が心から同意する結論を、そこから引き出している。曰く「われわれは、自分がより好ましいと思うものによってよりもずっと、〔好ましいと同時に好ましくないと思うような〕アンビヴァレンスによって、理性を働かせることを余儀なくされると主張してもよいといえよう。なぜなら葛藤は、欲望よりも、強力な動機となりうるからである。」(Neil Smelser, "The Rational and the Ambivalent in the Socail Sciences," *American Sociological Review* 63, no. 1 [February 1998]: p. 7)

(70)Michel Cazenave, dir., *Dictionaire de l'ignorance* (Paris: Bibliothèque Sciences Albin Michel, 1998).

(71)「〔世界の再魔術化という概念は〕逆説的なことに、この世に賛美を捧げることに起因するものである。これからはこの地上の世界が、アリストテレスが天上界にのみ適用されるとしていたような知的探求に値するというわけである。古典科学は、生成と自然の多様性を否定した。両者はともにアリストテレスによって、下位の世界である月下界の属性であるとみなされていた。この意味では、古典科学は、天を地上にもたらしたのである。……近代科学の展望の根底的な変化、すなわち一時的・多元的なものへの移行は、アリストテレスの天を地上にもたらす運動の反転であるとみなしうるものである。いまやわれわれは、天上に地をもたらしているのである。」(Ilya Prigogine and Isabelle Stengers, *Order out of Chaos: Man's New Dialogue with Nature* [Boulder, Colorado: New Science Library, 1984], pp. 305–6)

訳者あとがき

本書は、Immanuel Wallerstein, *The End of the World as We Know It: Social Science for the Twenty-First Century*, University of Minnesota Press, 1999の全訳である。ただし、著者からの指示により邦題は原題とは異なるものとなっており、それに伴って「序言」については、著者によって若干手直しを施された差し替え原稿を訳出した。本文中［ ］は原著者による補足、〔 〕は訳者による訳注を示している。原注は（1）（2）……で示し、各稿末に配した。また編集部のご厚意で、巻頭に拙稿「訳語についてのノート」を収めていただいた。

「序言」にある通り、本書はウォーラーステインが国際社会学会の会長職にあった一九九四年から一九九八年の期間における、さまざまな機会に行われた彼の講演原稿をまとめたものである。与えられたテーマや場をとっかかりに説き起こして、世界システムの本質的な諸問題に鋭く切り込んでいく彼の雄弁なスタイルが多面的に表れていて、大変読みやすい論文集である（したがって、いささか僭越ながら、本書はウォーラーステイン入門／再入門としてお読みいただくことをお勧めしたい）。私自身が本書の意義として得た知見の一端については、「訳語についてのノート」で述べたことでもあるし、私がここで重ねてくどくどと解説めいた文章を書くことは差し控えようと思う。

ただ一点、邦題が原題と大きく異なるものとなった経緯と、それにかかわる本書の内容については、一定の説明が必要であろうと思われるので、以下、簡単に述べたい。

「序言」で述べられている通り、本書の原題は、直訳すると「われわれが知っているような世界の終わり」ということになる。このやや冗漫なタイトルは、「知っている」（know）という英単語の二義性を利用して、彼が自らの世界システム論の二つの問題《プロブレマティーク》場を整理しようという意図からつけられたものである。すなわち、乱暴に言って、英語のknowという単語には、「(経験して) 知っている」という意味と「(認識として) 知っている」という二つの意味がある (他のヨーロッパ諸語では、この二つの「知っている」には異なる単語があてられるのが普通である) わけであるが、これをウォーラーステインは、われわれにとっての生の現実的文脈である「史的システムとしての資本主義」という問題場《プロブレマティーク》と、史的システムとしての近代世界システムの対象化のダイナミズムを軸とした「知の構造」の問題場《プロブレマティーク》という、彼の二つの議論の系列に対応させたのである。

ウォーラーステインは、本書の各国語への翻訳に際して、英語のknowという単語の特殊性に依存した、この原題の限界を当然意識しており、各国語への翻訳に際しては、当初「原著の副題を本題とするように」という指示が訳者に届けられていた。「二十一世紀のための社会科学」というのがそれである。

しかしながら、その代替案には、既存の学問のあり方の全体に問いを投げかける本書の本質的性格を、必ずしもよく伝えないうらみがあり、原著者、訳者および編集部の間で協議を重ねた結果、『新しい学——二十一世紀の脱=社会科学』とすることに最終的に決定した。

このタイトルに落ちつく上で急所となったのは、ウォーラーステインが用いる「社会科学」という語の意味の大胆な転回であった。この転回を正しく理解することが、本書のメッセージをその主張の中心において受け取ることにほかならないのである。

このタイトルに落ちつく上で急所となったのは、ウォーラーステインが用いる「社会科学」という言葉の意味であった。この語は、決して既存のいわゆる社会科学を指していない。

彼によれば近代世界システムの知の構造は、科学と人文学の分離をその基本的特徴としている。それは、法則定立的《ノモセティック》な知のあり方と個性記述的《イディオグラフィック》な知のあり方の分離であると同時に、真の探求と善および美の探求との分断でもあった。社会科学は、このような分離の構図の両極の中間に位置するものとされる。

近代世界システムが史的システムとして持続可能である時期においては、このような知の構造は堅固であり、科学と人文学の分離はほとんどアンチノミーとして、社会科学を引き裂くことになった。固有の認識論《エピステモロジー》的基盤を持たない社会科学は、いずれの極からも二次的に扱われる哀れな学問となった。

ところが、一九六八／一九八九年を境として、近代世界システムの史的システムとしての持続可能性は危機的な状況に入った（この点を、国際秩序、環境問題、主権国家、マイノリティなどの観点から多面的に論じたのが本書第一部「資本主義の世界」である）。それにともなって知の構造の正統性はゆらぎ、分離の両極から、そのような分離の構造を乗り越えようとする運動が生じてきた。すなわち、自然科学における「複雑性研究」と人文学における「カルチュラル・スタディーズ」である。ウォーラーステインによれば、これら二つの徴候的な知的潮流は、いずれも知の対象の時間化・社会化・文脈化を通して、知の構造の再統一および／あるいは再編成の契機を孕むものとされる。注目すべきは、そのような知の対象の時間性・社会性・文脈性こそは、短からず堅固であった近代世界システムの知の構造において、科学と人文学との間に引き裂かれた社会科学の領域に、いわば封じ込められた根本問題であったということである。裏を返せば、自然科学と人文学とが分離によってそれぞれに確保した固有の認識論《エピステモロジー》的基盤は、合理性の形式的な追求に安住するためのしくみでしかなかったということにほかならない。

しかしいまや、そのような知の構造は、その条件となった近代世界システム自体の危機にともなって正統性を失おうとしており、結果として「社会科学」の領域に封じ込められてきた認識論《エピステモロジー》的な根本問題――われわれが実質的に合理性を働かせなければならないような問題――は、分野や学科《ディシプリン》を問わず、知のあらゆる局面に噴出しつつある。ウォーラーステインが諸学ないしは知の全体の「社会科学化」と呼ぶのは、このような事態のことである。いわばそれは、既存の「社会科学」が集約的に抱え込まされてきた矛盾の拡散という意味で「ネガティヴな社会科学化」とでも言うべきものである。

したがって、ウォーラーステインが「二十一世紀の社会科学」と言うとき、それは近代世界システムの知の構造を前提とした既存の「社会科学」のことではありえない。実際のところ、ウォーラーステインが社会科学に囲い込まれてきたとしている認識論《エピステモロジー》的な根本問題に正面から取り組む社会科学者など、ごく例外的な存在であったと言った方がよいであろう。その意味では既存の「社会科学」自体も「ネガティヴな社会科学化」の洗礼をまずもって受けなければならないということが、ウォーラーステインの主張のすぐ延長において言えるだろう。このような意味での社会科学の脱皮が、ちょうど十年前に書かれた『脱=社会科学』(*Unthinking Social Science*)の主題、すなわち「社会科学を脱思考《アンスィンク》する」ということの、より具体的な意味をなしていると言えるだろう。そして、そのような脱皮が、既存の知の構造――自然科学/社会科学/人文学の三分法体制――の再編成および/あるいは再統一を志向するものである以上、その脱思考《アンスィンキング》の先にあるのは、新しい社会科学ではなく、むしろ「新しい学」と呼ぶべきなにものかであろう――。

かくして、本訳書には、『新しい学――二十一世紀の脱=社会科学』というタイトルがつけられた。良い題がついたと信ずる。

一冊の書物を翻訳するという経験としては、本書は私にとって二度目のものであるが、本書が私自身の師であるウォーラーステインの著作であるがゆえに、固有の新鮮な気概と、なお一層の未熟さの痛感との両方を同時に味わう経験となった。彼のもとでの留学をおえて四年余がたつ今、この訳書が、私の怠慢の証しとならないことを祈るばかりである。

かく未熟な私を本書の訳者として起用してくださったのは、藤原書店の藤原良雄社長である。折りにふれ与えてくださった温かい励ましの言葉に、どれほど私が心強く感じたか、言い尽くしがたい。また編集を担当してくださった刈屋琢氏は、その卓越した訳者操縦の技術はもとより、研究者としての私の問題意識を深く共有する私の貴重な第一読者《ファースト・リーダー》ともなって、私の鈍い思考に鞭をうってくださった。本訳書に特別におさめていただいた「訳語についてのノート」は、刈屋氏からいただいた「宿題」への回答の努力から生まれたものでもあることを記しておきたい。そしていつものことながら、私がともかくも一冊の書物を翻訳できた背後には、実に多くの方々の支えがあった。その全ての方に深い感謝の気持ちを記して、このあとがきの筆をおく。

西暦二〇〇一年二月

山下範久

Chapter 9, "Social Science and Contemporary Society: The Vanishing Guarantees of Rationality," was first published in *International Sociology* 11, no.1 (March 1996).

Chapter 10, "Differentiation and Reconstruction in the Social Sciences," was first presented at Research Council, International Sociological Association, Montreal, August 6, 1997. Copyright Immanuel Wallerstein.

Chapter 11, "Eurocentrism and Its Avatars: The Dilemmas of Social Science," was first published in *New Left Review*, no.226 (November-December 1997).

Chapter 12, "The Structures of Knowledge, or How Many Ways May We Know?" was first published in *World Views and the Problem of Synthesis* (Yellow Book of *Einstein Meets Magritte*) (Dordrecht: Kluwer 1998). Reprinted with kind permission by Kluwer Academic Publishers.

Chapter 13, "The Rise and Future Demise of World-Systems Analysis," was first published in *Review* 21, no.1 (1998).

Chapter 14, "Social Science and the Quest for a Just Society," was first published in *American Journal of Sociology* 102, no.5 (March 1997). Reprinted with permission of the University of Chicago Press. Copyright 1997 by The University of Chicago. All rights reserved.

Chapter 15, "The Heritage of Sociology, the Promise of Social Science," was first published in *Current Sociology* 47, no.3 (1999). Reprinted with permission of Sage Publications Ltd.

初出版権者からの許諾

以下の諸論文の本書への再録に際して初出版権者から許諾をいただいた。
ここに記して、ミネソタ大学出版局および著者の謝意を表す。

" Uncertainty and Creativity : Premises and Conclusions" was first published in *American Behavioral Scientist* 42, no.3 (November-December 1998): 320-22. Reprinted by permission of Sage Publications, Inc.

Chapter 1, " Social Science and the Communist Interlude, or Interpretations of Contemporary History," was first published in *Polish Sociological Review*, no.1 (1997).

Chapter 2, " The ANC and South Africa : The Past and Future of Liberation Movements in the World-System," was first published in *Economic andPolitical Weekly* 31, no.39 (September 28, 1996).

Chapter 3, "The Rise of East Asia, or The World-System in the Twenty-First Century," was first published in *Capitalism and Evolution*, edited by M. Itoh et al. (Cheltenham : Edgar Elgar Publishing, 1999).

The Coda to chapter 3, " The So-called Asian Crisis : Geopolitics in the *Longue Durée*," was first published in *Economia Global e Gestão* (1999).

Chapter 4, " States? Sovereignty? The Dilemmas of Capitalists in an Age of Transition," was first published in *State and Sovereignty in the Global Economy*," edited by D. Solinger et al. (London : Routledge, 1999).

Chapter 5, " Ecology and Capitalist Costs of Production : No Exit," was first published in *Ecology and the World-System*, edited by W. Goldfrank et al. (Westport, Conn. : Greenwood Press, 1997). Greenwood Press is an imprint of Greenwood Publishing Group, Inc., Westport, Connecticut.

Chapter 6, " Liberalism and Democracy : *Frères Ennemis?*" was first published in *Acta Politica* 32, no.2 (summer 1997).

Chapter 7, " Integration to What? Marginalization from What?" was first published in *Scandinavian Political Studies* 20, no.4 (1997).

Chapter 8, " Social Change? Change Is Eternal. Nothing Ever Changes," was first presented as the keynote address at the III Portuguese Congress of Sociology, Lisbon, February 7, 1996. The theme of the Congress was " Practices and Processes of Social Change." Copyright Immanuel Wallerstein.

わ　行

A～Z・数字

や　行

ら　行

ま　行

な　行

は　行

た　行

さ　行

か　行

索　引

➡は参照項目を示す。人名は姓→名の順で配列した。
本文中のルビは（　）で示した。

あ　行

著者紹介

イマニュエル・ウォーラーステイン（Immanuel Wallerstein）

1930年生。ビンガムトン大学フェルナン・ブローデル経済・史的システム・文明研究センター所長。イェール大学シニア・リサーチ・スカラー。1994-98年，国際社会学会会長。1993-95年には社会科学改革グルベンキアン委員会を主宰，そこで交わされた討論リポートを『社会科学をひらく』（邦訳1996年，藤原書店）としてまとめた。世界システムの理論構築の草分けとして知られ，『近代世界システム』全３巻の著作は著名。著書に，下記のほか『ポスト・アメリカ』（1991）『脱=社会科学』（1991）『アフター・リベラリズム』（1995）『転移する時代』（共編著，1996）『ユートピスティクス』（1998，以上邦訳は藤原書店刊）など。

訳者紹介

山下範久（やました・のりひさ）

1971年大阪府生。ビンガムトン大学社会学部大学院にてウォーラーステインに師事，東京大学大学院総合文化研究科博士課程単位取得退学。現在，立命館大学国際関係学部教授。専攻・世界システム論。著書に『世界システム論で読む日本』（2003），編著に『帝国論』（2006，以上講談社選書メチエ）『現代帝国論』（2008，ＮＨＫブックス），訳書にフランク『リオリエント』（2000），ウォーラーステイン『時代の転換点に立つ』（2002）『世界を読み解く2002-3』（2003）『イラクの未来』『脱商品化の時代』（2004）『入門・世界システム分析』（2006，以上藤原書店）『ヨーロッパ的普遍主義』（2008，明石書店）など。

新《あたら》しい学《がく》 21世紀《せいき》の脱《だつ》=社会《しやかい》科《か》学《がく》

2001年３月25日　初版第１刷発行©
2010年12月30日　初版第２刷発行

訳　者　山　下　範　久
発行者　藤　原　良　雄
発行所　株式会社　藤　原　書　店

〒162-0041 東京都新宿区早稲田鶴巻町523
電話　03(5272)0301
FAX　03(5272)0450
振替　00160-4-17013

印刷・製本　中央精版

落丁本・乱丁本はお取替えいたします　Printed in Japan
定価はカバーに表示してあります　ISBN978-4-89434-223-1

第Ⅲ巻　1958-1968　編集・序文＝アンドレ・ビュルギエール

歴史学と社会科学　**フェルナン・ブローデル**／オートメーション　**ジョルジュ・フリードマン**／アステカ族とエジプト人の記数法の比較　**ジュヌヴィエーヴ・ギテル**／歴史と気候　**エマニュエル・ル＝ロワ＝ラデュリ**／歴史学と社会科学　**ウォルト・W・ロストウ**／中世　**ジャック・ル＝ゴフ**／トリマルキオンの饗宴　**ポール・ヴェーヌ**／日本文明とヨーロッパ文明　**豊田堯**／日本近代史についての異端的覚書　**河野健二**／12 世紀貴族社会における若者　**ジョルジュ・デュビィ**／精神分析と歴史学　**ジョルジュ・ドゥヴルー**／18 世紀のイギリスとフランス　**フランソワ・クルゼ**／女神の排泄物と農耕の起源　**吉田敦彦**／民主主義の社会学のために　**クロード・ルフォール**／黒い狩人あるいはアテネの美青年の起源　**ピエール・ヴィダル＝ナケ**／イングランドの田舎における蜂起　**エリック・ホブズボーム**

第Ⅳ巻　1969-1979　編集・序文＝エマニュエル・ル＝ロワ＝ラデュリ

地理的血液学により慣習史に開かれた道　**ミシェル・ボルドー**／中世初期のペスト　**ジャック・ル＝ゴフ＆ジャン＝ノエル・ビラバン**／飢饉の無月経　**エマニュエル・ル＝ロワ＝ラデュリ**／革命の公教要理　**フランソワ・フュレ**／母と開拓者としてのメリュジーヌ　**ジャック・ル＝ゴフ＆エマニュエル・ル＝ロワ＝ラデュリ**／キケロから大プリニウスまでのローマにおける価格の変動と貨幣の量的理論　**クロード・ニコレ**／粉々になった家族　**ミシュリーヌ・ボーラン**／マルサスからマックス・ウェーバーへ　**アンドレ・ビュルギエール**／18 世紀半ばのフランスの道路の大きな変化　**ギー・アルベッロ**／イギリスにおける近代化のプロセスと産業革命　**アンソニー・リグリィ**／18 世紀半ばの漕役囚の社会　**アンドレ・ジスベルク**／フランスのアンシアン・レジーム下の産業の成長　**ティホミール・J・マルコヴィッチ**

第Ⅴ巻　1980-2010　編集・序文＝ジャン＝イヴ・グルニエ

マレー半島における時空の概念　**ドニ・ロンバール**／アンシアン・レジーム下の政治と世論　**キース・マイケル・バーカー**／労働者の空間と社会的経歴　**マウリツィオ・グリバウディ**／政治と社会　**フィリップ・ビュラン**／表象としての世界　**ロジェ・シャルティエ**／沈黙、否認、でっちあげ　**リュセット・ヴァランシ**／時間と歴史　**フランソワ・アルトーグ**／イマーゴの文化　**ジャン＝クロード・シュミット**／共和国理念と国家の過去についての解釈　**モナ・オズーフ**／身体、場所、国民　**ジョン・ホーン**／世界と国民の間　**ビン・ウォン**／中国における正義の意味　**ユア・リンシャン＆イザベル・ティロー**／自然の人類学　**フィリップ・デスコラ**／指揮者　**エステバン・ブック**／**(附)『アナール』総目次**

「核武装」か？　「米の保護領」か？

「帝国以後」と日本の選択

E・トッド

池澤夏樹／伊勢崎賢治／榊原英資／佐伯啓思／西部邁／養老孟司 ほか

世界の守護者どころか破壊者となった米国からの自立を強く促す『帝国以後』。「反米」とは似て非なる、このアメリカ論を日本はいかに受け止めるか？　北朝鮮問題、核問題が騒がれる今日、これらの根源たる日本の対米従属の問題に真正面から向き合う！

四六上製　三四四頁　二八〇〇円

（二〇〇六年一二月刊）

◇978-4-89434-552-2

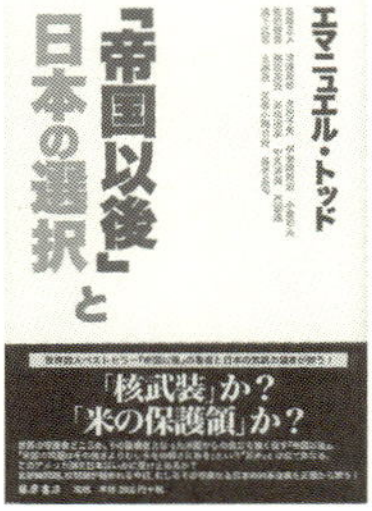

「文明の衝突は生じない。」

文明の接近
（「イスラームvs西洋」の虚構）

E・トッド、Y・クルバージュ

石崎晴己訳

「米国は世界を必要としているが、世界は米国を必要としていない」と喝破し、現在のイラク情勢を予見した世界的大ベストセラー『帝国以後』の続編。欧米のイスラーム脅威論の虚構を暴き、独自の人口学的手法により、イスラーム圏の現実と多様性に迫った画期的分析！

四六上製　三〇四頁　二八〇〇円

（二〇〇八年二月刊）

◇978-4-89434-610-9

LE RENDEZ-VOUS DES CIVILISATIONS
Emmanuel TODD, Youssef COURBAGE

トッドの主著、革命的著作！

世界の多様性
（家族構造と近代性）

E・トッド

荻野文隆訳

弱冠三二歳で世に問うた衝撃の書。コミュニズム、ナチズム、リベラリズム、イスラム原理主義……すべては家族構造から説明し得る。「家族構造」と「社会の上部構造（政治・経済・文化）」の連関を鮮やかに示し、全く新しい世界像と歴史観を提示！

A5上製　五六〇頁　四六〇〇円

（二〇〇八年九月刊）

◇978-4-89434-648-2

LA DIVERSITÉ DU MONDE
Emmanuel TODD

日本の将来への指針

デモクラシー以後
（協調的「保護主義」の提唱）

E・トッド

石崎晴己訳・解説

トックヴィルが見誤った民主主義の動因は識字化にあったが、今日、高等教育の普及がむしろ階層化を生み、「自由貿易」という支配層のドグマが、各国内の格差と内需縮小をもたらしている。ケインズの名論文「国家的自給」（一九三三年）も収録！

四六上製　三七六頁　三二〇〇円

（二〇〇九年六月刊）

◇978-4-89434-688-8

APRÈS LA DÉMOCRATIE
Emmanuel TODD